정확한 판단과 합리적 결정을 위한

제지표와 한국경제

ECONOMIC INDICATORS AND

THE KOREAN ECONOMY

정확한 판단과
합리적 결정을 위한

경제지표와 한국경제

최성호 저

씨
아이
알

이 도서는 2020학년도 경기대학교 연구년 수혜로 연구되었음이 책을 출간한 지 2년이 되었다. 중요한 경제지표를 평이하게, 그러나 체계적으로 설명하고자 한 노력에 호응이 있어 개정하게 되었다. 경제지표의 학습을 통해 한국경제를 이해하고 그러한 이해를 기반으로 소통하면서 의사결정에 참여하자는 것이 이 책의 취지이다.

경제지표를 다루는 만큼 지속적 통계의 갱신이 긴요하다. 돌이켜보면 지난 2년은 코로나19가 확산되고 안정화되는 과정의 사회경제적 격동기였다. 모든 경제주체가 유례없는 상황을 겪으면서 팬데믹의 터널을 용케도 헤쳐 나왔다. 정부의 경제정책도 완화와 긴축이 교차하는 대책으로 대내외 격랑에 대응하였고, 정권 교체로 정책기조도 사뭇 달라졌다.

2023년의 한국경제는 기후변화와 저출산·고령화가 길다란 그림자를 드리우고, 저성장과 고물가·고금리, 공급망 전환과 수출 부진 등의 다양한 구조적 장애물이 앞을 막아선 형국이다. 이 와중에 주력산업의 국제경쟁력을 유지하면서 AI·클라우드, 반도체 등 IT 초격차와 디지털·바이오 융합을 포함한 신성장동력을 확충할 과제를 안고 있다. 명확한 비전과 효과적인 전략으로 한국경제의 앞날을 개척해야 할 시점이다.

시간의 제약으로 이 책의 내용을 전부 손보지는 못했다. 전면 개정은 다음을 기약하고자 한다. 개정 작업의 우선순위를 국민소득과 고용, 물가, 재정, 금융, 자산시장 등에 두었다. 소득분배와 복지, 시장경쟁, 인구, 교육 등은 중요한 학습의 주제이지만 단기간에 변화가 작은 부문이어서 필요 최소한으로 손보았다. 맺음말은 코로나19 극복 과정의 실감도 유지할 겸 아직 유효한 듯하여 그대로 두었다.

그간 오랜 친구와 공저로 『통계안목: 세상을 바로 보는 힘』이라는 책을 내기도 했다. 우리 사회에 지표와 통계의 객관적 근거를 토대로 활발하게 토론하고 합리적으로 결정하는 문화가 확산되기를 기대한다.

2023. 8.

광교산 연구실에서 최성호

머리말

노벨경제학상 수상자인 죠지 스티글러(George J. Stigler)는 경제적 문해능력에 관한 1970년의 논문에서 "사람들이 모든 학문과 지식을 전부 습득할 수는 없지만 누구나 조금은 공부해야 하는 특별한 지위를 경제학에 부여할 수 있는가"라는 질문을 던졌다. 그는 "그럴 수 있다면, 경제학의 어휘와 논리를 구사해야 하거나 경제전문가의 조력이 필요한 상황이 빈번하므로, 사람들 사이의 소통의 수단으로써, 그리고 매번 전문서비스를 구매하지 못하는 유형의 지식으로서 경제학이 필요하기 때문"이라고 하였다.

실제로 우리가 날마다 마주치는 대화와 뉴스의 상당 부분은 경제에 관한 것이다. 소비와 지출, 저축과 미래 준비는 물론 금융과 부동산을 포함한 자산의 관리에 관한 여러 결정은 일상적인 관심사이다. 아울러 직장이나 단체, 지역사회, 국가의 공적 담론에서 경제이슈의 비중은 압도적이다.

그러나 자신의 경제적 의사결정이나 공공정책 평가를 위하여 전문가의 도움을 받는 데는 한계가 있다. 크고 작은 경제적 결정에 일일이 전문가 자문을 의뢰하는 것은 번거롭다. 경제 전문가들도 대개는 일치된 해답을 제시하지 못한다. 더구나 자산투자는 위험이 동반하기 때문에 그에 대한 책임은 내 자신이 져야 하고 모든 경제정책에 관한 토론은 가치판단이 개재되므로 내가 스스로 판단해야 한다.

이 책은 경제학에 대한 체계적 학습과 깊이 있는 탐구를 목적으로 하지 않았다. 그보다는 우리가 홍수처럼 밀려드는 뉴스와 정보를 이해하고 일상에서 접하는 경제문제를 헤쳐 나가는 실마리로써 경제지표와 관련 사회지표를 설명하고 최근의 통계수치를 해석하여 현실경제를 체감하는 데 초점을 맞추었다. 국민경제의 각 분야를 나열하고 있는 듯 보이지만 약간의 흐름도 구성하였다.

우선 1부에서는 국민경제의 성장과 변동, 글로벌화의 큰 흐름을 이해할 수 있도록 장기적 추세인 성장과 단기적 변동인 경기순환, 가계의 소비와 기업의 투자, 국제 거래를 다루었다. 2부에서는 시장의 기능을 뒷받침하는 지원과 규제의 정부 역할이 중요한 재정지출, 고용안정, 소득분배, 통화정책, 경쟁촉진, 자산시장 분야를 살펴보았다. 3부에서는 한국의 경제·사회 구조전환과 관련되는 분야인 기업가정신, 빈곤 문제, 인구구조와 교육, 환경과 에너지를 포함하여 경제지표와 사회지표의 접촉면을 설명하였다. 각 장의 도입부에 핵심 학습내용을 요약하여 제시하였고, 장별 내용과는 별도로, 경제지표의 분석에 관한 간략한 방법론으로써 통계포인트를 각 장에 1개 항목씩 포함하였다. 각 장의 후반부에 공공기관이나 민간 부문에서 해당 분야의 지표를 정책·전략의 개발에 활용하는 간략한 사례연구와 연습문제로 마무리하였다. '경제지표의 학습을 통한 한국경제의 이해'에 관한 대학 교양과목의 1학기 교재로도 적절하게 활용될 수 있도록 서론과 15개의 장으로 구성하였다.

　경제학은 합리적 선택의 방법론을 세련되게 발전시켜 개인과 사회에 관한 다양한 영역의 문제를 풀어나가는 데 효과적인 도구를 제공한다. 우리가 합리적 생활인으로서, 책임 있는 민주시민으로서 역할을 다하는 데 경제학 공부가 큰 힘이 될 것이다. 경제학의 개념과 이론을, 여러 요소가 복잡하게 얽혀 시시각각 역동적으로 변화하는 현실경제에 적합하게 응용할 수 있어야 한다. 차가운 머리와 뜨거운 가슴을 가다듬고, 열린 지성과 유연한 사유능력을 길러 나가야 한다. 경제지표에 대한 이해와 분석은 좋은 출발점이 될 것이다.

2021. 8.

광교산 자락의 연구실에서 최성호

[그림 차례]

[표 차례]

[통계포인트 차례]

ECONOMIC INDICATORS AND THE KOREAN ECONOMY

성장과 변동, 글로벌화

정상적인 국민경제는 장기적으로 성장하는 가운데 단기적으로 변동하면서, 글로 벌화의 진전을 보인다. 경제성장은 생산, 지출 또는 소득 측면의 경제규모(GDP) 가 증대되는 추세를 말하며, 경기순환은 각 기간의 경제규모가 경제성장의 추세 를 웃돌거나 밑도는 변동의 정도를 뜻한다. 특히 지출 측면의 경제규모는 소비 와 투자, 수출로 구분되어 측정되는데, 그중에서도 투자는 국민경제의 성장잠재 력을 결정하는 데 가장 중요하다. 글로벌화는 국경을 넘나드는 무역, 투자, 인적 교류의 경제활동이 국민경제에서 차지하는 중요성이 커짐을 의미한다.

ECONOMIC
INDICATORS AND
THE KOREAN
ECONOMY

서 론

서 론

경제지표의 이해는 경제현실에 대한 정확한 판단과 합리적 의사결정을 위한 기초이다.
경제지표란 좁게는 주요 경제지수를 의미하지만, 이 책에서는 중요한 경제통계를 폭넓게 포함한다.
경제지표 분석을 통하여 장기적 추세, 단기적 변동, 일시적 소음을 가려내는 것이 중요하다.
최근 한국사회의 상황을 비추어 데이터를 활용한 경제지표의 실증적 분석을 근거로 하는 토론과 결정이 긴요하다.

경제는 인간 삶의 토대를 이룬다. 경제적 의사결정은 개인 삶의 질을 결정하고 사회 구성원의 행복을 좌우한다. 개인과 사회의 성공적인 의사결정을 위해서는 경제의 과거와 현재 그리고 미래 전망을 포함하는 경제현실에 대한 정확한 판단이 필요하다. 경제현실에 대한 정확한 판단을 위한 기초가 경제지표(economic indicator)의 이해이다.

우리는 지표에 의하여 경제와 사회를 이해한다. 특정 부문의 대표적 지표가 해당 부문의 현실을 완벽하게 포괄적으로 측정할 수는 없다. 그러나 경제와 사회의 지표는 사회적 담론이나 공공정책 토론의 유용한 도구가 된다. 나아가 개인이나 집단, 정부나 사회의 목표와 행동을 설명하고 평가하는 수단이 되기도 한다. 바람직한 진보의 방향을 제시하고, 그 성과를 측정함으로써 발전에 대한 유인을 제공하기도 하며, 다른 개인이나 집단, 정부나 사회가 쉽게 벤치마킹하도록 이끌기도 한다.

경제지표는 좁은 의미에서 경제학 이론에 기반을 두어 지역이나 산업, 국가의 경제활동을 전체적으로 요약하여 측정하기 위해 생산량 또는 가격 등으로 구성한 경제지수(economic index)를 의미한다. 경제지수는 개별 통계 수치를 가중치의 적용에 의하여 합계한 지표값이다. 일정 시점이나 공간의 측정치를 100 또는 1,000과 같이 기준치로 잡고 다른 시점으로의 변화나 다른 공간과의 비교를 나타낸다. 그러나 이 책에서는 경제지표의 의미를 넓게 사용하기로 한다. 일정한 이론을 기반으로 구성한 경제지수만이 아니라 경제 현실의 이해와 경제적 의사결정의 기초자료로서 중요한 경제통계를 폭넓게 포함하기로 한다. 이러한 의미의 경제지표는 국민경제 전체를 하나의 수치로 측정하여 판단할 수 있는 거시지표와 소비자와 기업, 정부 등 개별 경제주체의 행동이나 산업별, 부문별 생산량과 가격 등을 파악할 수 있는 미시지표로 나누어진다.

경제지표는 경제적 현실을 이해하는 도구이며, 경제지표의 분석은 그 자체가 목적이라기보다 유용한 수단이다(Steindel, 2018). 경제지표에 대한 이해가 없이 경제적 의사결정에 참여하는 것은 무기 없이 전쟁터에 나가는 것과 같다. 의사는 치료를 위하여 소화계, 순환계, 호흡계, 근육계 등 인체에 대한 이해를 필요로 한다. 그렇듯이 민간기업과 공기업, 비영리법인과 정부기관, 대학과 연구소에서 일하는 전문가는 경제와 사회에 관한 분석과 예측의 도구로서 경제지표를 이해하여야 한다. 기업경영자와 정부 관료는 적절한 사업 결정과 정책선택을 위하여 경제지표를 참고하여야 한다. 정부의 정책결정이나 대중의 여론에 상당한 영향을 미치는 언론인도 경제지표의 의미를 정확하게 파악하여야 한다.

일반 대중은 어떠한가. 우선 개인의 경제적 행위, 특히 자산관리에 관한 바른 판단과 실행을 위해 유용하다. 금융자산의 예를 들어 보자. 구체적인 증권의 선정보다 주식, 채권, 예금, 부동산 등 자산유형별 배분이 투자성과에 더 중요하다고 한다. 또한 뮤추얼펀드나 상장지수펀드(ETF), 리츠의 확산으로 소액으로도 광범위한 분산투자가 가능해지면서 자산유형별 배분보다도 증권의 매입과 매도를 위한 시점의 선택이 더 중요해지고 있다. 따라서 거시경제지표의 이해는 기본적으로 중요하며 자산유형별 배분이나 증권의 선택을 위해 산업별 생산, 출하, 재고 등 미시경제지표의 이해도 필수적이다. 특히 개인의 자산관리를 위한 경제지표의 활용은 2000년대 초의 정보기술(IT) 버블, 2007~2008년의 글로벌 금융위기를 거치면서 더 강조되었다(Baumohl, 2012). 정부 발표와 언론보도가 제공하는 통계의 해석도 선별하여 받아들이려면 경제지표에 대한 명확한 이해가 필요하다. 일반 대중의 경제와 사회의 지표에 대한 지식의 함양은 경제정책에 관한 공개 토론을 강화하고 궁극적으로 정책의제 형성과 정책결정, 선거를 통한 정치과정 참여를 개선하는 데 도움이 될 것이다.

경제지표의 분석은 주로 거시경제의 추세와 변동을 대상으로 한다. 수많은 경제지표가 다양한 수치로 발표되지만 그중에는 그저 소음(noise)과 같은 일시적, 예외적 현상에 관한 것도 있다. 따라서 이러한 일시적, 예외적 현상과 구분하여 장기적 추세

(trend)와 단기적 변동(fluctuation)이 경제지표 분석의 초점이다(McGee, 2016). 단기적 변동에 관한 분석은 넘치는 데이터 중에서 소음을 걸러 내고 의미 있는 패턴을 찾아 내어 가까운 미래의 경기 국면을 예측할 수 있는 신호를 찾아낸다. 장기적 추세에 관한 분석은 매우 긴 기간에 걸친 경제현상의 변화를 측정하는데, 흔히 그러한 변화는 신기술개발, 경제구조 조정 또는 사회문화 전환이 초래하는 경우가 많다.

경제지표를 구준하게 분석하여 적시에 판단하고 적절히 실행함이 중요하다. 첫째, 소음은 대체로 무시하여야 한다. 소음이란 주로 불완전하거나 부정확한 정보 또는 일시의 예외적 현상에 관한 데이터를 말한다. 대체로 객관적 지표 분석보다 이야기의 구전에 의해 만들어지고 확산되는 경우가 많다. 정부기관이 오류를 가진 통계를 발표하고 나중에 바로잡는 사례가 있다. 미국 노동부가 신규취업자 수를 사실보다 낮게 발표하자 연준이 통화긴축으로의 전환을 취소하고 통계가 정정되자 다시 시행하여 통화정책 대응이 지연되었던 사례가 있는데, 2장의 통계포인트 2에서 자세히 설명할 것이다(McGee, 2016). 배당지급이나 자산매입 등 일회성 이벤트를 지속성을 가지는 사건으로 간주한 프로그램 매매에 의하여 순간적으로 주가가 급락하기도 한다. 2006년 10월에서 2016년 9월 사이에 일어난 북한의 1~5차 핵실험은 평균적으로 발생 당일의 주가동향이 ⁻0.9% 하락에 그치고 1주일 후에는 오히려 0.2% 상승했다. 이러한 경우 북한 핵실험은 한국의 실물경제나 금융시장에 영향을 주지 못한 소음에 불과했다고 볼 수 있다.

둘째, 경기변동을 적절하게 예측하여 대응하여야 한다. 20세기 초 이미 투자로 백만장자가 되었으며, 당대 최고의 경제학자로 부상했던 피셔(Irving Fisher)와 케인즈(John Maynard Keynes)의 사례가 있다(Harford, 2021). 이들은 스스로의 경제예측에 근거를 두어 주식시장에 적극적으로 투자하고 있었는데, 주가가 2일 동안에 20%, 이후 4년 동안에 89% 하락한 대공황은 둘 다 예측하지 못하여 큰 손실을 입었다. 심지어 피셔는 1929년 최초의 주가폭락이 발생하기 2주 전 뉴욕타임즈에 "주식이 새롭고 영구적인 고원에 도달"하였다고 주장했을 정도이다. 그런데 피셔는 시장이 일시적으로 틀렸고 자신의 예측이 옳다는 확신을 바꾸지 않았다. 그가 투자한 레밍턴 랜드(Remington Rand)의 주가는 58달러에서 대공황 시작 3개월 후 28달러로 하락했는데 피셔는 자금을 차입하여 추가 매입하는 등 실수를 거듭하였다. 그 주식의 가격은 4년 후 1달러가 되었다고 한다. 피셔가 경제학자로서의 명성도 잃고 거의 파산한 상태로 외롭고 비참한 노후를 보낸데 대하여 케인즈는 예측을 수정하여 주식을 매도하고 나중에 다시 매입하여 오히려 재산을 늘리고 자산가로서, 20세기 가장 영향력이 큰 경제학자로서 명성을 누렸다. 케인즈는 대공황 이전 투자 실패를 딛고 재기한 경험을 바탕으로 시장에 대해 겸손하였고 사실이 바뀌면 의견을 변경하는 태도를 취한 점이 두 사람의 운명을 갈라놓은 결정적 차이였던 것이다. 경제예측의 핵심은 우선 치밀하고 정확하게 예측하고, 예측이 현실로 나타나고 있는지 경제지표의 분석에 의해 지속적으로 점검하며, 현실과 다른 경우 놓친 데이터나 관점을 찾아 예측을 수정해야 한다는 것이다.

셋째, 구조전환에 관한 장기 추세를 기민하게 읽어 공공정책과 기업전략에 반영해야 한다. 가장 큰 경제적 성과는 여기서 나올 것이다. 정보기술과 생명공학의 기술진보에 의한 경제구조 대전환에 대응하는 각국 정부의 선제적 제도·정책의 혁신은 아무리 강조해도 지나치지 않다. 반도체는 1990년대 초부터 지금까지 한국 1위 수출상품의 지위를 유지하고 있다. 삼성전자, 현대전자(SK하이닉스의 전신) 등 우리 기업들이 국내외의 우려와 반대, 방해에도 불구하고 반도체산업을 개척했던 것도 기술과 산업의 장기 발전방향을 간파한 기업가정신이 기초가 된 것이다. 개인투자자가 지속적인 경제지표의 분석을 통하여 1990년대 중반의 인터넷 확산 이후 정보기술·플랫폼 기업 가치의 성장을 남들에 앞서 예측하고 마이크로소프트, 애플, 아마존, 구글, 다음커뮤니케이션(카카오의 전신), 네이버 등의 주식을 매입하여 장기 보유하였다면 막대한 수익을 거둘 수 있었을 것이다. 생명공학의 진보와 정보기술의 접목, 팬데믹·기후변화에의 대응으로 급진전하고 있는 바이오경제 전환도 우리 기업과 투자자, 나아가 한국경제에 새로운 기회를 제공하는 추세가 될 것으로 전망된다.

최근 한국 사회의 두드러진 현상 중의 하나가 보수와 진보, 또는 좌와 우의 진영 대립이 심화되었다는 점이다. 이에 따라 경제와 사회에 관한 중요한 정책결정을 진영 대립이 지배하고 합리적, 합목적적 토론보다는 이념의 잣대로 상대 측의 의견을 재단하면서 과학적 분석에 기반을 둔 진지한 소통이 불가능한 지경에 이르렀다. 그러다 보니 2020년 주택임대차 3법 개정을 포함하는 부동산정책에서 보듯이 시장의 본질적 기능을 침해하는 정부개입이 국민의 불편과 고통, 경제적 비효율과 사회적 격차 확대로 국민생활의 안정을 위협하고 있다. 한편으로는 코로나-19와 같은 재난 상황을 극복하고, 수십년 간 심화되어온 소득과 부의 불평등을 시정해나가려는 정책

대안이 정부의 과도한 개입이라 하며 반대의 벽에 부딪치기도 한다. 이제 합리적이고 실용적 정책 대안으로 한국의 경제와 사회의 발전을 추구하기 위한 긴요한 인프라로서 지식정보 시스템에 대한 관심과 투자가 필요하며, 경제지표의 분석을 실증적 근거로 하는 사회적 토론과 정책결정이 강화되어야 한다. 경제지표에 대한 명확한 이해는 개인의 적절한 경제적 의사결정은 물론 실용적이고 합리적인 공적 토론과 정책결정을 향한 발전적 변화의 시작이 될 것이다.

[이해와 활용]

1. 최근 뉴스에서 들은 경제지표 중에 기억나는 게 어떤 것들인가? 그 의미가 이해되지 않아 궁금한 적이 있는가?
2. 우리가 살아가면서 경제지표를 찾아 그 수치를 확인해볼 필요가 있다고 생각할 때는 어떤 상황일까?
3. 경제현상과 관련하여 중요한 의미를 가지는 사회지표에는 어떤 것들이 있을까? 경제지표와 사회지표가 함께 필요한 사례를 들어보자.

참고문헌

[1]   Baumohl, B.(2012), The Secrets of Economic Indicators: Hidden Clues to Future Economic Trends and Investment Opportunities, FT Press.
[2]   Harford, T.(2021), The Data Detective: Ten Easy Rules to Make Sense of Statistics, Penguin.
[3]   McGee, R. T.(2016), Applied Financial Macroeconomics and Investment Strategy: A Practitioner's Guide to Tactical Asset Allocation, Springer.
[4]   Steindel, C.(2018), Economic Indicators for Professionals: Putting the Statistics into Perspective, Routledge.

생산 · 소득과
경제성장

제1장

생산·소득과 경제성장

국내총생산(GDP)은 가장 포괄적인 대표 경제지표로서 국가 전체의 생산, 지출, 소득의 합계이다. 명목 GDP는 모든 재화와 서비스의 생산량을 그 해의 시장가격으로 집계한 금액이며, 매 분기, 매년 측정된다.

실질 GDP는 기간에 걸친 생산량의 증가를 측정하기 위하여 모든 재화와 서비스의 생산량을 불변가격(기준연도 가격)으로 집계한 금액이며, 매 분기, 매년 측정된다.

경제성장은 실질 GDP의 증가율이며, 국민경제의 장기적 추세를 반영한다.

GDP에 관하여 지출, 생산, 소득 측면의 구조가 중요하다. 각 측면의 구성요소별 금액과 증가율은 국민경제의 현상과 변화를 나타내는 바로미터다.

노동생산성과 자본생산성은 노동 1단위(시간)당, 자본 1단위당 생산량이다. 특히 노동생산성은 국민경제의 질적 측면으로서 1인당 GDP를 결정한다.

GDP의 개념과 중요성

국내총생산(Gross domestic product: GDP)은 대표적인 경제지표이며 경제활동의 중심 지표이다. GDP는 다양한 거시 경제지표는 물론 수많은 미시경제지표를 기초로 하여 집계되어 계산된다. 국민경제와 경제정책에 대하여 이해하려면 GDP의 개념과 그 측정 방법을 어느 정도 알아야 한다. GDP 개념의 구성이 근본적인 경제문제에 대한 가장 중요한 지침을 제공하기 때문이다.

한국경제의 성장률이 1960년대 초에서 1990년대 말까지 연평균 7% 정도를 유지하다가 최근 2% 수준까지 단계적으로 하락했지만 이러한 성장률을 3% 이상으로 다시 끌어올리면 국민 삶의 질이 나아질 가능성이 열린다. GDP가 증가해야 일자리와 소득이 늘고 사회 인프라를 보강하며 교육에 투자하고 보건과 복지, 안전 서비스를 제공할 수 있는 재원도 확대된다. 이렇듯 GDP가 국민경제의 바람직한 목적을 달성하기 위한 수단이지만, 마치 그 자체가 목적이라고 여겨질 정도로 GDP의 증가, 즉 경제성장은 중요하다. 1995년 노벨경제학상 수상자인 루카스(R. Lucas)는 사회복지(social welfare)를 개선하는 데 압도적으로 기여한 요인은 소득재분배나 경기변동 안정화가 아니라 18세기 후반에 시작된 산업혁명 이후의 경제성장이라고 주장하였다(Lucas, 2004).

정책을 수립하는 정부 경제부처나 정책변화에 민감한 금융시장의 근본적 관심사는 일자리, 물가, 정부수입 등이며 GDP와 경제성장은 이러한 관심사들에 중요한 영향을 미친다. 경제활동인구나 취업자 수가 일자리의 중요한 지표이고, 소비자물가상승률이 물가의 가장 중요한 지표인데, 이들은 통계청이 매달 발표한다. 기획재정부를 비롯한 경제부처와 한국은행은 고용증대와 물가안정이 중요한 정책목표이다. 정부수입은 정기적으로 빈번하게 발표되지 않지만 그 추계는 한국은행 통계 데이터베이스(DB)에 포함된다.

GDP는 (1분기 또는 1년의) 일정 기간 동안, (한국) 국내에서, 생산된, 최종재의 시장가치를 측정한다(Hubbard & O'Brien, 2015; Mankiw, 2021). GDP의 측정에서 중요한 고려사항 중 하나는 중복계산(double-counting)을 피하는 것이다. 농부가 생산한 찹쌀(500원)을 투입하여 떡집에서 찹쌀떡(2,000원)을 생산했는데, 찹쌀과 찹쌀떡의 생산액을 2,500원이라 한다면 500원은 중복 계산한 것이다. 따라서 이 경우에는 중간재(intermediate goods)인 쌀을 빼고 최종재인 떡의 가치만을 합계해야 한다. 그런데 운행 중인 자동차에 교체용으로 구입한 타이어는 최종재이고 신차에 장착하는 타이어는 중간재인데, 이러한 구별이 항상 용이한 것은 아니다. 중간서비스(intermediate service)의 경우는 갈수록 중요해지고 있으나 측정이 더욱 어렵다. 중간서비스는 기업이 생산공정의 일부로 구매하는 서비스로서 법률, 회계, 컨설팅, 광고, 건축, 물류는 물론이고, 매우 규모가 커진 금융서비스와 같은 전문서비스(professional service)를 포함한다. 대형 로펌의 변호사나 회계법인의 공인회계사 그리고 증권사의 애널리스트와 펀드매니저 등의 전문직이 국민경제에서 차지하는 고용과 소득의 비중은 갈수록 커지고 있다. 그런데 제조업체나 유통업체가 광고와 물류, 컨설팅 서비스를 구매하는 경우 그 비용을 각 최종재에 구분하여 차감하는 것이 찹쌀과 찹쌀떡의 경우처럼 단순하지 않으며 타이어의 사례보다도 복잡하다.

국민경제의 작동과 연계하여 GDP 개념을 이해하는 데 <그림 1-1>에 나타낸 경제순환모형이 유용하다(Mankiw, 2021). GDP는 생산요소와 생산물 그리고 그에 상응한 소득과 지출의 흐름으로 구성되는 경제순환에서 재화와 서비스의 구입을 위한 지출, 재화와 서비스의 생산, 재화와 서비스의 생산을 위한 생산요소의 판매로 얻은 소득으로 각각 측정할 수 있다. 그런데 지출, 생산, 소득의 3가지 측면에서 측정한 시장 가치가 동일하다고 하여 '3면 등가의 법칙'이라고 한다.

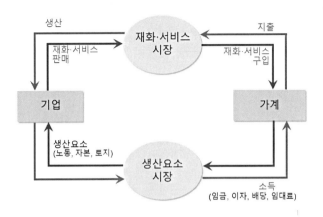

* 자료: Mankiw(2021), Principles of Economics, Chapter 2, Figure 2.1을 간추려서 작성.

〈그림 1-1〉 경제순환 모형

그런데 우리나라의 경제총조사(census), 광업제조업조사, 도소매서비스업조사 등 기초통계가 지출, 소득보다 생산 활동의 측정에 적합하도록 되어 있어 실제 GDP의 집계는 생산 활동을 중심으로 먼저 작성하고 다른 측면의 자료로 보완한다. 국제연합 (UN)은 GDP 통계 작성의 국제기준인 국민계정 체계(System of national accounts: SNA)를 1953년 제정하여 1968년, 1993년, 2008년에 개정하였다. 한국은행은 최근 기준인 2008 SNA의 채택을 실질 GDP 산출에 2010년 가격을 불변가격으로 적용한 2014년 개편 작업 시에 완료하였다(한국은행, 2020a). 한국은행은 우리나라 GDP 추계에 관하여 원자료(raw data) 이용가능성 등을 고려하여 주로 생산접근법을 기준으로 하며, 지출접근법을 보완적으로 적용하기도 하고, 분배 국민소득의 추계를 위해서는 소득접근법도 활용한다. 생산접근법은 산업별 또는 품목별로 국내 총산출액(gross output)에서 각각의 생산에 투입된 원재료와 여러 비용을 포함한 중간투입액(intermediate input)을 차감하여 구한 부가가치(value added)를 합하여 GDP 금액을 구한다.

또한 지출접근법은 수요 측면 또는 공급 측면으로 측정할 수 있는데, 우리나라의 경우 OECD 회원국을 포함한 대다수 선진국과 유사하게 수요접근법을 원칙으로 한다. 최종생산물을 구입하는 수요자인 가계, 기업, 정부를 대상으로 가계소비와 정부

소비, 지식재산생산물투자, 건설투자, 재고증감 등의 지출현황을 조사한다. 다만 수요 파악이 어려운 설비투자는 상품흐름법을 활용하는데, 이는 상품 유통과정을 따라 공급자를 대상으로 조사하는 방식을 말한다. 역시 다양한 기초 통계자료가 활용된다.

한편 분배접근법은 창출된 부가가치가 각 제도부문에서 생산요소를 제공한 경제주체들에게 어떻게 분배되었는지를 측정하는 것으로, 제1차 및 제2차 소득분배, 현물소득재분배 등을 포함한다. 1차 소득분배는 시장에서 생산요소의 거래에 의하여 이루어지는 분배이며, 2차와 3차 소득분배는 정부가 개입하여 소득을 좀 더 고르게 하는 분배이다. 1차 소득분배는 생산된 부가가치가 각 생산요소와 정부에 대하여 피용자보수(임금과 급여), 고정자본소모(감가상각), 영업잉여, 생산 및 수입세(부가가치세, 특별소비세, 관세 등)와 보조금 등으로, 그리고 영업잉여는 이자, 배당 등으로 다시 배분되는 과정이다. 또한 2차 소득분배는 가계, 기업, 정부 간에 소득·부에 대한 경상세(소득세와 재산세 등), 사회부담금과 사회수혜금 등으로 재분배되는 과정이다. 3차 소득분배는 현물소득재분배라고도 하는데, 정부의 가계에 대한 공교육, 보건 등 현물이전에 의하여 소득이 재분배되는 과정이다. 이때 생산과정에 참여하여 소득을 분배받는 제도부문은 가계, 가계에 봉사하는 비영리단체, 비금융법인기업, 금융법인기업, 일반정부 등으로 구분한다. 집계에 포함되는 소득의 유형은 피용자보수, 영업잉여, 생산 및 수입세, 사회수혜금, 사회부담금, 보조금 등으로 구분된다. 생산, 지출, 소득 측면의 GDP 집계에 수많은 기초통계가 사용되는데, 이러한 기초통계 자료는 이번 장의 '부록 2'에 예시적으로 제시하였다. 3면 등가의 원칙에 의하면 세 측면의 GDP 집계치가 동일해야 하지만 각 측면별로 각기 다른 기초자료를 활용하여 작성하므로 통계상 불일치가 발생한다. 우리나라는 이 통계상 불일치가 대체로 GDP의 1% 내의 값을 가지는데, 이는 OECD 선진국과 유사하거나 약간 낮은 수준으로 나타나고 있다. 국민계정이 확정되는 시점에서는 통계상 불일치가 조정되어 각 측면의 GDP 금액이 동일하게 산출된다.

한국은행의 2023년 6월 발표에 의하면 실질GDP는 코로나-19 상황이 전개된 2020년 −0.7%, 2021년 4.3%에 이어 2022년에는 2.6%의 성장세를 나타냈다. 명목 GDP는 전년에 비해 3.9% 증가하여 2,162조 원을 기록하였다. 그런데 2023년 6월 한국은행이 발표한 국민계정은 2021년 통계까지가 확정치이고, 2022년 통계는 잠정치이다. 따라서 GDP 집계에 관한 설명을 위해서는 확정치가 발표된 2021년 통계를 사용한다.

<표 1-1>은 2021년 명목 GDP를 생산, 지출, 소득의 측면에서 측정한 사례로 어느 측면에서도 동일한 금액 2,080조 1,990억 원으로 집계되었다. 명목 GDP가 처음으로 2천 조 원을 넘어선 2021년 한국경제의 요약표라 할 수 있겠다.

〈표 1-1〉 국내총생산의 생산, 지출, 소득 측면(2021년, 당해 연도 가격 기준, 10억 원)

지출		생산		소득	
민간최종소비지출	956,018	농림어업	38,602	피용자보수	982,801
정부최종소비지출	377,760	광공업	532,038	영업잉여	449,211
총고정자본형성	658,353	(제조업)	(530,170)	고정자본소모	433,580
재고증감	14,117	전기, 가스 및 수도업	35,677	생산세·수입세	230,692
재화와 서비스 수출	871,130	건설업	106,936	(−)보조금	(−)16,086
(−)재화와 서비스 수입	(−)797,178	서비스업	1,182,008		
		총부가가치	1,895,260		
		순생산물세	184,938		
국내총생산	2,080,199	국내총생산	2,080,199	국내총생산	2,080,199

* 자료: 한국은행(2023), 국민계정: 2021년(확정) 및 2022년(잠정).

지출 측면의 GDP

GDP는 지출 측면에서 최종재에 대한 지출인 소비, 투자, 정부지출, 순수출로 구분되어 측정된다. 예를 들어 자동차 회사가 승용차를 1대 생산했다고 하자. 이 승용차를 가계가 구입하여 출퇴근·레저용으로 쓴다면 소비이고, 택배회사가 구입하여 배송서비스에 사용한다면 투자이다. 지자체가 구입하여 관내 순찰용으로 운영한다면 정부지출이고, 부산항을 통해 미국으로 팔려나가면 수출이다. 이 승용차가 안 팔려서 일단 창고에 보관된다면 투자의 일종인 재고투자이다. 이 승용차를 제조사가 스스로 구입하여 미래 판매에 대비하는 것처럼 취급된다는 의미이다. 그러므로 국경 내에서 생산되는 재화와 서비스에 대한 지출은 모두 이같이 소비, 투자, 정부지출, 순수출로 구분된다. 다만 무역활동의 경우 수출에서 수입을 뺀 금액인 순수출이 GDP 집계의 대상이 된다. <표 1-2>는 우리나라의 2021년 GDP 확정치의 지출 측면의 구성을 나타내고 있다.

<표 1-2> 지출 측면의 GDP 구성(2021년, 당해 연도 가격 기준, 10억 원, %)

	금액	구성비
최종소비지출	1,333,777.5	64.1
민간	956,017.6	46.0
(가계)	922,844.5	44.4
(가계에 봉사하는 비영리단체)	33,173.1	1.6
정부	377,759.9	18.2
총자본형성	672,469.8	32.3
총고정자본형성	658,352.6	31.6
(건설투자)	319,768.9	15.4
(설비투자)	191,224.1	9.2
(지식재산생산물 투자)	147,359.7	7.1
재고 증감 및 귀중품 순취득	14,117.2	0.7
재화와 서비스의 수출	871,129.5	41.9
(재화)	742,957.4	35.7
(서비스)	128,172.1	6.2
(−)재화와 서비스 수입	797,178.4	38.3
(재화)	657,719.2	31.6
(서비스)	139,459.2	6.7
국내총생산에 대한 지출	2,080,198.5	100.0

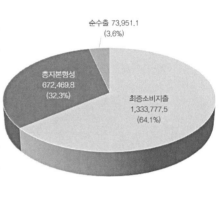

순수출 73,951.1 (3.6%)
총자본형성 672,469.8 (32.3%)
최종소비지출 1,333,777.5 (64.1%)

* 자료: 한국은행(2023), 국민계정: 2021년(확정) 및 2022년(잠정).

첫째, 소비는 재화와 서비스에 대한 지출을 포함하며 재화는 내구재와 비내구재로 세분한다. 가계가 구입하는 세무자문, 부동산중개, 금융컨설팅 등과 정부가 구입하는 자문, 용역연구, 컨설팅 등의 비용은 최종재에 대한 지출로 계산된다. 그러나 기업이 이러한 서비스를 구입하면 중간재로 간주되므로 지출 측면의 GDP에는 가계나 정부의 최종재 구입단계에 반영된다. 기업이 임직원에게 제공하는 복리후생(fringe benefits)인 식비, 통근차량 보조비 등은 가계 소비지출로 집계된다.

둘째, 투자는 설비투자와 건설투자 그리고 재고투자로 구성된다. 설비투자는 기업의 기계, 설비 등 고정자본에 대한 지출이며, 건설투자는 기업의 공장, 오피스 등 건축과 가계의 신축 주택 매입을 포함하고, 재고투자는 생산하였으나 판매되지 않은 생산물의 가치이다.

셋째, 정부지출은 중앙정부와 지자체의 공무원 임금, 인프라 건설 등과 같이 소비지출과 투자지출을 포함하여 재화와 서비스 구입으로 GDP에 포함된다. 다만 개인에 대한 이전지출, 국채에 대한 이자 지급, 각종 보조금은 GDP에서 제외되며 가계나 기업이 정부로부터의 이전지출이나 이자, 보조금을 사용하여 재화와 서비스를 구입하는 단계에서 GDP에 포함된다.

넷째, 순수출은 수출에서 수입을 뺀 금액이 지출 측면의 GDP 구성요소가 된다. 수출은 국내에서 생산된다는 점에서 당연히 GDP에 포함된다. 수입의 경우에는 일단 소비, 투자, 정부지출 등 총지출에 함께 합산한 후, 총지출에서 별도의 수입통계를 차감한다.

지출 측면의 GDP에 대하여 몇 가지 사실을 살펴볼 수 있다. 어떤 재화나 서비스를 최종재로 포함할 것인지는 선택의 문제다. 자본재 성격의 재화나 서비스의 구매가 포함되는 점을 강조할 수 있다. 자본재는 기업이 구입하는 원자재, 가계가 구입하는 식품과 같은 비내구재, 정부가 구입하는 사무용품이나 다른 소모품과 다르다. 자본재는 특정 기간에 소모되지 않고 여러 기간에 걸쳐 생산에 기여하거나 소비의 대상이 되므로 시간적 중복계산(double-counting over time)이라 하여 시간에 걸쳐 나누어 중간재로 집계할 수도 있으나 생산 시점을 기준으로 하므로 그렇게 처리하지 않는 것이다. 기업의 설비투자, 건설투자나 개인의 신축주택 매입이 그런 경우다. 재고투자에 관해서는, 재고는 제외하고 판매가 완료된 최종재만 집계하는 것이 더욱 우월한 총수요 지표라는 주장도 있지만, 이미 생산이 이루어졌다는 점에서 GDP에 포함된다. 정부지출은 건물, 사무용 가구 및 기계류 등 범용 자본재의 구입은 물론 도로, 상하수도, 댐, 무기 등 특화 자본재에 대한 지출도 포함한다. 순수출과 재고투자는 그 시기에 따라 음(−)의 부호를 가질 수 있다. 한국은행이 집계하는 국민계정은 일반적인 학술적 분류와 다르게 GDP의 지출 측면을 최종소비지출, 총자본형성, 순수출로 구분하고 있으며, 정부지출은 지출의 성격에 따라 최종소비지출과 총자본형성에 나누어 포함하고 있음에 주목할 필요가 있다.

생산 측면의 GDP

GDP는 생산 측면에서 산업별 생산액의 합계로 측정된다. 산업별 생산액은 부가가치로 정의되며 판매액에서 다른 산업으로부터의 구매액을 뺀 금액이다. 한 나라의 영토 내에서 생산하는 모든 산업의 부가가치 합계는 명목 GDP와 같다. 판매액과 구매액 그리고 이윤, 임금 등 소득을 포함한 산업별 데이터로부터 산업별 생산액을 계산하는 것은 매우 복잡하다. 나아가 산업별 실질 생산액을 계산하려면 각 기업의 판매와 구매의 모든 품목에 대하여 적절한 가격 디플레이터를 적용해야 해서 더욱 어렵다. 한국은행은 통계청이 작성하는 경제총조사와 광업·제조업조사 등에 의한 산업별 매출, 생산, 투자, 감가상각 등을 종합하여 작성한다. <그림 1-2>는 우리나라의 2021년 생산 측면의 GDP를 주요 산업별 구성으로 나타낸 것이다.

표준산업분류에 따라 생산 측면의 GDP를 측정함에는 기업이 아닌 사업체의 데이터를 기초로 한다(통계청, 2017). 사업체는 기업의 구성단위로서 본사·본점, 지사·지점, 공장, 영업소, 출장소 등을 말한다. 하나의 기업은 본사와 공장을 포함하여 다양한 산업 부문에서 사업체를 운영할 수 있다. 표준산업분류는 본사의 경우 <그림 1-2>의 사업서비스업에 해당하는 전문서비스(중분류 71)의 범주 아래에 회사본부, 지주회사, 경영컨설팅 서비스업을 하나의 업종(소분류 715)으로 구분한다. 따라서 다사업체 기업의 경우 본사의 데이터는 제조업회사본부(71511) 또는 기타산업회사본부(71519)로 분류되고, 개별 사업체의 데이터는 주된 생산 활동에 해당하는 업종으로 분류되어 입력된다. 특히 제조업 부문은 매우 상세하게 분류된다. 한 자릿수인 대분류는 제조업(C), 건설(F)과 같이 가장 광범위한 분야를 의미하고, 두 자릿수인 중분류는 섬유(제품제조업, 의복 제외)(13)나 자동차(및 트레일러 제조업)(30)와 같이 광범위한 업종을 포함하며, 가장 좁은 세세분류는 다섯 자릿수인데 면직물제조업(13211), 자동차용 엔진제조업(30110)과 같이 매우 세분화된 업종이다.

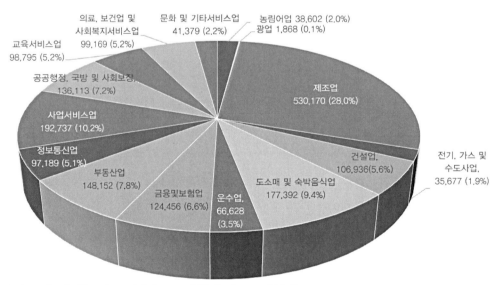

* 자료: 한국은행(2023), 국민계정: 2021년(확정) 및 2022년(잠정).

<그림 1-2> 산업별 생산구조(2021년, 당해 연도 가격 기준, 10억 원, %)

산업별 데이터에 의한 GDP 집계의 장점은 생산액과 투입, 고용, 이윤 등의 지표를 연계할 수 있다는 점이다. 중간재 생산 비중이 높은 산업은 지출 측면의 통계에 비하여 GDP 비중이 크다. 제조업 중 소재 산업이나 금융 등 서비스산업이 중요한 사례이다. 한편 건설 산업과 같은 경우는 건축자재 등 다른 산업으로부터의 구입이 많아 지출 측면의 통계에 비하여 GDP 비중이 작다. 따라서 산업별 출하액 통계는 지출 측면의 GDP 집계를 보완하는 역할을 한다.

또한 생산액(gross output)은 기술변화와 관련하여 가장 중요한 지표이다. 기업이 신기술을 도입하면 생산물의 비용을 절감하거나 품질을 개선한다. 기업은 기술혁신에 의해 더 고가의 투입재를 쓰기도 하고, 자체 생산비를 절감하기도 하며, 제품 품질을 개선하기도 한다는 점에서, 기업의 혁신은 1인당 실질 부가가치 증가보다 1인당 생산액 증가와 더 밀접하게 관련이 있다(Shreyer, 2001). 따라서 중장기 기술 변화와 그 영향을 분석하기 위해서는 산업별 부가가치와 중간재 투입액을 포함하여 생산액을 검토하여야 한다.

소득 측면의 GDP

GDP는 소득 측면에서 소득을 버는 생산요소의 보유자가 수행한 생산기능에 따라 분류한 기능별 소득의 합계로 측정된다. 국민계정에서 소득은 본원소득과 처분가능소득으로 구분한다. 1차 소득분배에 의하여 일정 기간에 창출된 부가가치가 1차적으로 생산과정에 직접 기여한 경제주체들에게 분배되는 소득이 본원소득(primary income)이다. 피용자보수는 가계가 노동을 제공한 대가로 수령하는 임금과 급여 등을 포함하고, 영업잉여는 기업이 생산을 주관한 대가로 매출액에서 생산비용을 차감한 금액이다. 생산 및 수입세는 정부가 공공서비스를 제공하는 대신 생산된 재화와 서비스의 판매, 배송 등 거래에 부과하는 세금이다. 재산소득은 자산 소유자가 생산과정에 대한 직접적 참여 없이 다른 경제주체에게 실물자산이나 금융자산을 빌려주는 대가로 이자, 배당금, 임료 등이 있다. 한편 경상이전(current transfers)에는 이전소득과 경상세가 있으며, 소득을 사회 전체적으로 재분배하는 역할을 한다. 이전소득은 경제주체 사이에 생산 활동과 관계없이 이전되는 구호금, 기부금, 장학금, 사회부담금과 수혜금, 보조금 등이다. 그리고 가계와 기업은 소득 또는 부에 대하여 소득세나 법인세, 재산세 등의 경상세를 정부에 납부한다. 결과적으로 처분가능소득이란 2차와 3차의 소득분배에 의하여 본원소득이 경상이전을 통하여 여러 형태로 경제주체 사이에 재분배되고 난 이후에 최종적으로 각 경제주체가 자유로이 처분할 수 있는 소득이다.

<표 1-3>은 우리나라의 2021년 소득 측면의 GDP를 기능별, 경제주체별 구성으로 나타낸 것이다. 앞에서 설명한 생산 측면의 GDP는 국민소득의 생산계정으로부터 집계되는 국민소득이다. 15개 산업의 총산출, 중간투입(또는 중간소비) 및 부가가치 중에서 부가가치를 모두 합산한다. 그런데 이 산업별 부가가치의 합계인 총부가가치(GVA : gross value added)는 기초가격으로 평가되기 때문에 시장가격으로 평가되는 GDP와 일치하지 않는다. 따라서 GDP는 GVA에 순생산물세(= 생산물세 - 생산물보조금)를 더하여 산출한다.

그러므로 각 경제주체의 지출수요에 대응하여 생산된 재화와 서비스를 판매하여 얻은 GDP 2,080조 원 중에서 순생산물세 185조 원을 제외한 부가가치 해당 금액 1,895조 원이 생산요소를 제공한 경제주체들에게 분배되었다. 1차 소득분배에서 피용자보수(임금)가 51.9%, 영업잉여(이윤 등)가 23.7%, 고정자본 소모(감가상각)가 22.9%를 차지하고 정부는 기타생산세로 2.0%를 가져가고 다시 기타생산보조금으로 0.4%를 되돌려 놓았다. 일반적으로 '생산 및 수입세'(간접세와 같은 의미다)는 재화 또는 서비스의 단위당 부과되는 '생산물세'와 '기타생산세'로 구분된다. 생산물세는 생산자가 재화 및 서비스를 생산, 판매, 또는 수입할 때 재화 또는 서비스의 단위(부피, 무게, 중량 등)당 일정 금액으로 부과되거나 단위당 가격의 일정 비율로 부과되는 세금을 말하며 부가가치세, 특별소비세, 증권거래세 등이 있다. 기타생산세는 생산에 이용된 토지, 건물 등 자산의 소유 또는 이용에 대한 세금이며, 재산세, 인지세 등이 있다.

한편 '보조금(subsidies)'은 산업의 진흥이나 제품의 시장가격 인하 등 정책목적을 위하여 정부가 생산자의 생산비용 일부를 부담하는 금액인데, '생산물 보조금'과 '기타생산보조금'으로 구분한다. 생산물 보조금은 생산, 판매 또는 수입에 대하여 재화 또는 서비스 한 단위당 지급되는 보조금이며 석탄생산 보조금 등이 있다. 기타생산보조금은 기업이 생산 참여에 의하여 수취하는 보조금으로 대중교통업체에 대한 유가보조금, 각종의 고용보조금 등이 있다.

경제주체별로는 국민경제가 생산한 부가가치가 가계(16.2%), 기업(72.4%)과 정부(11.4%)에 배분된다. 이때 기업은 비금융법인과 금융법인을 합한 것이다. 또한 가계는 민간 비법인기업이나 가계에 봉사하는 비영리단체도 포함한다. 따라서 가계 부문의 피용자보수는 비법인기업, 개인기업이나 비영리단체의 피고용자에 대한 보수이다.

〈표 1-3〉 소득 측면의 GDP 구성(2021년, 당해 연도 가격 기준, 10억 원, %)

	총계	가계	기업	정부
피용자보수	982,801.1(51.9%)	125,943.7	706,450.20	150,407.1
영업 잉여	449,211.0(23.7%)	98,001.2	350,312.20	897.6
기타생산세	37,221.9(2.0%)	19,421.9	17,786.80	13.2
기타생산보조금	−7,554.2(−0.4%)	−2,518.9	−5,030.50	−4.8
고정자본소모	433,580.4(22.9%)	65,931.7	302,111.00	65,537.6
총부가가치	1,895,260.1 (100.0%)	306,779.6 (16.2%)	1,371,629.80 (72.4%)	216,850.7 (11.4%)
순생산물세	184,938.4			
국내총생산(GDP)	2080,198.5			

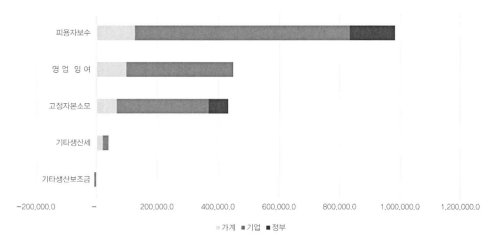

* 자료: 한국은행(2023), 국민계정: 2021년(확정) 및 2022년(잠정).

![통계포인트 아이콘] 통계포인트 1 명목지표와 실질지표 ─────────────────

명목지표와 실질지표는 경제지표의 가치(value)에 관한 구분이다. 명목지표는 화폐를 기준으로 가치를 측정한 지표이고, 실질지표는 재화나 서비스와 같은 실물을 기준으로 가치를 측정한 지표이다. 따라서 실질지표는 인플레이션의 영향을 조정한 것이어서 서로 다른 두 시점이나 공간 간에 평균적으로 가격이 변하지 않았다는 가정하에 실물의 물량을 비교한다. 한편 명목지표는 인플레이션의 영향을 조정하지 않은 것이므로 두 시점 간에 명목지표가 증가했다면, 일부는 물량 증가의 영향이고 일부는 가격상승의 영향이다.

이때 인플레이션율은 다음과 같이 나타낼 수 있다. $p_t = \dfrac{PI_t - PI_{t-1}}{PI_{t-1}}$, 여기서 p_t는 t 시점

의 인플레이션율이고 PI_t는 t시점의 물가지수(price index: PI)이다. 대표적인 물가지수로 소비자물가지수(Consumer price index: CPI)가 있다.

- **명목 GDP와 실질 GDP**: 실질 GDP는 국민경제가 생산한 모든 재화와 서비스의 가치를 기준 연도의 가격(불변가격)으로 측정하는 수치이고, 명목 GDP는 당해 연도의 가격(경상가격)으로 측정하는 수치이다. 실질 GDP를 계산하는 취지는 일정 기간에 걸친 GDP의 증가, 즉 경제성장을 측정할 때, 물가상승의 영향을 제외하고 재화와 서비스의 물량의 증가만을 측정하기 위한 것이다. 이번 장에서 자세히 다룬다.
- **명목임금과 실질임금**: 명목임금은 현재의 화폐가치로 나타낸 임금이고, 실질임금은 명목임금의 구매력, 즉 명목임금으로 구입 가능한 재화와 서비스의 물량으로 나타낸 임금이다. 따라서 실질임금은 명목임금에 기준 연도 소비자물가지수 100을 곱하고, 당해 연도의 소비자물가지수로 나눈 수치를 곱한 것이다.
  (예) 2010년 명목임금이 100만 원, 2020년 명목임금이 240만 원이고 소비자물가지수가 100에서 200으로 100% 상승했다고 하자. 기준연도를 2010년으로 하면 2010년의 실질임금은 100만 원, 2020년의 실질임금은 120만 원(=240×(100/200))이다. 실질임금이 10년 동안 20%, 매년 연평균 1.84% 상승한 것이다.
- **명목이자율과 실질이자율**: 명목이자율은 예금 금액의 화폐 가치가 증가하는 비율이고, 실질이자율은 예금 금액의 구매력이 증가하는 비율이다. 따라서 실질이자율은 다음 식과 같이 명목이자율을 인플레이션율에 의해 조정해야 한다.

$$1 + r_t = \frac{1 + R_t}{1 + p_t}$$

이때 r_t는 실질이자율, R_t은 명목이자율이다. 실질이자율과 명목이자율의 관계의 근사공식은 다음과 같고 이 관계를 피셔효과(Fisher effect)라 한다.

$$r_t \approx R_t - p_t$$

명목환율과 실질환율에 관한 논의는 조금 더 복잡하다. 뒤에 5장 무역과 국제수지 부분에서 다루기로 한다.

명목 GDP와 실질 GDP

시간에 걸친 GDP의 증가세를 분석하려면 명목 GDP로부터 물가지수를 사용하여 실질 GDP를 계산해야 한다. 실질 GDP의 개념을 이해하기 위한 사례로 <표 1-4>와 같이 자동차와 컴퓨터만 생산하는 단순한 경제를 가정한다.

〈표 1-4〉 GDP 계산을 위한 간단한 사례(2재화 모형)

연도	자동차		컴퓨터	
	P(만 원)	Q	P(만 원)	Q
2021	1,000	500	300	1,000
2022	1,100	600	350	1,100
2023	1,200	700	400	1,200

매해 생산물의 가격과 수량이 주어져 있다. 매년의 명목 GDP는 매해의 생산량에 당해 연도의 가격을 곱하여 합한 것이다.

$$2021년: 1,000 \times 500 + 300 \times 1,000 = 80억 원$$
$$2022년: 1,100 \times 600 + 350 \times 1,100 = 104.5억 원$$
$$2023년: 1,200 \times 700 + 400 \times 1,200 = 132억 원$$

따라서 2022년 명목 GDP는 2021년에 비하여 30.6% 성장한 것이고, 2023년에는 2022년에 비하여 26.3% 성장한 것이다. 그런데 명목 GDP의 성장은 가격의 상승과 물량의 증가를 함께 반영한 것이다. 일반적으로 경제성장은 생산 물량만의 증가를 의미하므로 그러한 증가를 측정하기 위하여 실질 GDP의 개념이 필요하다. 실질 GDP 산출의 기준연도를 첫 연도인 2021년으로 한다면 매년의 실질 GDP는 매해의 생산량에 기준연도의 가격을 곱하여 합한 것이다.

$$2021년: 1,000 \times 500 + 300 \times 1,000 = 80억 원$$
$$2022년: 1,000 \times 600 + 300 \times 1,100 = 93억 원$$
$$2023년: 1,000 \times 700 + 300 \times 1,200 = 106억 원$$

따라서 실질 GDP는 가격상승의 영향을 제외하므로 2022년도에 16.3%, 2023년도에 14.0%와 같이 명목 GDP의 증가보다 낮은 비율로 성장한 것으로 계산되었다. 그런데 적용 가격을 고정하는 실질 GDP 계산 방법은 첫해가 아니라 마지막 해인 2023년을 기준연도로 하여 계산할 수도 있다. 실제로는 3년이 아니라 매우 긴 기간에 걸쳐 기준연도를 고정시켜 유지하는 것이 일반적이다. 실질 GDP 계산에서 첫해를 기준연도로 하는 방법을 라스파이레스(Laspeyres) 산식이라 하고, 마지막 연도를 기준연도로 하는 방법을 파쉐(Paasche) 산식이라 한다.

그런데 미국 정부가 1995년 이래 채택하고 우리나라도 벤치마킹하고 있는 피셔의 이상적 방법(Fisher ideal method)을 간략히 설명하여 보자. 앞에서 라스파이레스 산식으로 계산한 실질 GDP를 지수(index)로 나타내면 2021년을 100으로 할 때, 2022년은 116.3, 2023년에는 132.5이다. 예를 들어 $\frac{93}{80} \times 100 = 116.25$와 같이 계산된다. 이러한 경우 2022년과 2023년 사이에는 2022년을 기준연도로, 즉 2022년의 가격을 기초로 실질 GDP를 다시 계산하면 다음과 같다.

$$2022년: 1,100 \times 600 + 350 \times 1,100 = 104.5억 \ 원$$
$$2023년: 1,100 \times 700 + 350 \times 1,200 = 119억 \ 원$$

이 경우 2023년에는 $(119/104.5) \times 100 = 113.88$로 계산되어 14.0%에 비해 근소하게 작은 13.9% 성장하는 것으로 나타난다. 이를 지수로 나타내면 2022년의 연쇄지수는 앞에서와 같이 $116.3(=93/80 \times 100)$이고 2023년에는 연환요인(linkage factor)이 $113.9(=119/104.5 \times 100)$이므로 2023년의 연쇄지수(chain index)는 $132.4(=100 \times 1.1625 \times 1.1388)$이다.

이같이 계산방법이 변화한 이유가 흥미롭다. 실질 GDP와 경제성장을 계산할 때 사과와 오렌지만 생산하는 경제에서 어느 과일이 더 중요한지, 자동차와 컴퓨터만 생산하는 경제에서 자동차가 컴퓨터에 비해 얼마나 중요한지 따지기가 어려우므로 시장가격을 기준으로 한다. 사과 1개의 가격이 오렌지 1개 가격의 2배라면 사과가 오렌지에 비해 2배 중요한 것이고, 앞의 사례처럼 자동차 1대의 가격이 컴퓨터 1대 가격의 3배를 조금 넘는다면 자동차 1대가 컴퓨터 1대보다 3배 이상 더 중요하다는 것이다. 실질 GDP를 계산할 때 각 재화나 서비스의 기준연도 가격은 합계 계산에 가중치의 역할을 하는 것이다.

미국에서 1942년 처음 GDP를 계산한 이래 1995년까지 고정기준연도 방법(fixed base year method)을 채택하였다. 기준연도를 고정시키는 경우 기준연도의 재화와 서비스 각 품목의 가격이 가중치가 되므로 경제성장의 추이가 안정적으로 계산될 수 있다. 처음에는 데이터가 이용 가능했던 첫해인 1929년을 기준연도로 했다가 1958년, 1972년 등으로 변경하였다. 예를 들어 미국 GDP 산출기구가 1976년에 기준연도를 1958년에서 1972년으로 변경하는 시점에 모든 연도의 경제성장률이 변화하게 된다. 그러한 문제점을 해결하기 위하여 기준연도를 영구하게 고정시킨다면 그 부작용은 더 크다. 세월의 경과에 따른 품목 간 상대가격 구조의 변화를 반영할 수 없기 때문이다 (Steindel, 2018). 만일 최근까지도 1942년 GDP를 처음 계산한 때처럼 기준연도를 1929년으로 유지하고 있다면, 그 당시의 컴퓨터 가격은 너무 비싸서 최근의 컴퓨터 성능을 고려하면 거의 무한대의 가격으로 추산될 것이다. 따라서 컴퓨터가 저렴해진 최근 연도의 GDP 계산에는 컴퓨터 생산량의 증가가 경제성장의 대부분을 설명하게 되어 비현실적이다. 반대로 1972년을 기준연도로 하여 1929년의 GDP를 평가한다면 1929년에 비하여 항공요금이 너무 저렴하여 대공황 당시 상업항공의 개시 이후 항공 여행이 급증하면서 경제성장에 크게 기여한 부분을 놓치게 된다. 실제로 1980년대 중반에 미국이 무어의 법칙(Moore's law)으로 설명되는 컴퓨터 처리용량의 증가를 컴퓨터 가격에 반영하면서 시간이 갈수록 가격이 저렴해진다. 그런데 컴퓨터 생산 증가를 상대적으로 비싼 기준연도의 가격으로 평가하면, 최근의 GDP 계산에서는 경제성장에 컴퓨터 생산량 증대가 차지하는 비중을 과대평가하게 되고, 기준연도 이전 시기 GDP 계산에 관해서는 과소평가하는 결과가 되었다. 당초 기준연도 고정의 이점을 중시하던 미국의 통계기구가 이러한 문제점을 종합적으로 고려하여 피셔의 이상적 방법을 채택하게 된 것이다.

한국 경제성장의 추이

이제 실질 GDP의 개념을 익혔으므로 기간에 걸친 GDP의 증가를 의미하는 경제 성장의 추세를 살펴볼 수 있게 되었다.

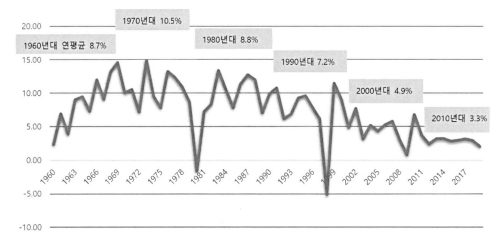

* 자료: 한국은행, 경제활동별 성장률, 국민계정, 각 연도.
** 주: 실질 GDP 증가, 10년대 연평균 성장률은 10년 간 성장률(예: 2010년대는 2010~2019년)의 기하평균.

〈그림 1-3〉 기간별 경제성장률(1960~2019년)

〈그림 1-3〉은 한국경제가 본격적인 성장을 시작한 1960년대부터 최근에 이르기까지의 실질 GDP 성장 추세를 나타낸 것이다. 각 10년대별로 경제성장세의 변화를 보면 1960년대 연평균 8.7%에서 1970년대 10.5%로 가속화되었다가 1980년대부터 2010년대까지 단계적으로 성장세가 낮아지고 있음을 알 수 있다.

GDP와 그 증가로서의 경제성장이 중심지표라는 사실은 이들 지표가 국민경제의 관심사와 밀접한 관련이 있다는 사실에서 확인된다. 〈그림 1-4〉는 1964~2019년 간 한국의 연간 실질 GDP 증가율과 취업자 증가율 간의 관계를 나타낸 것이다. 대체로 실질 GDP가 크게 성장하면 고용도 크게 증가함을 알 수 있다. 1980년에 중화학공업 불황과 정국 불안으로, 1998년에 IMF 외환위기로 마이너스의 경제성장을 나타내고, 2009년 글로벌 금융위기로 0에 가까운 성장률을 기록했을 때 취업자 증가율도 매우 낮아지거나 감소세를 나타냈다. 1999년 경제가 급반등할 때 2000년 취업자 증가세가 회복되듯이 대개의 경우 고용증가가 경기변화를 뒤따르지만 고용증가가 1968년이나 1985년처럼 먼저 움직이는 모습을 보이기도 하였다. 한편 코로나-19로 인하여 2020년 −0.7%의 역성장과 0.8%의 부진한 취업자 증가율을 기록한 후인 2021년에는 취업자 증가율이 1.37%로 완만한 회복세를 보였지만 먼저 경제성장률이 4.3%로 반등하면서 2022년 취업자증가율 2.99%를 견인하기도 하였다.

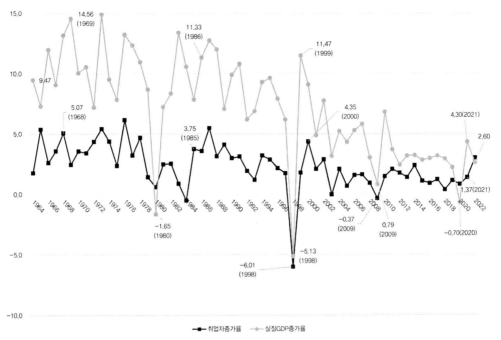

* 자료: 한국은행, 경제활동별 성장률, 국민계정, 각 연도; 통계청, 경제활동인구조사, 각 연도.
** 주: 2022년 실질 GDP 증가율은 잠정치임.

〈그림 1-4〉 실질 GDP 증가율과 취업자 증가율(1964~2022년)

다음은 명목 GDP 증가율과 소비자물가상승률의 관계를 〈그림 1-5〉에 나타냈다. 대체로 물가의 등락에 따라 명목 GDP도 함께 움직였다. 1974년 명목 GDP 증가율이 43.0%로 정점을 찍었을 때, 소비자물가상승률도 그해에 24.3%, 1975년에 25.3%를 기록하면서 높은 수준을 나타냈다. 특히 1980년대 정부가 안정화 정책을 강력하게 추진하면서 소비자물가상승률이 1980년 28.7%에서 1984년 2.3%로 낮아졌으며, 이에 따라 명목 GDP 증가율도 1978년 35.2%에서 1985년 12.1%까지 극적으로 하향 안정화되었다. 최근 팬데믹 대응 과정에서 재정·통화 팽창과 공급망 재편, 러시아·우크라이나 전쟁 등으로 인한 2022년의 소비자물가상승률이 소폭이지만 5%를 상회한 것은 IMF외환위기 이후 처음이며, 과거 인플레이션 시기처럼 우선 명목 GDP가 2011년 7.2%로 높은 증가율을 보이고 물가상승이 5% 수준으로 뒤따르는 모습을 보여주어 흥미롭다.

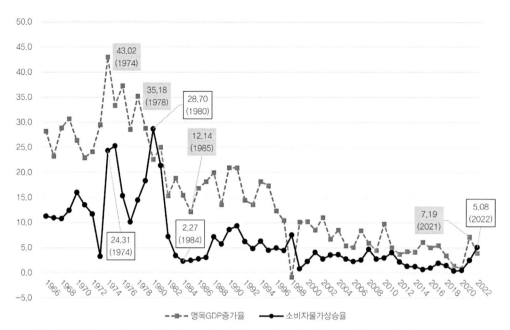

* 자료: 한국은행, 경제규모 및 국민소득, 국민계정, 각 연도; 통계청, 소비자물가조사, 각 연도.
** 주: 2022년 명목 GDP 증가율은 잠정치임.

〈그림 1-5〉 명목 GDP 증가율과 소비자물가상승률(1966~2022년)

한국의 경제성장률은 2017년 3.2%에서 2018년 2.9%, 2019년 2.2%, 2020년 −0.7%로 2017년 이후 계속 둔화되었다. 그런데 2020년 실질 경제성장의 마이너스 기록은 1998년 외환위기 당시의 −5.1% 기록 이후 22년 만의 사건이다. 2021년 적극적 정책 대응과 역성장 이후 기저효과로 인해 4.3%의 회복세를 보였지만 2022년 성장률 잠정치가 2.6%, 2023년 1사분기 속보치가 전년 동기 대비 0.8%를 나타내면서(한국은행, 2023b) 팬데믹 이전의 저성장세로 회귀하고 있는 모습이다.

1인당 국민소득은 명목 국민총소득(Gross national income: GNI)으로 평가하는데, 2017년에 31,734달러로 처음 3만 달러를 돌파하였고, 구매력평가환율 기준으로는 일본을 추월하였다(GNI에 대해서는 본 장의 부록을 참고하고, 구매력평가환율과 1인당 국민총소득의 국제비교에 대해서는 5장의 통계포인트 5를 참고할 것). 그러나 1인당 국민소득이 2018년 33,564달러를 기록한 이후 2019년 32,204달러, 2020년 32,004달러를 기록하여 2년 연속 감소한 것은 우려할 만한 현상이다. 달러 표시의 소득이니 낮은 인플레이션율과 원화절상이 영향을 미쳤기도 하고, 그리고 2020년의 경우 코로나 상황으로 인한 역성장에 따른 것이기도 하지만, 외환위기로 인한 1997~1998년, 글로벌 금융위기로 인한 2008~2009년의 2년 연속 감소 이후 처음 있는 일이다. 다만 2021년 1인당 GNI는 35,523달러로 크게 회복하였지만 2022년에는 실질 GDP성장과 물가 상승, 국외순수취요소소득 증가, 인구 감소에도 불구하고 대미환율의 상승으로 32,886달러(잠정)로 다시 주저앉았다.

최근 경제성장률의 하락과 함께 우려스러운 현상은 성장의 구조이다. 일반적으로는 경제성장에 대하여 민간 부문의 기여가 정부 부문의 기여보다 훨씬 크다. 한국경제가 급속하게 성장하던 1970년대, 세계적 경기침체와 외환위기를 겪고 탄력적으로 회복하던 1983년과 1999년, 그리고 글로벌 금융위기를 극복하였던 시점인 2010년에 경제성장 기여에 관한 민간 부문의 정부 부문에 대한 상대적 우세가 큰 수치를 기록하였다. 그런데 <그림 1-6>에 나타나듯이 2017년부터 민간 부문과 정부 부문의 경제성장 기여 차이가 줄어들더니 2019년과 2020년에 민간 부문의 경제성장 기여가 정부의 기여에 비하여 현저하게 작은 실적을 보였다.

문재인정부의 소득주도성장 정책에 따른 확대재정 기조에 의하여 정부지출의 경제성장 기여가 급격하게 강화된 것이다. GDP 성장에서 차지하는 정부지출의 기여도는 2017년 이래 점차 증가하다가 2019년에는 가파르게 증가하여 GDP 성장 2.2%에서 1.6%포인트를 기여하여 정부지출 증가가 성장의 80% 가까운 비중을 차지하였다. 이는 2009년 글로벌 금융위기를 벗어나기 위하여 확대 재정정책을 시행한 이후 2010년대 들어서는 가장 큰 비중이며, 2020년 중에는 코로나-19 상황에 따라 더욱 증가하여

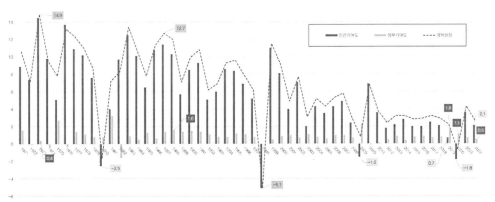

* 자료: 한국은행(2023), 국민계정.
** 주: 한국은행이 연간 GDP 증가율을 민간 부문의 기여 부분과 정부 부문의 기여 부분으로 나누어 작성한 수치이며, 민간기여도와 정부기여도를 합산하면 경제성장률이 된다.

<그림 1-6> 민간과 정부의 경제성장 기여도 추이

국민경제의 −0.7% 역성장은 민간 부문의 −1.8% 포인트 기여를 정부가 1.1% 포인트 기여로 완충한 것이다.

민간 부문의 경제성장 기여가 정부 부문의 기여를 밑도는 현상은 마이너스의 경제성장이나 그에 가까운 위기 국면이어서 민간 부문이 (−)의 성장 기여를 보인 1980년, 1998년, 2009년, 2020년에 한정된 현상이었다. 그러나 2019년은 코로나-19가 발생하기 전인데도 경제성장률 2.2%가 민간 부문의 기여 0.7%p와 정부 부문의 기여 1.6%p로 구성되어 −0.9%p의 격차를 보여 예외적인 일이었다.

더구나 민간과 정부의 상대적 성장 기여에 관한 통계가 작성된 1970년대 초 이후 민간의 기여가 정부의 기여에 못 미치는 현상이 2년 연속 발생한 경우는 이번이 처음이었다. 다만 2021년부터 민간 부문의 경제성장 기여가 정부의 기여를 크게 웃도는 정상적인 모습을 보여서 다행스럽다.

GDP 개념의 한계: 후생 수준과의 괴리

국민경제를 대표하는 지표로서 GDP에 대하여 몇 가지 한계가 지적되고 있다 (Mankiw, 2021; Steindel, 2018). 첫째, 사람들의 후생을 증진하거나 소득을 발생시키는 생산 활동이 측정에서 누락되는 경우가 많다. 식사나 수면, 운동과 같이 다른 사람이 대신해줄 수 없는 삶의 기본적인 활동은 생산이 아니니 제외해도 문제되지 않는다. 그러나 부모가 자녀를 보살피는 매우 가치가 높은 육아 활동처럼, 남에게 맡기면 비용을 지불해야 하지만, 가족 사이에 대가 없이 제공하는 무급 가사서비스는 가정 내의 독립적 활동이고 적정 가격을 정하기 어렵다고 하여 집계되지 않는 점은 문제다. 다만 스스로 소유한 주택에 의한 주거서비스는 이 주택을 임대하면 받을 수 있는 임대가격을 귀속임대료라고 하여 GDP에 반영한다. 또한 GDP는 지하경제(underground economy)를 제외한다. 마약거래나 성매매와 같은 불법 활동이라든지, 불법 이민자의 활동이거나 고용이 금지되는 아동의 노동이거나, 필요한 자격증이나 면허가 없는 활동이 이에 해당한다. 그 자체가 불법은 아니지만 세금을 회피하기 위하여 생산 활동을 감추기도 한다. 이러한 지하경제 규모의 GDP 대비 비율은 국가에 따라, 추정방법에 따라 많이 다르다. 지하경제의 규모가 GDP에 비례하여 변화한다면 지하경제 제외가 경제 분석에 큰 문제를 초래하지 않을 것이다. 최근 정보기술의 진보로 온라인 비대면화와 공유경제의 확산이 급격하게 진전됨에 따라 GDP 통계를 보완해야 한다는 주장이 제기된다. 구글의 검색서비스나 유튜브의 동영상콘텐츠 제공, 코로나-19 상황에서 제공되는 무료 공연들도 GDP에 반영되어야 한다고도 한다. 공유경제도 우버(Uber), 에어비앤비(Airbnb)와 같이 온라인 플랫폼을 기반으로 확산되고 있는데, 통계조사나 세무신고에서 누락되는 비중이 높아 측정이 어렵다고 한다.

이러한 고려에 따라 한국은행은 2014년의 국민계정 개편 작업 시에 디지털 플랫폼을 통해 개인 사이에 이루어지는 P2P(Peer-to-peer)의 숙소 공유(Airbnb), 차량 공유(카풀서비스), 재능 공유(프리랜싱) 등 거래를 디지털 공유경제로 정의하고 그러한 거래의 규모와 부가가치를 집계하였다. 우리나라의 2018년 P2P 디지털 공유경제의 부가가치는 GDP의 0.01%에 지나지 않지만 최근 급속하게 증가하는 것으로 보인다(한국은행, 2020).

둘째, GDP의 수치가 사람들이 누리는 진정한 후생수준과 괴리되고 있다는 것이다. GDP 측정의 대상이 되는 모든 재화와 서비스가 정말로 사람들의 후생을 증진시키는가에 관한 의문이 제기되어 왔다. 예를 들어 환경을 오염시키는 공장에서 만들어진 제품이 포함되고, 오염을 제거하는 데 소요되는 비용도 포함된다. 범죄에 관해서도 마찬가지다. 범죄에 쓰이는 재화나 서비스가 포함될 뿐만 아니라 범죄수사와 같이 사법행정에 소요되는 정부지출도 포함된다. 그 극단적인 경우가 2차 세계대전이다. 전쟁 중에 미국의 실질 GDP가 급속하게 증가했는데, 전쟁이 초래한 사망·부상과 파괴, 무기의 생산과 사용 증가에 의한 환경오염, 근로자의 병사 징집에 의한 사회적 긴장, 방위산업 소재지로의 근로자의 이동에 들어간 사회적 비용은 GDP에 반영되지 않았다. 또한 GDP가 성장하면서 흔히 수반되는 소득불평등의 심화는 사람들의 후생을 해친다.

셋째, GDP 추계에 소요되는 기간이 짧지 않아 기업의 경영전략이나 정부의 정책대응을 결정하는 데 시차가 소요된다. 이에 따라 GDP 증가율을 사용함에도 전년 동기 대비 증가율보다 2분기 정도 빠르게 경기변화를 예측할 수 있는 전 분기 대비 증가율을 더 많이 사용하기도 한다. 또한 분기 통계를 기다리기 어려워 매월 집계되는 산업생산 통계를 활용하기도 한다. 최근에는 신용카드 사용 실적이나 위치 정보를 이용한 이동량(mobility), 에너지 사용 등 거의 실시간에 확보할 수 있는 데이터를 활용하여 실시간경제예측(nowcasting)이 시도되고 있다. 예를 들어 Giannone 등(2008)은 실물 경제활동이나 가격, 거시변수나 부문변수에 대한 직접 측정지표나 설문조사, 금융상품 가격, 화폐나 신용 등의 경제상황에 대한 간접 측정지표를 포함하여 시차가 짧고 빈도가 잦은 통계지표를 활용한 실시간 경제예측 방법을 제시한 바 있다.

넷째, GDP가 여러 한계를 가지고 있음에도 불구하고 이를 대체할 만한 대안적인 경제지표가 뚜렷하지 않다는 데 문제가 있다. 그동안 GDP 보완을 위한 여러 시도가 있었다. 유엔개발계획의 '인간개발지수(Human development index: HDI)', 경제협력개발기구(OECD)의 '더 나은 삶 지수(Better life index: BLI)', 부탄의 '국민행복지수(Gross national happiness: GNH)' 등이 두드러지고, 프랑스 정부의 요청에 의한 Stiglitz위원회의 보고서(Stiglitz 등, 2010)도 발표되었다. 앞으로도 GDP의 척도를 조정하여 후생을 보다 잘 대표할 수 있도록 개선하려는 모색은 계속될 것이다.

부록 1 국민경제의 생산과 소득에 관한 여러 지표

국민경제의 생산과 소득은 그 개념이 포괄적인 만큼 이론적 강조점이나 분석 목적에 따라 다양하게 정의된다. 〈표 1-5〉는 국민경제의 생산과 소득에 관한 여러 지표의 관계를 요약한 것이다. 국내총생산(GDP)에 관해서는 본문에서 설명하였다. 과거에는 국적을 중시하여 한국 국적의 가계와 기업이 생산한 실적으로 국민총생산(Gross national product: GNP)을 사용하기도 했으나 지금은 한국 국경 내에서의 생산과 소득, 고용이 중요하다는 인식에 따라 GDP가 주로 사용된다. 개별지표의 개념은 경제학에서 사용하는 개념을 쓰되, 필요한 경우 한국은행의 국민계정에 따른 용어를 쓰기로 한다.

GDP에 대응하는 소득의 개념은 국내총소득(Gross domestic income: GDI)이다. 이 두 지표는 '3면 등가의 원칙'에 따라 개념적으로 동일해야 하나 데이터 원천이 달라 작은 통계상 불일치가 발생한다. GDP 통계치의 확정 단계에서는 통계상 불일치가 조정되어 집계된다. GDI에 국내 개인이나 기업이 해외에서 벌어들인 소득을 더하고 국내에서 외국 개인이나 기업이 벌어간 소득을 GDI에서 빼면 국민총소득(Gross national income: GNI)이 된다. 즉 GDI에 국외순수취요소소득을 더하면 GNI가 되는 것이다. 고정자본 소모란 가계, 기업, 정부가 가진 고정자본의 감가상각을 추정한 항목이다. 한국의 2021년 명목 GDP는 2,080조 원이고 GNI는 2,104조 원이다. 해외에 지급하는 것보다 해외로부터 더 벌어온다는 뜻이다. 실질 GNI를 계산할 때는 국민계정에서 실질무역 손익의 변화라고 하는 교역조건의 변화가 가져온 후생 영향을 감안하여 조정하여야 한다. 그런데 소득을 창출하는 생산 활동은 기계,

<표 1-5> 국민소득에 관한 여러 지표의 관계(1)

항목	정의	2021년 실적
GDP(국내총생산) =GDI(국내총소득) (3면 등가의 법칙)	일정 기간, 국내에서, 생산된 최종생산물의 시장가치 생산 측면(GDP)=소득 측면(GDI)	2,080조

GNI(국민총소득)
=GDI+국외순수취요소소득
+(실질개념의 경우)
실질무역손익
	실질무역 손익은 교역조건 변화에 따른 실질소득의 유출입; 교역조건 호전(국내산 상품의 상대가격 인상) 시 실질소득 유입	2,104조
		• 국외순수취요소소득
		  24조 원
		  (여기서는 명목 GNI 산출)

NNI(국민순소득) =GNI−고정자본소모	고정자본 소모=감가상각 (기계설비, 건축물, 사회인프라 등)	1,670조 • 고정자본소모 433.6조

NDI(국민처분가능소득)
=NNI+국외순수취경상이전
	경상이전: 생산활동과 관계없는 소득 이전
	(+) 국외수취
	　(해외교포의 국내 송금 등)
	(−) 국외지급
	　(해외에 대한 송금, 무상원조 등)
		1,666조
		• 소득·부 경상세 219조
		• 사회부담금 256조
		• 사회수혜금 176조
		• 기타경상이전 319조
		  (이상 4개 항목은 경제주체
		  간 상쇄)
		• 국외순수취경상이전
		  (−)4조

GNDI(국민총처분가능소득) =NDI+고정자본소모	고정자본소모 환입 * 총저축률, 총투자율 계산의 분모	2,099조 • 고정자본소모 433.6조

설비, 건물, 사회간접시설 등 자본을 소모하면서 이루어진다. 따라서 온전한 생산 증가액을 계산하려면 감가상각을 빼야 한다. 그러므로 GNI에서 고정자본 소모를 빼면 국민순소득(Net national income: NNI)이 된다. 여기서 2021년 NNI는 GNI에서 고정자본 소모 433.6조 원을 차감한 1,670조 원이다.

한 해의 생산 또는 소득은 소비나 저축으로 처분되는데, 저축된 재원은 미래의 생산능력 확충을 위하여 투자된다. 국민처분가능소득(National disposable income: NDI)은 국민경제가 소비나 저축으로 처분할 수 있는 소득이므로 NNI에 생산 활동과 무관한 경상이전도 더한다. 그런데 소득이나 부에 대한 경상세(소득세, 법인세, 재산세 등)와 사회보험 부담금, 사회보험 수혜금, 기타 경상이전은 가계·기업과 정부 간에 주고받아 상쇄되므로 국외순수취 경상이전을 더하면 된다. 국외순수취 경상이전은 해외 교포의 국내 송금은 더하고, 국내 거주 외국인의 해외 송금은 빼며, 우리 정부가 수취하는 외국정부 무상원조 수취(예: 자연재해 구호지원)는 더하고 우리 정부의 해외 무상원조 지급은 차감한다. 우리의 경우 OECD 개발원조위원회 가입으로 해외에 대한 공적개발원조가 많아져서 기타 경상이전이 마이너스이다. 2021년 NNI에서 국외순수취 경상이전 4조 원을 빼면 NDI는 1,666조 원이 된다.

한편 소득은 소비와 저축으로 처분되고, 저축은 투자의 재원이 된다. 따라서 그런 의미의 소득에는 고정자본 소모까지 포함하여 측정하는 것이 적절하다. 투자는 상각된 설비를 보완하는 대체투자도 포함하기 때문이다. 따라서 NDI에 고정자본소모를 다시 더한 것을 국민총처분가능소득(Gross national disposable income: GNDI)이라 한다. 2021년의 경우 NDI 1,666조 원에 고정자본 소모 433.6조 원을 환입하면 2,099조 원이 된다. GNDI는 소비와 저축으로 처분되고, 저축은 투자의 재원이 된다. 공공과 민간 부문의 저축 을 합한 총저축과, 역시 두 부문의 투자를 합한 총투자를 각각 GNDI 금액으로 나눈 비율이 총저축률, 총투자율이다. 〈표 1-6〉은 우리나라 국민총처분가능소득의 분배와 처분의 구성을 나타낸 것이다.

〈표 1-6〉 국민총처분가능소득의 분배와 처분(2021년 확정치, %)

		금액 (조 원)	구성비 (%)			
국민총처분가능소득〈분배〉		2,099	100.0			
요소 소득별	피용자보수	983	46.8		노동소득분배율	67.5
	영업잉여	449	21.4		노동소득분배율	
	국외순수취요소소득	24	1.1		= 피용자보수/(피용자보수+영업	
	순생산 및 수입세 (−)보조금	214	10.2		잉여+국외순수취요소소득)	
	국외 순수취경상이전	−4	−0.2			
	고정자본 소모	433.6	20.7			
제도 부문별	가계	1,139	54.3		총저축률	36.4
	기업	475	22.6		민간	31.3
	정부	485	23.1		정부	5.1
					국내총투자율	32.0
국민총처분가능소득〈처분〉		2,099	100.0		민간	27.1
최종소비지출		1,334	63.6		정부	4.9
	민간	956	(45.6)			
	정부	378	(18.0)			
총저축		765	36.4			
	민간	658	(31.3)			
	정부	107	(5.1)			

* 자료: 한국은행(2023), 국민계정: 2021년(확정) 및 2022년(잠정).

국민경제의 성장은 국민의 삶 개선을 지향한다. 따라서 가계의 소득이 매우 중요한 경제지표이다. 따라서 가계의 관점에서 생산과 소득의 지표를 살펴본다. NNI로부터 출발하여 이미 재화와 서비스의 판매가격에 포함되어 있는 간접세인 생산세(부가가치세)와 수입세(관세)를 빼고 보조금을 더하면 국민소득 또는 요소비용국민소득(National income: NI)이 된다. 2021년 NNI에 재화와 서비스의 가격에 포함되어 있는 간접세 231조 원을 빼고 보조금 16조 원을 더하면 NI는 1,455조 원이 된다. 〈표 1-7〉은 가계의 관점에서 생산과 소득 관련 지표를 정리한 것이며 위의 음영 처리한 부분은 〈표 1-5〉에서 반복된 것이다.

그런데 가계소득에 초점을 맞추기 위하여 NI에서 기업소득과 정부소득을 빼면 가계에 의한 생산요소 공급의 대가인 가계소득(PI) 또는 요소비용가계소득이 된다. 2021년 실적에 의하면 정부소득은 226조 원이지만 그중에서 '간접세−보조금' 215조 원은 NI 산출 단계에서 이미 반영되었으므로 나머지 11조 원을 빼고 기업소득 241조 원까지 빼면 PI인 1,203조 원이

〈표 1-7〉 국민소득에 관한 여러 지표의 관계(2)

항목	정의	2021년 실적
GDP(국내총생산) =GDI(국내총소득) (3면 등가의 법칙)	일정기간, 국내에서, 생산된 최종생산물의 시장가치 생산 측면(GDP)=소득 측면(GDI)	2,080조
GNI(국민총소득) =GDI+국외순수취요소소득+ (실질개념의 경우)실질 무역손익	실질무역 손익은 교역조건 변화에 따른 실질소득의 유출입; 교역조건 호전(국내산 상품의 상대가격 인상) 시 실질소득 유입	2,104조 • 국외순수취요소소득 24조 원 (여기서는 명목 GNI 산출)
NNI(국민순소득) =GNI−고정자본소모	고정자본 소모=감가상각 (기계설비, 건축물, 사회인프라 등)	1,670조 • 고정자본소모 433.6조
NI(국민소득) =NNI−간접세+보조금	간접세: 순생산세(부가가치세), 수입세(관세) 보조금: 생산보조금	1,455조 • 간접세 231조 • 보조금 16조
PI(가계소득) =NI−기업소득−정부소득	정부소득: 재산소득, 즉 정부가 받은 대출이자, 국유재산 임대료, 공기업 이윤 ('간접세−보조금 215조'는 NI계산에서 이미 제외) 법인기업소득: 법인기업의 이윤, 법인기업 대상 이전지출, (−)생산·수입세	1,203조 • 정부소득 226조 중 11조를 차감 • 기업소득 241조
PGDI(가계총처분가능소득) =PI+가계의 순이전소득 +가계고정자본소모	순이전소득: (−) 소득·부에 대한 경상세(소득세, 재산세 등) (−) 사회보장 기여금 (+) (순)기타 경상이전 (+) 사회보장 수혜금	1,139조 • 경상세 126조 • 사회보장기여금 256조 • 사회보장수혜금 175조 • (순)기타경상이전 77조 • 가계고정자본소모 66조
PGADI(가계총조정처분가능소득) =PDI+사회적 현물이전	가계의 구매력의 지표 사회적 현물이전: 무상교육, 무상급식, 무상진료 * 가계순저축률=가계순저축/(PGADI+연기금조정) 　연기금조정=연금부담금−연금수취액	1,349조 • 사회적 현물이전 (정부→가계) 210조

얻어진다. PI에 가계가 얻는 순이전소득을 더하고 가계고정자본소모를 환입하면 가계총처분가능소득(Personal gross disposable income: PGDI)이 산출된다. 2021년 가계가 낸 경상세 126조 원과 사회보장 기여금 256조 원의 합계가 사회보장수혜금 175조 원과 기타 (순)경상이전 77조 원의 합계보다 크므로 가계의 순이전소득은 (−)금액이며 가계고정자본소모 66조 원을 더하면 가계가 처분할 수 있는 PGDI는 1,139조 원이 된다. 한편 PGDI에 사회적 현물이전을 더한 가계총조정처분가능소득(Personal gross adjusted disposable income: PGADI)은 가계가 소비 또는 저축으로 처분할 수 있는 소득이다. 2021년 통계치에 의하면 PGDI에 정부의 가계에 대한 사회적 현물이전 210조 원을 더하면 PGADI 1,349조 원이 된다. PGADI는 소비와 저축으로 분배되어 국민의 현재 삶과 노후 대비의 기초가 된다.

가계순저축률을 계산할 때는 (국민연금 등 공적 연금과 다른) 공무원·군인·사학 연금기금 등 민간기금형 연금에 관한 조정이 필요하다. 우선 PGADI에 연금부담금에서 연금수취액과 관련 서비스수수료를 뺀 금액인 '연금기금의 가계순지분 증감 조정'(2021년 21조 원)을 더하여 최종총처분가능소득 금액(1,370조원)으로 한다. 총저축은 이 최종처분가능소득 금액에서 가계의 최종소비지출(956조 원)에 정부가 가계에 급부한 사회적 현물이전(210조 원)을 더한 실제 최종소비지출(1,166조원)을 차감한 금액을 총저축(204조 원)으로 한다. 가계도 1년 동안 소득을 얻고 저축도 하지만 주택이나 자동차 등 내구재의 감가상각이 이루어진다는 점에서 총저축에서 감가상각을 제외해야 순저축이 된다고 하겠다. 따라서 분자를 총저축에서 가계의 고정자본소모(66조원)를 뺀 순저축(138조 원)으로 하고, 분모를 최종총처분가능소득 금액에서 역시 가계의 고정자본소모(66조원)를 뺀 최종순처분가능소득(1,304조원)으로 해서, 분자를 분모로 나누면 가계 순저축률 10.6%가 산출된다.

부록 2 GDP 집계의 기초통계 자료

생산, 지출, 소득 측면의 GDP 집계에는 통계청과 한국은행은 물론 정부부처와 지자체, 공공기관, 경제단체 등이 작성하는 수많은 기초통계가 활용된다. 여기서는 대표적인 통계를 중심으로 예시적으로만 제시하고자 한다. 상세한 내용은 한국은행(2020a)을 참고할 수 있다.

<표 1-8> GDP 측정에 활용하는 기초통계

GDP 측정의 측면		기초통계(예시)
생산 측면		경제총조사, 광업제조업조사, 서비스업동향조사, 건설업조사(통계청), 농림축산식품통계연보(농림축산식품부), 예산서 및 세입·세출 결산서, 공기업특별회계 결산서(기획재정부), 에너지·상하수도(한전, 가스공사, 지자체)
지출 측면	소비	경제총조사, 서비스업조사, 가계동향조사, 도소매판매액지수, 서비스업생산지수(통계청), 자동차통계월보(한국자동차산업협회)
	투자	건설투자: 건설업조사(통계청)
		설비투자: 경제총조사, 광업제조업조사(통계청), 산업연관표(한국은행), 자동차통계월보(한국자동차산업협회)
		지식생산물투자: 연구개발활동조사(한국과학기술기획평가원), ICT실태조사(과학기술정보통신부), 경제총조사, 서비스업조사(통계청), 저작권 통계(한국저작권위원회)
		기업별 재무제표(국세청, NICE평가정보), 광업제조업조사, 산업생산출하재고지수(통계청)
	정부지출	중앙정부 예산서, 중앙정부 세입·세출 실적, 기금운용 계획서, 세입·세출 결산서, 기금결산 보고서, 중앙정부 공공비영리단체 결산(기획재정부), 지방자치단체 예산개요, 지방정부 예산서, 지방정부 지출액, 지방정부 공공비영리단체 결산, 지자체 결산서(행정안전부), 국세통계연보(국세청)
	수출입	통관통계, 남북교역통계(관세청), 국제수지통계(한국은행), 관광통계(문화체육관광부)
소득 측면		종합계정표, 제도부문별 생산계정, 국외거래자료, 정부부문 추계자료 등 국민계정 기초자료, 기업경영분석, 금융자산부채잔액표(한국은행), 법인 및 개인 사업자 상세 재무제표, 국세통계연보(국세청), 경제총조사, 인구·주택 총조사, 가계동향조사, 농림어가경제조사, 건설업조사(통계청)

* 자료: 한국은행(2020a), 우리나라의 국민계정 체계.

📈 **사례연구** GDP지표의 활용 ─────────────────────

1)

GDP지표는 매우 포괄적이어서 경제적 분석과 의사결정에 기초적 고려요인으로 광범위하게 활용된다. 물론 GDP를 구성하는 세부지표들의 활용 빈도가 높겠지만 종합지표가 직접 활용되는 경우도 많다.

• 정부가 한 해 또는 중장기의 경제정책을 수립할 때 국민경제의 실적 평가나 미래 전망은 GDP 성장에 대한 평가로부터 출발한다. 기획재정부(2020)는 한국의 2020년 경제성장률을 −1.1%로 추정하면서(한국은행(2021)이 2021년 7월 발표한 경제성장 잠정치는 −0.9%)

OECD(2020)가 추정한 미국의 −3.7%, 일본의 −5.3%, EURO 지역의 −7.5%, 독일의 −5.5%, 프랑스의 −9.1%에 비하여 현저히 높아 OECD 국가 중 1위를 기록할 것이라고 예측하였다. 또한 우리나라의 2020년 GDP 규모는 IMF(2020)의 전망에 의할 때 2019년보다 2단계 높아져 세계 10위가 될 것이라는 전망도 포함하였다. 기획재정부(2020)의 '2021년 경제정책방향'은 이러한 지표 분석에 따라 비교적 위기 대응에 선방하고 있는 것으로 평가되지만 조속한 경제회복을 도모해야 하고 코로나 상황이 지속될 것이라고 보았다. 따라서 이 보고서는 중앙정부와 지자체 모두 확대된 재정을 조기에 집행하고 추경도 적극적으로 편성하는 등 확장적 거시정책 기조를 유지하겠다는 정책 방향을 제시하였다.

한편 통화정책 방향에 관해 살펴보면 한국은행 금융통화위원회는 2020년 11월 통화정책 방향 결정회의에서 GDP지표를 기준으로 한국경제가 완만하게 회복되는 모습을 보인 것으로 평가하면서 한국은행 기준금리를 0.5% 수준에서 유지하기로 결정하였다. 또한 향후 2021년에도 완만한 경제회복 지속과 낮은 수요 측면 물가상승 압력 등의 전망에 기초를 두어 통화정책의 완화기조를 유지할 것이라고 발표하였다(한국은행, 2020b).

- GDP지표는 기업의 경영계획 수립과 다양한 투자 결정에 영향을 미친다. GDP의 향배나 그에 영향을 받는 정부 정책 방향에 민감하게 반응하는 금융기업은 물론 제조, 서비스 등 비금융기업도 GDP의 증감이나 구조변화의 영향을 받는다.

경총(2020)이 전국 30인 이상의 212개 기업을 대상으로 시행한 '2021년 기업경영전망 조사' 결과에 의하면 49.2%의 기업이 2021년에 긴축경영을 시행한다고 하며, 60%와 65%의 기업이 각각 투자와 채용을 축소하겠다고 응답하였다. 2021년 자사 영업이익이 2020년에 비해 53% 수준 감소할 것이라고도 보고하였다. 이러한 기업의 경영계획은 2021년도 경제성장률을 정부 전망치보다 낮은 2.5% 수준으로 내다본다는 인식에도 근거를 두고 있다. 우리나라 경제성장률에 대해 44.8%의 응답자가 '2.5%~3%'라고 전망했으며, 전망치의 평균은 2.8%로 집계되었다. 코로나 위기 이전으로 경영 상황이 회복되는 시점에 관하여 37.3%의 응답자가 2023년 이후라고 답했다.

- 금융시장을 들여다보면 증권사 애널리스트들은 GDP를 중심으로 하는 거시경제의 흐름과 GDP를 구성하는 요소 중에서 기업수익, 특히 상장사의 1주당 이익에 초점을 맞추어 시장 상황을 전망한다. 예를 들어 2020년 12월 15일 시티은행, 골드만삭스, 노무라증권은 공동 보고서를 통하여 GDP를 지표로 하는 거시경제와 기업수익 회복에 대한 낙관을 바탕으로 2021년 아시아권 상장 주식의 주당순이익이 20% 이상 상승할 것으로 전망하였다(Ying, 2020). 이러한 추세는 기술 수준이 높은 한국과 대만이 선도할 것으로 보고 있는데, 이에 따라 한국의 경우 상장기업의 주당순이익이 43% 증가할 것으로 내다보았다. 그렇게 되면

주가는 2021년에도 상당 폭 상승할 것이라는 전망이 많다. 시티은행과 노무라증권, Societe Generale SA는 MSCI Asia ex-Japan Index가 5~7% 상승할 것으로, 골드만삭스는 MSCI 아시아태평양지수가 9% 상승할 것으로 각각 내다보았다.

- 전통적으로 주식시장은 GDP의 변동을 먼저 반영하여 등락하는 데 비해, 부동산시장은 시차를 두고 뒤에 영향을 받는 것으로 알려져 있다. 그러나 부동산의 증권화를 포함하여 금융시장과 부동산시장의 통합 추세에 따라 그 시차는 줄어드는 것으로 보인다. Deloitte (2020)의 2020년 부동산지수 보고서에 의하면 주택시장은 대체로 거시경제의 상황, 특히 GDP 성장률과 금리에 민감하다고 한다. EU에서의 특정기간의 GDP 성장과 몇 개월 또는 몇 년 이후 주택가격 간의 상관계수(상관계수에 관해서는 10장의 통계포인트 10을 참고할 것)가 지난 10년 동안 83%에 이르는 것으로 나타났다. 따라서 GDP가 감소하면 그 후 몇 개월이나 몇 년 동안 주택가격이 하락할 가능성이 높다는 것이다. 한편 유럽중앙은행 (European Central Bank: ECB)과 EU 회원국의 중앙은행이 통화확대정책기조에 의해 금리를 낮은 수준으로 유지하여 주택가격을 지지하는 효과와 비교하여 분석되어야 할 것이다.

2)
GDP의 개념과 이론을 참고하여 소득주도성장 정책을 평가해보기로 한다. 문재인정부가 2017년 출범 초기부터 경제정책 기조로 내세운 '소득주도 성장(income-led growth)'은 이름부터 잘못 지어졌다. 경제성장은 국민경제의 생산과 함께 소득, 지출이 증가하는 현상이다. 앞에서 설명한 'GDP 3면 등가의 법칙'을 고려하면, 소득이 증가하는 것이 성장인데 소득이 주도하여 소득이 증가한다니 도무지 말이 되지 않는다. 굳이 개념을 바로잡아 이해하자면 GDP의 소득 측면에서 이윤, 배당, 이자 또는 임대료 등의 자본소득이 주도하는 성장과 구별하여, '임금주도 성장(wage-led growth)'이라 하겠다.

소득주도성장론은 임금소득을 중심으로 가계소득이 늘면 임금소득이 자본소득보다 소비성향(소득에 대한 소비의 비율)이 높으므로 소비가 증가하고 총수요가 늘어나 생산이 확대된다는 점을 강조한다(홍장표, 2014). 수출·제조업 편중 성장의 한계를 넘어 내수·서비스의 기여를 높임으로써 경제성장의 변동성을 완화한다는 점에서 긍정적 측면이 있다. 또한 주요 선진국에 비해 노동소득의 국민소득 비중이 자본소득에 비해 작고 노동소득의 부문 간 격차가 커지고 있다고 할 때, 저임금 노동자의 임금을 높이면 소득분배가 개선되고 포용적인 성장(inclusive growth)을 가능하게 한다는 점에서도 바람직하다. 내수의 판매 비중이 대기업보다 큰 중소기업의 판로를 넓히는 부수적 성과도 거둘 수 있다. 따라서 중장기적으로 임금소득 증대의 경제성장 기여를 높이는 정책은 바람직하다.

그렇지만 임금인상이 성장을 주도한다는 논리는 비약일 가능성이 크다. 2017년 민간소비의 GDP에서의 비중은 47.8%이다. 따라서 잠재성장률을 1%p 높이려면 소비증가율을 2%p 이상 높여야 하며 그러려면 명목 임금소득이 매년 10% 가까이 증가해야 한다(변양균, 2017). 소규모 개방경제인 한국은 소비수요 증가가 실현되어도 상당 부분이 해외로부터의 수입을 늘려 국내의 성장과 고용에 미치는 영향이 줄어든다.

더욱 심각한 문제는 임금소득의 증대가 경제성장을 '주도할 수 있다'는 논리적 비약에 근거를 두는 불합리하고 비정상적인 정책선택들이다. 급격한 최저임금 인상, 81만 개의 공공일자리 창출, 획일적인 주 52시간으로의 근로시간 단축과 비정규직의 정규직화가 대표적인 사례이다. 최저임금제만 하더라도 인상의 방향은 바람직하고, 경제가 발전함에 따라 지속적으로 인상할 수 있다. 문제는 임금상승의 속도다. 한계경영 상황에 있는 소기업과 자영업자들이 적응하여 노동비용 상승만큼 생산성을 높여 나갈 수 있어야 한다. 2018년과 같이 한 해에 최저임금을 16%씩 인상하고, 근로시간 단축을 영세·벤처기업까지 포함하여 급하게 적용하며, 향후 파트타임과 프리랜싱 노동이 늘어나는 4차 산업혁명과 긱이코노미(Gig economy) 시대의 경제구조에 역행하는 비정규직 제로화는 무분별한 정책들이다. 이러한 정책조치는 세계적으로 유례를 찾기 어려운 일이며 앞으로 국내외 경제학 교과서에 반면교사의 사례로 실릴 만하다. 임금은 가계에게 소득이지만 기업에게 비용이다. 소득주도 성장론을 근거로 한 기업비용 가중책은 고용을 줄이고 성장을 위축시킬 뿐 아니라 미숙련·서민의 일자리 파괴로 소득불평등마저 악화하게 할 것은 불을 보듯 뻔한 일이었다.

국민경제의 중장기 성장을 위하여 총수요 확대보다 공급 측면에서의 기업의 혁신과 정부의 산업정책, 과학기술정책이 중요하다. 임금을 높여서 소비수요를 확대하는 총수요관리 정책으로 단기적인 경기부양은 가능하다. 하지만 공급 측면의 기술개발, 설비투자, 생산성향상이 균형을 맞추지 못하는 수요 확대는 결국 인플레이션만 촉발할 뿐 성장을 장기간 지속시키지 못한다는 것이 경제학의 정설이다. 장기의 추세적 성장은 소득의 적정 비율을 저축하고 이를 재원으로 기술, 인력, 설비, 건물, 인프라 등 투자로 연계하는 선순환이 좌우한다. 정보기술과 생명공학의 파괴적 혁신기술이 빛의 속도로 진보하면서 사업화하는 4차 산업혁명의 시대의 경우 공급 측면 혁신이 근본적 성장 기반이다.

형평 제고를 위해서도 임금인상은 여러 정책수단의 하나일 뿐 특별하게 효과성이 큰 정책수단이 아니다. 자본소득보다 임금소득이 더 많이 증가하는 기능별 소득분배의 변화가 형평 제고에 미치는 효과 자체가 불분명하다. 대기업과 중소기업, 원청 기업과 하청 기업, 정규직과 비정규직 간 임금격차라든가, 늘어나는 은퇴 고령층의 금융·부동산 소득 의존을 고려하면 임금인상이 절대선이 될 수 없다. 계층별 소득 격차를 완화하여 형평을 개선하려면 실업수당과 기초연금, 아동수당 등의 복지급여, 근로장려세제와 누진과세, 부의 소득세 등의 세제 개편, 공교육 개선과 장학금 확대의 정책수단이 더 효과적이다. 적정한 수준과 속도의 임금인상과 함께 재분배·복지 정책수단으로 형평을 제고해나가되, 총수요 진작은 재정·금융 확대정책을 시행하면 될 일이다.

이제 무리한 소득주도성장론에 근거를 둔 정책선택을 되돌려 경제제도를 정상화하여야 한다. 나아가 총공급 측면의 성장잠재력 확충을 위해 연구개발 지원, 벤처 생태계와 위험금융 확충, 규제 완화와 기업환경 개선 등으로 '혁신주도 성장'을 촉진하는 정책체계를 강화하는 과제가 시급하고도 절박하다.

[이해와 활용]

1. 한국경제의 현황을 분석하고 미래를 전망할 때 GDP의 생산, 지출, 소득 측면 중에서 어느 것이 중요한 요소일까? 특히 한국경제의 지속적인 성장을 위하여 주목해야 할 GDP의 구성요소는 무엇일까?

2. GDP 집계에 포함되는 항목 중에 국민의 후생과 무관하거나 오히려 후생을 저해하는 활동은 무엇이 있을까? 이에 대하여 GDP 집계에서 제외되는 경제활동 중에 국민의 후생에 관하여 가장 중요한 활동은 무엇이 있을까?

3. 1970~80년대와 같은 급속한 GDP 성장의 시기가 다시 올 수 있다고 생각하는가? 그렇게 생각하는 이유는 무엇인가?

4. 한국은행 통계검색 사이트에서 '국민계정' 통계를 살펴보고 관심이 가는 지표를 시계열로 다운로드하여 그 통계치에 관해 설명해보자.

참고문헌

[1]   기획재정부(2020), 2021년 경제정책방향, 2020.12.17.
[2]   변양균(2017), 경제철학의 전환, 바다출판사.
[3]   통계청(2017), 한국표준산업분류.
[4]   한국경영자총협회[경총](2020), 2021년 기업 경영전망 조사 결과, 2020.12.20.
[5]   한국은행(2020a), 우리나라의 국민계정 체계.

[6] 한국은행(2020b), 통화정책방향 결정문, 금융통화위원회, 2020.11.26.

[7] 한국은행(2023a), 국민계정: 2021년(확정) 및 2022년(잠정), 보도자료, 2023.6.2.

[8] 한국은행(2023b), 2023년 1/4분기 실질 국내총생산(속보), 보도자료, 2023.4.25.

[9] 홍장표(2014), 한국의 노동소득분배율 변동이 총수요에 미치는 영향: 임금주도성장모델의 적용 가능성, 사회경제평론 제43호.

[10] Deloitte(2020), Property Index: Overview of European Residential Markets, 9th edition, July 2020.

[11] Giannone, D., Reichlin, L. & Small, D.(2008), Nowcasting: The Real-time Informational Content of Macroeconomic Data, Journal of Monetary Economics, 55(4), 665-676.

[12] Hubbard, R. Glenn & Anthony Patrick O'Brien(2015), Macroeconomics, Upper Saddle River: Pearson Education.

[13] International Monetary Fund[IMF](2020), World Economic Outlook: A Long and Difficult Ascent, October 2020, Washington, DC, October.

[14] Lucas R. E.(2004), The Industrial Revolution: Past and Future, 2003 Annual Report of the Federal Reserve Bank of Minneapolis, pp.5-20.

[15] Mankiw, G.(2021), Principles of Economics, 9th edition, Cengage Learning.

[16] Organization for Economic Cooperation and Development[OECD](2020), OECD Economic Outlook, Turning Hope into Reality, December 2020, Paris.

[17] Shreyer, Paul(2001), Measuring Productivity: Measurement of Aggregate and Industry-level Productivity Growth, Paris: Organization for Economic Cooperation and Development.
Available at https://www.oecd.org/std/productivity-stats/2352458.pdf

[18] Steindel, C.(2018), Economic Indicators for Professionals: Putting the Statistics into Perspective, Routledge.

[19] Stiglitz, Joseph, Amartya Sen & Jean-Paul Fitoussi(2010), Mismeasuring Our Lives: Why GDP Doesn't Add Up, New York: New Press.

[20] Ying, M.(2000), Goldman, Citi, Nomura See 20% Earnings Growth for Asia Stocks in 2021, Bloomberg Markets, December 15, 2000.
https://www.bloomberg.com/news/articles/2020-12-14/20-plus-profit-growth-backs- asia-s-bull-case-taking-stocks

경기순환

제2장

경기순환

경기순환은 국민경제의 단기적인 변동을 나타내며 경기종합지수 등 다양한 경제지표를 기초로 분석한다. 경기종합지수로서 선행지수와 그 구성지표, 동행지수와 그 구성지표, 후행지수와 그 구성지표를 파악할 필요가 있다.
경기순환에 대한 판단은 정부의 경제정책과 민간의 자산관리 등 의사결정에 중요하다.
경기순환의 각 국면에 대한 판단을 위해 수많은 경제지표를 주시하고 분석하면서 유연하게 판단하여야 한다.

경기순환: 국민경제의 단기 변동성

경기순환(economic cycle)은 국민경제 전체의 활동에 나타나는 변동성의 대표적인 유형이다. Burns & Mitchell(1946)은 경기순환이 '기업을 중심으로 하는 많은 경제활동에서 팽창, 침체, 수축과 회복이 발생하면서 다음 순환으로 이어지는 반복적이지만 정기적이지 않은 현상'이라는 개념 정의의 각 요소에 의문을 제기하였다. 이들은 경기순환은 범위, 주기, 진폭, 부문 간 동조성과 인과관계 측면에서 다양하다는 전제하에 그 다양성을 규명하기 위해 경기순환의 역사에 관한 상세하고도 체계적인 실증연구를 수행하였다. 그러나 경기순환의 다양성은 아직도 명확하게 해명되지 않고 있으며, 경제학이 풀어내지 못하는 중요한 주제 중의 하나로 남아 있다. 다만 경기순환의 현상을 분석하여 이해하고, 현재 순환의 다음 단계와 다음 순환에 대한 예측 수준을 최대한 높여서 합리적인 의사결정이 가능하도록 노력할 뿐이다.

경기순환은 전체 경제활동의 확장과 축소의 각 단계가 번갈아 나타나는 현상이며 이러한 경기순환의 각 단계에서 여러 경제변수는 대체로 함께 움직인다. 그러한 점에서 경기순환을 생산이나 고용 등의 거시경제변수들이 항상 일정 수준에 머물지 않고, 확장, 후퇴, 수축, 회복의 과정을 반복하는 현상으로 정의하기도 한다(한국은행, 2019). 우선 경기순환의 한 저점에서 다음 저점까지의 기간을 순환주기라 하고 정점과 저점의 지수 값 차이를 진폭이라 한다. 순환주기는 저점으로부터 정점까지의 기간인 확장국면과 그 정점에서 다음 저점까지의 기간인 수축국면으로 나누어진다. 각 저점과 각 정점은 수축에서 확장으로, 또는 확장에서 수축으로 국면 전환이 발생하므로 경기전환점이 된다. <그림 2-1>은 이러한 경기순환을 나타낸 것이다.

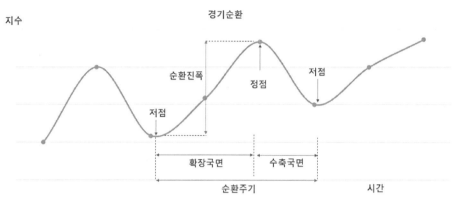

<그림 2-1> 경기순환도

경기순환을 거치며 다양한 거시경제변수들이 함께 변동한다. 경제활동의 변동성을 파악하고 경기순환의 정점과 저점을 판단하는 데는 총생산 지표인 실질 GDP만이 아니라 산업생산, 매출, 소득, 고용 등을 포함하는 다수의 핵심 경제지표를 고려한다. 구체적으로는 산업생산, 제조업출하, 도소매판매, 서비스판매, 고용, 실업, 내구재소비, 기업주문, 주택투자, 상가건축, 가계소득, 기업이윤, 소비자물가상승률, 생산자물가상승률, 임금상승률, GDP디플레이터, 생산성, 단위노동비용 등 실물변수와 이자율, 통화량, 대출 등 금융변수를 포함한다(McGee, 2016).

경기순환의 과정에서 경제주체들의 적정한 대응이 긴요한 단계는 침체(recession)일 것이다. 경제학자들은 GDP의 2분기, 즉 6개월 이상의 연속적인 감소를 침체의 기준으로 제시한다. 그러나 이는 개략적인 기준일 뿐 개별 경기순환에 따라 다르다. 글로벌 금융위기가 초래한 침체는 미국에서 1945년 이후 12번째 침체라고 하며 2007년 12월에서 2009년 6월까지 18개월 간 지속된 것으로 공식 확인되었으며 대공황(The Great Depression) 이후 가장 길고 파괴적이라 하여 대침체(The Great Recession)라고 칭한다. 미국에서만 1,500만 명을 실직에 빠뜨렸고, 16조 달러의 가계자산이 사라지고 4,600만 명을 빈곤 상태에 몰아넣었다(Baumohl, 2013). 글로벌 금융위기는 적극적 통화금융정책으로 디플레이션이 거의 사라지면서 주택가격이 하락하지 않고 계속 상승할 것이라는 기대와 함께, 중국을 포함한 개도국의 미국 국채 매입에 의한 자금공급이 빚어낸 낮은 이자율과 용이한 대출의 유리한 금융 여건, 그리고 금융기관과 신용평가회사의 도덕적 해이를 배경으로 한다. 이러한 가운데 투자자들이 매입자금 대비 차입비율인 레버리지(leverage)를 높인 주택 구입을 과도하게 늘려 발생한 주택가격 버블이 꺼지면서 발생한 현상이다. 당시 신용등급이 낮은 저소득층들이 금리가 높은 비우량 주택담보대출(Subprime mortgage)을 통하여 주택을 구입하였다고 하여 서브프라임 위기(Subprime crisis)라고도 한다.

거시경제학은 일반적으로 경제 전체의 수요와 공급으로 구성되는 총수요·총공급 모형에 의하여 경기순환을 설명한다. 현대경제학은 실질경기순환이론(Real business cycle theory)과 신케인지언이론(New Keynesian theory)에 의해 경기순환을 새롭게 설명하려 시도하였다(Mankiw, 2018). 총수요·총공급 모형은 가계의 소비수요, 기업의 투자수요, 해외 부문의 수출수요가 변화하는 총수요 측면의 충격과 실질임금, 자원·에너지 가격의 등락과 기술진보 등이 초래하는 총공급 측면의 충격에 의하여 생산과 고용의 단기적 변동이 발생한다고 한다. 실질경기순환이론은 급격한 기술진보가 생산량과 고용의 증가를 가져오고 기술퇴보는 반대의 결과를 가져온다고 하여 기술의 충격을 중시한다. 예를 들어 새로운 기술이나 비즈니스 모델이 채택되고 정부와 중앙은행이 보조금이나 이자율 안정으로 지원하면, 신산업이 성장하면서 경제활동이 활발해지는데, 이들 산업이 일정 수준 과잉에 이른 것으로 판단되는 시점에 경제활동이 감속하면서 침체에 들어가는 순환이 일어난다. 이러한 순환과정은 과소·과잉 생산과 그에 따른 가격의 등락에 관한 기대나 전망에 의해 촉발된다. 한편 신케인지언이론은 생산량과 고용의 과도한 증감을 가져오는 가격과 임금의 비신축성을 강조한다. 단기적인 경기변동에 대해서는 정부가 재정지출, 통화량 관리 등 총수요관리정책을 통하여 경기안정화 정책을 적극적으로 펼쳐야 한다는 견해가 다수 경제학자들의 지지를 받고 있다.

시장경제를 채택하고 있는 주요 선진국에서 과거 2세기 정도의 기간에 걸쳐 진행된 경기순환이 길이, 규모, 확산 측면에서 매우 다양했음에 비추어 경기순환은 다양하고 복합적이며, 시대에 걸쳐 진화하는 현상으로 평가된다(Zarnowitz, 1991). 그런데 각국 정부의 경기안정화 정책이나 통계·정보기술의 발전에 의해 경기순환의 진폭이 대체로 감소하는 경향이 있다(McGee, 2016).

　미국의 경우 1950년을 전후한 시점 이래로 디플레이션이나 명목 GDP의 마이너스 성장이 거의 사라지고 명목·실질 GDP의 변동성(표준편차)이 1/3 정도로 감소하는 등 경기순환이 현저하게 완화되었다. 이는 다양한 요인들에 의하여 설명될 수 있다. 우선 정보기술의 진보에 의하여 기업의 실시간 재고관리, 효율적 공급망 관리가 정교하게 이루어지면서 경기변동의 완충요인으로 작용하였다. 또한 서비스산업의 비중이 제조업에 비하여 커진 산업구조 변화도 경기변동을 안정화하는 요인이 되었다. 예를 들어 내구재 수요보다 보건·교육·공공서비스 수요가 훨씬 안정적이다. 이들 부문은 2020년 코로나-19 상황에서 상대적으로 가장 고용과 소득이 안정적인 강점이 부각된 데에서도 확인된다. 나아가 정부정책의 발전도 변동 완화에 기여한 것으로 보인다. 케인즈나 프리드먼에 의한 대공황 분석과 처방에 따라 총수요관리정책이 적극적으로 시행되고, 정부의 실업급여나 사회보장보조금, 누진소득세의 자동안정화장치가 구축되었으며, 예금보험제도 도입에 의해 금융시스템 붕괴를 방지하는 제도적 장치가 정비된 데도 크게 힘입었다.

단기 변동과 장기 추세

　경제지표의 분석이 초점을 맞추는 장기적 추세와 단기적 변동은 경제성장과 경기변동의 문제로 대표될 수 있다. 경제성장이 GDP의 지속적 증가를 말한다면, 경기변동은 GDP의 단기적 증감을 의미한다. 앞에서 본대로 경기변동에 대한 전통적 정의는 <그림 2-2>로 나타낸 것처럼 생산이나 소득 등 경제활동의 절대적 수준이 하락에서 상승으로 전환하는 저점에서 다음 저점까지의 기간을 말한다. 그러나 경기변동에 대한 대안적 정의는 생산이나 소득 등 경제활동의 증가율이 장기적인 성장 추세의 성장률보다 느린 수축기에서 빠른 확장기로 전환하는 지점을 저점으로 본다. 이 경우에는 전환점이 다소 달라진다. 대안적 관점에서 경기변동의 정확한 의미는 장기적 성장 추세에서의 이탈이라고 할 수 있다.

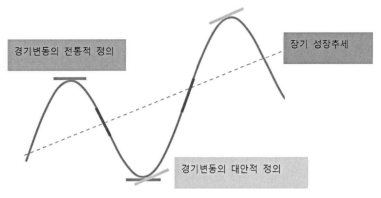

경기변동의 전통적 정의

장기 성장추세

경기변동의 대안적 정의

<그림 2-2> 장기적 추세와 단기적 변동

　장기적 추세의 미국 사례로 1965년에서 1982년의 기간에 걸쳐 연간 5% 내외에서 11% 수준으로 오른 지속적 인플레이션율 상승 시기와 1982년에서 2008년까지 다시 1950년대의 4% 수준으로 안정화되는 지속적 인플레이션율 하락 시기를 들 수 있다 (McGee, 2016). 한국에서 인플레이션율은 미국의 경우처럼 20년 내외 길이의 두 기간 사이에 명확한 상향 추세와 하향 추세를 보이고 있지 않지만 더욱 극적인 변화 폭을 보인다. 즉 1960년대 중반부터 경제개발의 본격화에 따라 인플레이션이 상승 추세를 보이다가 1970년대 1차, 2차 오일 쇼크의 영향에 의해 1980년 12월 전년 동월 대비 32.5% 상승으로 정점을 찍었다. 1980년대 초 정부가 예산동결을 포함하여 물가안정 을 최우선 정책기조를 채택하고 경제부처와 한국은행이 안정화 정책을 강력하게 시 행하면서 장기적으로 점차 하향 안정화되는 추세를 보여주었다.

　<그림 2-3>에서 보듯이 매년 그 해의 시장가격으로 집계하는 명목 GDP는 인플레 이션과 대체로 유사한 추세를 보인다. 최근 20여 년 동안 인플레이션과 명목 GDP 성장이 하향 안정화하였다. 그 이전 1970년대의 급격한 인플레이션은 2차에 걸친 오 일쇼크의 영향이 컸다. 실질 GDP의 성장은 1998년, 2020년 이외에 1980년에도 마이 너스를 보였지만, 명목 GDP는 IMF 외환위기 시의 1998년 2~4분기, 코로나-19가 엄 습한 2020년 2분기에만 마이너스 성장을 기록하였다. 다만 2020년에 2분기에만 마이 너스 성장을 보인 것은 연간 성장으로 연결되는 전년 동기 대비 분기 실적이고, 전 분기 대비로는 1분기에만 마이너스 성장을 보였다.

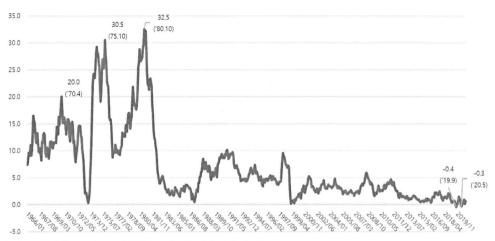

* 자료: 통계청(2020), 소비자물가조사, 월간(전년 동기 대비, 1966.1.~2020.11.).

* 자료: 한국은행(2020), 국민계정, 명목 GDP 증가율, 분기별(전년 동기 대비, 1966.1.~2020.3.).

〈그림 2-3〉 인플레이션율과 명목 GDP 증가율의 장기 추세(1966~2020년)

이러한 단기적 변동과 장기적 추세는 거의 모든 경제지표에 관하여 발생하는데, GDP와 같은 포괄적 지표의 변화와 함께 인플레이션, 이자율, 기업이윤, 주가, 임금과 여타 소득, 재고, 대출, 주택·내구재 수요 등 장단기 변화를 포함한다.

경제지표의 분석에서 중요한 판단 중의 하나가 순환적 변동(cyclical variation)과 장기적 추세(secular trend)에 관한 신호(signal)를 가려내고 교란요인(noise)을 제거하는 것이다. 지식정보화의 진전은 우리가 활용할 수 있는 정보의 양을 급속하게 늘리고 있지만 정보의 홍수 속에서 의미 있는 정보를 선별하는 일은 더욱 어려워지고 있다. 예를 들어 2013년 9월 미국에서 신규 일자리 수가 시장의 기대였던 20만 개의 수준에 못 미치는 16만 9천 개로 발표되었다(McGee, 2016). 이에 따라 당시 미연방준비제도이사회(Federal Reserve Board: FRB)는 예정했던 양적 완화의 감축을 취소하였다가 그해 12월 신규 일자리 수가 20만 개 이상이고 2분기 GDP 증가율이 4% 이상인 것으로 수정 집계되면서 그 시점에서야 채권매입 감소 조치를 시행하였다. 교란요인이 시장의 변동성을 야기한 하나의 사례이다. 다양한 경제지표로부터 경기순환상의 변동 요인을 취하게 되면 정부에서는 경기안정화를 위한 정책을 적기에 시행하는 근거가 되고, 자산시장에서는 순환적 변동과 자산수익률의 체계적 관계를 활용하여 전술적 자산배분의 적절한 실행을 가능하게 한다. 또한 이러한 지표들로부터 장기적 추세에 관한 실마리를 얻어내면 경제의 구조 고도화와 장기 성장을 촉진하는 정책을 개발하는 계기가 되고, 장기적 추세와 자산수익률의 체계적 관계를 활용한 전략적 자산배분이 가능하다.

경제의 순환적 변동에 관해서는 이번 장에서 다루고 있다. 경기순환의 변동으로 이자율, 이윤, 주가, GDP 등 경제·금융 변수들이 앞서고 뒤서며 함께 움직인다. 또한 경기안정화를 위한 통화정책이 단기에 실질 GDP에 영향을 주고 그 후에 인플레이션을 자극하는데, 그 시차와 진폭은 순환주기마다 다르다. 또한 순환주기에 따라 어떤 변수는 예측에 따라 경기와 함께 움직이고 어떤 경우에는 그러지 않는 경우도 있다. 예를 들어 미국의 경우 닷컴버블의 붕괴에 따른 2001년의 경기침체 국면에는 기업이윤은 크게 감소하고 주가도 큰 폭으로 장기간 하락하였지만 소비지출과 부동산 투자의 활황은 지속되었다. 이러한 현상은 낮은 이자율과 용이한 대출의 여건하에서 1990년대 불황의 긴 터널을 통과한 주택 매입이 2000년대에는 활발하게 전개된 데 따른 것이다.

한편 장기적 추세에 관해 말할 때 장기라고 할 수 있는 기간의 길이는 분석 목적에 따라 다르다. 주식시장에서 차트 등 기술적 분석에 의한 모멘텀 투자자에게는 6개월 이상이면 장기일 것이고, 역사가에게는 수백 년이 장기일 수 있다. 예를 들어 1980년대 초 이후 미국 등 선진국과 우리나라에서 전개된 인플레이션의 안정화 기간이 장기적 추세의 사례가 될 수 있다. 또한 4차 산업혁명의 급격한 기술진보에 의한 생산성 향상과 파괴적 혁신, 그에 따른 지속적 성장이 장기적 추세이다. 주식시장에서 장기적 추세의 영향을 사례로 들어보자. 글로벌 금융위기의 발생으로부터 1년 여 기간이 경과한 2009년 3월 경기의 수축국면이 끝나가는 조짐이 다양하게 나타나면서 주식시장이 저점을 기록한다. 이는 단순한 순환적 변동이 아니라 그때부터 10년 정도의 사상 최장기간 동안 지속되는 추세적 강세장이 시작된 것인데, 투자 대중은 주가 상승의 지속을 의심하고 주가가 저점의 2배 정도에 이르러서야 활황세를 인식하게 되었다. 최근 우리나라 주식시장에서도 코로나-19의 확산 국면에서 2020년 3월 중순 주가 폭락 이후의 유동성 확대와 위기극복 기대에 따라 급속한 주가상승이 전개되면서 개인투자자들이 주도적 역할을 함으로써 유례없는 성과를 거두고 있다. 거기에 한국시장에 고질적인 코리아디스카운트 현상이 기업지배구조 개선 등으로 해소되면 추세적 강세장이 지속될 수 있을 것이다. 주식시장에서 일일거래자(day trader)와 같은 초단기투자자는 교란요인을 이용해서도 수익을 거두려 하며, 단기 시각의 모멘텀투자자는 기술적 분석에 순환적 변동에 관한 지표를 활용할 것이고, 장기적 관점의 가치투자자는 지표 중에서 추세요인에 관한 부분만을 투자 결정에 활용할 것이다.

경제지표 중에서 교란요인, 순환적 변동과 장기적 추세를 구분하고자 하는 대표적 사례가 인플레이션율이다. 대부분의 중앙은행이 목표 지표로 하고 있는 소비자물가상승률은 교란요인, 순환적 변동과 장기적 추세에 관한 요소를 모두 포함하고 있다. 따라서 중앙은행들은 월별 전년 동기 대비 인플레이션율의 12개월 평균치를 목표 지표로 삼기도 한다. 나아가 통화정책 결정에 유용한 정보를 제공하기 위하여 교란요인에 해당하는 일시적 공급충격의 영향을 제거한 지표 중의 하나가 물가에서 식품과 에너지를 제외한 근원인플레이션율(Core inflation)이다(Eckstein, 1981). 통화정책은 주로 총수요 관리를 위한 수단인데 갑작스런 원유 생산 차질로 석유류 가격이 상승했을 때 중앙은행이 금리 인상을 위한 긴축정책을 시행하면 석유가격이 정상으로 돌아왔을 때 오히려 디플레이션을 초래할 수 있다. 그러나 근원인플레이션이 수요의 순환적 변동과 관련된 부분까지 제거하면 통화정책의 수립에 유용한 정보를 제공하기 어렵다는 주장이 제기되었다(Clark, 2001). 이에 따라 Wavelet라고 하는 통계도구에 의하여 인플레이션과 같은 시계열자료를 순전히 통계학적 방법으로 교란요인, 변동, 추세로 구분하는 방법이 제안되기도 한다(Daubechies, 1992). 순환적 변동과 장기적 추세에 관하여 충분한 정보를 검토한 질적인 판단이 통계학 모형에 의한 결론보다 우월한 경우가 많으나 경기 전환점 부근에서 경제 변화의 방향을 모색하거나 불확실성이 클 때는 통계학 모형이 유용한 경우도 있다.

실제 경기순환의 추이와 특징

경기의 확장에서 수축으로, 수축에서 확장으로 변화하는 경기변동의 전환점 판단은 경제에 광범위한 영향을 미치면서 한 부문에 국한되지 않는 측정지표를 기준으로 한다(NBER, 2021b). 따라서 실질 GDP를 가장 중요한 단일 척도로 삼되, 생산과 소득 측면의 다양한 측정치를 고르게 중요시한다. 그런데 GDP는 분기별로 작성되므로 월간 변동을 검토하기 위하여 고용, 산업생산, 가계 소득과 소비, 실업보험 청구, 도소매 판매 등 통계치의 월별 지표도 긴밀하게 관찰한다.

경기판단의 정점과 저점에 관해서 사후적으로는 공식 확인이 있다. 미국은 국가경제연구원(National Bureau of Economic Research: NBER)의 경기판단위원회(Business Cycle Dating Committee)가, 그리고 한국은 통계청의 국가통계위원회가 산하 경제통계분과위원회의 경기순환 분석을 거쳐, 경기의 저점과 정점을 공식적으로 확인한다. 국민소득 작성의 역사가 더 긴 미국에서는 경기판단이 이루어진 1854~2020년의 170년에 가까운 기간 동안 경기순환이 34차례 있었고 확장국면의 평균 지속기간은 41.4개월, 수축국면은 17.5개월이었다(NBER, 2021a).

〈표 2-1〉 미국의 경기순환 요약

기간	경기순환 횟수	지속기간 (정점→저점)	지속기간 (저점→정점)	지속기간 (저점→저점)	지속기간 (정점→정점)
1854~1919	16회	21.6	26.6	48.2	48.9
1919~1945	6회	18.2	35	53.2	53
1945~2020	12회	11.1	64.2	69.5	75
1854~2020	34회	17.5	41.4	56.2	59.2

* 자료: NBER(2021a), US Business Cycle Expansions and Contractions.

흥미로운 사실은 1854년에서 1919년 사이의 16회 경기순환 동안에는 확장국면과 수축국면의 지속기간에 그리 큰 차이가 없이 각각 2년 전후의 기간이었지만 1919년 이후 그 차이가 점차 벌어졌다는 점이다. 특히 2차 세계대전이 지난 이후 1945년과 2020년 사이의 75년 기간에 걸친 12차례의 경기순환 확장국면은 평균 64.2개월, 수축국면은 평균 11.1개월이어서 2차 대전 이후 확장국면이 크게 길어지고, 수축국면이 짧아졌다.

한편 우리나라의 경기순환주기는 <표 2-2>와 같으며, 경기판단이 이루어진 1972년부터 2020년까지 약 반세기 동안 경기순환은 11회가 진행되었으며 확장국면의 평균 지속기간은 33개월이고, 수축국면의 평균 지속기간은 20개월이었다.

우리 경제의 제10순환기는 미국 경제가 글로벌 금융위기 이후의 저점인 2009년 7월 확장국면으로 전환한 시점을 선행하여 2009년 3월 주가가 회복세로 돌아서기 직전인 2009년 2월에 시작되었다. 정부의 선제적인 경기부양책에 따라 2009년 초 내수를 중심으로 생산이 증가하였고 하반기 이후 미국 등 선진국경제 회복에 힘입어 수출도 상승세를 나타낸 것이다. 그 후 남유럽을 중심하는 유럽의 재정위기, 일본 대지진과 외환시장 동요, 미국의 경기침체 등으로 인하여 2011년 8월 정점에 이른 이후 2013년 3월의 저점까지 수축 국면을 지속하면서 하나의 순환주기를 마무리하였다.

<표 2-2> 한국의 경기순환주기

	기준순환일			지속기간(개월)		
	저점	정점	저점	확장기	수축기	순환기
제1순환기	1972. 3.	1974. 2.	1975. 6.	23	16	39
제2순환기	1975. 6.	1979. 2.	1980. 9.	44	19	63
제3순환기	1980. 9.	1984. 2.	1985. 9.	41	19	60
제4순환기	1985. 9.	1988. 1.	1989. 7.	28	18	46
제5순환기	1989. 7.	1992. 1.	1993. 1.	30	12	42
제6순환기	1993. 1.	1996. 3.	1998. 8.	38	29	67
제7순환기	1998. 8.	2000. 8.	2001. 7.	24	11	35
제8순환기	2001. 7.	2002. 12.	2005. 4.	17	28	45
제9순환기	2005. 4.	2008. 1.	2009. 2.	33	13	46
제10순환기	2009. 2.	2011. 8.	2013. 3.	30	19	49
제11순환기	2013. 3.	2017. 9.	2020. 5[1]	54	32	86
평균	−	−	−	33	20	53

* 자료: 통계청(2020), 『경기종합지수』, 통계정보보고서, p.15; 통계청(2023), 최근 경기순환기의 기준순환일 설정.
** 주: 1)은 잠정.

미국의 경우 1991년 3월에서 2001년 3월까지의 120개월 기록을 깨고 글로벌 금융위기의 경기침체로부터 회복이 시작된 2009년 6월부터 2020년 2월까지 128개월의 사상 최장의 확장국면을 기록하였다. 우리나라도 최근의 주기인 제11순환기에 들어서서 2013년 3월 시작된 확장국면을 2017년 9월, 사상 최장의 54개월로 마쳤다. 그 이후의 수축기는 고용사정 악화를 초래한 국내 경제정책 요인과 함께 미중 무역갈등과 일본의 수출규제 등 대외환경 악화로 인한 투자, 생산, 수출의 둔화가 급기야 팬데믹으로 이어져 장기화되었다. 이에 따라 경기순환의 기준순환일을 설정하기 시작한 1970년대 초 이래의 평균 지속기간(20개월)은 물론 최장 지속기간(29개월)을 갱신한 후 32개월만인 2020년 5월 저점을 찍은 것으로 잠정 확인되었다(통계청, 2023).

"모든 경기순환은 다른 점만 빼고 다 같다"라는 이야기가 있다. 경기순환에 유사한 패턴이 있지만 각 순환주기마다 다른 특성에 주목해야 한다(McGee, 2016). 예를 들어 미국의 경우 1990년대의 경기확장은 정보기술 호황이 전개되면서 기술주를 중심으로 하는 주가 급등이 주도하였다. 그런데 2000년대 초 경기확장은 닷컴버블의 붕괴에도 불구하고 주택투자와 소비지출의 1990년대 중반 이후 지속적 증가세가 견인차가 되었다. 정부정책과 맞물려 주택수요가 증가하고 저이자율 기조와 함께 금융공학이 접목한 주택자금 대출이 원활하게 공급되면서 건설경기가 중심이 된 것이다.

경기순환의 예측을 위한 지표

경기순환의 각 국면, 특히 경기침체(recession)를 예측하는 지표에 관하여 살펴보기로 한다(The Economist, 2019). 일반적으로 수익률곡선 기울기(slope of the yield curve)가 경기침체를 예측하는 강력한 지표로 알려져 있다. 수익률곡선은 채권의 만기와 수익률의 관계를 보여주는데, 만기를 x축, 수익률을 y축에 나타내어 만기 변화에 따른 수익률의 변화를 나타내는 그래프이다. 수익률곡선의 기울기는 경기 활황이 예측될 때 커지며, 경기순환의 전환점이 임박할 때 평평해지고, 경기 불황이 예측될 때는 장단기 금리 역전으로 음의 기울기를 갖는다. 한국 통계청은 동일한 의미의 장단기 금리차를 경기선행지수의 한 구성 지표로 삼고 있다.

미국 FRB는 10년 만기와 3개월 만기 재무부증권 금리 차이로 측정하는데, 경기상황에 관한 가장 신뢰할 만한 지수로 평가되어왔으며 <그림 2-4>와 같다. 실제로 미국에서 1990~1991년, 2001년, 2007~2009년, 2020년의 침체 시기가 회색 그림자로 표시되어 있는데, 이 시기가 시작되기 이전에 예외 없이 장단기 금리차가 (−)를 기록하였다. 장단기 금리역전과 낮은 장기금리 수준에 관해서 장기금리가 장기 자금대차의 가격이고 향후 기대 단기금리의 누적에 수렴하므로 불황에 대한 예측에 의하여 중앙은행이 단기금리를 하향 조정할 가능성이 커서 그렇다고 할 수도 있고

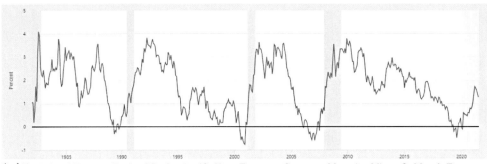

* 자료: Federal Reserve Bank of St. Louis, 10-Year Treasury Constant Maturity Minus 3-Month Treasury Constant Maturity.

〈그림 2-4〉 미국의 10년 만기와 3개월 만기 재무부증권 금리 차이(1980~2021년)

기업의 투자 재원인 장기 대출 수요가 감소해서 그렇다고도 할 수 있다. 이 같은 장단기 금리 역전에 대해서는 자산시장을 다루는 11장에서 자세히 설명할 것이다.

　상대적으로 새로운 지표는 Claudia Sahm이 개발한 지수이다. 그는 3개월 간 평균 실업률이 최근 12개월 최저치보다 최소 0.5%p 높으면 불황에 빠진 것으로 간주한다. 이 척도는 〈그림 2-5〉에서 보듯이 1970년 이후 미국의 모든 경기침체를 적절하게 예측하였다. 예를 들어, 2008년 1월 Sahm의 지수는 다가오는 대침체를 예고했고, 이 지수는 2001년 초 닷컴 거품의 붕괴도 경고하였다. 그런데 2019년 6월에는 당시 실업률이 2018년 최저치보다 0.07%p 낮은 것으로 기록되어, 2020년 발생할 수 있는 경기침체 가능성을 10%로 평가하였다. 한편 이코노미스트(The Economist)지는 경기침체 단어 지수('R-word index')를 경기침체를 언급하는 (주로 워싱턴포스트와 뉴욕타임스의) 신문기사 수로 측정하여 공개하는데, 경우에 따라서는 상당한 설명력이 있는 것으로 평가된다.

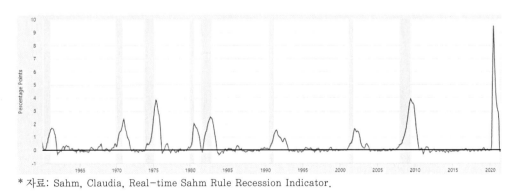

* 자료: Sahm, Claudia, Real-time Sahm Rule Recession Indicator.

〈그림 2-5〉 Claudia Sahm의 경기침체 예고지수

한국은행도 2021년 4월부터 매주 화요일 뉴스심리지수(News sentiment index: NSI)를 공표하고 있다(한국은행, 2021). NSI는 가계와 기업의 경기 심리를 측정하기 위하여 인공지능으로 하여금 50개의 인터넷 매체의 경제기사를 긍정, 부정, 중립으로 분류하여 지수화한 것이다.

각국 통계기구는 경기를 분석하기 위한 복합지표로서 경기종합지수를 발표한다. 경기종합지수에는 경기순환과 함께 변동하는 동행지수(coincident indicators), 경기순환에 앞서 변동하는 선행지수(leading indicators), 경기순환에 뒤따라 변동하는 후행지수(lagging indicators)가 있다. 한국통계청(2020)은 경기종합지수로 각각 선행 7개, 동행 7개, 후행 5개의 개별 구성지표를 종합하여 작성하는데, 추세 요인과 순환요인으로 구성되며, 기준연도 수치가 100(예: 2015＝100)이 되도록 산출한다. 그런데 개별 구성지표를 경기지수 구분과 지표영역 분류에 따라 구분하면 <표 2-3>과 같다. 개별 구성지표의 정의, 관련 통계조사, 작성기관 등의 개요는 통계청(2020)의 내용을 기초로 요약하여 작성한 표를 이 장의 말미에 '부록'으로 추가하였다.

〈표 2-3〉 각 경기지수와 구성지표

구분	생산·고용	수요			심리·금융
		소비	투자	수출입	
경기 선행지수	재고순환지표		기계류내수출하지수(선박제외), 건설수주액	수출입 물가비율	경제심리지수, 코스피, 장단기금리차
경기 동행지수	광공업생산지수, 서비스업생산지수(도소매업 제외), 건설기성액, 비농림어업취업자수	소매판매액지수, 내수출하지수		수입액	
경기 후행지수	생산자제품재고지수, 취업자수	소비자물가지수변화율(서비스)		소비재수입액	CP유통수익률

* 자료: 통계청(2020), 『경기종합지수』, 통계정보보고서를 참고하여 요약 작성.

그런데 경기변동의 단기예측에 사용되는 선행지수와 현재 경기상황의 판단에 사용되는 동행지수에서 추세요인을 각각 제거한 순환요인으로서 선행지수 순환변동치와 동행지수 순환변동치를 산출한다. 전자는 향후 경기의 국면과 전환점을 단기 예측하는 데 활용되며, 후자는 현재 경기상황을 판단하는 데 사용된다.

<그림 2-6>에 한국의 경기종합지수 중에서 선행지수 순환변동치와 동행지수 순환변동치를 나타내었다. 대체로 선행지수 순환변동치가 동행지수 순환변동치에 비해 앞서 움직이면서 1990년대 초의 자산가격 하락에 의한 침체, IMF 외환위기, 2000년대 초 닷컴버블 붕괴, 글로벌 금융위기, 코로나-19의 충격 등의 시기에 지수가 하락했음을 보여주고 있다.

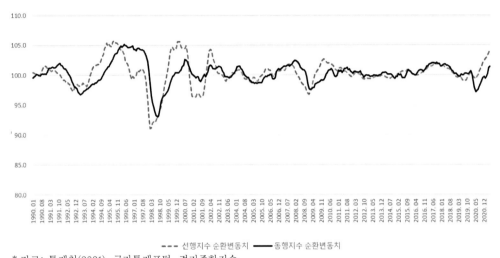

* 자료: 통계청(2021), 국가통계포털, 경기종합지수.

<그림 2-6> 경기종합지수(선행지수 순환변동치와 동행지수 순환변동치)

경기순환 판단의 중요성

경제가 경기순환에서 어떤 국면에 있는가 하는 판단이 공공정책이나 자산관리에 관한 의사결정에 매우 중요하다. 경제지표의 해석도 그에 따라 달라진다. 경기순환의 확장국면 초기에는 소비자물가가 다소 상승하더라도 인플레이션이 크게 이슈가 되지 않으나 확장국면의 정점에 접근하면 인플레압력에 민감해지고 소비자물가의 일정 폭 상승은 긴축 통화정책 채택의 계기가 되며 금융시장도 위험관리에 들어가게 된다.

경기순환의 각 국면에 대한 판단은 하나의 간명한 공식이 없다. 수많은 경제지표를 주시하면서 유연성을 가지고 분석하는 역량이 필요하다. 경기순환 일반에 관한 규칙성과 개별 순환주기의 특수성에 대한 이해가 필요하다. 또한 경기순환의 각 국면에 따라 주목해야 할 경제지표도 달라진다. McGee(2016)는 경기지표가 제시하는 증거에 대하여 가중치를 변경해가면서 해석해야 하는데, 이에는 반복 패턴의 규칙성에 관한 과학(science)과 질적 판단력에 관한 기술(art)이 함께 필요하다고 한다. 그는 두 가지의 방법을 추천한다. 첫째, 경기상황에 대한 형태론적 접근(gestalt approach)이다. 수많은 데이터와 경제지표를 민감하게 관찰하다 보면 어떤 지표는 확장을, 또 어떤 지표는 축소를 시사한다. 그러다 시간의 경과에 따라 큰 그림에서 확장을 나타내는 지표가 늘어나면서 경기전환점이 다가온다고 한다. 둘째, 국민경제가 인센티브를 기초로 운영되는 자기조직원리(self-organizing principle)에 주목하는 것이다. 기업의 이윤이 증가하면 투자와 고용이 늘어날 것을 예측하여야 한다. 그런데 자동화나 인공지능(AI)과 같은 신기술이 채택되면 이윤 극대화를 위하여 노동과 자본의 결합을 조정하는데, 이에 따른 새로운 투자수요나 새로 필요한 노동자 숙련수요를 파악해야 한다. 우리나라의 경우 정부가 2020년 기업규제 3법을 개정하는 등 2010년대 후반 이후 기업의 비용부담을 늘리고 기업규제를 강화하는 입법과 정책을 양산하고 있다. 그 결과 기업의 신기술 채택과 신성장동력 개발을 위한 연구개발 투자나 설비투자, 핵심인력 고용을 저해할 인센티브로 작용할 것으로 보여 장기 추세로서의 경제성장과 단기적 경기순환에 어떤 영향을 미칠지 우려된다.

사례연구 경기순환 지표의 활용 ────────────────────────

1)
국가 경제정책의 중요한 목표에 성장, 분배와 함께 안정이 포함된다. 경기순환의 진폭이 크고 예측이 어려우면 가계 소비나 기업 투자를 포함한 경제활동이 원활하게 이루어지기 어렵다. 유망한 신기술과 기발한 신제품을 가지고도 경제침체의 터널 끝이 보이지 않는데 투자를 감행할 기업가가 많지 않다. 따라서 국민경제가 지속적으로 성장하려면 경기순환을 빠르고 정확하게 예측하여 재정지출, 통화량관리 등 경기대응 정책을 적기에 시행하여야 한다. 물론 대공황기 이후 케인즈경제학이 대두되어 경기 관리를 위한 적극적인 재정·금융 정책이 당연하게 시행되었다. 그러나 1970년대 두 차례의 오일쇼크로 인한 스태그플레이션이 발생하자 프리드먼(M. Friedman)에 의한 통화주의의 반론은 길고 불확실한 정책시차 때문에 총수요관리정책은 실효성이 없으며 통화정책도 물가안정을 목표로 하면서 일정한 준칙에 따라야 한다고 주장하였다. 1990년대 이후 최근까지는 케인즈경제학과 통화주의 이론이 접목되어 경기관리에 관한 중요한 정책 가이드라인으로서 유연한 인플레이션 목표(flexible inflation

target)가 제시되었다(The Economist, 2020d). 중심적 목표는 낮고 안정적인 인플레이션율, 즉 물가안정으로 하되 침체국면에서는 다소 물가상승률이 높더라도 고용을 최우선으로 두는 금융정책을 시행한다는 것이다. 이때 주로 활용하는 정책수단은 단기 이자율 조정이 되어야 하며, 통화량 조절보다 더 소비나 투자에 신뢰할 만한 영향을 준다고 한다.

특히 경기순환 관리에 대해서는 통화정책이 중요하다. 통화정책이 경기순환을 촉발하기도 하고, 통화정책이 경기순환의 관리를 위하여 시행되기도 한다. 미국의 경우에 통화정책이 인플레이션과 이자율의 장기적 추세를 야기하기도 했다. 1965~1982년에 인플레이션율이 지속적으로 상승했으며, 이러한 추세는 1982년에 반전되어 2008년까지 인플레이션율이 꾸준히 하락하면서 장기간의 채권시장 호황을 초래하였다.

최근 코로나-19 상황에서 2차 대전 이후 최악의 경기침체가 우려되자 미국은 2020년 3월 실업급여 확대와 주거안정에 2.2조 달러의 긴급재정을 투입하여 4개월 만에 집행을 완료하고 7월 기준 1조 달러(공화당)에서 3.4조 달러(민주당)의 추가적 재정조치를 논의하였다(The Economist, 2020a). EU의 경우에도 이 지역 1년 GDP의 5%에 해당하는 7,500억 유로(8,690억 달러)의 재정을 회원국의 코로나 극복에 지원할 것을 결정하였다(The Economist, 2020b). 또한 미국, 영국, 유로존과 일본의 중앙은행은 2020년에 3.7조 달러의 본원통화를 신규 공급하였다(The Economist, 2020c).

2)

거시경제의 장기적 추세와 함께 단기적 변동이 각 자산 유형의 절대적 수익률과 자산 유형 간의 상대적 수익률에 영향을 준다. 절대적 수익률 변화는 확장국면에 앞서 주가가 오르고, 수축국면에 앞서 주가가 내리는 사례를 들 수 있다. 상대적 수익률에 관해서는 경기순환의 각 국면에서 특정 유형의 자산이 상대적으로 양호한 성과를 나타냄을 의미한다. 예를 들어 경기가 전환점을 지나 확장국면의 초입에 들어설 때는 채권보다 주식이, 가치주나 배당주보다 경기민감주의 실적이 좋다. 또한 이 시기에는 식품, 의약 등 필수재보다는 자동차와 대형 가전제품과 같은 내구소비재, 기계장비, 철강, 비철금속 등 자본재를 생산하는 경기민감형 산업(cyclical industry)의 실적이 빠르게 개선된다. 최근 코로나-19 상황에서 백신이 개발되어 접종되면서 2021년 하반기부터 방역조치가 중단되고 경기가 개선될 것이라는 기대감에 유사한 투자전략이 강조되었다. 한편 보석과 같은 사치재의 매출은 대조적인 모습을 보인다. 1990년대 말 닷컴 붐의 정점 부근에서 급상승했다가 2001년 닷컴버블의 붕괴, 2008~2009년 대침체 국면에서 급감하였다. 그러나 식품이나 생활용품 매출은 침체 시기에도 하락하지 않는다. 자산투자에 관한 이론은 산업 성과와 경기순환의 관계를 '섹터순환(sector rotation)'으로 개념화하였다(Bodie 등, 2020). 앞에서 논의한 대로 확장기 초입에 내구소비재, 사치재, 자본재 등 경기민감형 산업에 대한 투자가 유망하고, 정점 부근에서 가격상승 압력을 받는 원자재 산업이 부상한다. 그러다가 경기가 침체기 초입에 진입하면 식품, 의약품, 필수품 등 경기방어형 산업으로 투자가 쏠리고, 저점 접근의 국면전환 모색 시점에서는 기업들의 투자자금 조달을 위한 증자, 회사채 발행 등의 금융전략 실행으로 인해 선제적으로 금융부문이 유망해지기도 한다. 그리고 실제 저점에 이르면 경기회복을 기대하여 투자프로젝트 집행이 시작되면서 기계설비, 소재 등 자본재 산업의 성과가 양호하다는 것이다.

2020년은 우리나라에서 광범위한 개인투자자가 적극적으로 주식에 투자하여 상당한 성과를 낸 한 해로 기록될 것이다. 개인투자자에게는 투자성과의 대부분을 결정하는 매입, 매도 시점의 선택과 자산 유형 배분에 집중하고 구체적인 종목의 선정은 전문가에게 맡기는 간접투자가 권장되고, 최근에는 양호한 투자성과나 관리 수수료의 절감을 근거로 상장지수펀드(ETF)가 추천되기도 한다. 이러한 방식의 투자 관리에는 매입과 매도 시점의 선택과 특정 자산 유형의 비중 확대(overweight)나 축소(underweight) 등 자산 유형 배분을 위하여 경기분석이 가장 중요한 작업이 될 것이다. 특히 주식시장의 강세장(bull market)은 완만하지만 장기적으로 지속되고 약세장(bear market)은 빠르고 가파르게 진행되는 경향이 있어 선행지표를 포함한 다양한 경기지표를 주시하면서 경기판단에 주의를 기울여야 한다.

경기순환의 각 국면, 특히 경기 전환점(turning point)에 관해 시장의 공감대(consensus)와 다르면서 사실에 부합되는 정확한 판단을 내리는 경우 엄청난 기회가 될 수 있다는 사실이 2009년 초의 미국 주식시장의 사례에서 확인된다(McGee, 2016). 앞에서 논의한대로 2009년 3월부터 10년 동안 주식시장의 강세가 지속된 사례에서 대중보다 앞선 경기순환 국면의 판단에 따라 주식투자를 실행하였다면 큰 투자수익률을 기록했을 것이다. 경기순환에 대한 적절한 판단 없이는 성공적인 자산 투자의 기회를 잡을 수 없음을 시사하는 좋은 사례이다.

부록 경기종합지수 구성지표 개요

지표	설명(발표 시점)	조사·기관
광공업생산지수	광업, 제조업, 전기·가스업의 생산량 변화를 지수화한 지표 (2015년=100) (익월 말)	광업·제조업동향조사 (통계청)

지표	설명(발표 시점)	조사·기관
서비스업생산지수 (도소매업제외)	서비스업의 생산 활동을 파악하기 위하여 각 업종의 부가가치 기준 가중치로 지수화한 지표(2015년=100) (익월 말)	서비스업동향조사 (통계청)
건설기성액	건설업체에서 조사대상기간(전월)에 시공한 공사액 (익월 말)	건설경기동향조사 (통계청)
소매판매액지수	월별로 소매 부문의 판매량 변화를 지수화한 지표로 상품군별, 소매업태별로 구분하여 작성(2015년=100) (익월 말)	서비스업동향조사 (통계청)
내수출하지수	생산자제품 출하지수 중 내수용만 집계 (익월 말)	광업·제조업동향조사 (통계청)
수입액	수입상품가격에 화물보험료와 우리나라 도착까지 운임·보험료를 포함한 가격(CIF) 적용; 디플레이터는 수입물가지수($기준) (익월 중순)	무역통계 (관세청)
비농림어업 취업자수	농림어업취업자를 제외한 취업자(매월 15일이 포함된 1주일 중 수입을 위해 1시간 이상 일한 자) (익월 중순)	경제활동인구조사 (통계청)
재고순환 지표	생산자제품제조업출하증가율(전년동월비) (−)생산자제품제조업재고증가율(전년동월비) (익월말)	광업·제조업동향조사 (통계청)
경제심리지수	기업경기실사지수(BSI)와 소비자동향지수(CSI) 중 경기 대응 정도가 높은 7개 항목(제조업 BSI: 수출·가동률·자금사정 전망/비제조업 BSI: 업황·자금사정 전망/CSI: 가계수입 전망, 소비지출 전망)을 선정, 표준화한 지수를 가중평균 (당월 말)	기업경기조사 및 소비자동향조사 (한국은행)
기계류 내수출하지수 (선박제외)	생산자제품출하지수 대상 품목 중에서 설비용 기계류 해당 69개 품목(선박 제외) (익월 말)	광업·제조업동향조사 (통계청)
건설수주액	종합건설업체의 국내건설공사 수주액 (익월 말)	건설경기동향조사 (통계청)
수출입물가 비율	수출물가지수 ÷ 수입물가지수 × 100 (익월 중순)	수출·입물가 (한국은행)
코스피	기준시점(1980.1.4=100) 시가총액과 비교시점 시가총액을 비교하여 산출 (익월 초)	월평균주가지수 (한국거래소)
장단기 금리차	(국고채유통수익률(5년) 월평균 금리) − (무담보콜금리(1일물) 월평균 금리) (익월 초)	월평균금리 (한국은행)
생산자제품 재고지수	광업·제조업체 보유 제품 재고의 변동 지표(2015년=100) (익월 말)	광업·제조업동향조사 (통계청)
소비자물가지수 변화율(서비스)	서비스 152개 품목 물가지수의 전년 동월 대비 변화율 (익월 초)	소비자물가조사 (통계청)
소비재수입액	소비재 부문의 수입액만을 집계: 주로 곡물, 직접소비재, 내구소비재, 비내구소비재 등 (익월 중순)	무역통계 (관세청)
취업자수	조사대상 주간 중 수입을 위해 1시간 이상 일한 자: 무급가족종사자, 일시휴직자 포함 (익월 중순)	경제활동인구조사 (통계청)
CP 유통수익률	CP 91일물의 수익률 (익월 초)	단순평균수익률 (금융투자협회)

* 자료: 통계청(2020)에서 요약하여 동행, 선행, 후행지수 순으로 재구성하고 이중 실선으로 구분하였음.

[이해와 활용]

1. 현재의 경기순환 국면을 판단하는 데에는 동행지표가 중요하지만 정작 중요하고 유익한 것은 그것을 예측하는 선행지수일 것이다. 선행지수의 구성 지표 중에서 어떤 지표가 가장 유용하다고 생각하는가?

2. 한국의 경기종합지수와 미국의 경기종합지수를 비교하라. 한국의 지수체계 보완에 참고할 만한 차이가 있는가?

3. 최근 경제뉴스 중에서 교란 요인, 단기 변동, 장기 추세에 관한 내용이 하나 이상 있는 사례를 찾아보자. 어떤 지표와 관련이 있는가?

4. 통계청 국가통계포털에서 경기종합지수 관련 지표를 다운로드하여 엑셀프로그램의 차트로 그리고 설명해보자.

참고문헌

[1]   통계청(2023), 최근 경기순환기의 기준순환일 설정, 보도자료, 2023.3.2.

[2]   통계청(2021), 국가통계포털, 경기종합지수.

[3]   통계청(2020), 『경기종합지수』, 통계정보보고서. 2020.6.

[4]   한국은행(2019), 알기 쉬운 경제지표 해설.

[5]   한국은행(2021), 뉴스심리지수(NSI) 시험공개, 보도자료, 2021.4.2.

[6]   Baumohl, B.(2013), The Secrets of Economic Indicators: Hidden Clues to Future Economic Trends and Investment Opportunities, 3rd. Edition, FT Press.

[7]   Bodie Z., A. Kane & A. Marcus(2020), Investments, 12th edition, McGraw-Hill Education.

[8]   Burns, Arthur F. & Wesley C. Mitchell(1946), "Measuring Business Cycles", National Bureau of Economic Research, 1946.

[9]   Clark, T. E.(2001), Comparing Measures of Core Inflation, Economic Review, Federal Reserve Bank of Kansas City, 86(2), 5-32.

[10]   Daubechies, I.(1992), Ten Lectures on Wavelets. Philadelphia, Pennsylvania: Society for Industrial and Applied Mathematics.

[11]   Eckstein, O.(1981), Core Inflation, Englewood-Cliffs, New Jersey: Prentice-Hall.

[12]   Federal Reserve Bank of St. Louis(2021), 10-Year Treasury Constant Maturity

Minus 3-Month Treasury Constant Maturity [T10Y3M], retrieved from FRED, Federal Reserve Bank of St. Louis; https://fred.stlouisfed.org/series/T10Y3M, July 16, 2021.

[13] Mankiw, G.(2018), Macroeconomics, 10th Edition, Worth Publishers.

[14] McGee, R. T.(2016), Applied Financial Macroeconomics and Investment Strategy: A Practitioner's Guide to Tactical Asset Allocation, Springer.

[15] NBER(2021a), US Business Cycle Expansions and Contractions, http://www2.nber.org/cycles

[16] NBER(2021b), Business Cycle Dating, https://www.nber.org/research/business-cycle-dating

[17] Sahm, Claudia(2021), Real-time Sahm Rule Recession Indicator [SAHMREALTIME], retrieved from FRED, Federal Reserve Bank of St. Louis; https://fred.stlouisfed.org/series/SAHMREALTIME, July 17, 2021.

[18] The Economist(2019), How to Spot a Recession, June 19, 2019.

[19] The Economist(2020a), Congress and Covid-19: America's Backwards Coronavirus Strategy, Jul 22, 2020.

[20] The Economist(2020b), Europe's €750bn Rescue Package Sets a Welcome Precedent, Jul 25, 2020.

[21] The Economist(2020c), Governments Must Beware the Lure of Free Money, Jul 23, 2020.

[22] The Economist(2020d), Starting Over Again: The Covid-19 Pandemic Is Forcing a Rethink in Macroeconomics, Jul 25, 2020.

[23] Zarnowitz, V.(1991), What Is a Business Cycle? National Bureau of Economic Research, Working Paper No. w3863.

소비와 저축

제3장

소비와 저축

소비는 GDP의 지출 측면에서 가장 큰 비중을 차지한다. 소비지출의 금액, 증가율, GDP 비중이 관심의 대상이며, 소비지출의 구조는 국민의 생활 수준을 나타낸다.

가계는 가계총처분가능소득에서 소비하고 남은 금액을 저축한다. 가계저축의 금액, 증가율, 그리고 저축의 가계총처분가능소득에 대한 비율인 가계순저축률이 중요하다.

거시적으로 국민총처분가능소득에서 소비하고 남은 금액이 총저축이며 총투자의 기반이 된다. 총소비와 총저축의 금액, 증가율 그리고 총저축과 총투자의 국민총처분가능소득에 대한 비율인 총저축률, 총투자율은 국민경제의 예측에 중요하다.

설문조사를 통해 측정하는 소비자신뢰지수는 미래 소비지출을 예측하는 기초이다.

소비의 개념과 특징

소비는 재화와 서비스에 대한 개인(주로 가계)의 지출이다. 소비는 가계가 최종소비 용도의 재화와 서비스를 구입하는 지출을 말한다. 국민계정에서는 최종소비지출을 가계와 가계에 봉사하는 비영리단체의 민간 최종소비지출과 정부의 최종소비지출로 구분하여 집계한다(한국은행, 2020).

가계의 최종소비지출은 가계가 구입하는 모든 재화와 서비스를 포함하지는 않으며, 가계가 실제 지출하지 않은 금액을 포함하기도 한다. 주택은 일시적 소비의 대상이 아니라 장기간 주거서비스를 제공하는 재화이므로 가계의 신축 주택 매입은 총고정자본형성 중의 건설투자로 집계한다. 귀금속, 예술품을 포함한 귀중품은 소비의 대상이라기보다 가치의 저장 목적이 더 중요하게 인식되므로 이들 재화의 구입은 재고증감 및 귀중품순취득의 범주에 넣어 재고투자의 일환으로 집계된다. 중고재화의 구입은 새 재화의 생산과 최초 거래 시에 이미 소비에 포함되었으므로 중복계산을 피하기 위해 유통마진이나 수수료와 같은 거래비용만을 포함한다. 자가 소유 주택의 거주는 특정 기간에 실제 구입하는 것은 아니지만 주거서비스를 구입한 것으로 간주하여 추정한 귀속임대료를 소비에 포함하여 집계한다. 소비지출은 (사회보장 급부로서의 식료품이나 의료서비스 등) 현물소득인 재화와 서비스를 구입하는 경비, 생명보험이나 연금의 관리비용을 포함한다(The Economist, 2000). 새로운 생산활동과 무관하여 GDP에 포함되지 않는 지출, 소유권의 단순한 이전에 불과한 지출 그리고 투자지출에 집계할 사항은 소비에 포함되지 않는다. 이자 지불, 해외 송금, 토지나 기존 건물의 매입, 중고재 구입, 개인사업 투자 지출 등이 그러한 사례이다. 효용을 누린다는 의미의 소비 행위는 긴 시간에 이루어지는 자동차나 가전제품 등 내구재의 소비도 지출 시점에 일시적으로 발생한 것으로 계산되며, 신규 주택의 매입은 가계에 의한 것이지만 예외적으로 건설투자로서 투자지출로 집계된다.

재화·서비스의 수출입과 관련해서는 거주자와 비거주자를 포함한 국내 모든 가계의 국내 소비지출을 집계한 후 '거주자의 국외소비'는 서비스 수입으로 소비지출에 추가하고 '비거주자의 국내소비'는 서비스 수출로 차감한다. 자선단체와 같이 가계에 봉사하는 비영리단체는 비시장생산자(non-market producer)이며 사회경제적 이유로 판매수입보다 더 큰 비용을 투입하는 것이 일반적인데, '총투입비용−판매수입'의 차액을 스스로 생산한 서비스를 구입하는 소비지출로 계산한다.

소비지출의 집계를 위하여 통계청이 작성하는 경제총조사와 서비스업조사(특히 도매업, 소매업의 소비자에 대한 산업별 매출액), 가계동향조사, 한국은행이 작성하는 산업연관표와 함께 여러 행정통계와 기초통계자료를 이용한다. 다만 경제총조사와 서비스업조사에서 제외하거나 더욱 정확한 기초통계자료가 있는 자동차, 곡물, 담배, 에너지 등의 재화와 교육, 의료, 통신, 주택, 금융, 공공행정, 오락서비스 등은 가계동향조사나 사업자단체, 협회 등 관련기관들이 작성한 기초통계 자료를 이용하여 추계한다. 한편 거주자의 국외소비와 비거주자의 국내소비에 관한 서비스수출입은 국제수지 통계의 환전, 신용카드 사용 실적을 활용한다.

최근 소비증가율이 2018년 3.7%에서 2019년 3.2%, 2020년 −2.4%로 저하되어 왔는데, 특히 2020년의 경우 코로나-19와 맞물리는 현상이기는 하지만 최종소비지출의 감소는 2000년대 들어 글로벌 금융위기 시기에도 없었던 초유의 상황이다. 특히 <그림 3-1>에서 보듯이 2017년 이후 소비감소세와 함께 민간 소비 증가율은 2020년 들어 감소세에 이르기까지 더욱 뚜렷하게 위축되고 그 상당 부분을 정부소비로 보충하고 있는 추세를 보였다. 상당히 우려스러운 상황이며, 임금소득을 중심으로 가계소득 증

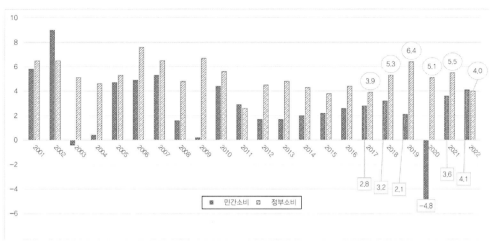

* 자료: 한국은행(2023), 국민계정.
** 주: 한국은행이 작성한 (계절조정을 하지 않은) 원계열, 실질금액(2015년 불변가격) 기준 민간 최종소비지출과
    정부 최종소비지출 금액을 기초로 연간 증가율을 계산한 것임.

〈그림 3-1〉 민간 및 정부 부문의 소비증가율 추이(2001~2012년)

가와 그에 따른 소비 증가를 도모한 최근 정부의 소득주도성장 정책기조를 무색하게
하는 현상이다. 다만 코로나 이후 민간소비가 상당한 회복세를 나타내어 2022년에는
정부소비를 소폭 상회하는 4.1%(잠정) 증가율을 기록하였다.

소비의 특징을 이해하기 위하여 미국의 가계소비지출의 집계방식을 살펴보자. 5년
마다 이루어지는 센서스가 없는 연도에는 가계소비지출에 대한 생산 데이터를 사용할
수 없다. 상무부 경제분석국(Bureau of economic analysis: BEA)은 소매매출 통계를 기초
로 가계 소비를 추계한다. 그런데 소매매출은 다양한 품목의 소매와 온라인판매를 포
함하여 집계하는데, 모두 포함하기가 방대하다. 따라서 실무상으로 자동차, 유류, 건물
개축·건축자재를 제외한 소매 매출인 주요 소매지출(retail control)에 초점을 맞추어 집
계하는데, 이 범주의 소비와 전체 소비의 관계를 기초로 전체 소비지출에 대한 추계
를 작성하는 것이다(Steindel, 2018). 주요 소매지출의 품목 그룹에서 제외되는 품목은
별도로 집계한다. 자동차의 경우에는 제조사로부터 직접 데이터를 받는다. 차종에 따
른 가격차가 크고 기업과 정부의 구매를 구별할 필요가 있기 때문이다. 유류의 경우
에도 에너지부가 직접 집계한다. 건물개축과 건축자재는 주택투자에 포함되므로 소비
지출에 포함되지 않는다. 소매매출은 데이터 수정의 범위와 빈도가 크기 때문에 소비
지출 금액이나 GDP 영향의 진정한 규모를 추계함에 오류의 소지가 크다. 또한 경제

학자나 정책담당자들에게 실질 소비지출이 주요 관심 대상이지만, 부문별소비자물가지수(CPI) 적용에 애로가 크기 때문에 추산이 쉽지 않다. 예를 들어 의류 판매의 경우 의류소매점과 아울렛, 대형 할인점, 온라인판매 간의 판매가격 차이가 매우 크다. 자동차 판매대수를 가지고 자동차에 대한 실질소비지출을 추계하는 것도 쉽지 않다. 차량대형화 추세에 따라 판매대수와 판매금액의 괴리 확대를 반영해야 하고 자동차 수리지출, 중고차 구입을 구분하여 제외해야 한다. 자동차 구매실적에서 투자나 정부지출에 포함될 기업과 정부의 구매를 구별하여 제외하기도 어려우므로 리스는 기업구입으로 간주하는 등의 단순한 방법을 사용한다. 서비스소비에 관한 데이터의 미비는 더욱 심각하다. 실제로 식당, 항공, 영화관, 스포츠경기장, 카지노, 복권, 교육, 숙박, 자가소유 주택의 귀속임대료 등을 빠짐없이 추계하기가 어렵다. 가스, 전기 유틸리티 소비는 에너지부를 통해 집계하는데, 계절 요인과 기상조건에 따라 변동성이 크다.

소비의 결정요인에 관한 설명으로 프리드먼의 항상소득가설(Permanent-income hypothesis)과 모딜리아니 등의 생애소득가설(Life-cycle hypothesis)이 있다(Mankiw, 2018). 그런데 개인의 소득 중에서 소비하고 남는 금액이 저축이므로 소비나 저축을 결정하는 요인은 같다고 할 수 있다. 이 두 가설은 취업하여 소득이 높은 생애주기에 저축한 부를 은퇴 후에 인출해 사용한다거나 소비가 일시적으로 변화하는 임시소득보다 평생 기대되는 항상소득에 의존한다고 하여, 모두 소비나 저축이 평생에 걸친 소득과 관련이 있다고 한다. 청년기와 노년기에 소비를 더 많이 하고 중년기에는 은퇴를 대비하여 저축을 더 많이 한다는 것이다.

일반적으로 소비는 소득, 가격기대, 이자율, 소비자신용, 자산, 내구재의 재고수준과 가격 등의 영향을 받는다(The Economist, 2000). 개인의 소득이 늘어나거나 일시적 가격상승이 예상되면 소비가 늘어난다. 일시적 가격상승은 인플레이션으로 인한 경우도 있고 부가가치세나 특별소비세 등 간접세의 인상에 의한 것일수도 있다. 또한 이자율이 높아지면 저축을 늘려 소비가 줄어들고 소비자신용이 용이해지면 소비가 늘어난다. 다만 이자율이 높아질 때 청년층의 주택대출이자 상승분이 예금자인 고령층에 재분배되면 소비가 늘기도 하며, 소비자신용이 누적되면 소비자의 경제상황 악화로 소비가 줄기도 한다. 주식이나 부동산의 가격이 상승하여 자산가치가 늘면 소비가 느는데, 이를 자산효과(Wealth effect)라고 한다. 내구재의 재고가 늘어 가격이 인하되면 자동차나 가전제품을 교체하는 소비 붐이 일기도 하여 소비가 증가한다.

소비의 구조

한국은행(2023)이 발표하는 국민소득통계인 국민계정은 최종소비지출을 민간소비와 정부소비로 나눈다. 우리나라 소비지출의 형태별 및 목적별 구성을 2021년을 기준으로 살펴보면 <표 3-1>과 <표 3-2>와 같으며, 최종소비지출은 민간소비 중에서도 비영리단체를 제외한 가계의 소비지출만을 나타낸 것이다. 이 2개의 표에서 오른쪽에 그린 그래프는 소비지출의 형태별, 목적별 구성을 원도표로 나타낸 것으로서 2021년 가계최종소비지출의 금액 대비 98.2%를 차지하는 국내소비지출의 구성비를 나타낸 것이다. 물론 이 국내소비지출 구성비에는 비거주자의 지출도 포함되어 있음을 감안하여 이해해야 할 것이다.

소비재를 1년 이상의 긴 사용기간에 효용의 흐름이 서서히 소모되는 재화인 내구재와 짧은 사용기간에 그 효용이 소모되는 재화인 비내구재로 구분한다. 주택, 자동차, 냉장고, 재봉틀, 가구 등이 전자에 속하고, 식료품, 담배, 세면용구 등이 후자에 속한다. 그러나 기간의 길이만을 기준으로 구분하기는 어려워 의복, 신발, 가방, 서적, 운동용품, 오락용품 등과 같이 1년 이상 사용이 가능하지만 비교적 저가인 상품을 비내구재로 분류하기도 하지만 우리 국민계정에서는 준내구재(semi durable goods)로 별도로 정의한다. 그런데 내구재는 경기순환에 따라 지출규모의 변동이 크며, 상대적으로 지출 규모가 안정적인 식료품이나 의료서비스 등 필수재와 대조를 이룬다. 따라서 경제현황을 분석하고 경기순환을 평가하는 경우에 소비지출의 형태별 구분이 의미가 있다. 따라서 기계설비처럼 경기변동 요인으로 작용하는 소비재를 내구재라고 정의하는 것이 적절할 수 있다.

<표 3-1> 형태별 최종소비지출의 구성(2021년, 당해 연도 가격, 단위 10억 원, %)

소비의 형태별 구분	금액	구성비
국내소비지출	884,591.9	98.2%
내구재	(89,360.9)	(9.9%)
준내구재	(84,040.2)	(9.3%)
비내구재	(192,459.7)	(21.4%)
서비스	(518,731.2)	(57.6%)
거주자국외소비지출	37,315.6	4.1%
(−) 비거주자국내소비지출	20,671.2	2.3%
가계 최종소비지출	901,236.4	100.0%

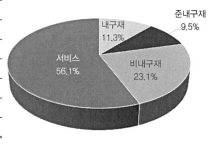

* 자료: 한국은행(2023), 국민계정: 2021년(확정) 및 2022년(잠정).

<표 3-2> 목적별 최종소비지출의 구성(2021년 , 당해 연도 가격, 단위 10억 원, %)

소비의 목적별 구분	금액	구성비
식료품 및 비주류음료품	116,454	12.7%
주류 및 담배	16,882	1.8%
의류 및 신발	49,557	5.4%
임대료 및 수도광열	163,591	17.8%
가구, 가계시설 및 운영	32,248	3.5%
의료보건	53,344	5.8%
교통	97,774	10.7%
정보통신	51,346	5.6%
오락, 스포츠 및 문화	60,183	6.6%
교육서비스	47,187	5.1%
음식점 및 숙박서비스	84,667	9.2%
기타	144,161	15.7%

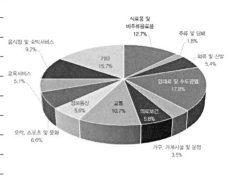

* 자료: 한국은행(2023), 국민계정: 2021년(확정) 및 2022년(잠정).

한편 최종소비지출을 목적별로 보면 대체로 가계의 생활상을 짐작할 수 있다. 주거비인 임대료 및 수도광열비가 18% 정도로 가장 높은 비중을 차지하고, 식료품·비주류음료품, 교통, 음식점·숙박서비스 등의 비중 순서로 구성되어 있다.

📊 **통계포인트 3** 시계열 지표, 횡단면 지표, 패널 지표 ———————————

경제지표로 측정하는 현상을 경제변수(economic variable)라 하는데, 미시경제변수가 있고 거시경제변수가 있다. 시계열지표(time series indicator)는 주로 거시경제변수와 재무변수에 관한 것이며 각 시점(time point)에서 측정되고 시점 순으로 표기한다. 거시경제변수는 실질 GDP, 고용률, 이자율, 통화량 등이다. 이들 지표는 특정 시점(예: 매월)에 측정된다. 재무변수는 주식가격, 채권수익률 등이다.

시계열 지표는 다양한 빈도로 측정된다. 거시경제변수는 주로 연·분기·월별로 측정되며, 흔히 재무변수는 더 자주 매 분, 매 순간 측정되기도 한다. 시계열 지표는 변수 X를 시간 t에 측정한 것을 X_t로 나타내고 시점은 $t = 1, \cdots, T$이다. 즉 T는 이 지표를 구성하는 데이터세트에 포함된 총 기간 수를 나타낸다. 예를 들어, 2000~2019년의 기간에 걸친 20개의 연간 실질 GDP 데이터를 분석한다면 $t = 1$은 2000년, $t = 20$은 2019년, $t = T = 20$

은 총 횟수를 나타낸다.

한편 횡단면지표(cross-sectional indicator)는 주로 미시경제변수에 관한 것이다. 미시경제변수는 개별 단위(unit)마다 측정된다. 이 경우는 시계열 지표와 달리 데이터의 순서는 중요하지 않다. 이때 단위라 함은 사람, 기업, 산업, 지역 또는 국가를 나타낸다. 특정 산업 내 각 기업의 당기순이익이나 특정 기업 내 개별 근로자의 임금, 근로시간 등을 측정한 데이터로 구성된다. 한 산업경제학자가 의류산업에 포함되는 100개 기업의 당기순이익이 얼마인지 조사할 수 있다. 이때 $N = 100$이고 X_1은 첫 번째 기업이 응답한 이익금액, X_2은 두 번째 기업이 응답한 이익금액, X_{100}은 마지막의 100번째 기업이 응답한 이익금액이다.

한편 패널지표(panel indicator)는 시계열 지표와 횡단면 지표의 구성요소가 함께 모여 구성된 지표이다. 예를 들어 경제성장의 요인을 규명하기 위하여 다수(N) 국가의 수(T)년 동안의 GDP를 사용할 수 있다. 이러한 경우 분석 대상 패널 지표를 계산하기 위해 $N \times T$의 측정치를 포함한 자료를 이용해야 한다. 즉 i단위의 t시점에 대한 지표를 표기하기 위하여 X_{it}를 사용한다. X_{11}는 첫 번째 국가의 1년 차 GDP이고, X_{12}는 첫 번째 국가의 2년 차 GDP이다. 한편 100개 기업의 10년에 걸친 이익금액을 포함하는 패널 지표일 때 X_{11}는 첫 번째 기업의 1년 차 이익금액이고, X_{12}는 첫 번째 기업의 2년 차 이익금액이다.

일반적으로 경제지표의 분석을 위해서는 자료의 시의성 때문에 연간 데이터보다 분기, 월 데이터가 선호된다. 따라서 GDP 집계는 시간이 걸리더라도 엄밀한 추계의 과정을 거쳐야 하지만 실무를 위한 지표 분석을 위해서는 몇 가지의 중요한 품목에 초점을 맞출 필요가 있다. 앞서 언급한 주요 소매지출, 신차 판매대수, 이상기온과 전기·가스 사용 등이 관심의 대상이 될 것이며, 소비자물가지수는 전형적 가계가 구매하는 일정 비중 이상의 품목에 한정되어 산출된다.

소비의 중요성과 분석·예측

소비는 지출 측면의 GDP에서 가장 큰 비중을 차지한다. 다만 GDP를 지출 항목별로 나누어 구성비를 논의할 때 유의할 사항이 있다(Steindel, 2018). 첫째, GDP는 국내에서 생산된 최종재의 가치를 합한 것인데, 소비는 —물론 투자나 정부지출도 마찬가지지만— 수입 상품이 상당한 비중을 차지한다. 따라서 GDP에 해당하지 않은 상품에 대한 소비지출이 있으므로 GDP에서 소비가 차지하는 구성비를 계산하는 것은 논리적 문제가 있다. 둘째, 실질 GDP가 1장에서 설명한대로 피셔의 이상적 방법에 의하여 계산한 연쇄지수이며 그 자체가 실제 금액이 아니므로 실질 GDP 금액은 각 항목별 지출의 합과 일치하지 않는다. 따라서 명목 GDP에서 차지하는 소비의 비중이나 실질 GDP 증가에 대한 소비 증가의 기여를 분석할 수는 있으나 실질 GDP에서 차지하는 소비의 비중은 논리적 근거가 없다.

개인소득에서 차지하는 소비의 비중은 국가마다 여러 요인에 따라 다르다. 우선 국가가 제공하는 서비스 수준에 따라 달라진다. 예를 들어 정부가 사회보장제도에 의하여 보건의료서비스를 제공할 때, 벨기에나 프랑스처럼 우선 개인이 지급하고 나중에 정부가 환급하면 소비지출에 잡히지만 영국이나 북유럽국가처럼 현물서비스로서 아예 처음부터 무료이면 소비지출에 잡히지 않는다(The Economist, 2000). 그러나 이 부분은 OECD주도로 2011년에 도입한 새로운 보건계정체계(System of health accounts: SHA) 채택으로 국가 간에 제도적 차이를 해소하고 국제 비교가능성이 높아졌다(OECD 등, 2011). 한편 저개발국이나 개도국처럼 소득 수준이 낮은 나라의 경우에는 식품, 의복과 같은 생활필수품의 소비 비중이 크다.

명목 GDP에서 소비가 차지하는 비중은 우리나라의 경우는 2019년 기준 66% 정도 되고 미국은 2017년 기준 70%에 육박하므로 GDP에서 가장 큰 비중을 차지하는 것은 분명하다. 또한 우리나라나 미국에서 모두 소비의 비중이 증가세에 있다. 따라서 어느 나라에서나 GDP를 중심으로 하는 국민경제 전체의 현황을 평가하고 미래를 예측함에 있어서 소비의 중요성은 매우 크다고 할 것이다.

국민소득의 여러 지표 중에서 개인소득이 소비와 저축으로 나누어진다고 할 수 있으며 소비를 명목 소비지출과 실질 소비지출로 추계할 수 있다. 그런데 소비지출의 경우 수많은 다양한 매장에서 이루어지므로 데이터 집계의 시의성에 한계가 있다. 따라서 실제 정부나 금융시장에서 의사결정에 참고하기 위해서는 몇 가지 중요한 품목에 대한 지출에 초점을 맞추고 전체 소비지출을 추정하는 방법이 많이 활용된다. 앞에서 언급한 주요 소매지출(retail control)이 하나의 사례이다.

가계의 소비지출은 기업의 투자지출에 비해 GDP에서 차지하는 비중은 크지만 상대적으로 변동성이 작고 안정적이다. 많은 소비 변수들이 비교적 단기간 내에 평균에 회귀하는 경향이 있다. 일시적 한파로 난방에너지 소비가 급증했다가도 추위가 풀리면 정상으로 돌아오므로 기후에 따른 유틸리티 소비가 그렇다. 경기가 위축되면 급감했다가도 경기가 호전되면 고가 내구재의 소비가 다시 늘어나므로 경기 변화에 따른 자동차 판매 등 주요 소매지출이 그렇다. 그런데 소비지출이 비교적 안정적이고, 평균회귀 경향이 강해서 향후 GDP 성장 예측에 중요한 지표가 되지 못한다면 재고투자나 수입 등의 대안지표를 고려할 필요가 있다.

향후의 소비지출을 예측하기 위한 지표가 많이 있다. 그러나 모델링과 예측에 유용한 지표를 선별해야 할 것이다. 가장 기초적인 예측지표는 가계소득과 부의 동향일 것이다. 기온변화에 관한 일기예보는 전기, 가스, 지역난방 등의 유틸리티 소비를 예측할 수 있게 한다. 또한 설문조사 데이터도 유용하다. 미국의 경우 미시간대의 소비자심리지수, 콘퍼런스 보드(Conference Board)의 소비자신뢰지수, 블룸버그(Bloomberg)의 주간 소비자태도지수 등이 있고, 한국의 경우 통계청이 조사하는 소비자동향지수가 있다. 이러한 조사 데이터가 소득과 부, 과거 소비 데이터 등 기본 정보 이상의 유용한 정보를 제공하는가에 대해서는 여전히 의문이 제기되고 있으나 추가적이고 보완적인 정보를 제공하는 역할을 하고 있다는 평가가 일반적이다. 소비자신용도 예측변수가 되지만 소비자대출은 양면성이 있어 신중하게 해석해야 한다. 즉 신용대출이 용이해서 소비가 증가될 수도 있지만 가계 경제사정의 악화를 가져와 중장기적으로 소비를 위축시킬 수도 있다. 또한 소비지출에 순환주기가 있다는 점도 참고해야 할 것이다. 대표적인 사례로 1년 이상 사용하고 주로 고가인 자동차, 가구, 가전제품 등 내구재이다.

소비지출의 예측을 어렵게 하는 요인도 많다. 우선 비즈니스 모델 다양화와 정보기술 발전에 따라 유통채널이 급변하고 있다는 점이다. 도소매, 서비스 판매의 체인화 또는 프랜차이즈화가 급격하게 진행되고 있다. 예컨대 체인화 소매·서비스 회사의 월간 판매액 집계가 유용할 수도 있으나 최소한 분기별로 판매시기가 정확하게 집계되는지도 의문이고 미국의 경우 캐나다, 멕시코 등 외국점포 매출, 우리나라의 경우 중국 등 인접국가 점포 매출과 명확히 구분되는가도 의문이며, 때로는 블랙프라이데이, 광군제, 코리아세일페스타 등 특별한 상황의 데이터가 포함되어 있는지도 불분명하다. 한편 정보기술 적용 확대로 온라인 판매가 급속하게 확대되고 코로나-19 상황이 온라인화를 가속화하는 요인이 되고 있는 가운데 온라인 판매를 통한 소비통계는 체인화 회사의 경우와 유사한 문제점이 있어 예측 데이터의 유용성을 제약하는 요인이 되고 있다.

저축과 소비 예측

일반적으로 저축은 소득 중에서 소비되지 않고 남는 부분이다. 특히 가계는 미래에 대비하여 소득을 전부 소비하지 않고 그 일부를 저축한다. 따라서 가계저축률(household saving rate)은 1장에서 설명한 가계처분가능소득, 정확하게는 가계총조정처분가능소득 중에서 재화와 서비스의 구입을 위한 소비지출에 사용되지 않은 부분의 비율이다. 이 가계저축률은 국가마다 크게 다르다. 기본적으로 내구재 구입, 개인연금과 생명보험 지급, 사회보장 부담금, 가계의 이자 지급 등의 회계처리 방식에 따라 국가 간에 저축률이 달라지기도 한다. 그러나 무엇보다 국가 간의 인구구조, 소득분배, 소비자신용의 이용 가능성, 저축에 관한 조세제도, 사회보장제도 등의 차이에 따라 저축률이 달라진다(The Economist, 2000). 인구구조가 고령화되거나, 소득분배의 형평성이 개선되거나, 소비자신용을 용이하게 이용할 수 있게 되면 저축률이 떨어지는 것이 일반적이다. 저축에 대하여 세액공제 등 혜택을 부여하면 저축이 늘어나고, 사회보장제도가 덜 갖추어진 개도국에서는 스스로 질병이나 노후에 대비해야 하므로 저축률이 더 높은 경향이 있다.

저축에 영향을 미치는 요인이 시기나 국가에 따라 다양하게 관찰되고 있다. 1970년대 미국이나 유럽에서 오일쇼크로 인한 인플레이션 현상에도 불구하고 저축률이 상승하였다. 이론적으로는 인플레이션이 발생하면 실질이자율이 낮아져 저축이 줄어드는 것으로 기대되는데, 경제 불확실성에 대비하여 오히려 저축의 실질가치를 유지하기 위하여 저축을 늘린 것으로 해석된다. 그러다가 1980년대에는 선진국에서 저축이 줄어들었는데, 인플레이션이 안정화되어 경제의 예측 가능성이 개선되고, 특히 일본과 유럽에서는 고령화가 진전되었으며, 사회보장제도가 잘 갖추어지고, 금융자유화로 가계대출도 용이해진 데 기인하였다. 1990년대 미국은 당시에 2차 대전 이후 최장 기간의 경제호황이 진행되고 주가가 급등하면서 —나중에 닷컴버블로 확인되었지만— 미래 소득에 대한 낙관적 전망으로 소비가 늘고 저축이 감소하였다.

경제지표 분석에서 흔히 분석가들은 종종 개인저축률이 소비지출의 현황을 이해하고 미래를 예측하는 근거가 될 것을 기대한다(Steindel, 2018). 이러한 기대는 경제 전체적으로 일정한 목표 저축률이 있다는 가정에 근거를 둔다. 그러한 경우 실제 저축률이 목표 저축률보다 낮으면 소비지출의 성장이 완만해지고, 반대의 경우에는 소비지출의 성장이 급속해질 것이라고 한다. 그러나 1960년대 이후 미국의 거시데이터를 보면 개인저축률이 1년 후 소비지출 증가율에 의미 있는 영향이 없다고 한다. 또한 개인저축률의 상승과 반드시 부(wealth)의 증가가 뚜렷한 상관관계를 가지지도 않는다고 한다. 저축은 소득 중에서 소비하고 남은 금액으로 금융자산을 매입하거나 주택 또는 개인기업 자본투자에 쓰이는 것을 의미한다. 그런데 자동차나 요트, 음향기기와 같이 내구재를 구입하는 것은 소비로 간주되고 저축은 줄어들지만 부를 감소시키지는 않는다. 또한 주택가격이나 내구재 가격 상승으로 자본이득을 실현하는 경우 부는 늘어나지만 세금부담으로 저축은 오히려 줄어드는 것으로 나타날 수 있다. 한편 개인저축에 관한 데이터는 개인소득 추계의 어려움으로 빈번하게 수정되어 지표로서의 유용성이 떨어진다. 결론적으로 개인저축률의 변화는 소비나 부의 현황을 평가하고 미래 추이를 예측하는 데 유용하지 못하다. 다만, 후에 논의하겠지만 개인저축의 증가는 개인 기업에의 투자나 금융자산의 매입을 통한 법인기업의 투자로 연계되어 장기적 성장잠재력 확충의 기초가 된다는 점이 더 중요할 것이다.

사례연구 소비 지표의 활용 ──────────────

1)
소비와 저축은 국민경제의 발전을 위하여 중요한 요소이므로 공공정책의 관심사가 된다. 소비는 GDP의 지출 측면에서 가장 큰 비중을 차지하여 총수요에 중요한 영향을 미친다. 소득 중에서 소비하고 남은 저축은 금융제도를 통해 투자로 연결되어 기술과 설비, 구축물 그리고 사회간접시설을 늘리게 되므로 장기적으로 잠재 GDP(Potential GDP) 증가를 의미하는 성장잠재력 확충을 위해 필수적이다.

정부는 경제발전 단계에 따라 달라지는 소비와 저축의 적절한 균형을 확보하기 위한 공공정책을 시행한다. 경제발전의 초기에는 소득 수준이 낮아 저축이 부족하므로 경제성장에 필요한 투자를 위해 해외차입이나 외국인 직접투자에 의존한다. 한국정부는 1960년대 이후의 개발연대에 체신예금 등 제도를 도입하여 각급 학교를 통해 저축을 권장하거나, 저축의 날 행사를 개최하여 '저축의 상'을 시상하는 등 저축을 장려하는 정책을 시행하였다. 그러나 경제성장, 특히 산업화와 수출 주도의 경제개발이 진전되면 저축이 증가하면서 국민경제의 총수요가 위축되는 절약의 역설(Paradox of thrift)이 발생하기도 한다. 공공저축이 되는 정부의 재정흑자가 커지면 역시 총수요 위축이 일어나고 재정흑자가 상당 기간 지속되면 경제침체를 가져온다는 관찰도 있으며, 이를 내핍정책의 역설(Paradox of austerity policy) 이라고도 한다(The Economist, 2015). 한편 국제적으로 중국이나 독일과 같은 국가가 구조적으로 경상수지 흑자를 기록하면 상대적으로 산업경쟁력이 약한 그리스와 같은 나라들은 수입이 늘고 경상수지 적자가 심화되어 경제위기로 연결되기도 한다. 예컨대 1990년대 동아시아 외환위기 이후 중국과 아시아 주요국이 무역흑자 지속으로 외환보유고를 확충하면서 이 자금이 미국으로 유입되어 낮은 금리에 용이한 대출로 주택시장 거품을 일으킨 것이 서브프라임 금융위기의 원인 중 하나였다는 주장도 있다. 중국이나 독일과 같은 구조적 경상수지 흑자국가에 대해서는 IMF 등 국제기구가 내수를 촉진하고 정부의 사회보장지출을 늘리라는 정책권고를 제시하기도 한다. 이렇듯 절약의 역설이 문제되는 상황이 되면 총수요를 늘리거나 무역흑자를 줄이기 위해 정부는 소비를 촉진하는 정책을 시행한다. 미국의 블랙프라이데이나 중국의 광군제를 염두에 두고 2015년 메르스 사태에 의한 경기침체를 타개하고자 시작한 코리아세일페스타를 한국 정부가 계속 지원하는 것도 이러한 취지에서다. 최근 주요국 상황을 보면 총수요의 위축이 가계의 과잉저축 때문은 아닌 것으로 보인다. 오히려 기업의 투자가 활발하지 못한 것이 총수요를 제약하고 있다. 위기 극복 과정에서 경제적 불확실성도 컸지만 첨단기술 산업들이 과거처럼 막대한 설비투자를 필요로 하지 않기 때문이기도 하다. 각국 정부가 규제개혁 등으로 기업의 투자여건을 개선하기 위해 노력하는 것도 이 때문이다.

가계의 저축에 관해서는 글로벌 금융위기 이래 양적 완화 정책의 시행으로 초저금리가 지속되고 있어 이에 대한 가계의 대응을 보아가면서 정책대응을 강구해야 할 것이다. 인구고령화가 진행되면 노후대비를 위해 저축이 필요하다. 최근에는 금융시장의 가격인 이자율이 저축 결정에 중요한 영향을 미치지 못하는 것으로 나타나고 있다. 저축 규모는 이자율 외에도 경기가 살아나 소득이 늘어나거나, 아직 사회보장제도가 미흡하거나, 은퇴연령에 접근하는 인구가 많아지는 경우 증가한다. 최근 코로나 상황에서 위기의식에 의해 저축률이 높아지는 경향이 있는데, 위험에 대한 태도에 따라 수익률이 낮더라도 원금이 보장되는 금융상품을 선호하는 사람들이 있는가 하면, 주식이나 회사채 등 다소 위험을 부담하면서 높은 수익을 거두고자 하는 사람들도 있다. 정부가 각종 개인연금 저축수단에 대한 세액공제를 확대하거나 상장리츠나 공모인프라펀드의 배당소득을 분리과세하는 등의 세제혜택을 부여하는 것은 관련 투자사업을 활성화함과 동시에 노후대비를 위한 개인의 저축을 촉진하는 정책이다.

2)

한국경제가 선진국 단계에 진입하고 인구고령화가 급진전되면서 소비·저축 결정과 그에 따른 자산관리가 중요한 문제로 대두되고 있다. 예전에는 중산층·서민의 경우 저축 여력이 부족하기도 하고 노후를 자식 세대에 의탁하는 경향이 있었다. 그러나 이제 핵가족화가 완료되었고, 기대수명이 늘어나는 가운데, 저금리 기조하에서 OECD 최고 노령빈곤율의 상황을 극복하고 높아진 생활 수준을 유지하려면 노후생활을 스스로 대비해야 한다.

우선 미래를 위해 현재 삶의 질을 포기할 수는 없으므로 합리적 소비결정이 필요하다. 가격과 품질을 적정하게 평가하고 과소비, 충동소비, 소비자피해 등을 피하며, 저축의 기회와 비교하여 소비결정을 내릴 수 있는 경제·금융 지식을 갖추어야 한다. 저축에 관해서도 과거에는 은행예금을 통해 기초재원을 모아 내 집 마련부터 하고, 여력이 생기면 예금, 보험 상품을 활용하거나 추가로 임대용 주택·상가나 토지를 매입하는 정도의 자산관리가 일반적이었다. 그러나 이제 부동산시장도 차별화되고 부동산의 증권화로 부동산시장과 금융시장이 통합되면서 자산관리 전반에 대한 안목이 필요하게 되었다. 또한 부동산의 경우에도 과거에 개인은 주택이나 상가, 토지 정도가 투자 대상이었다면 이제 리츠나 부동산펀드 등 간접투자 수단을 통하여 생산, 물류, 서비스, 데이터센터, 오피스빌딩 등 다양한 산업용 부동산이나 인프라와 같이 대규모 투자가 필요한 분야에도 개인이 투자할 수 있게 되었다. 따라서 주식, 채권, 부동산을 포함한 성공적 자산관리를 위해서는 국민경제와 글로벌 경제에 관한 거시경제지표와 금융시장과 개별 산업에 관한 미시경제지표, 그리고 개별 기업에 관한 기업 재무지표 등을 분석하고 판단할 수 있는 식견이 필요하게 되었다.

[이해와 활용]

1. 소비 활동의 국민경제(GDP) 비중은 압도적이다. 우리나라 소비지출 구조의 특징으로 어떤 것이 있을까?

2. 우리나라에도 '절약의 역설'이 작용하게 되었다고 생각하는가?

3. 최근 가계의 저축상품 구조가 과거의 고성장 시기인 1970~1980년대와는 어떻게 다른가?

4. 통계청의 가계동향조사와 가계금융복지조사에 관한 최근 보고서를 찾아 소비와 저축에 관하여 흥미로운 사항을 선정하여 요약해보자.

참고문헌

[1] 한국은행(2020), 우리나라의 국민계정 체계.

[2] 한국은행(2023), 국민계정: 2021년(확정) 및 2022년(잠정).

[3] Mankiw, G.(2018), Macroeconomics, 10th Edition, Worth Publishers.

[4] OECD, Eurostat, WHO(2011), A System of Health Accounts, OECD Publishing. doi: 10.1787/9789264116016-en

[5] Steindel, C.(2018), Economic Indicators for Professionals: Putting the Statistics into Perspective, Routledge.

[6] The Economist(2000), Guide to Economic Indicators, 4th Edition, Profile Books.

[7] The Economist(2015), The Bias against Saving: Savings is Need for Investment and to Prepare for Ageing Societies, Oct 30th 2015.

투자와 성장잠재력

제4장

투자와 성장잠재력

투자 또는 총자본형성은 미래의 생산 활동을 위해 필요한 자본을 축적하는 활동이다. 투자는 설비투자와 건설투자로 구성되는 고정자본형성 외에 재고투자를 포함한다.

투자와 이를 구성하는 설비투자, 건설투자, 재고투자의 금액, 증가율, GDP 대비 비중이 중요하다. 재고투자의 누적인 재고자산의 금액, 증가율과 함께 판매액 대비 비율은 향후 경기의 향방을 가늠하는 신호가 된다.

투자는 미래의 자본량을 결정하므로 국민경제의 성장잠재력을 좌우한다. 성장잠재력과 같은 의미인 잠재 GDP를 늘리기 위해 투자가 긴요하다. 잠재 GDP는 모든 자원이 유휴 상태 없이 효율적으로 사용될 때 인플레이션을 유발하지 않고 달성 가능한 GDP이다. 실제 GDP에서 잠재 GDP를 뺀 값을 GDP갭이라 한다.

투자의 개념과 중요성

투자는 미래의 생산 활동에 사용될 자본을 축적하는 경제활동이다. 바꾸어 말하면 1년 이상의 수명을 가진 실물자산을 구입하는 지출이다. 이러한 점에서 금융자산의 매입과는 구별되며, 일상생활에서 흔히들 투자라고 칭하는 금융자산 매입을 경제학은 저축이라고 한다. 저축은 금융자산을 매개로 금융기관을 통해 투자자금을 공급하는 역할을 한다. 그러므로 저축도 국민경제의 성장잠재력을 좌우하는 중요한 지표이다. 투자는 그 자체가 총수요의 일부가 되어 현재의 GDP성장에 기여하고 실물자본의 축적을 통해 미래 생산을 뒷받침한다. 투자가 GDP에서 차지하는 비중은 소비에 비해 훨씬 작지만 상대적으로 변동성이 커서 공공정책의 주된 관심 대상이다.

투자를 총자본형성(gross capital formation)이라고도 한다. 총자본형성은 총고정자본형성과 재고투자로 구성된다. 여기서 총(gross)이라 함은 감가상각(고정자본소모) 이전이라는 뜻이며, 자본형성은 실물 구입이지 금융증권 구입이 아니라는 의미이다. 고정자본(fixed capital)은 재고와 구분하기 위한 용어다(The Economist, 2000).

투자는 기업이 다른 기업에 의해 생산된 자산을 취득하는 활동으로 정의된다. 물론 예외적으로 가계에 의한 투자도 있으며 기업이 자사의 생산 활동에 필요한 자산을 스스로 생산하는 투자도 있다. 장기간에 걸쳐 생산과정에 반복적이거나, 지속적으로 사용되는 생산물인 고정자산은 유형자산과 무형자산을 포함한다. 1년 이상의 기간 동안에 다른 상품 및 서비스의 생산에 사용하기 위한 자산이 해당한다. 생산된 자산이란 생산 공정의 결과로 존재하게 된 것에 한정하며, 따라서 토지나 천연자원 매입은 포함되지 않는다. 자가발전 설비처럼 생산 기업의 자체 사용을 위한 자산의 경우 생산을 더하고 처분을 뺀다. 스스로 사용하는 발전 설비의 조립·설치와 매각·무상이전의 경우가 그렇다. 자산의 취득은 새로 생산된 자산의 매입과 자산의 자가생산과 함께, 기존 자산의 매입·물물교환·현물투자에 의한 취득을 포함한다. 물론 국민경제의 범위에서 중고자산의 취득은 처분과 상계되어 GDP 집계에서는 제외될 것이나 소유권 이전에 관한 거래비용은 추가된다. 한편 기존 자산의 생산능력의 제고와 내용연수의 증대를 초래하는 자산의 개량도 포함된다.

총고정자본형성(Gross fixed capital formation: GFCF)은 총고정투자(Gross fixed investment)라고도 하는데, 생산주체에 의한 고정자산의 취득을 말하며, 총자본형성 또는 총투자는 재고투자를 추가한 것이다. 투자액은 취득액에서 처분액을 뺀 순취득액으로 측정한다. 총고정투자는 고정자본 소모를 보충하기 위한 대체투자와 신규 생산능력 확보를 위한 신규투자를 포함한다. 투자는 경상가격, 통화의 구매력평가지수(purchasing power parity: PPP) 기준 가격 또는 불변가격 기준의 연간 성장률, 분기별 전년 동기 대비 성장률 등 다양한 지표로 측정한다.

한국의 경우 아직은 선진국에 비해 투자의 GDP 비중이 커서 2019년 기준으로 31.5%를 기록하였다. 다른 조건이 같다면 투자(총고정자본형성)가 1% 확대되면 GDP가 0.3% 성장한다는 의미이다. 이에 더하여 투자는 잠재 GDP 성장을 가져오는데, 특히 제조업이 여전히 중요한 한국의 경우 GDP의 9% 정도를 차지하는 설비투자가 중요하다. 최근에는 GDP 비중이 6%를 상회하는 무형자산투자(지식재산생산물 투자)도 중요해지고 있다. <그림 4-1>은 주요국 간에 투자의 GDP 비중을 비교한 것이다. 2019년 한국은 31%를 기록하여 스웨덴, 일본, 캐나다, 독일, 미국, 영국보다 높지만, 중국에 비해서는 낮은 수준이다.

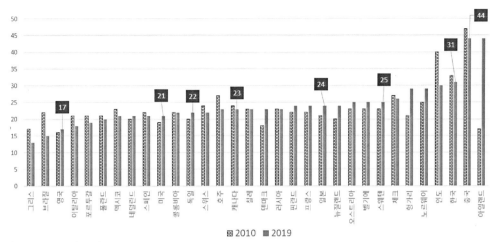

* World Bank(2021), World Development Indicators: Structure of demand.

〈그림 4-1〉 GDP 대비 투자 비중의 주요국 비교(2010년, 2019년; %)

<그림 4-2>는 경상가격 기준으로 2018년 주요국의 투자에 대한 가계, 기업, 정부 비중을 표시하고 있다. 가계의 투자는 주로 신축주택의 구입이다. 정부의 투자는 R&D, 군사무기시스템, 교통시설, 학교, 병원과 같은 공공건물과 설비, 인프라를 위한 지출을 의미한다. 투자에서 차지하는 기업의 비중이 중요하므로 한국의 투자 중의 기업 비중을 비교하여 보면 스위스, 일본, 스웨덴에 비해 낮고, 독일, 프랑스, 미국, 핀란드에 비해 높은 64.9%인데 34개 국가 중 13위이다.

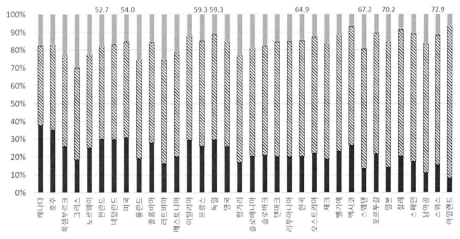

* 자료: OECD(2021), Investment by sector(indicator).

〈그림 4-2〉 주요국 투자의 부문별 비중(2018년; 가계, 기업, 정부, %)

투자의 유형

▎비주택고정투자

투자는 설비투자, 건설투자, 재고투자로 구성된다. 투자는 주로 기업이 담당하지만, 예외적으로 신규주택 매입은 가계가 수행하는 투자이다. 경우에 따라 주택투자와 비주택고정투자 그리고 재고투자로 구분하기도 한다.

고정투자 중 주택투자를 제외한 부분을 비주택고정투자(non-residential fixed investment) 또는 자본지출(capital expenditure: capex)이라 한다. 이 자본지출은 단기 경기순환에서 확장국면을 유지하는 데 가장 중요하고 장기 경제성장에도 기여하는 중요한 GDP의 구성요소이다(Steindel, 2018).

경기의 저점에서 확장국면으로 전환되면 먼저 내구재 소비지출과 주택투자 지출의 회복세가 주도하여 상당기간 확장국면이 진행된 후 기업이 대규모 재원이 소요되는 기계, 설비나 공장을 매입한다. 아울러 기업의 고정자본 축적은 중장기에 걸쳐 성장 잠재력의 확충, 즉 잠재 GDP의 성장에 기여한다.

자본재의 주문과 출하에 관한 데이터의 해석에 몇 가지 조정이 필요한 사항들이 있다(Steindel, 2018). 대부분의 자본재에 관해 주문과 출하의 구분은 무의미하다. 대개 어느 달의 주문은 같은 달의 출하로 이어진다. 예외적으로 대규모의 미충족 주문이 보고되는 경우가 있다. 또한 자본재의 상당 부분은 중간재이며 최종재 생산에 투입된다. 철강, 기계와 자동차, 조선산업이 대표적 사례이다. 자동차회사나 조선회사에 판매된 철강은 GDP 산출에 중복 계상되지 않아야 한다. 자동차 회사나 조선회사의 판매량 데이터와 보관된 재고 데이터가 ―아직 생산에 투입되지 않은 철강에 대한 재고투자로서― GDP에 합산된다. 물론 자동차 회사나 조선회사가 구매한 공작기계는 설비투자로서 GDP에 집계된다. 따라서 기업이 보고하는 미충족 주문량과 자본재로 출하되는 부분이 향후 GDP에 중요한 정보를 제공한다. 특히 미충족 주문량의 경우 어느 달의 대량 주문은 그 이후 몇 달간 출하의 급증을 예고한다. 한편 수출되는 국산 자본재는 GDP에 포함되지만 수입되는 외국산 자본재에 대한 지출은 제외된다. 이같이 조정이 필요한 몇 가지 사항에도 불구하고 자본재 산업의 출하량 변동은 국내 기업의 투자지출 변동을 적절하게 예측한다.

지적 재산은 비교적 최근에 신설된 고정투자의 범주이다(Steindel, 2018). 1990년대 중반부터 기업의 소프트웨어구입, R&D 지출, 특허권 및 저작권 창출 그리고 로열티 지급이 비주택고정투자의 구성요소로 간주되었다. 현재 지식재산생산물투자는 1년 이상 장기간에 걸쳐 생산에 활용될 것으로 기대되는 연구개발(R&D), 오락·문학작품과 예술품의 제작, 컴퓨터 소프트웨어 개발, 데이터베이스의 구축, 광물탐사 등을 포함한다. 2014년에 채택이 완료된 2008 SNA는 1993 SNA가 고정자산에 신설한 지식재산생산물의 범주와 지식재산생산물 투자의 범위를 확대하였다(한국은행, 2020). 우선 연구개발(R&D)의 성과가 1년 이상의 기간에 반복적이거나 지속적으로 생산 활동에 활용되는 경우 R&D를 고정자산 투자로 처리하도록 하였다. 또한 2008 SNA는 오락·문학작품과 예술품의 제작도 일정한 요건하에서 고정자산 투자로 인식하게 하였다. 한편 2008 SNA는 정부의 중간소비로 집계했던 군함, 잠수함, 전투기, 장갑차, 탱크 등의 군사용 장비를 고정자산으로 전환하고 미사일, 로켓, 포탄, 폭탄 등의 일회성 무기의 경우 구입 후 사용하지 않은 부분은 재고투자로, 이를 사용한 시점에 중간소비로 집계하도록 하였다. 나아가 2019년의 2015년 기준년 개편작업은 이미 자산으로 집계되던 소프트웨어 기업의 자가개발 소프트웨어 지출에 더하여 종전에 비용 처리하던 비소프트웨어 기업의 소프트웨어 자가개발에의 지출을 지식재산생산물 투자로 변경하였다. 이같이 비용으로 처리하던 지출을 지식재산생산물 투자로 전환하는 일련의 개편은 기업의 총영업잉여와 투자 지출을 늘려 GDP가 증가하는 효과를 초래하였다. 우리나라에서도 지식재산생산물 투자가 전체 투자에서 차지하는 비중은 2010년 16.6%에서, 2019년 20.8%,와 2021년 21.9%로 지속적으로 증가하고 있다(한국은행, 2023). 그 이전에는 사무용품과 다른 소모품처럼 최종재를 생산하는 데 투입되는 중간재로 분류되었다. 그러다가 이러한 무형자산이 미래의 생산에 장기간 사용된다는 점에서 그에 대한 지출을 고정투자로 정의하게 된 것이다. R&D 서비스나 소프트웨어처럼 빈도가 높은 거래데이터는 R&D 서비스회사나 주요 소프트웨어 공급기업의 판매실적을 활용한다. 다만 특허권과 같은 무형자산을 창출하는 R&D 투자가 비용인가, 무형자산을 축적하는 투자인가에 대하여 이견이 있을 수 있다. 연구개발비의 비중이 높고 투자 위험이 큰 국내 제약·바이오 기업과 관련하여 회계처리에 관한 논란이 있었다(최종학, 2020). 글로벌 스탠더드는 R&D를 연구 단계와 개발 단계로 나누어 전자는 비용으로, 후자는 투자로 집계하도록 한다. 핵심은 무형자산이 사업화를 통하여 미래의 경제적 수익으로 직접 연결되는가에 있다.

▌주택투자

신규 주택의 매입을 의미하는 주택투자는 가장 경기순환에 민감한 GDP 구성요소이다(Steindel, 2018). 주택투자는 신규 주택의 건설 외에도 기존 주택의 유지·보수나 리모델링을 위한 지출도 상당한 비중을 차지하며, 부동산 중개인이 받는 매매 중개수수료도 포함된다.

▌재고투자

재고투자는 GDP의 지출 측면의 분류에서 가장 변동성이 큰 요소 중의 하나이다. 재고는 생산기업과 유통기업이 보관하고 있는 원자재, 연료, 중간재(부품소재 등), 재공품(제작 중 설비 등 미완성 제품), 최종재를 포함한다(The Economist, 2000). 연간 재고 변동은 (+)일수도 (-)일수도 있어서 GDP 성장에 긍정적인 기여도, 부정적인 기여도 가능하다(Steindel, 2018). 그러나 재고투자가 GDP에 미치는 영향은 점점 약화되고 있다. 재고투자에서 미국의 경우 제조업과 도소매업과 함께 농업이 중시되지만, 우리나라의 경우 농업의 비중은 상대적으로 작아 제조업과 도소매업의 재고 수치에 주목할 필요가 있다.

재고가치의 월별 추정치는 새로운 재고의 취득 가치와 기존 재고의 가격 변화로 구성된다. 전자가 명목소득과 실질산출에 모두 영향을 미치는 데 대하여, 후자는 명목소득을 늘리지만 실질산출에는 영향이 없다. 따라서 경상 GDP의 재고투자 산출에는 새로운 실물 재고의 취득가치만을 반영한다. 다만 인플레이션이 급속하게 진행되는 시기에는 물량의 변화와 가격상승의 구분을 신뢰하기 어렵다(The Economist, 2000).

일반적으로는 GDP가 증가하면 재고 규모도 늘어난다. 그러나 재고는 경기순환을 반영하여 변동이 심한 편이다. 경기 확장의 초기 국면에서 예상을 넘어 수요가 증가하면 재고가 감소하면서 생산이 늘어나고, 경우에 따라서는 수요의 증가를 예상하여 선제적으로 생산이 더 빠르게 늘어 재고를 쌓아두기도 한다. 또한 경기 감속의 초기국면에 수요가 예상을 벗어나 더욱 위축되면 재고가 증가하면서 생산이 줄어든다. 이 경우에도 생산이 더 빠르게 줄기도 한다. 한편 원자재 재고는 국제원자재 가격 동향에 민감하게 반응한다. 어떤 경우에 제조기업의 재고비율은 여전히 높은데, 소매기업의 재고비율이 낮다면 소비수요 증가가 아직 제조기업에 전달되지 못하고 있어 소비수요의 증가에 대응하여 생산을 충분히 늘리기 어렵다는 신호가 된다. 이 경우에는 수입 가능성을 모색해야 한다는 신호로 해석되기도 한다. 결과적으로 재고-출하 비율은 중요한 경기

선행지수로서의 역할을 한다. 그런데 정보기술이 발전하고 JIT(Just-in-time)와 같은 실시간 재고관리 기법이 부상하면서 평균적 재고비율은 현저하게 하락하였다.

▍투자 유형별 기초통계자료

투자지출의 집계를 위하여 다양한 기초통계자료가 사용된다. 투자 유형별로 사용되는 기초통계 중에서 중요한 자료만을 예시적으로 살펴보면 다음과 같다. 건설투자는 통계청의 건설업조사보고서에 측정된 건설기성액을 중심으로 한다. 설비투자는 통계청의 경제총조사보고서, 광업제조업조사보고서, 각종 사업자단체와 협회의 자료 등을 통해 추계한 상품별 총산출이 기초가 된다. 한편 지식재산생산물투자는 OECD의 지식재산생산물 자본 측정 핸드북에 따라 한국과학기술기획평가원이 작성한 연구개발활동조사보고서의 연구개발비, 과학기술정보통신부 ICT 실태조사의 소프트웨어 생산통계, 한국저작권위원회의 저작권 통계가 사용되고, 재고투자는 통계청의 경제총조사, 국세청의 기업재무제표 등의 기초 및 기말 재고잔액 자료가 주로 활용된다.

한국의 투자구조

우리나라 국민계정은 투자를 고정투자와 재고투자로 구분한다. <표 4-1>에 나타낸 바와 같이 투자는 총자본 형성이라고 하여 고정투자인 총고정자본형성과 재고투자인 재고증감을 합하여 산출한다(한국은행, 2023). 고정투자는 기업이 새로운 생산시설을 확충하기 위한 지출이다. 기업이 매입하는 기계, 설비, 자동차 등 생산·수송 장비와 가계가 주로 매입하는 아파트 등 주거용 건물 그리고 상가, 오피스, 호텔 등 비주거용 건물에 대한 지출을 포함한다. 또한 도로, 교량, 항만 등 사회간접자본과 장기간 생산과정에 사용될 기술의 연구개발(R&D) 그리고 소프트웨어, 특허권 등 지식재산 구입을 위한 지출도 고정투자이다. 한편 재고투자는 국내에서 생산하거나 해외에서 수입한 상품이 일정기간 동안 소비나 투자를 위해 판매되지 않고 창고에 보관되는 부분의 가치를 말한다.

한국은행은 3장에서 본대로 최종소비지출을 민간지출과 정부지출로 구분했듯이 설비투자, 건설투자, 지식재산생산물투자, 재고투자도 모두 민간과 정부에 의한 투자로 구분한다.

〈표 4-1〉 자본재 형태별 고정자본 형성(2021년, 당해 연도 가격)

구분	금액(10억 원)	비중(%)
총고정자본형성	658,352.6	97.9
민간	554,906.3	82.5
정부	103,446.3	15.4
건설투자	319,768.9	47.6
(건물건설)	230,464.1	34.3
((주거용 건물))	113,192.5	16.8
((비주거용 건물))	117,271.6	17.4
(토목건설)	89,304.7	13.3
설비투자	191,224.1	28.4
(운송장비)	45,099.4	6.7
(기계류)	146,124.6	21.7
지식재산생산물 투자	147,359.7	21.9
재고증감 및 귀중품 순취득	14,117.2	2.1
총자본형성	672,469.8	100.0
민간	569,910.6	84.7
정부	102,559.2	15.3

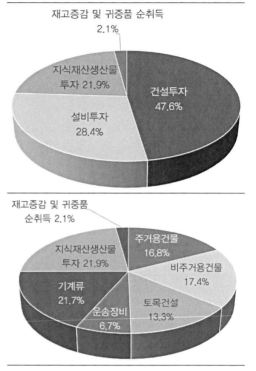

* 자료: 한국은행(2023), 국민계정: 2021년(확정) 및 2022년(잠정).

경제학의 학술적 분석에 의하여 GDP의 지출 측면을 재배열하면 민간소비가 소비이고, 각 투자 항목의 민간 부문 해당 금액을 합산한 민간투자가 투자이고, 정부의 소비와 투자를 합하여 정부지출이 되어 순수출과 함께 총수요를 구성한다. 한편 <표 4-2>는 고정자본 형성의 산업별 구조를 나타내고 있다.

설비투자	191,224.1	100.0
농림어업	3,587.8	1.9
광업	45.7	0.0
제조업	110,752.4	57.9
음식료품 제조업	2,370.6	1.2
섬유 및 가죽제품 제조업	650.6	0.3
목재, 종이, 인쇄 및 복제업	835.4	0.4
코크스, 석유 및 화학제품 제조업	9,302.1	4.9
비금속광물제품 제조업	3,850	2.0
금속제품 제조업	4,232.3	2.2
컴퓨터, 전자 및 광학기기 제조업	65,903.7	34.5
전기장비 제조업	9,073.2	4.7
기계 및 장비 제조업	3,525	1.8
운송장비 제조업	10,849.2	5.7
기타 제조업 및 산업용 장비 수리업	160.3	0.1
전기, 가스 및 수도사업	5,137.8	2.7
건설업	2,352	1.2
서비스업	69,348.4	36.3
도소매 및 숙박음식업	4,943.6	2.6
운수업	19,356.3	10.1
금융 및 보험업	1,492.9	0.8
부동산업	281	0.1
정보통신업	8,981.1	4.7
사업서비스업	5,203.9	2.7
공공행정 국방 및 사회보장	18,962.9	9.9
교육서비스업	3,084.3	1.6
의료보건 및 사회복지서비스업	4,913.5	2.6
문화 및 기타서비스업	2,128.9	1.1

전체 산업 구성

농림어업 1.9%
광업 0.02%
서비스업 36.3%
제조업 57.9%
건설업 1.2%
전기, 가스 및 수도사업 2.7%

제조업 구성

기타 제조업 및 산업용 장비 수리업 0.1%
음식료품 2.1%
섬유 및 가죽제품 0.6%
목재, 종이, 인쇄 및 복제업 0.8%
코크스, 석유 및 화학제품 8.4%
비금속광물제품 3.5%
금속제품 3.8%
기계 및 장비 3.2%
전기장비 8.2%
운송장비 9.8%
컴퓨터, 전자 및 광학기기 59.5%

서비스업 구성

의료보건 및 사회복지서비스업 7.1%
문화 및 기타서비스업 3.1%
교육서비스업 4.4%
도소매 및 숙박음식업 7.1%
공공행정 국방 및 사회보장 27.3%
운수업 27.9%
정보통신업 13.0%
사업서비스업 7.5%
부동산업 0.4%
금융 및 보험업 2.2%

* 자료: 한국은행(2023), 국민계정: 2021년(확정) 및 2022년(잠정).

경제지표를 분석할 때 원자료를 분석 목적에 따라 변환하는 경우가 많다. 특히 경제지표의 비교는 동일 시점에 관하여 개인, 조직, 지역, 국가 등 다른 주체 사이의 지표값을 비교하는 횡단면 비교(cross-sectional comparison)와 동일 주체에 대하여 서로 다른 시점 사이의 지표값을 비교하는 시계열 비교(longitudinal comparison)가 있다. 전자의 비교에는 주로 비율이 쓰이고 후자의 비교에는 증가율이 쓰이는 경우가 많다.

우선 비율을 측정하는 지표가 많이 쓰인다. 예를 들어 가구 사이에 엥겔지수를 비교하거나 기업 사이에 온실가스 배출량을 비교하는 경우이다. 전자의 경우, C=총소비, F=식료품에 대한 소비지출이 원자료라면 엥겔지수는 $E = \dfrac{F}{C}$가 된다. 후자의 경우에는 예컨대 A기업이 B기업에 비해 매출액 10억 원당 온실가스를 1.5배 배출했다고 한다. B기업이 A기업 매출액당 온실가스 배출량의 2/3배를 배출했다고 해도 마찬가지다.

한편 어떤 경제변수의 수준(level)을 측정하는 지표보다 시간에 따른 성장(growth)을 측정하는 지표에 관심이 더 많은 경우가 있다. 대표적인 사례가 GDP이다. 2019년 GDP가 실질금액으로 1,853조 원, 명목금액으로 1,924조 원이고 2020년에 각각 1,837조 원, 1,933조 원이라는 사실보다 2020년 GDP 성장률이 실질 −0.9%, 명목 1.3%라는 사실이 더 관심을 모은다(한국은행, 2021a). 여기서 2019년 통계는 확정치이고 2020년 통계는 잠정치이며, 실질금액은 2015년 가격을 불변으로 산출한 것이다. t년도와 $t+1$년도 간 GDP의 백분율 증가율은 다음 식과 같이 계산된다.

$$\%\text{증가율} = \frac{Y_{t+1} - Y_t}{Y_t} \times 100$$

다만 증가율의 정의상 주가 8만 원이 10만 원으로 상승하면 25% 상승이지만 10만 원이 8만 원으로 하락하면 20% 하락이라는 점에 유의해야 한다. 따라서 어느 날에 주가가 20% 하락하면 다음 날 25% 상승해야 원래 투자금액을 회복하게 된다. 또 다른 예는 코로나 상황에서 K-방역 덕분에 2020년 4월의 국산 진단키트와 소독제의 수출액이 전년 동기에 비해 20% 증가했다는 사실이다. 2019년 4월에 15억 달러 수출했다면 2020년 4월에 20% 증가하여 18억 달러 수준으로 증가했다는 의미다.

$$\frac{(18-15)}{15} \times 100 = 20\%$$

한편 비율을 백분율로 나타내기도 하는데, 이때 백분율의 차이를 퍼센트포인트(%p)라 한다. 2000년과 2020년 사이에 우리나라의 여성 고용률은 47.0%에서 50.7%로 증가하고 남성 고용률은 70.8%에서 69.8%로 감소했다(통계청, 2021). 이때 여성고용률은 3.7%p 상승한 것이고, 남성고용률은 1.0%p 하락한 것이다. 따라서 남녀 간 고용률 차이는 20년 동안 4.7%p 감소한 것이다.

이러한 퍼센트포인트를 세밀하게 나타낸 것이 베이시스포인트(basis point: bp)이다. 이때 베이시스는 1퍼센트의 1/100로 두 비율 또는 두 증가율의 작은 차이가 큰 결과를 가져올 수 있는 이자율, 채권수익률, 주가지수 등의 차이나 변화를 나타내는 데 사용한다. 1bp는 0.01%p이다. 그리고 0.08%이면 8basis points 또는 8bp라고 한다. 실제 시장의 금융상품 거래에서는 0.08%보다 8bp가 말하거나 적기 편리하므로 주로 8bp라고 말하고 기록한다. 예를 들어 2020년 12월 현재 어떤 대출상품의 이자율이 코픽스(Cost of funds index: COFIX)(은행연합회가 은행금융기관의 자금조달비용으로 2010년 2월 최초 공시하였으며, 2020.12월 현재 0.9%)보다 50베이시스포인트 높다고 하면, 이자율이 1.4%라는 의미이다. 경쟁하는 펀드 간의 운용보수 등 펀드 수수료 차이를 나타낼 때도 사용한다. 어떤 채권의 수익률이 3%에서 3.5%로 상승한 것에 대하여 수익률이 50bp 상승했다고 한다. 또한 한국 은행이 2020년 5월 기준금리를 0.75%에서 0.5%로 인하한 조치를 말할 때 기준금리를 25bp 인하했다고 한다.

퍼센트포인트나 베이시스포인트 용어의 사용은 거래자나 분석가가 수익률 변화를 이야기할 때 모호한 표현을 명확하게 한다. 예를 들어, 어떤 금융상품의 수익률이 10%였던 것이 10% 증가했다고 하면, 0.1×(1+0.10)＝11%인지, 0.1+0.10＝20%인지 명확하지 않을 수 있다. 이 경우 수익률이 1%p 상승했다거나 100bp 상승했다고 하면 11%가 되고, 10%p 상승했다거나 1,000bp 상승했다고 하면 20%가 되는 것이다.

투자와 성장잠재력

가계는 현재만 생각하면 소득을 벌어 소비하면 되지만 미래를 위하여 저축한다. 기업은 현재만 생각하면 생산 활동을 통해 이윤을 남겨 주주에게 배당을 나누어주면 되지만 미래에 대비하여 사내유보를 하거나 필요하면 차입을 일으켜 투자한다. 국민경제도 성장잠재력을 확충하기 위해, 다시 말해 잠재 GDP를 늘리기 위해 다양한 노력을 기울인다. 선진국이나 선진국 단계에 진입하고 있는 한국과 같은 나라의 경우 신기술을 위한 연구개발 투자나 신기술을 적용하거나 새로운 비즈니스 모델을 도입하는 혁신 투자가 성장잠재력 확충을 위한 핵심적 활동이다.

잠재 GDP는 국민경제의 생산능력이라고도 볼 수 있는데, 모든 자원을 빠짐없이 효율적으로 사용하여 인플레이션을 유발하지 않으면서 달성할 수 있는 최대의 GDP이다. 이론과 정책 양면에서 중요한 지표이다. 성장률이 오르고 내리는 것도 중요하지만 실제 GDP가 잠재 GDP를 넘어서는지, 또는 미치지 못하는지도 관심사이다. 실제 GDP에서 잠재 GDP를 뺀 값을 산출 갭(output gap)이라 한다. 이 갭이 양(+)의 값을 가지면 경기과열을 의미한다 하여 인플레이션갭이라 하고, 반면 음(−)의 값을 가지면 경기침체를 의미한다 하여 디플레이션 갭이라 한다. 산출갭이 국민경제에서 수요와 공급의 상대적 크기를 나타내는 지표이므로, 이 값이 커지면 인플레이션 압력이 강화된다. 미국 FRB에게는 최대 고용의 의무가 주어져 있고 우리나라에서도 고용안정을 한국은행의 설립 목적에 추가하는 한국은행법 개정안이 발의되어 있다. 이러한 중앙은행의 임무는 실제 GDP를 잠재 GDP에 일치시키는 것이라 할 수 있다.

잠재 GDP는 총생산함수에 의해 설명이 가능하지만 명확한 계산방법은 정립되어 있지 않다. 총생산함수는 노동, 자본, 자연자원, 기술적 지식의 투입이 잠재 GDP를 결정하는 관계를 나타낸다(Mankiw, 2021). 따라서 자연자원의 부존이 거의 전무한 한국경제의 경우 장기적으로 잠재 GDP를 늘리는 성장잠재력 확충을 위해서 노동, 자본 등 투입의 증가와 기술적 지식의 확대가 필요하다. 그런데 잠재 GDP를 추정함에 있어서 우선 적정한 데이터의 부족으로 실제 GDP에 추가되어야 할 금액, 즉 현재의 실업노동력이나 미가동 설비 등 비고용 자원으로 증가 가능한 생산액을 추산하기가 어렵다. 단기적으로 노동자의 전직 지원이나 자본설비의 생산적 용도로의 구조조정을 통해 가능한 생산 증가액을 추정할 수 있다 하더라도 장기적 관점의 잠재 GDP를 추산하기는 더욱 어렵다. 인구구조의 변화, 은퇴연령의 연장, 경제활동참가율 상승 등을 고려하여 노동투입의 추이는 개략적인 추정이 가능하고 자본은 시장기능에 의해 공급이 이루어진다 하더라도 장기에 걸친 기술진보를 예측하기가 매우 어렵기 때문이다.

투자의 항목별 추이와 경제성장과의 관련성을 살펴보기로 한다. <그림 4-3>은 계절조정 실질금액 기준으로 2000년부터 2021년 1분기 간의 분기별로 GDP에서 차지하는

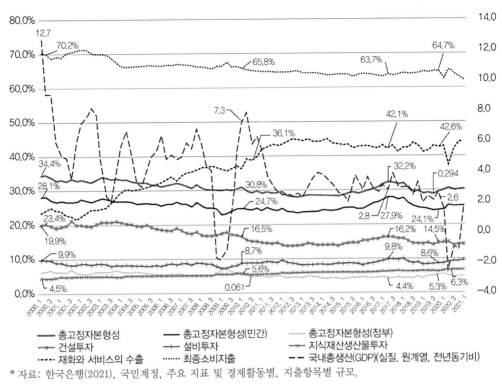

〈그림 4-3〉 투자(총고정자본형성) 등 GDP의 지출항목별 구성과 실질 GDP 성장(2000~2021.1분기)

* 자료: 한국은행(2021), 국민계정, 주요 지표 및 경제활동별, 지출항목별 규모.

소비와 수출의 비중과 함께 투자(총고정자본형성, 재고투자 제외)의 항목별 비중을 나타내었다. 여기서 소비와 투자, 수출 비중의 합은 100이 아니다. 수출은 그 자체로 GDP의 구성요소가 아니고 수입을 뺀 순수출이 구성요소이기 때문이다. 다만 수출의 GDP 비중은 한국경제에서 차지하는 수출의 중요성을 가늠하는 하나의 유용한 지표이다. 점선으로 표시한 그래프는 (계절조정을 하지 않은) 원계열 기준 분기별 실질 GDP 성장률을 나타낸 것이고 값은 오른쪽 보조 축에 의하여 표시하였다. 20년 정도의 기간에 걸쳐 최종소비지출과 투자의 비중이 소폭 줄어든 반면, 수출의 비중이 20%대 초반에서 40% 초반으로 뚜렷하게 증가한 것은 주목할 만하다. 투자의 항목 중에서는 설비투자의 비중이 별다른 변화가 없는 가운데 건설투자의 비중이 상당 폭 줄고 지식재산생산물 투자는 완만한 증가세를 보였다. 산업 부문별로는 주로 수출 제조업을 중심으로 기업의 투자가 경제성장에 비례하여 이루어졌을 것이라는 점을 추측할 수 있다. 최근 코로나-19 이전까지 3년 정도의 변화를 보면 정부투자가 소폭 증가했을 뿐 민간투자, 설비투자, 건설투자가 모두 감소세를 보여 한국기업의 투자

부진이 지속되고 있으며, 2017년 이후의 경제성장이 둔화되고 있다는 사실을 보여주고 있다. 앞의 제1장에서 2017년 이후 우리나라의 경제성장이 둔화되어 왔음을 보았다. 이는 총고정자본형성(고정투자)의 증가율이 2017년 9.8%, 2018년 −2.2%, 2019년 −2.1%, 2020년 2.6%(잠정)으로 2020년 다소의 회복세에도 불구하고 대체로 정체되어 온 모습을 보인 사실과 궤를 같이 한다. 같은 기간 설비투자가 16.5%, −2.3%, −6.6%, 7.1%(잠정)의 증가율을, 지식생산물 투자가 6.5%, 4.4%, 3.1%, 4.0%(잠정)의 증가율을 기록하여, 각 분야의 투자가 지속적으로 감속하는 가운데 변동성도 심한 사정을 확인할 수 있다. 특히 같은 기간 정부의 고정투자 증가율은 2.2%, 2.6%, 11.4%, 2.7%로 증가세가 확대되었지만 민간의 고정투자는 같은 기간 11.1%, −3.0%, −4.5%, 2.6%의 증가율을 보여 역시 2020년 다소의 회복에도 불구하고 현저하게 위축되면서 민간 기업의 저투자와 그에 따른 성장잠재력 소진이 우려되고 있다. 문제는 1장에서 지출 부문별 경제성장에 관하여 본 바와 같이 고정투자의 증가율의 위축만이 아니라 그 구조이다.

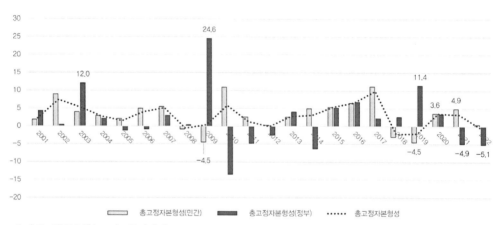

* 자료: 한국은행(2023), 국민계정.
** 주: 한국은행이 작성한 (계절조정을 하지 않은) 원계열, 실질금액(2015년 불변가격) 기준 총고정자본형성 금액을 기초로 연간 증가율을 계산하였다.

〈그림 4-4〉 민간과 정부 부문의 총고정자본 형성 추이(2001~2022년)

2017년 이후 민간의 총고정투자 증가세는 위축되고 대신 정부의 총고정투자가 상대적으로 강세를 보인다는 점이다. 2001년 이후 최근 20년간의 실적을 보면 2018년과 2019년에 민간투자가 감소하였는데, 민간투자의 역성장은 글로벌 금융위기가 발생했던 2008년과 2009년에만 있었다. 또한 정부의 총고정투자가 두 자릿수 이상 증가한 것도 2019년 외에는 IT버블 붕괴의 침체기인 2003년과 글로벌 금융위기로부터 회복을 시도하던 2009년에만 있었던 현상이다. 2020년에는 코로나-19의 와중에도 민간투자와 정부투자가 각각 3.6%와 3.4%로 소폭이지만 고르게 회복되고 2021년에는 민간투자가 4.9% 증가로 회복세가 지속되었으나 2022년에 정부투자가 −5.1%로 뒷걸음질 치는 가운데 민간투자도 다시 0.4%의 미미한 성장을 보여 우려를 자아내고 있다.

한국경제의 성장잠재력과 관련하여 제조업생산능력지수 증가율이 <그림 4-5>에서 나타난 바와 같이 2013년 이후 2%를 하회하고 있으며 2017년 이후에는 1% 미만으로 떨어지고 경제성장률에 미치지 못하더니 급기야 2018년에는 미미하지만 마이너스 수치를 기록하였다. 이 지수 증가율은 2021년의 2%까지 다소 회복세를 보이다가 2022년에 다시 −0.4%로 하락하였다.

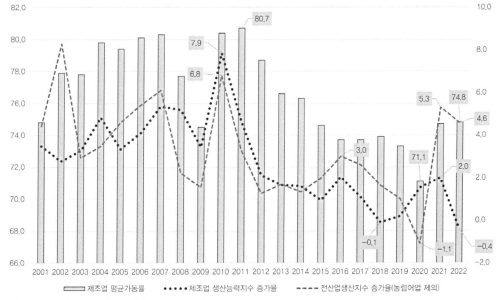

* 자료: 통계청(2022), 광업제조업동향조사.
** 주: 전산업생산지수와 제조업생산능력지수는 통계청이 2020년=100으로 작성한 지수를 기초로 연간 증가율을 계산하였다.

<그림 4-5> 산업활동 주요 지수(2001~2022년)

제조업 생산능력의 정체와 함께 보유 설비의 가동률도 떨어지고 있는데, 제조업평균가동률은 2016년 이후 74% 미만에 머물러 있으며 2019년 73.3%, 2020년 71.1%는 IMF 외환위기 이후 최저 수준을 나타냈다. 그러나 제조업 평균가동률은 2021년과

2022년에는 각각 74.7%와 74.8%로 다소 회복하였다. 제조업 생산능력 증가세의 정체와 맥을 같이 하면서 농림어업을 제외한 전산업생산지수증가율도 2017년 이후 4년 동안 하락세를 지속하고 코로나가 엄습했던 2020년에는 −1.1%를 기록하였다. 이 증가율 역시 2021년과 2022년에는 각각 5.3%와 4.6%로 상당한 회복세를 나타냈다. 한국경제의 지속성장을 위하여 제조업과 수출의 중요성이 여전하므로 제조업 생산기지 해외이전과 맞물려 있는 산업 생산능력과 제조업 가동률의 추이에 계속하여 관심을 가지면서 국내 투자환경을 꾸준히 개선해 나가야 할 것이다.

📈 **사례연구: 투자 지표의 활용** ─────────────────────────

1)
정부는 기업의 투자를 촉진하여 국민경제의 성장잠재력을 확충하기 위한 정책을 시행한다. 소극적으로는 민간기업의 투자 촉진을 위해 일반적으로 비법인기업의 사업소득세나 법인기업의 법인세에 대한 세율인하, 또는 투자금액의 일정 비율을 이들 세금에서 차감하는 투자세액공제가 대표적 사례이다. 미국에서 1980년대에 부상했던 공급측 경제학은 이러한 세제 유인이 기업의 투자를 진작하여 오히려 정부의 조세수입을 늘릴 수 있다고 주장하였다. 즉 세율과 조세수입의 역 U자형 관계를 나타내는 래퍼곡선(Laffer curve)은 세율을 인상할 때 조세수입이 늘어나는 국면과 세율이 어느 수준을 넘어서면 기업의 투자의지나 노동자의 근로의욕을 꺾어 고용과 생산이 감소하고 조세수입이 감소하는 국면으로 구분하고 있는데, 미국은 당시 후자의 국면에 있으므로 세율 인하가 오히려 조세수입을 늘린다는 것이다. 그러나 이런 주장은 충분히 현실화되지 않았다.

나아가 10장에서 다루게 될 산업정책이 정부가 더 적극적으로 기업의 투자에 개입하는 수단이다. 정부가 경제구조 전환에 대한 전망과 산업발전의 비전과 전략을 제시하고 그러한 비전과 전략을 기업의 투자를 통하여 효과적으로 실현할 수 있도록 조세와 보조금으로 연구개발(R&D)과 신기술의 사업화를 지원하고 유능한 산업인력을 양성하도록 한다. 아울러 금융, 입지, 물류 등의 인프라를 구축하는 정책도 기업의 투자를 촉진하게 된다. 또한 새로운 재화와 서비스를 시장에 도입하고 생산성을 높이는 공정이나 조직, 마케팅을 채택하는 혁신의 과정에서 제약이 될 수 있는 정부규제를 지속적으로 개혁하는 것도 기업투자 촉진에 긴요하다. 정부의 투자가 과도한 경우 재정자금 소요로 인하여 금융시장의 이자율을 높이게 되어 민간의 투자를 줄이는 현상을 구축효과(Crowding-out effect)라고 한다. 민간 투자와 시너지를 확보하기에 적절한 수준의 정부투자를 통하여 기업투자를 활성화해야 할 것이다.

2)

금융시장의 저금리 기조와 상품시장의 급격한 기술진보, 부동산의 증권화 진전에 따라서 향후 자산관리의 초점은 성장 산업의 유망 기업 관련 자산에 대한 투자가 될 것이다. 따라서 금융자산이나 부동산에 대한 투자를 통하여 유망 기업에 자금을 공급하고 창출된 수익을 공유하는 방식으로 자산관리가 이루어져야 한다. 물론 거시경제 지표 분석에 의한 경제여건과 경기국면에 대한 판단을 기초로 미래 성장산업을 도출하고 그 산업 내에서 유망 기업을 선별하는 톱다운 방식이나 유망 기업으로부터 시작하여 해당 산업이나 관련 산업의 유사한 기업으로 범위를 확대하고 거시경제 여건을 확인하는 바텀업 방식도 가능할 것이다. 중요한 것은 선별된 기업의 주식이나 그 기업의 발행 채권, 이들 기업들에게 공급하기 위한 부동산 개발 프로젝트에 투자하는 방식이다. 이러한 자산관리를 위해서는 한국경제는 물론, 주요 교역국을 중심으로 글로벌경제를 이해하고 미래 성장산업과 국내외 유망 기업을 선별하는 거시, 미시 양면의 경제지표에 대한 분석능력을 함양해야 한다.

[이해와 활용]

1. 최근 우리나라 기업 투자의 규모와 구조, 증감 추이를 어떻게 평가할 수 있을까?

2. 혁신적 기업 활동에 대한 고위험 투자는 정부가 지원할 정당성이 있다고 할 때, 우리나라에서 미래성장동력 관련 기업투자를 촉진하는 정책이 적절하게 시행되고 있다고 생각하는가? 언론보도자료를 검색하고 사례를 들어 설명해보자.

3. 한국경제의 성장잠재력 또는 잠재 GDP를 보강하기 위하여 가장 시급한 정책은 무엇이라고 생각하는가?

4. 한국은행 통계검색 사이트에서 기업투자의 구조 추이에 관한 데이터를 다운로드하여 엑셀차트로 그려보고 무형자산 투자의 증가를 포함하여 최근 변화에 관해 설명해보자.

참고문헌

[1] 최종학(2020), 비용이냐, 자산이냐: 회계처리를 둘러싼 논란, 동아비즈니스리뷰, 325호, 2020. 4월호.

[2] 통계청(2022), 광업제조업동향조사.

[3] 한국은행(2019), 알기 쉬운 경제지표 해설.

[4] 한국은행(2020), 우리나라의 국민계정 체계.

[5] 한국은행(2023), 2021년 국민계정(확정) 및 2022년 국민계정(잠정), 2023.6.

[6] 한국은행(2021), 국민계정, 주요 지표 및 경제활동별, 지출항목별 규모, 한국은행 경제통계시스템, https://ecos.bok.or.kr/2021.7.20. 접속.

[7] Mankiw, G.(2021), Principles of Economics, 9th edition, Cengage Learning.

[8] OECD(2021), Investment by Sector (indicator), doi: 10.1787/abd72f11-en (Accessed on 18 February 2021)

[9] Steindel, C.(2018), Economic Indicators for Professionals: Putting the Statistics into Perspective, Routledge.

[10] The Economist(2000), Guide to Economic Indicators, 4th Edition, Profile Books.

[11] World Bank(2021), World Development Indicators: Structure of Demand.

무역과 국제수지

제5장
무역과 국제수지

수출은 재화와 서비스의 해외에 대한 판매이다. 수출의 GDP 대비 비중, 수출 품목의 구성과 함께 기간별 수출금액, 전년 동기 대비 증가율을 살펴볼 필요가 있다.

수입은 재화와 서비스의 해외로부터의 구입이다. 수입의 GDP 대비 비율과 수입품목의 구성과 함께 기간별 수입금액, 전년 동기 대비 증가율도 관심의 대상이 된다.

한국경제와 같이 대외 개방 정도가 높은 경제는 국제수지 균형이 경제 안정의 중요한 척도이다. 국제수지 균형은 상품수지와 서비스수지를 합한 무역수지, 경상수지 그리고 금융계정 등을 포함한 여러 국제수지 개념을 기준으로 평가한다.

국제수지의 누적으로서 대외채권, 대외채무(외채), 외채원리금 상환비율도 중요하다.

국제무역의 개념과 특징

한국처럼 대외외존도가 높은 소규모 개방경제에서는 수출의 변동 또는 수출에서 수입을 뺀 금액인 순수출의 변동이 GDP 성장에 미치는 영향이 크다. 특히 수출은 국민경제의 총수요를 구성하여 경제성장의 동력이 되고 외화 수입의 원천이 된다. 순수출의 분기별 변동이 분기 GDP 성장에 미치는 영향에 관심이 모아지기도 한다. 명목 GDP 성장과 수출에서 수입을 차감한 경상 순수출 증가 사이에는 (+)의 상관관계가 있다. 실질 GDP 성장에 대해서는 (+)인 수출의 성장기여도와 (−)인 수입의 성장기여도를 합하면 순수출의 성장기여도를 계산할 수 있다.

수출과 수입은 서로 관련이 높다. 수출은 GDP의 지출 측면에서 중요한 요소여서 수출이 늘면 GDP가 성장하고, 그래서 소득이 늘면 다시 수입수요가 증가한다. 수출은 외화수입을 증가시켜 기계설비나 소비재를 수입할 수 있는 구매력을 늘리기 때문이다.

그런데 수출의 증대는 외국 소득의 증감, 국내 인플레이션과 환율 변화가 초래한 상대가격 변화, 수출품의 품질과 신뢰성 수준의 영향을 받는다. 수출이 소수의 품목이나 소수 수출상대국에 편중되어 있으면 외부 충격 요인에 취약할 수 있다.

한편 수입은 소비와 투자의 내수수요 변화에 따라 변동하는데, 국내 기업이 완전 가동 상황에 접근할 때 생기는 인플레이션 압력을 완화하는 역할을 한다. 그렇지만 수입이 GDP에서 차지하는 비중이 커지면 국내 고용과 생산을 대체하기도 하고 수입 가격 변화에 따른 취약성이 커지기도 한다. 사실 수입의 실질 GDP에 대한 성장기여 도는 정의상 0이다. 수입은 국내에서 생산된 상품에 대한 지출이 아니어서 GDP에 포함되지 않기 때문이다. 그러나 GDP 추계의 실무상 최종 지출을 추계하는 원천 통계와 무역을 추계하는 원천 통계가 달라 시차를 두고 별도로 집계가 이루어진다. 따라서 수입은 그 구매자에 따라 소비나 투자, 정부지출 등의 최종지출을 늘려 GDP 성장에 (+)의 기여를 하고, 수입 항목을 늘려 (−)의 기여를 한다. 즉 수입 상품이 일부 소비자에게 판매되고 일부 창고에 보관되는 경우, GDP 성장에 대해서는 소비지출의 증가와 재고투자의 증가로 측정될 때 (+)의 기여를, 수입으로 측정될 때 (−)의 기여를 한다. 그런데 원천 통계가 다양하며 기록 시점이 달라서 2가지 통계의 상쇄가 즉시 일어나지 않으므로 연간 통계가 아닌 분기 통계에서는 수입이 독립적인 GDP 성장 기여요인으로 보이기도 한다(Steindel, 2018).

한국은행의 국외거래계정은 국내 경제주체(거주자)와 해외 경제주체(비거주자) 사이에 발생한 모든 실물거래와 금융거래를 집계한다(한국은행, 2020). GDP 지출 측면의 수출입은 그중에서 재화와 서비스의 수출입 거래만을 포함한다. 일반적으로 수출입은 수출국 세관 국경의 본선인도가격(free on board: FOB)으로 측정한다. 그런데 수입 통관통계는 운임보험료포함가격(cost, insurance & freight: CIF)으로 평가되므로 통관수입 금액에서 운임과 보험료를 차감한 FOB 가격으로 전환하여 재화수입으로 집계하되 조정된 운임과 보험료 중에서 거주자가 비거주자에게 지불한 금액은 서비스 수입으로 집계한다. 가공무역 재화의 경우 중간재를 해외에 보내 가공하여 수출하는 경우 통관되어 나가더라도 수출로 잡지 않으며 현지에서 제3국으로 수출하는 시점에 수출로 집계한다. 중계무역의 경우에는 국내에 통관 반입되지 않더라도 현지법인이 구입할 때 (−)의 수출로, 제3국에 수출하는 시점에 수출로 집계하여 거래 차익이 순수출에 추가된다. 수출입 집계를 위한 기초 통계자료로는 재화 수출입의 경우 관세청의 통관통계와 남북교역통계, 한국은행의 국제수지통계가 주로 활용되며, 서비스의 수출입은 한국은행의 국제수지표에 의한 서비스 수출입금액, 외환수급통계와 문화체

육관광부의 관광통계 등이 주로 활용된다.

제조업 수출 위주의 성장을 해온 한국경제에서 수출이 <그림 5-1>에서 보는 바와 같이 2018년 6,049억 달러로 정점을 찍고 2년 연속 가파른 감소세를 보인 사실은 우려할 만한 현상이다. 그러나 2021년에는 25.7%의 높은 증가세를 보였고, 2022년에도 완만하지만 6% 수준의 증가세를 이어 갔다.

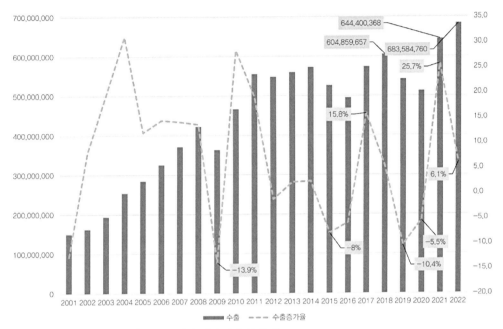

* 자료: 관세청·한국무역협회(2023), 통관 기준 수출입 통계.
<그림 5-1> 수출액 및 수출증가율 추이(2001~2022년)

물론 세계 경제성장과 주요 수출대상국의 경기상황, 반도체와 석유화학, 조선 등 주요 수출상품에 대한 수요, 국가 간 인플레이션 차이, 환율동향 등에 따라 수출이 변동성을 가지는 것이 사실이다. 그러나 1960년대 이후 우리나라의 수출이 2년 연속 감소한 것은 2015년, 2016년에 뒤이어 단지 2번째의 현상이다. 수출 산업계와 정부가 주요 제조업의 국제경쟁력이나 글로벌 공급망 변화와 생산기지 해외이전 등 구조적 요인은 없는지 주시하면서 적극 대응해나가야 할 것이다.

수출입의 변화는 장기에 있어서는 신상품의 출현이나 산업구조 또는 소비구조의 변화가 결정한다. 한국의 경우 80년대 본격적으로 투자한 반도체 산업이 현재 수출의 견인차 역할을 하고 있다. 또한 생산의 단계별로 가치를 창출하는 가치사슬이 글로벌 범위에서 형성되기 때문에 제조업 글로벌 공급망의 진화도 수출입에 중요한 영향을 미친다. 2019년 기준으로 한국의 수입 자동차부품의 29%는 중국산이어서(연합뉴스, 2020), 한국산 자동차에 대한 수출수요는 한국의 자동차 수출만이 아니라 한국의 자동차부품 수입과 중국의 자동차부품 수출에 연쇄적으로 영향을 미친다.

<그림 5-2>에서 1988년부터 최근까지 10대 수출상품 내역을 보면 우리 수출구조, 더 근본적으로는 산업구조의 변화를 가늠할 수 있다. 1990년대 초까지도 의류가 최대 수출상품이었고 1992년에 들어서야 반도체가 의류의 수출 실적을 넘어선다. 1992년부터 2022년까지 30년이 넘는 기간 동안에 반도체가 최대 수출상품의 위상을 유지하고, 자동차가 2~3위권에 머물러 있으며, 컴퓨터, 조선, 디스플레이, 무선통신기기, 석유제품 등이 5위권 범위를 넘나들고 있다.

한편 우리나라의 수출과 수입을 국내외 경제의 단기적인 변동을 설명하는 여러 지표에 근거하여 예측할 수 있다. 기본적으로 수출 수요와 내수 수요가 중요하며 수출입 간의 상대가격 요인인 환율, 에너지가격 등이 영향을 미친다.

그런데 수출입의 단기 변동은 생산차질, 날씨, 항만 등 물류시설의 조건을 포함한 다양한 요인의 영향을 받는다. 2011년의 후쿠시마 대지진이 일본산 자동차의 수출에 애로를 초래하고 대만의 간헐적 지진이 반도체의 수출에 부정적 영향을 미치면 경쟁관계에 있는 현대차나 삼성전자, SK하이닉스의 수출이 증가하고 주가 또한 상승한다. 반대로 우리 자동차 업계의 연례 파업이 자동차 수출의 차질을 빚기도 한다. 미국 서해안 항만 노조의 파업으로 대미 교역의 금액 기준 20% 정도가 통관하는 태평양 연안 항만이 폐쇄되어 2002년에 약 2억 7천만 달러의 수출 차질을 기록했고 2015년에도 심각한 피해를 입었다(KOTRA, 2014). 중국 등 아시아 국가의 긴 설 명절 연휴는 미국이나 유럽의 수입 실적에 영향을 미치기도 한다(Hill, 2017). 2018년경 가시화된 미중 무역갈등, 2020년 초 코로나-19의 확산이 가져온 봉쇄와 사회적 거리두기, 세계적 공급망 재편, 그리고 러시아·우크라이나 전쟁 등이 수출입에 상당한 영향을 미치고 있다.

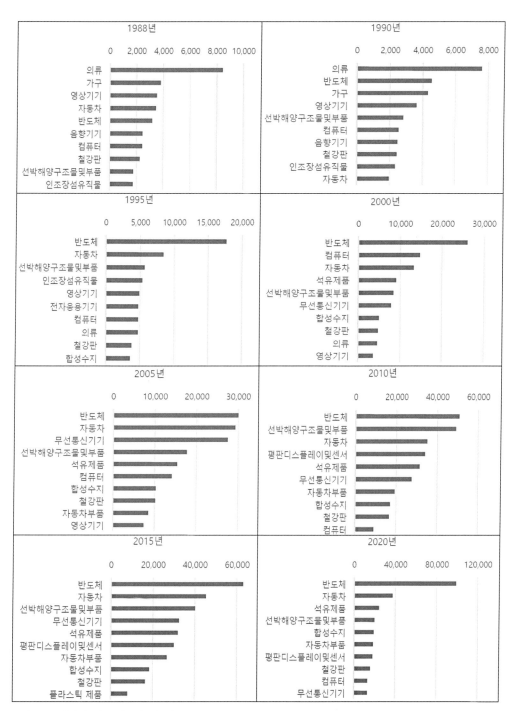

* 자료: 무역협회, 수출입통계, 각 연도.

〈그림 5-2〉 10대 수출상품의 변화

수출의 경제성장 기여: 소비, 투자, 정부지출과의 비교

수출의 GDP 성장에 대한 기여도를 소비와 투자와 대비하여 <그림 5-3>에 제시하였다. 이는 GDP 지출 측면의 각 항목 증가가 GDP 성장에서 차지하는 비중을 %포인트로 나타낸 것이다. 여기서 소비와 투자에는 수입된 재화와 서비스가 포함되어 있어 소비, 투자, 수출의 성장기여도의 합계가 GDP 증가율과 같지 않으며 수입의 (−)성장기여도도 합해야 GDP성장률과 같아진다. 그러므로 소비와 투자를 합하여 내수라 하고 그 나머지는 순수출이므로 소비, 투자, 수출의 (+)성장기여도와 수입의 (−)성장기여도를 모두 합하면 GDP 성장률이 된다.

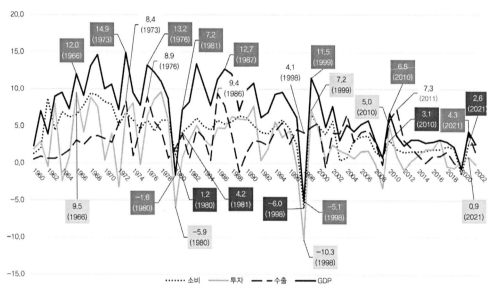

* 자료: 한국은행(2023a), 국민계정.

<그림 5-3> 시대별 수출의 성장기여도: 소비, 투자와의 비교(%)

우선 소비는 GDP의 구성에서도 가장 큰 비중을 차지하지만 GDP 성장률에도 대체로 1/2 이상을 차지하면서 그 비중이 상대적으로 안정적이다. 그러나 1980년 한국경제가 세계적인 중화학공업 불황과 국내 정국 불안으로 −1.6%의 마이너스 GDP 성장을할 때 소비의 성장기여도는 1.2% 포인트의 낮은 수치를 보였다. 심지어 IMF 외환위기가 엄습하여 1998년 다시 GDP가 −5.1%의 성장을 할 때 소비는 더 큰 −6% 포인트의 감소세를 보이기도 했다.

반면에 투자는 GDP의 구성에서 차지하는 비중은 작지만 변동성과 진폭이 크고 GDP의 증감을 주도하면서 더 큰 변동성을 보인다. 앞에서 언급한 1980년에 투자는 −5.9% 포인트, 1998년에 −10.3% 포인트를 기여하여 GDP보다 훨씬 가파른 하락세를 보였다. 이 장에서 우리의 관심사인 수출의 경우에는 2019년 기준으로 GDP의 40% 정도의 비중을 차지하면서 시기에 따라서는 GDP성장을 주도하기도 하였다. 중동 지역에서의 건설과 무역으로 오일 달러를 벌어들이던 1차 오일쇼크 시기인 1973년 GDP가 14.9% 성장을 할 때 수출은 그중에서 8.4% 포인트를 차지하였다. 또한 1980년대 후반 글로벌경제가 유가, 이자율, 원화가치 등 3저 현상을 보일 때인 1987년 GDP는 12.7% 성장하였는데, 수출은 한 해 앞서 1986년 9.4% 포인트의 성장기여도를 보였다. 또한 앞에서 언급한 1998년 IMF 외환위기로 인한 −5.1%의 마이너스 성장을 기록하고 소비와 투자가 모두 더 큰 폭으로 감소했을 때 수출은 4.1%의 견조한 성장으로 위기의 완충역할을 하였다. 한편 글로벌 금융위기로부터 회복하면서 2010년 GDP가 6.8% 성장했을 때 수출은 그중에서 5.9% 포인트로 대부분을 차지하였고 2011년에는 7.3% 포인트의 탄력적인 성장률로 GDP보다 훨씬 가파른 성장세를 나타냈다. 한편 코로나-19로 인해 −0.7%의 역성장을 했던 2020년에는 마이너스 성장의 1980년, 1998년, 글로벌 금융위기로 인한 0에 가까운 성장의 2009년과는 다르게 소비가 주도하여 경제가 위축되었다. 다시 경제성장이 4.3%로 반등한 2021년에는 수출이 4.0% 증가로 소비(2.6%)나 투자(0.9%)보다 더 성장에 기여하였다.

📊 통계포인트 5 실질환율과 명목환율

환율은 한 나라 화폐의 다른 나라 화폐에 대한 교환 비율이다. 외환시장에서의 실제 외환 거래에 적용되는 환율을 명목환율(nominal exchange rate)이라 한다. 명목환율은 외국 화폐의 국내 가격으로 표현하므로 1달러를 사는데 1,000원이 필요하다면 1,000/$가 명목환율이다. '달러 대비 원화 환율' 또는 원·달러 환율을 1,000원이라 할 수 있다. 자국 화폐 가치가 외국 화폐에 대하여 상승하는 현상을 자국화폐의 절상(appreciation)이라 하고, 자국 화폐 가치가 외국 화폐에 대하여 하락하는 현상을 자국화폐의 절하(depreciation)라 한다.

한편 외국화폐를 사는 개인이나 기업은 그 화폐의 구매력에 관심이 있다. 실질환율(real

exchange rate: RER)은 한 나라 화폐의 구매력의 다른 나라 화폐의 구매력에 대한 교환비율이다. 즉 한 나라 화폐로 살 수 있는 재화·서비스 가치와 다른 나라 화폐로 살 수 있는 재화·서비스 가치의 비율을 말한다. 일정한 명목환율을 전제로 한 나라 재화·서비스 가치의 다른 나라, 다른 나라의 집단, 또는 여타 전체 세계의 재화·서비스 가치에 대한 비율로 표현하기도 한다(Catão, 2017).

이러한 실질환율을 하나의 대표적인 재화를 기준으로 측정할 수도 있을 것이다. 예컨대 스타벅스 아메리카노 한 잔이 한국과 미국에서 동질적 제품으로 팔린다고 가정한다. 이때 실질환율이 1이라면, 스타벅스 아메리카노 한 잔의 원화나 달러화에 의한 가격이 한국과 미국에서 같음을 의미한다. 원·달러 명목환율이 1,000원이고, 스타벅스 아메리카노 한 잔이 한국에서 4,000원에, 그리고 미국에서 4달러에 팔리는 경우이다.

실질환율과 명목환율과의 관계는 다음과 같다(Mankiw, 2021).

$$실질환율 = e \cdot p/p*$$

여기서, e는 명목환율, p는 자국의 물가, $p*$는 외국의 물가

그런데 실질환율의 상승이 자국통화의 절상으로, 실질환율의 하락이 자국통화의 절하를 나타내도록 표시하는 IMF 방식에 의하여 실질환율 공식에서의 명목환율(e)을 1원 $= \dfrac{1}{1,000}$와 같이 달러·원 명목환율로 나타낸다. 앞의 스타벅스 아메리카노 한 잔의 사례에서 원화의 실질환율은 다음의 공식에 의하여 1이 된다.

$$e \cdot \frac{P}{P*} = \frac{1}{1,000} \cdot \frac{4,000}{4} = 1$$

그런데 이때 한국의 비용 여건이 변화하여 스타벅스 아메리카노 한 잔이 한국에서 3,000원에 팔린다면 실질환율은 0.75가 되고 원화가 달러화에 비해 25% 저평가되었다고 할 수 있다. 이렇게 화폐의 구매력 차이가 발생하면 한국에서 1달러를 원화로 바꾸어 스타벅스 아메리카노 한 잔을 3,000원에 사서 미국에서 1달러에 팔고 원화로 다시 바꾸어 1,000원을 남기는 차익거래(arbitrage)가 발생하는데, 그렇게 되면 한국 외환시장에서 원화에 대한 수요와 달러화의 공급이 늘어 실질환율이 1이 될 때까지 원화의 가치가 절상된다는 것이 이론적 예측이다. 그러나 실제로는 수송비용, 소비자선호의 차이와 무역장벽으로 인하여 항상 이론적 예측이 실현되는 것은 아닐 것이다. 다만 실질환율이 1로부터 괴리될수록 명목환율의

조정압력이 높아진다고 할 수 있다.

한편 실질환율을 측정할 때는 단일 재화나 서비스 품목이 아니라 더욱 광범위한 상품 묶음의 가격을 기초로 할 것이다. 소비자물가지수(CPI)가 대표적인 경우이다. 현재 우리나라의 소비자물가지수는 전형적인 가구가 소비하는 458개 상품 묶음의 구입비용을 기초로 집계한다. 물론 미국의 소비자물가지수 집계의 기초가 되는 상품묶음은 우리나라와는 다르다. 여기서는 가상의 동일한 상품묶음을 가정하고 이 상품묶음을 미국에서 2,400달러에, 한국에서 220만 원에 구입할 수 있다고 하면 원·달러 명목환율이 1,000원일 때 실질환율은 다음과 같다.

$$실질환율 = \frac{1}{1,000} \cdot \frac{2,200,000}{2,400} \fallingdotseq 0.917$$

이때의 명목환율은 원화가 8.3% 정도 저평가되어 있음을 의미한다.

그런데 소비자물가지수는 절대가격이 아니라 기준연도를 100으로 할 때 상대적 물가수준을 나타낸다(예를 들어 우리나라의 소비자물가지수는 2015년을 100으로 할 때 2021년도 5월 107.46이므로 지난 6년 동안 물가가 매우 안정된 상태였음을 알 수 있다). 10년 전 명목환율이 실질환율 1을 충족하는 수준이었다고 하자. 그 이후 현재까지 명목환율이 변동하지 않은 가운데 한국의 물가가 20% 상승하고 미국의 물가가 10% 상승했다고 하자. 이러한 경우, 구매력평가설은 원화의 달러 대비 실질환율이 다음 식에 의하여 1.091이 되어 원화가 물가인상을 반영하지 않아서 구매력 대비 9.1% 고평가되어 있음을 나타내는 것이다.

$$실질환율 = \frac{1}{1,000} \cdot \frac{1,000 \times 120}{110} \fallingdotseq 1.091$$

한국에서 물가가 더 올랐는데도 기준연도에 비해 원·달러 환율이 변하지 않았다면 미국에서 더 저렴하게 구입할 수 있다. 한국에서 원화를 달러로 바꾸어 같은 상품을 미국으로부터 사와서 한국에 파는 차익거래가 일어난다는 것이다. 그러면 국내 외환시장에서 달러화에 대한 수요와 원화의 공급이 늘어 원화의 상대적 가치가 떨어지고, 구매력평가설에 의하여 실질환율이 1로 될 때 다시 균형에 이른다.

두 나라 사이에 한 나라의 통화가치 저평가가 상대국의 대규모 또는 만성적 무역적자를 초래한다면 정치경제적 이슈가 되어 통상마찰의 원인이 될 것이다. 미국의 환율조작국, 환율관찰대상국 지정이 대표적 사례이다. 나아가 한 나라 통화의 적정 평가 여부는 두 나라 사이만이 아니라 모든 교역상대국과의 양국 간 실질환율을 그 나라 무역에서 차지하는 비중으로 가중 평균한 실질실효환율(Real effective exchange rate: REER)이다. 한 나라의 통화가 과도하게 고평가되어 있거나 저평가되어 있으면 실질실효환율이 변화하고 명목환율이 조정된다. 그러나 통화가치가 적정하게 평가되어 있더라도 기술진보에 의한 생산성 변화, 수송비용 증감, 관세 등 무역장벽, 소비자선호 차이 등에 의하여 변동할 수 있다.

구매력평가설(Purchasing-Power Parity: PPP)은 환율 결정에 대하여 한 나라의 화폐가 모든 나라에서 동일 수량의 재화를 구입할 수 있도록 결정되어야 한다는 이론이다. 여기서 parity라는 단어는 동등성을 의미한다. 구매력평가설의 기본 논리는 한 물건의 가격이 어디에서나 같아야 한다는 일물일가의 법칙에 근거를 둔다. 그러지 않으면 시장 간 가격 차이를 이용하여 이윤을 올리는 차익거래(arbitrage)가 발생하는 것이다. 그러나 현실적으로 구매력평가설이 반드시 성립하지는 않는다. 가장 중요한 이유는 모든 재화가 교역재가 아니기 때문이다. 무역장벽이나 외환규제 등이 없으면 교역재의 가격은 국가 간에 일치되는 방향으로 움직이지만 국가 간 실질실효환율의 격차는 주로 비교역재 때문에 발생한다. 또한 서로 다른 나라에서 생산되는 같은 재화가 국제무역의 대상이 되기는 하지만 완전한 대체재가 아니다. 외환시장에서 결정되는 명목환율은 주로 교역재(tradables)의 수출입에 따른 외환의 수요공급을 반영하므로 외환시장에서 결정되는 명목환율은 구매력평가설에 의한 환율과 다를 수 있는 것이다.

국가 간 경제규모를 비교할 때 가장 널리 이용되는 지표는 대미달러 시장환율로 환산한 GDP이다. 그런데 시장환율은 통화의 구매력과 무관한 자본거래의 영향을 크게 받고, 국가 간 교역이 어려운 재화, 서비스 등 비교역재나 비시장재화(자연환경, 문화재, 특수목적용 부동산, 공공서비스 등)의 상대가격은 반영하지 못한다. 즉 시장환율로 환산한 GDP는 화폐의 실질구매력을 제대로 반영하지 못한다. 이에 따라 UN통계위원회와 OECD통계국은 1970년부터 각국의 상대적 물가 수준을 감안한 환가지표로서 구매력평가(purchasing power parity)환율을 개발하여 국민소득 국제비교작업(International comparison program)을 시행하고 있다.

그런데 선진국과 개도국의 통화가치를 비교하면, 개도국은 선진국에 비하여 비교역재(nontradables)인 서비스가 저렴하므로 교역재와 비교역재를 모두 고려하고자 하는 구매력평가환율(실질환율을 1로 만드는 명목환율)에 의할 때 개도국 통화의 가치는 명목환율에 비하여 더 높아진다. 따라서 구매력평가환율로 집계한 GDP의 선진국과 개도국 간 격차는 명목환율에 의하여 계산한 경우에 비하여 현저하게 줄어든다.

실제로 명목환율에 의한 1인당 GDP는 아직 일본이 한국보다 크지만 구매력평가환율에 의하여 추산한 1인당 GDP는 2017년부터 한국이 일본을 추월했다. 2017년에 한국은 41,001달러인데 일본은 40,827달러였다. 구매력평가환율에 의한 GDP통계를 발표하기 시작한 1970년 이후 50년 만에 처음 있는 추월이다. 같은 기준의 2018년 1인당 GDP가 한국이 43,044달러, 일본이 42,265달러였고, 2022년 추정치로는 한국이 49,895달러, 일본이 45,638달러이어서 한국의 일본에 대한 우세가 1.8%에서 9.3%로 격차가 벌어졌다(OECD, 2023a).

한국의 국제무역 추이

한국경제가 본격적으로 성장한 1960년대부터 2010년대까지 수출과 수입의 증가율 그리고 무역수지를 10년대별 연평균으로 나타내면 <그림 5-4>와 같다. 1960년대부터 노동집약적 경공업으로부터 수출주도형 산업화 전략을 채택하였지만 기계설비, 원자재, 부품 등 수입 확대로 1970년대 말까지 만성적인 무역수지 적자를 면치 못하였다.

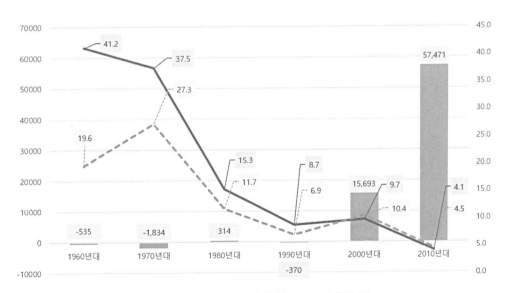

* 자료: 무역협회, 수출입통계, 각 연도.

<그림 5-4> 기간별 평균 수출·수입증가율과 무역수지(단위: 백만 달러, %)

1980년대 후반에 3저 호황을 누리면서 평균 무역수지가 흑자로 돌아섰다가 1990
년대 세계화 전략으로 시장개방이 가속화되고 산업계가 수입설비에 의해 중복·과
잉 투자를 시행함에 따라 다시 적자로 돌아섰다. 2000년대에 들면서 반도체, 자동
차, 컴퓨터, 디스플레이, 휴대폰, 조선 등 수출 주력 품목의 수출이 급증하면서 무
역수지 흑자구조를 이어가고 있다. 연평균 수출 증가율은 워낙 성장 초기의 수출규
모가 작아 1960년대 41.2%의 급증세를 기록한 이후 37.5%, 15.3%, 8.7%, 9.7%로 점
차 하향 추세를 보이다가 2010년대에는 수출과 수입이 모두 4%대의 증가세를 보였
다. 그러나 2010년대에도 연간 수출증가율이 (−)10.4%에서 20%까지 해외 수출수요
에 따라 상당한 변동성을 나타내고 있다.

국민경제가 무역에 의존하고 있는 정도를 나타내는 지표를 무역의존도(Ratio of
exports and imports to GDP)라고 한다. OECD 기준에 따라서 명목 금액, 계절조정을
하지 않은 원계열 기준으로 GDP에 대한 수출입 총액의 비율로 계산한 무역의존도의
추이는 <그림 5-5>와 같다.

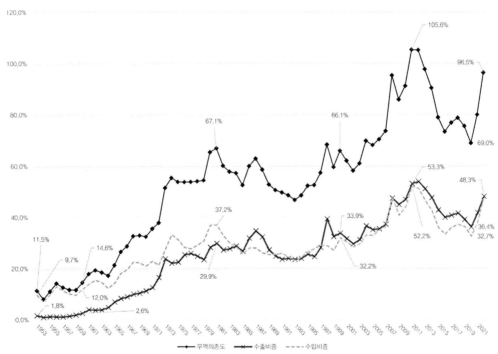

자료: 한국은행(2023a), 국민계정, 주요 지표 및 경제활동별, 지출항목별 규모.

〈그림 5-5〉 수출, 수입의 GDP 비중 및 무역의존도(1953~2022년)

1953년 11.5%에서 본격적인 수출주도 산업화가 시작된 1961년 14.6%, 중화학공업화가 상당히 진전된 1981년 67.1%를 거쳐, 1980년대 중화학공업의 세계적 공급 과잉에 따른 조정기를 거쳐 2000년에 66.1%로 회복하고, 2011 105.6%로 정점을 찍은 이후 다시 급격하게 감소하여 2020년 현재 69.2%를 나타내고 있다. 그런데 팬데믹으로부터 회복 과정에서 2021년과 2022년에 수출과 수입의 비중이 급증하여 수출과 수입의 비중이 48.3%로 거의 같아진 2022년의 무역의존도는 96.5%로 다시 12년 전 수준으로 접근하고 있다.

최근 2011년부터의 10년 동안의 무역의존도 감소는 경제성장에 비하여 수출입의 증가가 상대적으로 둔화된 데 기인한다. 과도한 무역의존도는 국민경제가 주요 수출 상대국의 경기에 영향을 받아 성장과 고용의 변동성을 증가시키는 문제점이 있으나 한국의 경우 여전히 수출이 중요한 성장 동력이라는 점에서 적정한 수준의 무역의존도를 유지하는 것은 중요하다. 한편 OECD 통계에 의하여 수출과 수입의 대 GDP 비중을 2021년 자료가 이용가능한 회원국 간에 비교해보면 <그림 5-6>과 같다.

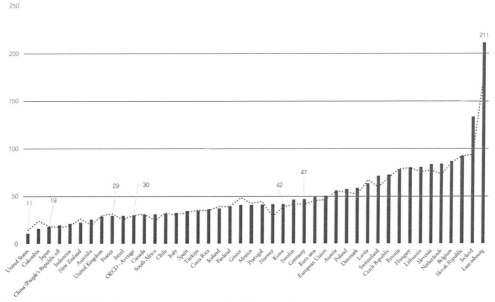

* 자료: OECD(2023b), Trade in goods and services(indicator).

<그림 5-6> GDP 대비 수출, 수입 비중의 OECD 주요 회원국 간 비교 (2021년)

수출은 막대그래프로, 수입은 점선으로 나타내었다. 룩셈부르크와 같이 국제화 수준이 높은 도시국가의 경우 200%를 상회하는가 하면 경제규모가 세계에서 가장 큰 미국은 11%의 가장 낮은 무역의존도를 나타내고 있다. 수출 비중 기준으로 한국은 41개 국가 중에서 18위로 중간 수준보다 다소 높다고 있다고 할 수 있으며, OECD 평균 30%보다 훨씬 높은 42%를 기록하고 있다.

국제수지

국제적인 거래의 균형을 국제수지로 나타내며 국민경제를 평가하는 중요한 기준 중의 하나이다. 가장 기본적인 국제수지의 개념은 수출과 수입의 차액인 순수출 또는 무역수지(trade balance)이다. 수출은 GDP의 지출 측면이자 총수요의 중요한 부분이므로 수출이 늘면 GDP가 성장한다. 수입이 늘면 국내의 생산이나 고용이 위축될 것을 우려하지만 내수 수요를 국내 생산에 의해 충족하지 못할 때 발생하는 인플레이션을 방지하는 역할을 한다. 수출과 수입이 모두 중요한 경제활동이지만 대다수 국가들은 대체로 무역수지 적자보다는 균형이나 흑자를 선호한다.

무역수지는 재화와 서비스의 수출에서 수입을 뺀 차액을 말한다. 국제거래의 대상이 되는 서비스는 주로 관광, 교육, 수송, 금융, 광고, 컨설팅, 기술로열티 등이다. 재화와 서비스의 수출입의 차액인 무역수지는 다른 면에서는 국내의 저축과 투자 차이와 같아지므로 무역수지 적자는 투자 재원의 일부를 해외에 의존함을 의미하여, 자원갭(Resource gap) 또는 투자·저축 갭이라고 한다(The Economist, 2000). 만성적인 무역수지 적자를 해소하려면 수입 증가에 비하여 수출을 더 늘리거나 국내 물가 안정이나 자국통화 가치 하락으로 상대가격이 변화해야 한다.

국제수지는 한국은행이 작성하는데, 국제통화기금(IMF)의 매뉴얼에 의하여 거래시점 기준으로 집계한다. 다만 무역수지는 국경통과의 통관 시점 기준으로 집계하며 무역협회가 작성한다. 국제수지는 경상수지, 자본수지, 금융계정 등으로 구성된다.

<표 5-1>은 우리나라의 시기별 국제수지 추이를 제시한 것이다. 우선 경상수지(Current balance)는 거주자와 비거주자 간의 거래를 나타내며 상품수지, 서비스수지, 본원소득수지, 이전소득수지로 구분된다. 상품수지는 재화의 수출과 수입의 차이, 서비스수지는 서비스의 수출과 수입의 차이이다. 본원소득수지는 급료와 임금 그리고 배당과 이자 등 투자소득을 포함한 본원소득의 수입과 지급의 차이이다. 여기서 투

자소득은 국내에서 해외로부터 수취한 임대료, 이자, 이윤, 배당(Rent, interest, profit and dividends: RIPD)에서 해외로 지급한 RIPD를 뺀 것이다.

〈표 5-1〉 시기별 국제수지 추이(단위, 백만 달러)

구분	1980년	1990년	2000년	2010년	2020년	2022년
경상수지	−6,896.0	−2,804.2	10,180.8	27,950.5	75,902.2	29,830.9
− 상품수지	−6,619.3	−3,689.4	15,392.5	47,932.3	80,604.8	15,060.9
− 서비스수지	1,299.9	501.0	−845.7	−13,972.8	−14,670.1	−5,547.5
− 본원소득수지	−1,996.1	−548.1	−4,151.7	−692.5	13,486.9	22,884.2
− 이전소득수지	419.5	932.3	−214.3	−5,316.5	−3,519.4	−2,566.7
자본수지	0.0	0.0	38.4	−63.2	−386.3	1.3
금융계정	−6,277.5	−3,529.2	9,525.8	21,520.5	81,382.7	38,833.4
− 직접투자	−4.2	87.6	−6,667.3	18,724.2	26,067.5	48,411.6
− 증권투자	−133.5	−161.8	−12,176.7	−42,364.7	41,744.8	25,384.4
− 파생금융상품		78.2	179.2	−828.9	4,871.3	7,567.9
− 기타투자	−7,003.1	−2,347.5	4,419.4	19,019.3	−8,692.4	−14,653.4
− 준비자산	863.3	−1,185.7	23,771.2	26,970.6	17,391.5	−27,877.1
오차 및 누락	618.5	−725.0	−693.4	−6,366.8	5,866.8	9,001.2

* 파생금융상품은 순자산 기준
* 자료: 한국은행(2023b), 국제수지.

이전소득수지는 대가 없이 제공되는 무상원조, 증여성 송금 등의 수입과 지급의 차이이다. 즉 이전소득은 해외 거주자가 대가 없이 국내에 송금하는 금액에서 국내 거주자가 대가 없이 해외에 송금하는 금액과 국제원조 지급을 뺀 것이다. 과거에는 우리나라가 국제원조 수취국이었으나 지금은 지급국이어서 (−)의 부호를 보인다. 물론 국내에서 발생한 재해에 대한 구호금이 해외정부로부터 송금되었다면 국제원조 수취로 계상해야 할 것이다. 경상수지는 이 4가지 수지 항목의 합계이다. 한편 자본 수지는 자산 소유권의 무상이전, 채무자에 대한 채권자의 채무면제 등의 자본이전과 상표권, 영업권 등의 비생산·비금융자산 거래에 의한 수입과 지급의 차이이다.

한편 금융계정은 경상수지와 반대 방향의 거래로서 직접투자, 증권투자, 파생금융 상품, 기타투자, 준비자산으로 구분된다. 직접투자는 거주자가 해외 기업에 대하여, 또는 비거주자가 국내 기업에 대하여 경영 참여를 목적으로 하는 국제투자 거래이다. 증권투자는 거주자와 비거주자 간의 경영 참여가 아닌 수익 목적의 지분증권(주식),

부채성 증권(채권)의 거래이다. 파생금융상품은 거주자와 비거주자 간 파생금융상품의 거래에 의한 손익과 옵션 프리미엄의 지급에서 수취를 뺀 것이다. 기타투자는 여타 금융계정에 포함되지 않는 거주자와 비거주자간의 금융거래, 주로 은행예금, 투기적 환매입, 핫머니 투자와 같은 단기성 자금거래이다. 준비자산은 국제수지 불균형 보전과 환율안정 목적의 외환시장 개입을 위하여 통화당국이 통제할 수 있고 즉시 이용 가능한 외화나 금 등의 대외자산의 거래에 의한 변동을 말한다. 오차 및 누락은 각 기초통계의 오류, 집계 시점, 평가방법 차이 등에 의한 불일치 조정 항목이다. 금융계정은 이러한 5가지 수지 항목의 합계이다.

경상수지는 반대 방향의 금융계정에 의하여 상쇄된다. 한국의 경상수지 흑자가 확대되면, 그 흑자 재원 중 상당 부분이 외국의 금융자산 또는 실물자산 구입을 위해 유출되어 자산의 증가에서 부채의 증가를 뺀 지표를 의미하는 금융계정에 기록된다. 우리나라의 시기별 국제수지를 <표 5-1>에서 보면 2022년 기준으로 상품수지는 흑자, 서비스수지는 주로 유학을 포함한 여행, 사업서비스, 가공서비스 등으로 인해 적자이다. 상품수지, 서비스수지, 본원소득수지, 이전소득수지 등 4가지 항목을 모두 합하면 경상수지가 된다. 또한 직접투자, 증권투자, 파생금융상품, 기타투자, 준비자산을 모두 합하면 금융계정이 된다. 2022년의 경우 한국은 상품수지와 본원소득수지의 흑자로 인하여 약 298억 달러의 경상수지 흑자를 기록하였는데 2020년의 759억 달러, 2021년의 852억 달러에 비하여 대폭 줄어든 실적이다. 석유제품, 자동차, 반도체 등 주요 품목의 수출이 크게 늘었지만, 가스와 원유 가격 급등으로 인해 원자재 중심으로 수입이 급증한데 기인하였다. 이러한 경상수지 흑자를 기초로 여유자금을 해외자산에 투자하였는데, 해외직접투자에 484억 달러, 증권투자에 254억 달러를 투입하는 등 388억 달러의 금융계정 거래가 발생하였다. 여기서 경상수지와 자본수지, 오차 및 누락 항목을 합하면 금융계정의 금액과 같다. 우리나라와 같은 경상수지 흑자국은 그 흑자재원을 가지고 해외에 회사를 세워 경영하는 직접투자나 수익을 목적으로 해외 주식이나 채권을 매입하는 간접투자를 한다. 이러한 거래가 자본 유출을 가져오므로 경상수지 흑자는 금융계정의 증가를 초래하며, 경상수지 적자는 반대로 금융계정의 감소를 초래한다. 2022년의 국제수지 실적은 2023년 발표한 잠정치 기준이며, 일반적으로 2023년 12월 중에 확정치가 발표된다.

반대로 미국과 같이 경상수지 적자가 확대되는 나라의 경우 외국 기업이나 거주자가 미국의 재무부채권 등 달러화 금융자산을 매입한다. 물론 이러한 자본의 유출입은 무역수지 또는 경상수지의 규모 외에도 환율이나 이자율의 영향을 받게 된다. 경상수지 적자국이 필요한 재화나 서비스를 계속 수입하면서 원활하게 국민경제를 운용하기 위해서는 외국인 직접투자나 간접투자를 끌어들여야 하는 것이다. 문제는 이러한 자본유입이 미래의 RIPD 유출을 가져오기도 하고 국내에 투자된 자본이 해외 요인에 의하여 갑자기 다시 빠져나가는 경우 금융위기 상황을 초래하기도 한다. 한 나라가 지급결제능력을 유지하기 위하여 정부와 중앙은행이 보유하는 금이나 달러 등 기축통화를 준비자산 또는 외환보유고(official reserve)라 한다. 적정한 외환보유고를 유지하는 것은 국민경제의 안정을 위해 긴요하다. 중앙은행은 자국통화 가치를 적정한 수준으로 유지하기 위해 외환시장에 개입하기도 하는데, 이때 외환보유고를 사용한다. 미국 중앙은행이 달러화가 과도하게 약세라고 판단하면 금이나 유로화 등 외환보유고를 가지고 달러화를 매입한다. 대체로 선진국의 경우 중앙은행은 일시적이고 예외적인 통화가치의 과도한 변동을 완화하기 위해서만 외환시장에 개입하는 것이 원칙이다. 어떤 국가의 경상수지 적자가 장기간 지속되고 외국인직접투자가 풍부하게 유입되지 않는 경우 해외순자산이 감소하고 외채가 누적된다. 반대로 일부 선진국이나 중동의 산유국처럼 경상수지 흑자가 지속되는 경우는 해외순자산이 증가한다.

국제수지가 누적된 실적으로서 대외금융자산과 대외채권, 대외금융부채와 대외채무가 있으며, 단기대외채무의 외환보유고에 대한 비율을 대외건전성 지표로 활용한다. <그림 5-7>은 1994년 한국은행이 국제투자대조표를 작성한 이래의 이들 실적치의 추이를 보여주고 있는데 2022년 수치는 잠정치이다(한국은행, 2023c).

2022년 말 현재 우리나라의 대외금융자산은 2조 1,687억 달러, 대외금융부채는 1조 3,974억 달러로서 순대외금융자산이 7,713억 달러를 기록하였다. 자산과 부채 중에서 가격이 확정되지 않은 지분이라든가, 증권투자 중 펀드를 포함한 주식, 파생금융상품 등을 뺀 대외채권과 대외채무도 각각 1조 217억 달러와 6,652억 달러여서 순대외채권이 3,565억 달러, 그와 유사한 규모인 외환보유고가 4,232억 달러를 기록하였다.

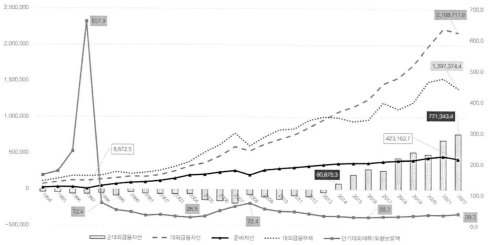

* 자료: 한국은행, 국제투자대조표(2023c).

〈그림 5-7〉 우리나라의 대외자산·부채, 대외건전성 추이

이에 따라 2022년 말 시점의 대외건전성 지표는 39.3%였다. 이 대외건전성 지표는 IMF외환위기를 맞았던 1997년 657.9%로 정점을 찍고 IMF 긴급금융 지원으로 이듬해인 1998년 72.4%로 신속하게 조정한 이후 글로벌 금융위기 시점인 2008년 동일한 비율인 72.4%를 기록한 해를 제외하고는 매년 그보다 낮은 수준에서 관리되고 있다. 2013년까지 우리나라의 대외금융자산은 대외금융부채에 비하여 작았지만 2014년 이후 대외금융자산이 대외금융부채를 초과하여 (+)의 순대외금융자산 상태를 지속하고 있다.

사례연구 무역 지표의 활용 ────────────────

1)
국제무역을 설명하는 고전적 경제이론은 절대우위설 또는 비교우위설이었다. 이러한 이론에 의하면 각국은 기술이나 숙련, 자원부존이 결정하는 생산비용의 절대우위 또는 비교우위에 의하여 국제분업이 이루어진다고 보았다. 이러한 이론적 배경에서는 가장 적절한 세율의 관세를 의미하는 최적관세를 부과하는 외에 특별하게 경제발전을 위한 무역정책의 역할이 없었다. 그러다가 제2차 세계대전 이후 유럽이 지역통합을 진행하는 과정에서 미국과 경쟁하면서, 또한 일본이 급속한 산업화를 추진하면서 시도되고 한국, 대만 등 동아시아의 경제개발 과정에서 재현된 바와 같이, 수입대체 및 수출주도 전략이 뚜렷한 성과를 거두었다. 이러한

무역정책은 동태적 비교우위 이론을 내세우며, 현재는 비교우위가 없더라도 일정기간 정부의 지원을 통하여 비교우위를 확보할 수 있는 가능성을 전제로 한다. 즉 수입대체로부터 시작하여 노동집약적 경공업 중심으로 수출주도 산업화를 도모하거나, 그 다음으로 중화학공업화와 수출시장 개척 등으로 이어가면서 산업정책과 연계된 무역정책이 상당한 역할을 하였다. 이 과정에서 정부는 고부가가치, 설비집약, 기술집약의 신산업에 대하여 수출보조금을 적극적으로 지원하였다. 이러한 일련의 무역촉진 정책을 대외지향적 개발전략이라고 한다. 1980년대 중반에는 미국 등 선진국을 중심으로 개도국의 무역정책에 자극을 받아 선진국에서도 전략적 무역정책(strategic trade policy)의 개념이 등장한다(Brander & Spencer, 1985; Krugman, 1986). 즉 국제 상품시장이 독점적 경쟁이나 과점 등 불완전경쟁의 상태에 있고 한 나라의 기업이 다른 나라의 기업과 제3국에서 경쟁하는 경우 정부가 자국 수출기업에 보조금을 지급하여 생산량을 늘려 국제가격을 낮추면 자국 기업의 이윤은 증가하고 경쟁국 기업의 이윤은 감소한다고 하여 이윤이전 정책(Profit-shifting policy)이라고도 한다.

최근에는 세계무역기구(WTO)의 무역규범에 의하여 특정 산업에 대한 수출보조금은 원칙적으로 금지된다. 다만 연구개발 및 혁신, 지역개발 보조금과 같이 —특정 산업에 적용되는 수직적 지원수단이 아니라— 산업 전반에 적용되는 수평적 지원수단에 의하여 수출전략산업을 간접적으로 지원하는 방안은 가능하다. 어떤 수출산업의 국제경쟁력을 평가하기 위하여 특정 산업에 대한 세계수요, 국내 기업과 경쟁기업의 세계시장 점유율, 상대적 비용조건, 이익률 등 경영성과, 수출실적 증가율과 같은 미시 데이터의 분석이 가능하고 무역특화지수(Trade specification index)나 현시비교우위(Revealed comparative advantage, RCA) 지표 등을 분석할 수 있다.

무역특화지수 = (특정 상품의 총수출액−총수입액)/(특정 상품의 총수출액＋총수입액)

현시비교우위 = (특정국의 수출에서 해당 상품의 수출이 차지하는 비중)/
(세계 전체 수출에서 특정상품의 수출이 차지하는 비중)

2)

주식이나 채권 등 금융투자를 할 때 기업의 현재 수익성이나 미래 성장성에 대한 평가가 필요하다. 우리나라와 같이 소규모 개방경제에서 모든 기업 활동은 어느 정도 해외 여건의 영향을 받는다. 수출산업은 당연히 해외수요의 영향을 받으며 해외 기업과의 치열한 경쟁에서 우위를 나타내야 할 것이다. 해외수요를 예측하기 위하여 주요 수출대상국의 경제성장, 고용, 인플레이션, 개인소득 추이를 민감하게 검토한다. 수출대상국만이 아니라 제3국의 경쟁기업의 동향도 긴밀하게 살펴야 한다.

OECD회원국들의 2019년 통계를 기준으로 평균적인 무역의존도는 수출 30%, 수입 30%를 합하여 60%이다(OECD, 2023b). 따라서 금융시장은 무역 실적에 대하여 민감하다. 흥미로운 사실은 각국 무역통계기관이 매월 1일 전 달의 무역 실적을 발표하는데, 우리나라가 이른 시간대의 이유로 일본과 함께 가장 먼저 발표하게 되어 관심의 대상이 된다는 것이다. 또한 1개월의 통계뿐 아니라 매월 10일, 20일까지의 잠정 실적도 글로벌 무역 흐름을 파악하는 데 유용하다. 예를 들어 2021년 7월 1~10일간의 수출은 151억 달러로 전년 동기 대비 14.1% 증가하였고 수입은 190억 달러로 전년 동기 대비 33.3% 증가하였다고 한다(관세청, 2021). 특히 수출 성과를 조기에 평가하기 위하여 일평균 수출액을 따지는데, 1개월 또는 10일 실적을 조업일수로 나눈 금액으로 과거와 비교하는 것이다. 이때 조업일수는 평일은 1일, 토요일은 0.5일, 일요일은 0일로 집계하여 2021년 7월 1~10일간의 수출실적은 2020년 해당 기간 8.5일, 2021년 해당 기간 8일을 고려하면 일평균수출액은 전년 동기 대비 월간 증가율 14.1%보다 큰 비율인 21.2% 증가한 것이라고 한다.

한편 주로 국내에서 판매하는 내수 기업의 경우에도 원자재를 해외에서 수입하는 경우 원자재의 수급이나 국제가격 전망이 생산비용의 변동을 가져오므로 기업성과에 중요하다. 해외 금융 투자를 하는 경우에는 투자 대상인 외국기업의 수익 전망과 성과도 중요하지만 환율의 동향이 투자성과를 좌우하는 경우가 많다. 따라서 국내 경제는 물론이고 글로벌 경제의 동향을 주시해야 한다.

[이해와 활용]

1. 문헌자료 검색을 통하여 1960년, 1990년, 2020년의 시점을 기준으로 하는 수출입 금액과 구조의 변화를 살펴보자.

2. 문헌자료 검색을 통하여 1960년, 1990년, 2020년의 시점을 기준으로 하는 외국인 투자 금액과 구조, 해외투자의 금액과 구조의 변화를 살펴보자.

3. 구매력평가환율을 적용한 GDP 금액을 비교하면, 우리나라가 일본을 추월한 것으로 보인다. World Bank의 관련 통계를 검색해보고 그 의미를 설명해보자.

4. 한국무역협회와 한국수출입은행의 통계 사이트를 검색하여 시기별 무역, 투자의

규모와 구조에 관한 시계열자료를 다운로드하고 해석해보자.

참고문헌

[1]   관세청(2021), '21년 7월 1일 ~ 7월 10일 수출입 현황, 보도자료, 2021.7.12.

[2]   연합뉴스(2020), 車 부품 수입 중국 비중 29% ⋯ 신종코로나 '태풍' 막는다, 2020.2.7.

[3]   한국은행(2020), 우리나라의 국민계정 체계.

[4]   한국은행(2023a), 2021년 국민계정(확정) 및 2022 국민계정(잠정), 2023.6.

[5]   한국은행(2023b), 2022년 국제수지(잠정), 2023.2.

[6]   한국은행(2023c), 2023년 3월말 국제투자대조표(잠정), 보도자료, 2023.5.24.

[7]   KOTRA(2014), 미 서부 물류대란 현황과 우리기업 대응방안, Global Market Report 14-044, 2014.12.

[8]   Brander, J. A. & Spencer, B. J.(1985), Export Subsidies and International Market Share Rivalry, Journal of International Economics, 18(1-2), 83-100.

[9]   Catão, Luis A. V.(2017), What Are Real Exchange Rates? Understanding Economics: Back to Basics, International Monetary Fund.
      https://www.imf.org/external/pubs/ft/fandd/basics/index.htm

[10] Hill, Spencer(2017), U.S. Daily: Chinese New Year Seasonal Distortions Coming Home to Roost, Goldman Sachs Economic Research, February 15.

[11] Krugman, P.(1986), Introduction: New Thinking about Trade Policy, edited by Krugman, P., Strategic Trade Policy and the New International Economics, MIT Press Books.

[12] Mankiw, G.(2021), Principles of Economics, 9th edition, Cengage Learning.

[13] OECD(2023a), Gross Domestic Product (GDP) (indicator), https://doi.org/10.1787/dc2f7aec-en (Accessed on 3 August 2023)

[14] OECD(2023b), Trade in Goods and Services (indicator), https://doi.org/10.1787/0fe445d9-en (Accessed on 3 August 2023)

[15] Steindel, C.(2018), Economic Indicators for Professionals: Putting the Statistics into Perspective, Routledge.

[16] The Economist(2000), Guide to Economic Indicators, 4th Edition, Profile Books.

ECONOMIC INDICATORS AND THE KOREAN ECONOMY

시장과 정부역할

국민경제의 양적 성장과 질적 발전을 위하여 시장과 정부의 적정한 역할 분담이 긴요하다. 경제 전체의 후생을 극대화한다는 의미의 효율적 자원배분과 각 경제주체에게 기여에 상응한 보상을 제공한다는 의미의 공정한 소득분배를 위하여 원활하게 작동하는 시장기능이 경제체제의 기초가 된다. 그러나 효율적 자원배분에 관한 시장실패를 교정하거나 본래 소득분배에 취약한 시장기능을 보완하기 위하여 정부의 효과적인 역할이 필요하다. 재정지출의 규모와 구조를 결정하는 재정정책은 정부 역할을 가늠하는 바로미터다. 정부는 실업의 완화와 질 좋은 고용의 증대, 소득분배와 자산분포의 형평성 개선, 인플레이션의 억제와 경제안정의 확보, 산업구조 고도화와 경쟁의 촉진에 힘쓰는 한편, 시민의 재산증식과 기업의 투자재원 확보를 위한 자산시장의 성숙을 위해서도 노력해야 한다.

정부지출과 재정수지

제6장
정부지출과 재정수지

> 정부는 공공서비스를 공급하고 소득을 재분배하며 경제활동 수준에 영향을 미치기 위하여 지출한다.
>
> 중앙정부와 지자체, 사회보장기금을 포함하는 일반정부를 기준으로 정부지출의 규모를 명목금액, 명목 GDP 대비 비중, 기간별 증가율로 측정한다.
>
> 정부지출의 구조를 경상지출과 자본지출 그리고 이들을 구성하는 세부항목별로 살펴본다. 정부수입의 규모와 구조도 같은 방식으로 분석한다.
>
> 재정수지의 금액, GDP 대비 비중, 증가율과 재정수지의 누적으로 형성되는 국가채무의 금액, GDP 대비 비중, 증가율로 재정의 건전성을 평가한다. 재정수지는 일반정부 전체 범위의 통합재정수지와 별도의 더 엄격한 기준으로서, 사회보장기금을 제외한 관리재정수지로도 살핀다.

재정과 정부 경제활동의 구조

정부는 공공재를 포함한 공공서비스를 공급하는 한편, 소득을 재분배하고 국민의 기초적 생활을 보장하며, 전반적 경제활동의 수준을 활성화하거나 안정화하기 위하여 지출한다. 정부의 조세부과가 국민경제의 순환에서 소득을 꺼내간다면, 재정지출은 국민경제의 순환으로 소득을 다시 되돌려준다.

재정지출은 행정부, 입법부, 사법부를 포함한 국가조직의 지출을 말한다. 이러한 국가조직은 한국은행의 국민계정이 일반정부라고 칭하는 범위의 조직이며, 따라서 넓은 의미의 정부이다. 일반정부는 공공 행정과 국방, 의료·보건, 사회복지, 사회보험, 연구개발, 경제, 주택, 문화, 금융·보험을 포함하는 공공서비스를 제공한다(한국은행, 2020). 재정지출은 중앙정부, 지방정부, 사회보장기금으로 구분하여 집행된다. 중앙정부는 중앙부처와 그 지배나 자금지원을 받는 공공기관(예: 한국개발연구원, 국립공원관리공단)으로 구성된다. 또한 지방정부는 지자체와 그 지배나 자금지원을 받는 공공기관(예: 서울연구원, 제주개발공사)으로 구성된다. 한편 사회보장기금은 국민으로부터 사회보장부담금을 거두어 이를 재원으로 다시 국민들에게 사회보장수혜금을 지급하는 기구(예: 국민연금공단, 국민건강보험공단)로 구성된다.

국민계정에 의한 지출 측면의 GDP의 일환인 정부지출을 이해할 필요가 있다. 국민계정에 의할 때 정부는 공공서비스의 생산주체이기도 하고 소비의 주체이기도 하다. 2008 SNA는 정부가 생산한 총 산출액에서 재화와 서비스의 판매 대가로 받은 판매수입을 차감한 금액은 모두 정부가 스스로 최종 소비하는 것으로 간주한다. 정부소비는 크게 집합서비스(collective services)와 개별서비스(individual services)로 구분한다. 집합서비스는 정부가 사회 전체에 대하여 무상으로 제공하는 공공행정, 국방, 법률집행, 공중보건 등의 서비스에 대한 지출을 말한다. 시장이 공급하기 어려운 서비스를 제공한다는 점에서 시장실패를 보완하기 위한 경제학적 의미의 공공재 공급에 해당한다. 이에 대하여 개별 서비스는 정부가 개별 가계에 대하여 무상으로 또는 경제적 가격보다 저렴한 가격으로 제공하는 의료, 교육 등의 서비스에 대한 지출을 말한다.

정부 최종소비지출은 일반정부가 생산자로서 생산한 산출물에서 판매수입을 차감하고 사회보장현물수혜를 더하여 산출한다. 판매수입은 수수료, 검사료, 항공·항만수입 등의 상품 판매수입과 입학금 및 수업료, 병원수입, 입장료, 주차료 등의 비상품 판매수입을 포함한다.

$$\text{정부소비} = \text{총산출액} - \text{상품·비상품 판매수입} + \text{사회보장현물수혜}$$

정부의 총산출액에서 가계의 최종소비나 기업의 중간투입에 포함될 판매수입을 차감한 금액이 정부 최종소비지출이 되는 것이다. 사회보장현물수혜는 정부가 시장에서 구입하여 개별 가계에 제공하는 재화와 서비스를 말한다. 정부지출의 집계에는 중앙정부와 지자체의 예산서와 세입·세출 결산서, 기금운용 계획서와 기금결산 보고서 등 공공부문의 다양한 기초통계자료를 활용한다.

정부는 주로 시장에서 거래되지 않는 상품, 즉 비시장 재화·서비스를 생산하기 때문에 이러한 경우에는 생산액을 평가할 시장가격이 없다. 따라서 생산비용에 의해 생산액을 측정한다(한국은행, 2020). 정부의 생산액, 즉 부가가치는 생산비용에서 중간소비를 제외한 피용자보수(인건비), 고정자본소모(감가상각), 간접세를 합한 금액이다. 여기서 중간소비는 생산과정에서 투입되어 소비되는 재화와 서비스의 구입금액이다. 무기를 예로 들면 고정자산인 군함, 잠수함, 전투기 등의 장비와 달리, 미사일, 로켓, 폭탄 등의 1회용 무기의 경우 훈련이나 전투에 사용했으면 중간소비, 아직 무기고에 저장한 부분은 재고자산이다. 고정자산이나 재고자산의 획득을 위한 지출은 총자본형성에 포함되며, 중간소비는 최종소비에 포함될 것이다. 물론 정부의 이윤이라 할 영업잉여는 '0'으로 간주된다.

정부 경제활동의 구조를 수입 측면과 지출 측면으로 나누어 <표 6-1>에 제시하였다 (기획재정부, 2019). 정부의 수입은 조세, 사회보장기여금, 세외수입, 자본수입, 무상원조, 보전·내부거래 수입으로 구성된다. 조세에는 소득세, 법인세와 같은 직접세와 부가가치세, 특별소비세와 같은 간접세가 있다. 사회보장기여금은 국민연금 등 4대 보험의 보험료 등을 말한다. 세외수입은 부서기업(기업특별회계) 수입, 국유재산 임대료 등 재산수입, 수수료·요금, 벌금, 여러 연체료 수입이나 법률의 규정에 따라 사업 경비의 일부를 부담시키는 법정부담금, 비금융공기업의 경상수입 등이 있다. 자본수입은 고정자산 매각, 재고재산 매각, 토지 및 무형자산 매각, 비금융공기업 자본수입 등이 있다. 무상원조는 해외원조, 중앙정부와 지방정부 원조, 국제기구 원조 등이 있다.

〈표 6-1〉 정부 경제활동의 구조

수입 측면	지출 측면	
조세수입(직접세, 간접세)	경상지출 (재화·용역, 이자지급, 보조금·경상이전)	중간소비
사회보장기여금		부가가치
세외수입	자본지출: 총자본형성 (고정자산취득, 재고자산매입, 토지·무형자산매입, 기업특별회계자본지출, 자본이전)	
자본수입		
무상원조	순융자(융자지출−융자회수)	
보전·내부거래 수입	보전·내부거래 지출	

* 자료: 기획재정부(2019), '통합재정수지' 통계정보보고서.

정부의 지출은 수입의 규칙성과 반복성에 따라 경상지출과 자본지출로 구분할 수 있다. 규칙적이고 반복적인 지출인 경상지출은 공무원보수, 사회보장기구 기여금, 기타 재화·용역 구입 등의 재화 및 용역, 국내외에 대한 이자지급, 보조금과 경상이전, 비금융공기업의 경상지출 등이 있다. 자본지출은 고정자산 취득, 재고재산 매입, 토지 및 무형자산 매입, 비금융공기업 자본지출 등이 있다. 순수한 재정 활동(재정순계)

외에 주로 자금대차에 관한 보전·내부 거래를 포함하여 재정총계라고 한다. 보전·내부거래 수입은 차입금·차관 수입, 국공채발행 수입, 예치금 회수, 민간 차입금 등 보전수입과 회계·기금 간 전입금, 예수금, 예탁금 원금 회수, 예탁 이자수입 등 내부거래 수입이 있고, 보전·내부거래 지출은 차입금·차관 상환, 국공채 원금상환, 자금 예치, 민간 대여금 등 보전지출과 회계·기금 간 전출금, 예수금 상환, 자금 예탁, 예탁 이자지출 등 내부거래 지출이 있다.

이러한 정부의 수입과 지출 구조를 개괄적으로 보면 <표 6-2>와 같다. 2022년의 경우 정부의 총수입은 588.3조 원인데 소득세, 법인세, 부가가치세, 재산세, 관세를 포함한 국세수입이 395.9조 원, 사회보장기여금이 83.4조 원, 세외수입이 105.9조 원, 자본수입이 3조 원이다.

〈표 6-2〉 정부의 수입, 지출의 개괄적 구조(2020~2022년, 10억 원)

수입	2020	2021	2022	지출	2020	2021	2022
총수입	446,628	537,619	588,332	총지출 및 순융자	517,781	568,113	652,902
경상수입	443,694	534,999	585,325	(경상지출)	455,098	502,191	585,593
(국세수입)	285,546	344,078	395,939	(자본지출)	34,868	35,842	37,404
(사회보장기여금)	74,583	78,104	83,444	(순융자)	27,815	30,079	29,905
(세외수입)	83,565	112,818	105,941	통합재정수지	−71,153	−30,494	−64,571
자본수입	2,934	2,620	3,007				

* 자료: 통계청(2023), 통합재정수지.

경상지출과 자본지출을 포함한 총지출과 순융자의 합계가 652.9조 원이어서 통합재정수지는 64.6조 원 적자를 기록하였다. 코로나-19 이전부터 시작된 문재인 정부의 확대재정정책으로 통합재정수지가 2018년에는 31.2조 원 흑자이던 것이 2019년 12조 원 적자로, 코로나 상황이었던 2020년에 71.2조 원 적자로 적자 폭이 급격하게 확대된 점은 주목할 만하다.

통합재정수지에 관한 자료는 한국은행과 통계청 사이트에서 모두 제공한다. 다만 양 사이트에서 모두 월 주기로만 제공하는데, 매년 초부터 누적 통계이므로 12월 지표를 검색하면 연간 지표가 된다는 점을 유의할 필요가 있다.

정부 지출과 경제성장 기여도

정부의 지출은 지출 항목의 경제적 성격에 따라 소비의 성격을 가지는 최종소비와 투자의 성격을 가지는 총자본형성으로 나눌 수도 있다. 이때 최종소비는 중간소비와 부가가치를 합한 생산 비용에서 행정 수수료나 국립공원 입장료와 같은 판매수익을 차감하여 산출한다. <표 6-3>은 최종소비의 성격을 가지는 재정지출이 국민들에게 어떤 공공서비스를 제공하는가를 가늠하기 위하여 부문별·기능별로 구분하여 나타낸 것이다.

〈표 6-3〉 정부의 부문별·기능별 최종소비지출(2021년, 10억 원, %)

일반공공행정	46,304.9
국방	42,764
공공질서·안전	22,851.6
경제업무	33,726
환경보호	8,625.4
주택·지역개발	13,684.3
보건	103,575.9
오락·문화·종교	8,680.4
교육	74,656.2
사회보호	22,891.1
합계	377,759.9

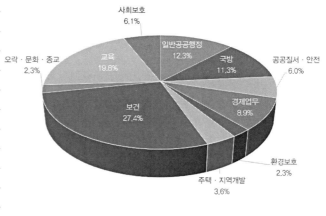

* 자료: 한국은행(2023). 국민계정: 2021년(확정) 및 2022년(잠정).

우선 최종소비는 크게 3가지의 지출로 구분할 수 있다. 첫째, 공공재에 대한 지출이다. 정부가 사회 전체를 위하여 공공행정, 국방 및 치안 등의 집합서비스(collective service)라 칭하는 공공재의 제공을 위한 지출이다. 둘째, 공공재가 아닌 공공서비스에 대한 지출이다. 이는 개별 가계에 대해 교육, 보건, 사회보장 등 개별서비스(individual service)라 칭하는 서비스를 제공하기 위한 지출이다. 정부지출을 부문별로 나누었을 때 일반공공행정, 국방, 공공질서·안전, 경제, 환경보전, 주택 및 지역개발 등은 집합서비스에 속하고, 보건, 오락·문화·종교, 교육, 사회보장 등은 개별서비스에 속한다. 셋째, 가계와 기업 등의 다른 제도 부문에 무상으로 제공하는 이전지출이다. 이는 가계의 소득을 재분배하여 형평성 제고를 위한 경우나 기업의 생산성을 높이기 위한

경우 등이 있다. 부문별로는 보건, 교육, 일반공공행정, 국방, 경제 순으로 최종소비
지출의 규모가 크다. 그런데 최종소비지출에 사회수혜금 현금 지급과 총고정자본형
성까지 포함하면, 부문 간 순위가 바뀌어 사회보장, 보건, 교육, 경제, 일반공공행정
순으로 지출규모가 크다.

　여기서 재정지출의 국민경제 비중이나 정부의 역할과 관련하여 흥미로운 지표가
있다. <그림 6-1>에 제시한대로 재정지출의 GDP 비중과 개별서비스의 재정지출에 대
한 비중이다(OECD, 2023b). OECD·EU 회원국 중심으로 주요국 사이에 이 지표를
비교해보기로 하자. 한국은 재정지출의 GDP 비중이 16.1%이고, 개별서비스의 재정지
출 비중은 55.0%이다. 여기 비교한 32개 국가 중에서 전자는 25위, 후자는 21위이다.
국민경제에서 재정지출이 차지하는 비중은 선진국에 비해 대체로 작은 편이다. 특기
할만한 사실은 미국(14.0%, 43.0%)을 제외하고는 한국의 경우 대부분의 상위 선진국
보다 두 가지 비율이 낮다는 사실이다. 스웨덴은 복지 선진국답게 두 가지 비율이
26.1%, 72.5%로 모두 가장 높다.

　한편 총자본형성은 사회간접자본을 포함한 건설투자, 운송장비를 포함한 설비투자,
공공연구개발에 관한 지식재산생산물 투자를 합한 정부투자(정부 총고정자본형성)를
포함한다. 정부는 경상수입에서 최종소비지출을 뺀 순저축 중의 일부를 총고정자본
형성으로 투자하여 자본을 축적한다. 예를 들어 교육서비스 제공을 위한 국립대학교

* 자료: OECD(2023b), General Government Spending by Destination(indicator).

<그림 6-1> 정부지출/GDP, 개별서비스/정부지출 비중의 국제비교(2018년, %)

운영에 관해서도 교직원 인건비는 최종소비지출에, 건물 신축은 총고정자본형성에 속한다. 공공서비스 제공을 위해 구입하고 아직 사용하지 않은 중간재는 재고투자로 총자본형성의 일부분이 될 것이다.

GDP 추계를 위해서 정부지출에 관해서도 중복계산을 방지하여야 한다. 건강보험 급여비로 가계의 의료서비스 지출을 환급하는 항목과 같이 가계나 기업에 대한 이전지출은 그 재원을 사용하여 가계나 기업의 지출이 이루어지는 시점에서 GDP에 집계되지만 그 자체가 GDP를 구성하지는 않는다. 중앙정부의 지방정부에 대한 교부금, 국고보조금 등 지급금액도 지방정부의 최종지출에 대한 환급이므로 제외하여야 한다.

2021년 정부투자지출, 즉 총고정자본형성의 부문별·기능별 지출금액을 <표 6-4>에 제시하였다. 부문별·기능별 지출구조가 최종소비지출과는 크게 다름을 알 수 있다. 우선 경제 부문의 인프라 및 지식생산물 관련 투자지출이 압도적으로 큰 비중을 차지하고 있다. 그 다음으로 국방, 주택·지역개발 부문이 뒤를 이었다. 또한 정부의 총고정자본형성은 인프라가 중심이므로 건설투자가 64%, 설비투자가 22%, 지식생산물 투자가 14%를 차지하였다. 이는 민간 총고정자본형성의 46%, 39%, 24%의 구성비와 매우 다름을 알 수 있다.

〈표 6-4〉 정부의 부문별·기능별 총고정자본형성(2021년, 10억 원, %)

일반공공행정	4,826.6
국방	20,654.9
공공질서·안전	4,741.8
경제업무	32,974.1
환경보호	6,315
주택·지역개발	14,216.4
보건	528.6
오락·문화·종교	5,117.9
교육	9,597.4
사회보호	2,913.9
합계	101,886.5

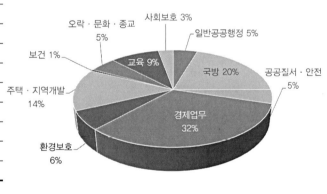

* 자료: 한국은행(2023). 국민계정: 2021년(확정) 및 2022년(잠정).

경기안정화 정책을 시행하는 중앙정부와 달리 지방정부 지출은 경기순응적(pro-cyclical) 이어서, 호황기에는 증가하고 불황기에는 감소한다. 지방정부의 예산은 중앙정부에 비해 수입에 의하여 제약을 받으므로 대체로 균형재정이 요구되기 때문이다. 그러나 지방정부도 지방 세수나 중앙정부의 교부금, 국고보조금 외에 자산매각, 예금인출, 지방채 발행이나 차입 등의 자체 재원조달 수단을 가지고 있다. 그러나 세수가 줄어들면 재정을 긴축해야 할 압박을 중앙정부에 비해 크게 느끼는 것은 사실이다.

정부수입과 그 결정 요인

민간 부문의 관심은 주로 정부지출에 집중되는 데 대하여 정부수입은 주로 정책당국이 관심을 가지는 사항이다. 정부수입은 전반적인 경제활동의 영향이 크지만 세율 등 세법 개정에도 많이 좌우된다. 물론 정부수입의 변동요인은 구성항목에 따라 다르다. 소득세나 법인세는 GDP와 고용, 개인소득의 변동에 따라 같은 방향으로 민감하게 증감을 보인다. 다만 자본이득에 대한 과세인 양도소득세는 부동산시장의 동향이나 부동산세제 변화에 민감하므로 소득세나 법인세의 세수와 세율 간의 관계와는 다른 양상을 보이는 경향이 있다. 예를 들어 문재인정부가 다주택자에 대한 양도소득세를 보유기간에 따른 6~45%의 기본세율에 2주택자 10%p, 3주택 이상 소유자 20%p를 부가하여 과세하고 장기보유특별공제도 배제하는 규정을 2021년 1월부터 시행하면서, 다주택자가 10년 이상 보유한 주택을 2021년 6월까지 매도하면 양도소득세 중과를 배제하는 규정을 두었다. 이러한 경우 개정 세법 시행 이전인 2020년 말이나 2021년 6월 이내에 양도차익을 실현하고 그 후에 거래가 감소하면 세수에 변동성을 가져올 것이다. 미국에서도 2013년 초 오바마정부가 부시정부 당시의 감세 조항을 폐지할 것으로 예상되자 2012년 말까지 자본이득을 실현하는 현상이 나타났다.

소득세와 법인세 이외의 조세수입은 전반적인 경제활동을 나타내는 지표와 상대적으로 더욱 명확한 관계를 가진다. 건강보험료나 국민연금 기여금과 같은 사회보장 기여금은 임금 등 소득과 연동하여 변화한다. 세율이 10%인 부가가치세도 가계 소비지출의 일정비율을 차지한다. 지자체가 부과하는 재산세는 전반적인 경제활동과도 독립적으로 움직이는 경향이 있지만 재산세 공시가격의 인상이 물가상승의 영향을 받으므로 명목 GDP와 다소 관련성을 가지며 움직인다.

경제지표를 미시지표와 거시지표로 구분하는 것은 경제현상에 대한 미시경제학의 접근과 거시경제학의 접근의 차이에서 비롯한다. 경제현상은 여러 경제주체의 활동으로 구성된다. 일반적으로 경제주체를 가계, 기업, 정부, 해외로 나눈다. 1장의 경제순환모형에서 살펴본 바와 같이 가계는 주로 소비하고 미래를 대비하여 저축한다. 기업은 주로 생산하고 미래를 대비하여 투자한다. 가계와 기업은 생산물 시장에서 수요자와 공급자로, 생산요소 시장에서 거꾸로 공급자와 수요자로 상호작용하며 거래한다. 그 과정에서 소득이 돌고 돈다. 그러한 소득의 순환에서 정부는 소득의 일부를 세금으로 거두어가고 재정지출로 소득의 일부를 다시 돌려준다. 또 해외는 수출로 소득의 일부를 창출해주는 반면 수입으로 소득의 일부를 거두어간다. 재정수지와 국제수지에 따라 정부와 해외는 경제순환에 소득을 더하기도 하고 빼내기도 한다.

이러한 경제현상을 다루는 경제학은 여러 세부 분야가 있으나 크게는 미시경제학과 거시경제학으로 구분된다. 미시경제학은 가계와 기업과 같은 개별 경제주체의 의사결정과 시장에서의 가계와 기업의 상호작용을 대상으로 경제현상을 연구하는 분야이다. 거시경제학은 국민경제 전체를 대상으로 경제현상을 연구하는 분야이다. 미시경제지표는 미시경제학이 다루는 통계지표이고, 거시경제지표는 거시경제학이 다루는 통계지표이다. 따라서 개별적 기업이나 가계, 개별적 산업과 시장의 어떤 경제현상을 측정하는 지표는 미시경제지표이고, 국민경제 전체의 어떤 경제현상을 측정하는 지표는 거시경제변수이다. 생산 관련 지표라도 개별 기업이나 산업의 생산액은 미시경제지표이고 경제 전체 생산액은 GDP라는 거시경제지표이다. 소비에 관한 지표라도 개별 소비자나 어떤 시장의 소비액은 미시경제지표이지만 경제 전체의 소비액은 최종소비라는 거시경제지표이다. 개별 재화나 서비스의 가격은 미시경제지표이지만 경제 전체의 가격을 대표하는 물가는 거시경제지표이다. 일반적으로 미시경제학과 거시경제학이 사용하는 방법론이 다르고, 따라서 미시경제지표가 포함되는 경제모형과 거시경제지표가 포함되는 경제모형이 다르다.

그러나 미시경제학과 거시경제학, 미시경제지표와 거시경제지표는 서로 밀접한 관계가 있다. 나무를 보는 관점과 숲을 보는 관점은 다르지만 숲이 나무로 구성되어 있기 때문에 수많은 나무의 미세한 변화를 알아야 숲의 변화를 읽을 수 있다. 숲인 거시경제 현상은 궁극적으로 나무인 미시경제현상들이 어우러져 하나의 흐름으로 나타난 것이다. 이자율이 투자에 미치는 영향을 분석하는 거시경제연구는 이자율이 각 기업과 산업의 투자에 미치는 영향에 대한 탐구를 기초로 한다. 이에 따라 거시경제를 단일 경제주체의 활동으로 모형화한 신고

전파 경제학에 대한 반론으로서 거시경제학의 미시적 기초(Microeconomic foundation of the macroeconomics)가 제기되었다. 예를 들어 "고용·인플레이션 이론의 미시적 기초(Phelps 등, 1970)"의 주저자인 에드먼드 펠프스(Edmund Phelps)가 고용과 인플레이션의 거시경제 현상을 설명하기 위하여 개별 근로자와 기업이 경제 전체의 평균 가격, 임금이나 다른 경제주체의 고용 결정을 알지 못하는 상태에서 그들의 의사결정을 해야 하는 불완전정보 기반 모형을 수립한 것이 대표적 사례이다. 미시경제지표를 고려하지 않으면서 거시경제지표에 대하여 이해할 수 없는 이유이다.

재정수지와 국가채무

정부재정의 수지를 분석할 때는 일반회계, 특별회계, 기금을 모두 포괄한 통합재정수지의 개념을 사용한다. 이는 일반회계·특별회계와 기금 간의 내부거래와 차입, 채무상환 등 보전거래는 상계하고 정부의 경계를 넘나드는 순전한 재정수입에서 순전한 재정지출을 차감한 수치이다.

통합재정수지 = 세입(＝경상수입＋자본수입) − (세출＋순융자)

문재인정부가 소득주도성장정책을 채택하고 포용국가 구현을 표방하면서 확대재정 기조를 유지함에 따라 통합재정수지가 악화되고 국가부채가 급격하게 증가하였다. 이에 더해 2020년 코로나-19의 확산으로 인한 위기적 상황의 극복을 위해 4차례의 추가경정예산을 편성하면서 이러한 추세는 더욱 강화되었다. 최근의 재정건전성 여부를 판단하는 데 관리재정수지의 지표를 사용한다. 이는 통합재정수지에서 사회보장성기금 수지를 제외한 수치이다. 여기서 사회보장성기금은 국민연금, 사학연금, 고용보험, 산재보험을 말한다.

관리재정수지＝통합재정수지−사회보장성기금수지(＝사회보장성기금수입−사회보장성기금지출)

<그림 6-2>는 관리재정수지를 공표해오고 있는 1990년 이후 우리나라의 통합재정

수지와 관리재정수지의 추이를 나타낸 것이다. 사회보장성 기금의 수지를 빼고 난 관리재정수지는 대체로 적자의 궤적을 그려왔다는 것을 알 수 있다. IMF 외환위기 때에 1996년 각각 GDP 대비 0.2%, −0.9%에서 1998년 −3.5%, −4.6%로, 2010년대 글로벌 금융위기 시에는 2007년 3.4%, 0.6%에서 2009년 −1.5%, −3.6%로 급격하게 악화되었다. 그런데 최근에는 정부가 확대재정정책을 표방하면서 코로나-19가 오기도 전인 2018년 1.6%, −0.6%에서 2019년 12조 적자와 54.4조 적자로 GDP 대비 −0.6, −2.8%를 기록하여 거의 위기에 준하는 재정수지 악화를 보이고 있다.

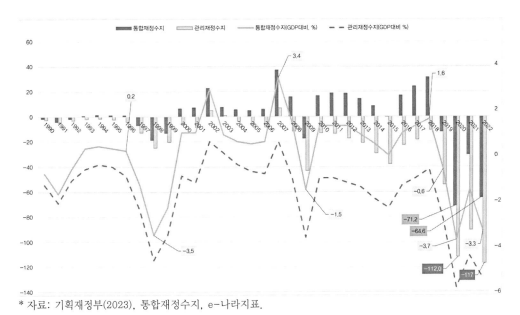

* 자료: 기획재정부(2023), 통합재정수지, e-나라지표.

〈그림 6-2〉 통합재정수지 및 관리재정수지 추이(1990~2022년)(조 원, %)

2020년에는 코로나-19 상황으로 4차례 추경을 편성하는 등 재정이 더욱 확대됨에 따라 통합재징수지와 관리재정수지가 대폭 악화되어 71.2조 원과 112.0조 원의 적자를 기록하고 관리재정수지가 GDP 대비 −5.8%를 기록하였다. 두 재정수지 실적치는 2022년 64.6조 원과 117조 원의 적자를 기록하고 관리재정수지가 GDP 대비 −5.4%로 유사한 수준을 유지하였다. 관리재정수지의 GDP 대비 비율의 절대적 크기나 악화의 폭이 1990년대와 2000년대 두 차례 경제위기를 능가한 것으로 재정건전성 측면에서 상당히 우려되는 모습이다.

그러나 한국정부의 재정수지는 OECD·EU 회원국을 포함한 주요 국가들에 비하여 양호한 편이다. <그림 6-3>은 이들 국가 정부가 2008년 국민계정체계에 의하여 계산하여 OECD에 보고한 2021년 일반정부 재정수지의 GDP 대비 비율을 보여준다. 일반정부 재정수지는 자본소득과 자본지출을 포함한 정부의 소득과 지출의 균형으로 2008년 국민계정 체계에 의한 GDP 대비 비율로 측정된다. 순대출은 정부살림이 흑자임을 뜻하고 순차입은 적자임을 뜻한다. 이들 국가 간 비교 지표에 의할 때 한국의 재정수지는 상대적으로 양호하다고 할 수 있다.

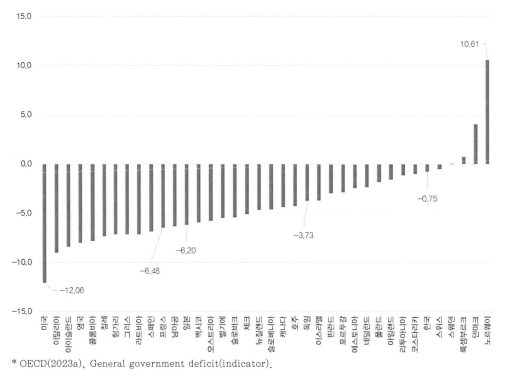

* OECD(2023a), General government deficit(indicator).

<그림 6-3> OECD·EU 주요국의 일반재정 수지(2021년, GDP 대비 비율: %)

문재인정부는 '혁신적 포용국가 성과 확산'을 위하여 재정이 적극적인 역할을 할 수 있도록 2020~2024년 사이에 정부 총수입의 연평균 3.5% 증가율을 상회하는 연평균 5.7%의 재정지출 증가율을 계획하였다. 주요 선진국들에 비하여 상대적으로 재정건전성이 양호하고 코로나-19에 따른 위기극복과 디지털, 비대면, 바이오 산업 등을 중심으로 새로운 성장동력 확충이 필요하다는 것이다. 그러나 한편으로는 인구구조 악화와 복지지출 증가, 저성장 경제구조에 대응하여 재정여력의 비축이 필요하므로

재정혁신에도 계속 노력하겠다고도 하였다.

윤석열정부는 2022년 8월 '2022~2026년 국가재정운용계획'을 통하여 재정건전성을 강화하기로 하고 재정지출을 2022~2026년 기간 중 연평균 4.6% 수준으로 하향조정하기로 하였다. <표 6-5>는 정부의 재정지출 관리계획의 내용이다.

〈표 6-5〉 경제여건 및 재정지출 계획(조 원, %)

	2022	2023	2024	2025	2026	연평균 증가율
총 수 입	609.1	625.9	655.7	685.6	715.2	
(증가율)	(26.2)	(13.1)	(4.8)	(4.5)	(4.3)	〈6.6〉
총 지 출	679.5	639.0	669.7	699.2	728.6	
(증가율)	(21.8)	(5.2)	(4.8)	(4.4)	(4.2)	〈4.6〉

* 자료: 기획재정부(2022), 2022~2026 국가재정운용계획.

이에 따라 <표 6-6>에서 보듯이 기획재정부(2022)의 중기재정운용계획에 의하면 2026년 통합재정수지를 GDP의 −0.5%로, 관리재정수지를 GDP의 −2.2%로 점차 축소 조정할 계획이지만 국가채무는 GDP의 50%를 상회할 것으로 예측되고 있다.

〈표 6-6〉 국가채무 및 관리재정 수지 현황 및 전망

	2022*	2023	2024	2025	2026
통합재정수지	△70.4	△13.1	△14.0	△13.7	△13.4
(GDP대비,%)	(△3.3)	(△0.6)	(△0.6)	(△0.6)	(△0.5)
관리재정수지	△110.8	△58.2	△58.6	△57.4	△56.6
(GDP대비,%)	(△5.1)	(△2.6)	(△2.5)	(△2.3)	(△2.2)
국가채무	1,068.8	1,134.8	1,201.2	1,271.9	1,343.9
(GDP대비,%)	(49.7)	(49.8)	(50.6)	(51.4)	(52.2)

* 2차 추경 기준
** 자료: 기획재정부(2022), 2022~2026 국가재정운용계획.

정부지출은 공공정책을 시행하는 수단이고 국가부채는 그 결과이므로 그 자체가 공공정책에 의한 결정사항이다. 2008년에 미국에서 촉발된 글로벌 금융위기를 극복하고 유럽의 경우 남유럽 중심의 재정위기로 침체와 단기 회복 후 재차 침체를 보인

이중침체(Double dip) 현상을 경험하면서 주요국 중앙은행은 비전통적 정책수단으로 양적 완화정책을 시행하였다. 국채 매매와 재할인율 조정을 통한 단기금리 인하로 경제 활성화를 도모한 것이 전통적 정책수단이라면 양적 완화는 거의 제로금리 상황에서 더 이상 금리인하는 어려우므로 화폐를 발행하여 국채는 물론 모기지증권, 주식, 회사채 등을 매입하여 유동성을 확대함을 말한다. 또한 2020년에는 전 세계의 코로나 상황을 극복하기 위하여 글로벌 금융위기 대책을 능가하는 규모의 재정확대와 금융완화 정책을 시행하고 있다.

우리나라의 경우 문재인정부가 채택한 확대 재정정책 기조에 코로나 상황이 중첩되면서 재정적자와 국가부채의 GDP 대비 비중이 급증하였다. 당시 정부는 한국의 재정이 미국이나 EU 선진국, 일본 등에 비하여 GDP 대비 국가채무 비율 측면에서 상대적으로 건전하므로 상당한 규모의 재정수지 적자도 문제될게 없다는 입장이었다. 그러나 채무상환 요청이 있을 경우 통화증발을 통해 응할 수 있는 기축통화국과의 수평적 비교는 곤란하다. 또한 각국이 정부의 역할과 재정구조의 역사와 현황, 관련 제도와 관행이 각각 다른 상황에서 국가채무비율의 절대 수치보다는 변화의 속도가 중요하다는 점에서 문제의 소지가 크다. 최근 들어 정부는 재정건전성에 대한 문제의식을 가지고 관리재정수지를 GDP 대비 -3% 이하로 설정하는 엄격한 재정준칙의 도입을 추진하기로 하였다.

사례연구 재정지표의 활용 ─────────────────────────

1)
재정지출은 정부 경제정책의 핵심 수단이다. 가장 중요한 재정지표로서의 재정수지와 그 누적으로서의 국가채무는 경제정책의 효과성과 재정의 건전성을 판단하기 위하여 적절하게 활용되어야 한다. 1920년대 대공황 시기를 거치면서 케인즈경제학이 경기침체 대응을 위한 재정·통화 정책의 적극적 역할을 강조하였다면, 1970년대 이후 프리드먼(M. Friedman)이 주창한 통화주의의 부상에 따라 중앙은행의 독립성과 준칙 기반의 통화정책이 강조되었다. 2007~2009년 글로벌 금융위기와 이후 유럽 재정위기의 극복과정에서 선진국의 정부들은 적극적 재정정책과 그와 연계한 양적 완화 정책을 시행하였다. 특히 2020년 코로나-19의 대응 과정에서 국가경제와 금융시장에 대한 국가개입이 크게 확대되는 가운데 초대 규모의 정부차입, 과감한 유동성 공급, 민간부문에 대한 중앙은행의 직접적 금융 제공, 낮은 금리와 인플레이션 유지 등을 특징으로 새로운 국면에 접어들었다(The Economist, 2020). 나아가 경제침체 상황에서 재정흑자 또는 낮은 수준의 정부 차입으로 인한 디플레이션, 저이자율, 마이너스 경제성장을 초래하는 경우와 과도한 재정적자와 정부차입으로 경기가 과열되고 장기적으로 과도한 채무상환 부담과 시장기능 왜곡, 도덕적 해이를 야기하는 경우 사이의 정책선택에 대한 연구가 진행되고 있다. 이러한 양 극단 사이에서 재정적자의 GDP 대비 비율이나 국가채무 이자율이 경제성장률 미만이라는 조건 하에서 정부가 차입능력을 활용하여 심각한 재정부담 없이 경기순환을 관리할 수 있는 골디락스(goldilocks) 구간에 대한 논의가 활발하게 이루어지고 있다(Mian 등, 2021).

최근 한국정부는 재정의 책임성과 함께 건전성을 확보하기 위하여 재정준칙을 수립하여 입법화를 추진하고 있다. 2020년 10월 재정준칙 방안을 발표하였으며 입법예고를 거쳐서 국가재정법을 개정할 계획이다. 기획재정부의 재정준칙 방안은 국가채무비율 60%와 통합재정수지 △3%를 기준으로 재정한도 계산식을 다음 산식과 같이 구체화하였다.

$$\text{재정관리 기준: (국가채무비율/60\%)} \times \text{(통합재정수지비율/△3\%)} \leq 1.0$$

다만 심각한 재난이나 위기 상황에서는 이 준칙이 재정의 역할을 제약하지 않도록 적용을 면제하는 근거규정을 두되, 면제 요건에 따라 관리기준을 초과하는 예산안을 편성한 경우에는 기준 충족 요건으로 복귀하기 위한 재정건전화 대책 수립을 의무화한다는 것이다. 또한 정부가 재정부담을 수반하는 법률안을 국회에 제출하는 경우 수입의 확충이나 기존 사업의 축소, 폐지, 제도개선을 포함하는 구체적인 재원조달 방안을 첨부하여 지출결정과 재원 강구의 연계를 강화하기로 하였다. 한편 매년의 세입·세출 예산에 비해 초과 세수가 발생하는 경우에 채무 상환에 의무적으로 사용하도록 하는 비율을 30%에서 50%로 상향조정한다고 한다.

최근 기획재정부(2022)는 2026년까지 관리재정수지(GDP 대비)를 −2% 중반, 국가채무(GDP 대비)는 50%대 중반 이내에서 관리할 계획을 수립하여 재정준칙의 강화방침을 시사하고 있다.

2)

재정지표는 성공적 자산관리를 위하여 수시로 검토되어야 한다. 재정수지는 무엇보다 금융시장의 이자율에 영향을 미친다. 따라서 자산관리에 관하여 자산유형 간 자산배분에 관한 의사결정을 할 때 정부재정의 추이와 전망을 충분히 검토할 필요가 있다. 이자율의 전망은 매우 어렵다. 그러나 자금시장의 수급이나 재정수지, 통화정책 등을 종합적으로 고려하여 이자율 하락이 예상된다면 채권에 비해 주식의 비중을 높이거나, 채권의 듀레이션(만기)을 늘리는 쪽으로 자산 포트폴리오를 조정할 필요가 있다. 반대로 이자율 상승이 예상된다면 반대로 주식의 비중을 낮추고 채권도 듀레이션을 줄이는 방향으로의 조정이 필요하다. 또한 재정수지 적자의 GDP 대비 비율이 평균적인 경제성장률(예: 연간 3%)을 넘어서고 국가채무의 GDP 대비 비율이 증가한다면 정부가 국채 원리금상환 부담 경감 등을 위하여 인플레이션을 초래할 가능성이 있다. 인플레이션이 기대되는 경우 자산 포트폴리오에서의 국채의 비중을 줄이거나 금을 매입하거나 상대적으로 재정이 건전한 유망 신흥국 시장의 주식 펀드 비중을 높이는 방안을 고려하여야 한다(Constable & Wright, 2011).

[이해와 활용]

1. 한국경제의 발전 과정에서 1980년을 전후한 중화학공업 불황, 1997년의 IMF 외환위기, 2008년의 글로벌 금융위기, 2020년의 코로나-19 등의 위기 극복을 위한 재정지출의 역할에 관하여 어떻게 생각하는가? 그러한 시기들 사이의 재정지출의 GDP 대비 규모와 구조의 차이를 살펴보자.

2. 한국의 재정지출 구조를 OECD 주요국과 비교해보자. 한국 재정지출 구조의 특징으로 어떤 것을 들 수 있는가?

3. 최근 한국정부는 재정준칙의 채택을 추진하고 있다. 재정준칙(안)의 내용과 한국의 재정건전성에 대한 국내외의 평가 자료를 검색해보고 현재 논의 중인 재정준칙이 재정건전성 확보에 충분한 것인지 토론해보자.

4. 한국은행과 OECD 통계검색 사이트에 들어가 우리나라와 5개 정도의 주요국 재정수지와 국가부채에 관한 지표를 다운로드하여 차트로 나타내고 설명해보자.

참고문헌

[1]   기획재정부(2023), 통합재정수지, e-나라지표.

[2]   기획재정부(2022), 「2023년도 예산안」 및 「2022~2026 국가재정운용계획」 발표, 보도자료, 2022.8.30.

[3]   기획재정부(2021), 2020회계연도 국가결산보고서, 2021.4.

[4]   기획재정부(2020), 2020~2024 국가재정운용계획, 내부자료.

[5]   기획재정부(2019), '통합재정수지' 통계정보보고서, 2019.12.

[6]   한국은행(2023), 국민계정: 2021년(확정) 및 2022년(잠정).

[7]   한국은행(2015), 우리나라의 국민계정체계.

[8]   통계청(2023), 통합재정수지.

[9]   Constable, S. & R. E. Wright(2011). The WSJ Guide to the 50 Economic Indicators That Really Matter, Harper Collins.

[10]   OECD (2023a), General Government Deficit (indicator).
        doi: 10.1787/77079edb-en (Accessed on 04 August 2023)

[11]   OECD (2023b), General Government Spending by Destination (indicator).
        doi: 10.1787/d853db3b-en (Accessed on 04 August 2023)

[12]   The Economist(2020), Governments Must Beware the Lure of Free Money; Budget Constraints Have Gone Missing, That Presents Both Danger and Opportunity, July 25th, 2020.

[13]   Mian, A., Straub, L. & Sufi, A.(2021), A Goldilocks Theory of Fiscal Policy.

고용과 실업

제7장
고용과 실업

성인인구의 증가는 국민경제의 측면에서 성장 잠재력의 요소이기도 하고, 일자리 제공의 과제를 안겨주는 부담이기도 하다.

경제활동 인구는 취업자와 실업자를 포함하며, 인구수와 증가율로 측정한다.

우리나라는 이제 성인인구의 감소 국면에 임박했으므로 경제성장을 뒷받침하기 위해서 성인인구의 경제활동인구에 대한 비율인 경제활동참가율을 지속적으로 높여야 한다.

취업자는 피고용자와 자영업자를 합한 사람으로 인구 수, 증가율을 측정하고 취업자의 성인인구 대비 비율을 고용률로 집계한다.

실업자는 실업 상태에 있으면서 구직의사가 있고 구직활동을 하는 사람으로 인구수, 증가율로 측정하고 실업자의 경제활동인구 대비 비율을 실업률로 집계한다.

고용과 실업에 관한 지표는 인구집단, 교육수준 등 여러 요인을 근거로 구분하여 평가하기도 하며 고용정책에 실마리를 제공한다.

경제활동인구와 실업

노동시장의 통계는 경제지표 중에서도 가장 큰 관심의 대상이 된다. 경제정책의 가장 중요한 목표로 성장, 안정 그리고 분배를 들지만 서민과 중산층을 포함한 일반 국민의 입장에서 피부에 와닿는 지표는 근로소득을 얻을 수 있는 일자리이다. 성인인구의 증가는 국민경제가 일자리의 제공과 1인당 GDP 증대를 위한 성장의 과제를 안겨주는 부담이기도 하고 노동이라는 생산요소를 공급하는 성장잠재력의 필수 요소이기도 하다.

통계청은 매월 '고용동향'을 발표한다(통계청, 2021). 이 통계는 취업자 수, 실업자 수와 함께 업종별 그리고 성, 연령대 등 인구집단별 취업자 수, 실업자 수를 포함한다. 이와 함께 경제활동인구, 경제활동참가율, 고용률, 실업률 등 지표가 포함된다. 여기서 3대 고용지표라고 하면 취업자수, 고용률, 실업률이다. 최근에는 고용의 양에 더하여 고용의 질이 강조되면서 산업별·직종별 임금 수준, 정규직·비정규직의 구성 등도 주목받고 있다.

취업자는 임금을 받으면서 일하는 사람으로서 상용근로자(풀타임)와 단시간(주 40시간 미만, 파트타임), 초단시간(주 15시간 미만, 파트타임) 근로자, 자영업자, 무급가족종사자를 포함한다. 고용되어 있지만 휴가, 병가, 궂은 날씨 등으로 일시적으로 일을 하지 않는 사람도 취업자다. 한편 실업자는 고용되어 있지 않은 사람으로서 취업 기회가 주어졌으면 일을 할 의사가 있었고 실제로 최근 4주 동안 구직활동을 한 사람이다. 일시적으로 해고된 근로자도 실업자다. 취업자와 실업자를 합하여 경제활동인구(labor force)라 한다. 한편 비경제활동인구는 취업자도 실업자도 아닌 사람으로서 전업 학생, 전업 주부, 수형자, 의무입대 군인과 공익근무 요원, 은퇴자, 구직단념자 등을 포함한다. 경제활동 참가율(labor-force participation rate)은 경제활동인구의 만 15세 이상 성인인구에 대한 비율이고, 실업률(unemployment rate)은 실업자의 경제활동인구에 대한 비율이며, 고용률은 취업자의 만 15세 이상 성인인구에 대한 비율이다. <그림 7-1>은 2022년 한국의 경제활동인구와 그 구성을 제시하였다.

$$경제활동참가율 = \frac{경제활동인구}{성인인구} = \frac{취업자 + 실업자}{성인인구}$$

$$실업률 = \frac{실업자}{경제활동인구}, \quad 고용률 = \frac{취업자}{성인인구}$$

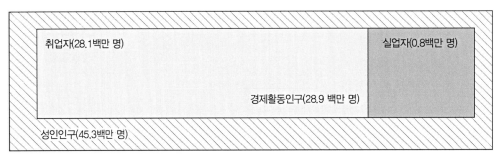

※ 인원은 2022년 인구수
* 자료: 통계청(2023), 2023.6월 고용동향.
<그림 7-1> 경제활동인구 현황(2022년)

경제활동인구조사는 표본가구에 대한 조사에 의하여 집계한다. 2015년 인구주택총조사 결과로부터 표집한 35,000가구를 대상으로 하며, 매월 15일을 포함한 일요일부터 토요일까지의 1주일이 조사대상 기간이고, 이 기간의 다음 주에 조사를 실시한다.

그런데 실업의 유형별 구분은 통계의 작성이나 실업완화를 위한 고용정책의 강구에 중요하다. 실업을 크게 마찰적 실업, 구조적 실업 그리고 경기적 실업으로 구분한다(Wolla, 2016). 마찰적 실업(frictional unemployment)은 사람들이 노동시장에 처음 나와 일자리를 찾거나 기존 일자리를 그만두고 더 나은 직업을 찾을 때 발생하는 일시적 실업이다. 구조적 실업(structural unemployment)은 구직자의 보유 기술, 주거 지역과 기업의 요구 기술, 입지지역의 불일치로 인해 발생하는 실업이다. 예를 들어 자동차 제조기업이 현재 내연기관 차량 제조공장의 생산규모를 줄이고 다른 도시에 전기차 생산라인을 건설한다면 노동자 입장에서 일자리를 얻기 위하여 그 도시로 이주하여 새로운 공정기술을 습득해야 한다. 이에 대하여 구조적 실업과 마찰적 실업을 다르게 정의하는 견해도 있다. 구조적 실업을 노동조합, 최저임금이나 효율임금과 같이 노조의 협상력, 정부의 최저임금 정책이나, 기업의 균형 초과의 임금 지급에 의한 우수인재 확보전략 등으로 임금이 노동시장 균형 수준을 벗어나게 하는 구조적 요인에 의하여 장기적으로 지속되는 실업이라는 것이다. 이러한 경우에는 앞에서 언급한 구조적 실업은 '구직자의 직업탐색(job search)에 소요되는 시간에 의해 발생하는 실업'으로 정의되는 마찰적 실업에 포함하기도 한다(Mankiw, 2021).

항상 노동자들이 노동시장에 진입하기도 하고 일자리를 바꾸기도 하므로 어느 정도의 마찰적 실업이 있고, 기술과 소비자 선호에 따른 산업구조 변화로 구조적 실업도 불가피하다. 따라서 한 나라의 경제의 특성에 비추어 마찰적 실업과 구조적 실업으로 인하여 정상적인 수준으로 간주되는 일정한 실업률을 자연실업률이라 한다. 한편 경기적 실업(cyclical unemployment)은 경기순환으로 인하여 변동하는 실업이다. 따라서 실제 실업률은 경기적 실업만큼 자연실업률보다 높기도 하고 낮기도 하다. 경제침체 시의 경기활성화를 위한 정책은 주로 경기적 실업을 대상으로 한다.

최근 Susskind는 1930년대 케인즈가 설파한 기술적 실업(technological unemployment)을 마찰적 기술실업과 구조적 기술실업으로 구분하였다(Susskind, 2020; Bennion, 1943; Keynes, 1932). 생산로봇과 인공지능으로 대표되는 급속한 기술진보에 의하여 일자리가 있더라도 노동자들이 기술이나 장소의 불일치 등으로 그 일자리를 잡지 못하는 마찰적 기술실업이 증가한다고 한다. 4차 산업혁명의 시대에 더 큰 문제는 구조적 기술실업이다. 과거에는 기계가 인간의 생산성을 보완했다면 이제는 생산성 향상 과정에서 인간의 기여가 줄어들다가 결국 대체되고 만다. 또한 과거에는 기술진보로 경제규모가 확대되고, 새로운 재화·서비스 등장과 생산방법 혁신 등 경제구조가 전환하면서 새로운 일자리가 창출되었다면 이제 기계의 영역 확대로 실업이 빠르게 증가한다는 것이다. 결국 Susskind는 기술진보에 따른 기계의 업무잠식 확대로 인간의 '노동의 시대는 끝났다'며, 그로 인한 불평등 심화에 대응하기 위하여 교육의 변화, 기본소득과 소득·자산 재분배를 담당하는 큰 정부, 기술대기업의 규제 보강, 삶의 의미 추구와 여가를 지원하는 정책 등을 주장하였다.

고용·실업의 추이

우리나라는 1960년대 이후 급속한 산업화 진행, 베이비부머 세대의 취업, 여성의 사회진출 확대 등으로 경제활동참가율이 지속적으로 상승해 왔으나 최근 고령화가 급진전되고 베이비부머 세대가 은퇴를 시작하며, 노동절약적 기술진보에 의해 산업구조가 고도화되면서 경제활동참가율 상승이 정체되는 모습을 보이고 있다. 이러한 현상은 인구구조 변화나 노동시장 수급 외에도 실망실업자의 증가 등으로 경제활동인구와 비경제활동인구의 구분이 다소 불분명해진 데에도 기인한다. 2000년~2022년 기간의 경제활동참가율, 실업률, 고용률의 추이를 <그림 7-2>에 제시하였다.

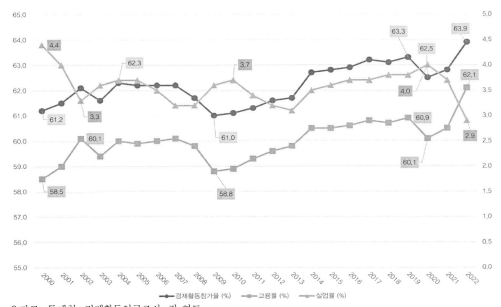

* 자료: 통계청, 경제활동인구조사, 각 연도.

<그림 7-2> 경제활동참가율, 실업률, 고용률 추이(2000~2022년, %)

경제활동참가율은 2000년도 이후 완만하나마 지속적인 상승추세를 나타내고 있는데 이는 주로 여성의 경제활동참가 확대에 기인하는 것으로 보인다. 다만 이 지표는 2004년 62.3%를 기록한 후 몇 년 정체를 보이다가 글로벌 금융위기가 오면서 2008년부터 2년간 감소하여 2009년 61.0%를 기록한 이후 완만한 상승세를 지속하여 2019년 63.3%를 기록하였으나 2020년 코로나-19의 영향으로 62.5%까지 작은 폭으로 하락하였다. 실업률은 IMF 외환위기 여파로 2000년 4.4%의 높은 수준을 기록한 이후 2002년 3.3%로 하락하였다가 닷컴버블 붕괴와 글로벌 금융위기로부터의 회복 과정에 작은 규모의 감소 사이클을 거쳐 지난 7년 정도 꾸준하게 상승하였고 역시 코로나-19의 영향으로 2020년 4.0%를 기록하였다. 고용률은 최근 들어 더욱 중시되고 있는 지표로 대체로 실업률과 반대 방향의 움직임을 보이면서 2000년 58.5%에서 2020년에 60.1%로 완만한 상승 추세를 보였다. 그런데 2018년에 소폭이지만 경제활동참가율이 하락하며 실업률이 상승하고 고용률이 하락하는 한편, 취업자 증가 수도 <그림 7-3>에 보듯 현저하게 줄었다. 최저임금 인상의 고용 영향에 관해 엇갈리는 실증연구에도 불구하고 2017년 16.4%와 같이 급격한 최저임금 인상, 획일적 근로시간 제한 등의 무리한 노동정책의 영향이 크다고 할 것이다. 2020년에는 팬데믹으로 인해 취업자 수 자체가 감소하였지만 2022년에 그 극복 과정에서 실업자와 비경제활동인구가 동시에 감소하며 제조업, 비대면서비스업부터 취업자 증가가 이루어지고 3분기부터 음식숙박업 등 대면서비스업 고용에도 이어져 상당한 고용 호조세를 기록하였다.

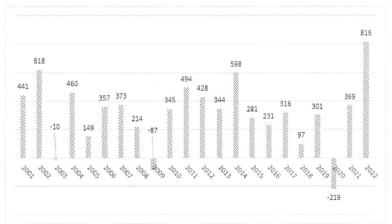

* 자료: 통계청, 경제활동인구조사, 각 연도.

<그림 7-3> 연도별 취업자 수 증가의 추이(2001~2022년, 천 명)

<그림 7-4>는 우리나라의 2022년 인구집단별 경제활동참가율과 실업률을 나타낸 것이다. 성인인구 45.3백만 명 중에서 취업자 28.1백만 명과 실업자 8백만 명을 합한 28.9백만 명이 경제활동 인구였다. 경제활동참가율은 남자가 높고, 여자가 남자에 비해 18.9%p 낮았다. 실업률은 남자가 여자보다 0.4%p 높고, 비농가 인구가 농가인구에 비해 2.2%p 높았다. 연령대별로는 청소년과 20대 청년 실업률이 높고 60대 이상, 30대, 40대, 50대 순으로 실업률이 높았다. 교육수준별로 대졸 이상이 가장 낮고, 그 다음이 중졸 이하이며, 고졸이 가장 높았다. 2019년과 비교하면 성인인구는 아직 미미하지만 증가세이고 경제활동인구와 취업자는 늘고 실업자는 줄어 고용사정이 호전되었다. 이 3년의 기간에 남성의 경제활동참가율은 73.5%로 변화가 없었던데 대하여 여성의 경제활동참가율이 1.1%p 상승하였다. 반면에 실업률 하락은 남성이 주도하여 여성의 구직의사가 늘었지만 충분하게 일자리가 주어지지 않는 모습을 반영하는 것으로 보인다. 교육 수준별 실업률 하락은 비교적 고른 편이었다.

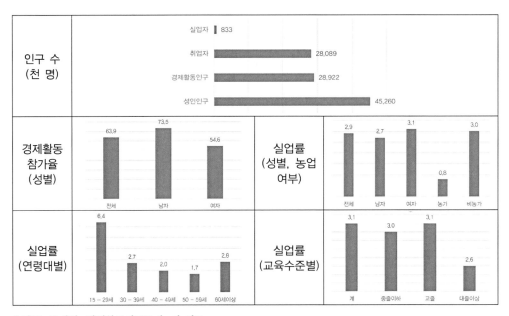

* 자료: 통계청, 경제활동인구조사, 각 연도.

<그림 7-4> 인구집단별 경제활동참가율 및 실업률(2022년, %)

고용노동부는 매월 '노동시장 동향'을 통하여 고용상황을 반영하는 지표 중 하나인 고용보험 가입자와 실업동향을 나타내는 지표 중 하나인 구직급여 신청자 수에 대한

지표를 발표한다(고용노동부, 2020a). 우선 고용보험 가입자는 업종별, 연령대별로 발표한다. 다만 이 통계는 계약 형태를 기준으로 상용직과 임시직 근로자를 대상으로 포함하고 특수고용직, 자영업자, 프리랜서, 초단시간 근로자 등은 제외하고 있어서 전반적인 상황은 통계청의 매월 '고용동향' 자료를 분석해야 한다.

중장기적으로 고용의 규모와 구조를 결정하는 것은 경제성장과 산업구조 고도화의 추세이다. 경제성장이 활발해지면 일자리가 늘어나게 되고, 산업구조가 고부가가치의 방향으로 고도화하면 고임금 직종이 증가하고 평균 임금수준이 상승한다. 물론 단기적으로는 기온, 강수량 등 날씨와 자연재해, 각급 학교의 개학과 방학, 명절 등 연휴 기간, 일시적 증감에 따른 평균회귀 등이 고용의 단기변동에 영향을 미친다.

📊 통계포인트 7 지표의 요약: 그래프

지표를 분석하는 출발은 데이터를 요약하여 간명하게 보여주는 것이다. 그중에서 그래프가 가장 가시적인 데이터의 요약 수단이다. 각 지표의 유형에 따라 서로 다른 형태의 그래프가 효과적이다.

우선 시계열 지표는 시간의 경과에 따른 변수 값의 변화가 핵심이므로 꺾은선 그래프(line graph)로 나타내는 것이 바람직하다. 〈그림 7-5〉는 2000~2020년의 기간 동안의 한국은행 기준금리의 월별 관측치를 나타낸 것이다. 기준금리는 2000년대를 5% 수준에서 출발했다가 2001.1월까지 5.25%를 기록하고 닷컴버블 붕괴의 충격에 대응하는 과정에서 2004년 11월까지 3.25%까지 인하되었다. 그 후 2008년 9월 5.25%의 정점을 찍은 후에는 글로벌 금융위기의 극복과정에서 가파르게 인하되어 2009년 2월에서 1년 반 가까운 기간 2%에 머물러 있었다. 다시 경기가 회복되기 시작하면서 2011년 6월에서 1년 정도 3.25%를 기록한 후 경기 상승과 자산시장 활황으로 2017년 10월에 1년 남짓 기간에 0.5% 상승한 것을 제외하고는 지속적으로 인하되어 2020년 0.5%까지 하향 조정되었다.

그런데 팬데믹으로 인한 재정·금융 확대와 글로벌 공급망 차질이 인플레이션을 초래하면서 급속한 통화긴축과 금리인상이 시행되었다. 한국은행은 2021년 8월에 0.5%에서 0.75%로 기준금리 인상을 시작하여 2022년 3월에 상단 기준으로 0.25%에서 0.5%로 금리인상을 시작한 미국에 비해 선제적으로 대응했다는 평가를 받았다. 2023년 1월부터는 물가안정, 금융불안, 경기침체 우려 등으로 기준금리를 동결하고 있다.

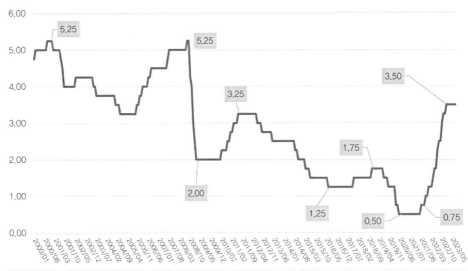

* 자료: 한국은행, 한국은행기준금리, 각 연도.

〈그림 7-5〉 한국은행 기준금리의 변화 추이(2000~2022년, %)

다음으로 횡단면 지표의 경우 통계단위 간의 비교를 위하여 막대그래프(bar graph)가 가장 명확하다. 〈그림 7-6〉은 OECD와 EU회원국을 포함한 33개 주요국의 2019년 1인당 GDP를 비교한 막대그래프이다.

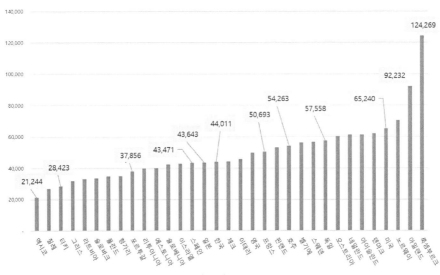

* 자료: OECD(2021a), Gross domestic product (GDP).

〈그림 7-6〉 OECD·EU 주요국의 1인당 GDP 비교(구매력평가환율 기준, 2019년)

각국의 화폐 단위로 측정되는 GDP를 ─시장환율이 아니라─ 구매력평가환율을 기준으로 미 달러화로 환산한 OECD 공식통계이다. 미 달러화로 환산해 국가 간에 직접 비교 가능하게 한 통계이고 국민 삶의 질을 가늠하기 위하여 재화 외에도 서비스 등 비교역재를 포함한 상품에 대한 화폐의 구매력을 기초로 하는 구매력 평가환율을 적용한 것이다. 우리나라가 스페인은 물론 일본을 추월한 것이 이채롭다.

데이터 구간별로 통계단위의 빈도가 필요할 때는 〈그림 7-7〉과 같은 히스토그램(histogram)도 유용하다. 이는 엑셀 프로그램으로 지표를 분석한 것인데 구간의 경계 값을 적정하게 부여하였으며 분석자가 부여하지 않으면 대부분의 통계 패키지는 자동적으로 구간을 나누어서 분석한다. 룩셈부르크가 금융 중심 도시국가여서 예외적으로 높은 소득 수준을 보인다는 점을 감안할 때 선진국의 경우 1인당 GDP 수준이 주로 4~6만 달러 구간에 두텁게 분포하고 있고 OECD 상위소득 국가들이 6만 달러 이상 구간에 분포되어 있음을 알 수 있다. 막대 그래프가 보여주는 가시적 소득 수준 비교, 히스토그램이 보여주는 구간별 분포 등과 같은 지표 특성 제시는 원자료의 설명에 의해서는 전달하기 어려운 그래프의 강점이라고 하겠다.

	빈도표		히스토그램

계급	빈도	누적(%)
2~4만	10	30.3
4~6만	15	75.8
6~8만	6	93.9
8~10만	1	97.0
10~12만	0	97.0
14~16만	1	100.0

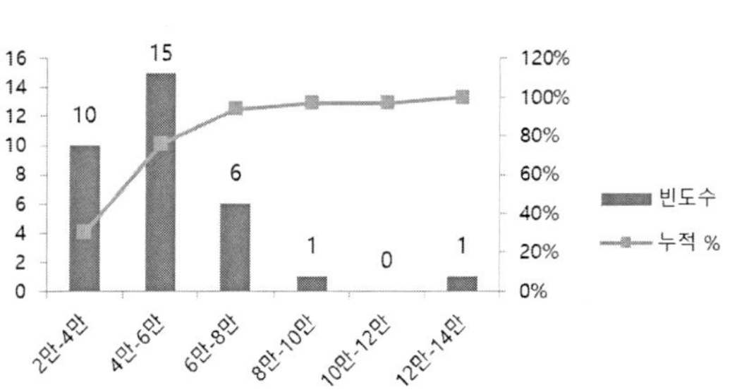

* 자료: OECD(2021a), Gross Domestic Product(GDP), Total, US dollars/per capita, 2019.

〈그림 7-7〉 지표 구간에 관한 빈도표와 히스토그램

한편 두 변수 간의 관계를 개략적으로 살펴보기 위해서는 산점도(scatter diagram 또는 XY-plot)가 유용하다. 물론 변수 간 관계를 본격적으로 분석하기 위해서는 상관분석이나 회귀분석이 필요하지만 산점도로도 개략적인 관계를 짐작할 수 있다. 다음 〈그림 7-8〉은 OECD와 EU 회원국을 포함한 주요국의 1인당 GDP와 사회복지 공공지출의 GDP 비중의 관계를 살펴본 산점도이다. 앞의 33개 국가를 대상으로 하였다.

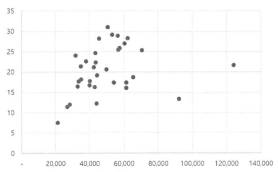

* 자료: OECD(2021b), Gross domestic product(GDP), Total, US dollars/per capita; OECD(2019), Social spending (public), % of GDP(Japan 2017; Australia, 2016).

〈그림 7-8〉 OECD·EU 주요국의 1인당 GDP와 사회복지 공공지출의 GDP 비중의 관계

이 그래프를 보면 두 변수 간의 양(+)의 관계가 있다는 사실을 추정할 수 있다. 즉 1인당 GDP가 증가할수록 사회복지지출의 GDP 비중이 확대된다는 것이다. 그래프를 해석하기에 따라서는 다소 역-U자 패턴을 가지는 것으로 볼 수 있다. 그러한 관점에서는 1인당 소득이 6만 달러 수준을 넘어서면 사회복지지출의 GDP 대비 비중이 다소 위축되는 모습을 보이는 것으로 추정된다.

노동시장의 동태적 상황

노동수급 현황의 파악과 고용촉진, 경기대응을 위한 정책의 수립을 위하여 노동시장의 동태적 상황에 대한 경제지표가 중요하다. Beveridge(1945)는 일자리를 구하는 실업자의 수가 구인 수(job vacancies)보다 작은 상황을 완전고용(full employment)으로 정의하고 노동시장의 상황 파악을 위한 구인배율의 중요성을 강조하였다. 미국 노동부 노동통계국(BLS)은 2002년 7월부터 매월 구인·노동회전 조사(Job openings and labor turnover survey: JOLTS)를 발표하고 있다(USBLS, 2020a). JOLTS통계는 주요 산업과 지역별로 구인 수와 고용자 수, 퇴직자 수를 포함하며, 퇴직자는 정리해고·해고, 퇴사, 기타로 나눈다. 이들 데이터는 계절조정하여 발표한다. 일부 전문가들은 실업률과 구인률의 비교를 강조하였다. 예를 들어 2008~2009년 금융위기에 따른 경기침체에서 회복되기 시작한 첫해에 실업률과 구인률의 관계를 나타내는 베버리지 곡선이 실업률에 비해 더 높은 구인률 수준으로 이동했다는 것이다. 따라서 이러한 구인률은 노

동시장 과열의 척도로서 실업률과 함께 또는 실업률을 대신하여 분석되어야 한다. JOLTS는 퇴사율(quit rate)도 포함한다. 근로자들이 재취업이 용이하다고 느낄 때 퇴사가 많을 것이므로 퇴사율도 노동시장의 강도(tightness)를 나타내는 지표라 하겠다.

$$구인률 = \frac{구인\ 수}{일자리\ 수 + 구인\ 수}$$

$$퇴사율 = \frac{퇴사자\ 수}{일자리\ 수 + 퇴사자\ 수}$$

BLS는 분기별로 사업체고용동태조사(Business employment dynamics survey)도 시행한다. 이 조사는 6개월 정도 시차가 있어 별로 시장의 주목을 받지는 못하지만 새로운 일자리 창출, 구인 일자리 충원, 퇴직 등의 통계를 제공한다. 즉 새로운 채용 인원에서 구인 일자리 충원을 빼면 일자리 순증(net job growth)을 산출할 수 있다. 이 통계는 정책대응에 중요한 시사점을 제공하는데, 경기활성화와 경제성장을 위하여 정부가 기업에게 보조금을 지급하거나 조세감면을 제공한다면 일자리 순증을 가져올 가능성이 큰 산업과 기업에 초점을 맞추어야 할 것이다.

우리나라의 경우 구인, 구직에 관한 통계는 상대적으로 미흡한데, 노동시장의 이러한 동태적 변화를 분석하는 데 필요한 지표로서 고용노동부의 '사업체 노동력조사' 자료가 있다(고용노동부, 2020b). 이는 매월 노동수요자인 사업체의 입장에서 근로자 수, 입직자 수, 이직자 수, 입직률 및 이직률 그리고 임금과 근로시간에 관한 사항을 집계하여 발표한다. 이 조사는 농림어업, 가사서비스업, 국제 및 외국기관을 제외한 전 산업의 종사자 1인 이상 4만 개 사업체를 표집하여 조사하고 종사자지위별, 사업체규모별, 산업별로 집계한다. '사업체 노동력 조사'의 집계 내용은 다음 <표 7-1>과 같다.

'사업체 노동력조사'는 반기별로는 직종별 데이터도 발표하는데, 이 통계는 5인 이상 사업체의 구인 인원과 채용인원을 포함한다. 구인 인원은 기업이 일정 기간 대외적으로 구하고 있는 인력 규모이고, 채용 인원은 같은 기간에 구인 인원 수 중에서 채용된 사람의 수이며, 미충원 인원은 구인 인원에서 채용 인원을 뺀 수이다. 이러한 통계는 산업별, 직종별, 사업체 규모별로 집계하여 발표된다.

한편 한국고용정보원의 '워크넷 구인구직 DB'는 온라인 구인·구직 활동에 대한 데이터를 통해 노동시장의 동향을 파악할 수 있게 한다(한국고용정보원, 2020). 오프라

〈표 7-1〉 사업체 노동력 조사의 집계 내용

〈고용 부문〉

전체 종사자 수(＝상용근로자＋임시일용근로자＋기타종사자), 빈 일자리 수, 입직자 수, 이직자 수
빈 일자리율＝[빈 일자리 수/(빈 일자리 수＋근로자(상용·임시일용))]×100
입직률＝[입직자 수/{조사기준월 근로자(상용·임시일용)＋조사기준전월 근로자(상용·임시일용)}/2]×100
이직률＝[이직자 수/{조사기준월 근로자(상용·임시일용)＋조사기준전월 근로자(상용·임시일용)}/2]×100

〈근로실태 부문〉

임금총액(세금공제 전 임금)＝정액급여＋초과급여＋특별급여
근로시간＝소정근로시간＋초과근로시간

* 자료: 고용노동부, 사업체 노동력 조사 각 연도.

인 구직 활동과 취업자 동향을 포함하지 않아서 노동시장의 대표성에는 한계가 있지만 거의 시차 없이 노동시장의 동향을 가늠할 수 있다는 점에서 유용하다. 이 통계는 구인인원, 신규 구직건수, 평균희망임금과 제시임금을 포함하며, 다음과 같이 구인배율, 임금충족률 등을 계산하여 제시한다. 이 통계는 계약형태별, 직종별, 성별, 연령별로 분류하여 집계한다. <표 7-2>는 '워크넷 구인구직 DB'의 집계 내용이다.

〈표 7-2〉 워크넷 구인구직 DB의 집계 내용

신규 구인 인원(고용형태별, 학력별, 임금대별; 산업별, 지역별)
신규 구직 건수(성별, 연령별; 고용형태별, 학력별, 임금대별)
취업 건수(성별, 연령별, 고용형태별, 학력별)
신규 구인인원, 신규 구직건수, 취업 건수(직업중분류별, 지역별)

구인배율＝구인인원 / 구직건수
임금충족률＝(평균 제시임금/평균 희망임금) ×100

* 자료: 한국고용정보원, 워크넷 구인구직 및 취업 동향, 각 연도.

임금과 노동비용

노동시장에 관한 통계에서 일자리 못지않게 임금도 중요하다. 임금은 기업에게는 생산비용의 상당 비중을 차지하여 이윤에 영향을 미치고, 가계에게는 소득의 가장 큰 비중을 점하여 소비 잠재력을 나타낸다. 임금을 포함한 근로자 보수는 정책이나 금융시장의 관심의 대상이 된다.

일반적으로 '사업체고용조사'는 임금에 관한 가장 적절하고 시의성 있는 데이터를

포함한다. 이 조사는 경제지표에서 큰 중요성을 차지하는데, 근로자의 평균 시간당 임금, 평균 주당 근로시간과 함께 평균 주당 급여에 관한 자료를 제시한다. 그런데 이 데이터로 임금 상승을 파악하기에는 몇 가지 문제가 있다. 평균 시간당 임금은 고용구조의 영향을 받는다. 미숙련 직종에 비해 숙련 직종이, 저임금 고용에 비해 고임금 고용이 증가하면 특정 근로자의 임금인상 없이도 경제 전체의 시간당 임금은 상승한다. 또한 악천후나 사고로 조업시간이 단축되고 그 다음 기간에 초과노동시간이 증가하면 역시 평균 시간당 임금은 상승한다. 따라서 평균 시간당 임금 증가가 임금상승의 정확한 척도는 아니다. 사업체 대상의 임금 조사 통계 수치가 빈번하게 수정되는 것도 유용성을 떨어지게 하는 요인이다. 또한 건강보험이나 연금의 고용주 부담금 등 임금 이외 보수를 적정하게 합산하지도 않는다.

시간당 임금을 정확하게 측정하기 어려운 점을 고려하여 미국의 BLS는 1976년부터 노동비용에 대한 더욱 체계적이고 포괄적인 데이터를 집계하기 위하여 고용비용지수(employment cost index: ECI)를 매 분기에 발표하고 있다(USBLS, 2021b). 임금과 기타 보수를 산업별로, 그리고 생산직과 사무직, 노조조직 및 비조직 등 근로자 유형별로 구분하여 조사한다. 조사 대상은 민간 부문과 주정부, 지방 정부를 포함하지만 연방 정부는 제외한다. ECI는 인건비의 상승을 측정하려 하지만, 비급여 혜택이 얼마나 증가하는지 그리고 승진이나 연공, 초과근무기간, 직무 등 변경으로 인한 보수의 변화를 포착하지 못한다. 경제 전반의 일자리 구성이 동일하게 유지된다거나 평균 시간당 임금의 변화요인이 대체로 상쇄된다는 가정 하에 비임금보수를 제외한 근로자 당 보수의 증가를 측정한다고 할 수 있다. ECI는 2005년 12월 금액을 100으로 맞춘 후 분기별로 계산되는 지수이며, 전 분기 또는 전년 동기 대비 증가율을 나타낸다.

단위 노동비용(unit labor cost)은 1시간 노동 투입당 보수를 노동생산성을 의미하는 시간당 생산량으로 나눈 것이며, 국제적인 가격경쟁력의 척도 중 하나라고 할 수 있다. 시간당 보수 증가율에서 생산성 증가율을 빼면 단위 노동비용 증가율을 산출할 수 있다. 단위 노동비용 증가가 비농업 가격디플레이터의 증가보다 높으면 산술적으로 노동의 생산과 분배 몫이 증가한 것이다. 노동분배율의 상승 압력은 이윤의 하락 압력을 의미하며, 이는 순차적으로 가격과 인플레이션에 대한 상승 압력을 의미한다. 따라서 정책당국은 생산성, 시간당 보수 그리고 단위 노동비용 변화에 큰 관심을 가지고 대응한다. OECD 통계를 활용하여 단위 노동비용의 증가율을 주요국 간에 비교해보면 <그림 7-9>와 같다(OECD, 2021).

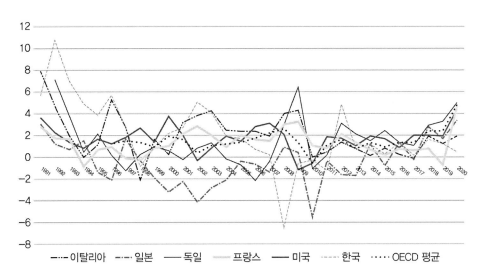

* 자료: OECD(2021b), Unit labour costs(indicator).

<그림 7-9> 단위 노동비용 증가율의 국제 비교(1991~2020년, 단위: %)

이 그래프에서 굵은 점선으로 나타낸 것이 한국의 지수값이고, 가는 점선으로 나타낸 것이 OECD 회원국의 평균 지수값이다. 우리나라의 경우 1980년대 말 이후 노사관계가 악화되고 노조의 협상력이 급격하게 강화되던 상황을 반영하여 1990년대 초 상대적으로 매우 높은 상승률을 보였지만 장기적으로 보면 OECD 국가들의 평균 수준을 크게 초과하지는 않은 것으로 보인다. 다만 IMF 외환 위기나 글로벌 금융위기 때 매우 낮은 수준을 보였던 기간을 포함하여 다른 OECD 선진국에 비하여 노동 비용의 변동성이 큰 것으로 나타났다.

📈 사례연구 고용지표의 활용

1)

경제정책에 관한 논의는 고용을 중심으로 이루어진다. 미국 FRB의 공식 임무 중 하나로 '최대 고용'이 규정되어 있으며, 우리나라에서도 한국은행의 설립목적에 '고용안정'을 추가하는 한국은행법 개정안이 발의되어 있다. 따라서 적정 수준의 고용을 유지하는 정책, 심각한 실업 증가를 억제하는 정책은 경제성장에 관한 거시정책으로서 총수요관리 정책의 역할이라고 하겠다. 경제가 침체되어 실업이 급증하는 경우 소비와 투자의 증가를 유도하는 확대기조의 재정정책과 통화정책이 긴요하다. 반대로 경기가 과열되어 인플레이션이 발생한 경우에는 노동시장의 초과수요를 억제하는 긴축 기조의 거시정책 수단이 필요하다.

그러나 고용을 늘리고 실업을 억제하는 것을 우선 목표로 하는 것은 고용정책이다. 과거에는 실업률을 기준으로 정책대응의 필요성을 판단하였다. 그러나 실업률이 노동시장의 사정을 정확하게 측정하는 완벽한 지표가 아니라고 한다. 이에 따라 몇 가지 서로 다른 정의에 의한 실업률 지표를 사용하기도 하고 고용률을 대신 강조하기도 한다.

고용에 대한 정책대응과 관련하여, 학술적으로는 실업을 마찰적 실업과 구조적 실업으로 분류하고 그 각각에 적합한 정책처방을 제시한다. 첫째, 마찰적 실업은 근로자가 일자리를 탐색하는 과정에서 발생한다. 산업구조 변화에 따라 새롭게 요구되는 숙련과 자질을 갖추지 못하거나, 구인에 관한 정보가 부족하면 실업이 증가한다. 특히 4차 산업혁명이 급속하게 진전되고 있는 상황에서는 정부가 적극적 고용정책을 시행하여 근로자에게 필요한 새로운 숙련과 역량을 함양하는 교육훈련을 제공해야 하고 구인·구직 연계 체계를 강화해야 한다. 한편 구조적 실업은 노동의 공급이 수요를 초과하는 경우를 말하며, 시장균형 임금 수준에 비해 높은 임금이 주요 원인이다. 노동조합이 임금의 과도한 인상 요구를 관철하는 경우에 이미 취업하여 조합원이 된 근로자에게는 이익이지만 청년 등 새로 노동시장에 진입하려는 근로자는 취업하기가 어렵다. 정부도 실업 증가의 원인을 제공하는 경우가 있다. 실업수당 등 고용보험의 혜택을 과도하게 제공하면 근로자의 입장에는 구직활동을 할 수 있는 여유가 생겨 실업기간이 길어지고 마찰적 실업이 늘어날 가능성이 있다. 또한 최저임금을 과도하게 높은 수준으로 책정하면 구조적 실업이 증가한다. 따라서 정부의 고용정책을 적정 수준에서 운영하고 기업과 근로자, 기존 조합원과 신규 취업자가 상생하는 합리적인 노사관계를 유도하는 정책이 필요하다.

2)
고용통계가 발표되면 언론과 금융시장이 예민하게 반응한다. 특히 시장 공감대(consensus) 또는 예상을 벗어나는 고용 통계가 발표되면 주식 등 금융증권의 가격이 영향을 받는다. Blanchard(1981)는 같은 뉴스가 경제의 상태에 따라 금융자산의 가격에 좋은 소식이 되기도 하고 나쁜 소식이 되기도 한다고 하였다. Orphanides(1992)는 거시경제 뉴스에 대한 주가의 반응이 경제의 상태에 따라 달라진다는 점을 경험적으로 입증하고, 실업 뉴스에 대한 주가의 반응은 그 전 해의 평균 실업률에 의존한다는 사실을 보였다.

Boyd 등(2005)은 미국의 실업통계 발표가 주식과 채권의 가격에 미치는 영향을 경험적으로 분석하였다. 그들이 검증하고자 했던 가설은 채권의 가격은 미래 기대이자율의 영향을 받고, 주식의 가격은 미래 기대이자율 외에 기업 수익·배당의 기대성장률('성장 기대')과 주식의 리스크 프리미엄을 포함한 3가지 요인에 영향을 받는다는 것이다. 일반적으로 채권의 가격은 이자율과 역(−)의 관계를 가진다. 채권은 일정 기간 액면이자율의 이자를 받을 수 있는 권리인데 시장이자율이 상승하면 고정된 액면이자율에 의한 이자수입이 상대적으로 불리해지기 때문이다. 또한 주식의 가격은 미래 기업 수익흐름에 대한 배당 청구권의 가치를 반영하므로 성장기대와는 정(+)의 관계를, 미래 기대이자율 및 리스크 프리미엄과는 역(−)의 관계를 가진다. 성장기대와의 정(+)의 관계는 당연한 것이며, 미래 기대이자율 및 리스크 프리미엄과의 역(−)의 관계는 이자율이 미래 수익흐름을 현재가치로 환산하는 할인율이고, 리스크 프리미엄은 주식투자자들이 가격 변동이 불확실한 주식의 보유에 대하여 국채수익률 등 무위험 이자율을 초과하여 요구하는 추가적 수익률이기 때문이다.

주식의 가격이 채권과 같이 미래 기대이자율에만 영향을 받는다면 주식과 채권이 노동시장의 뉴스에 동일한 영향을 받을 것이지만 그렇지 않다는 것이다. 실제로 월간 실업률 상승 뉴스가 경기의 확장기에는 주식과 채권의 가격 상승을 초래했지만, 경기의 수축기에는 주식의 가격은 하락하는데 채권의 가격에는 유의미한 영향이 없었다.

Boyd 등(2005)의 연구에 의하면 경기의 확장기에는 실업률 상승에 관한 노동시장의 부정적 뉴스에 관해 미래 기대이자율 하락의 (+) 영향이 성장 기대나 리스크 프리미엄 상승의 (−) 영향을 압도하므로 주가가 올랐다고 한다. 이에 대하여 경기의 수축기에는 실업률 상승에 관한 노동시장의 부정적 뉴스에 관해 성장 기대나 리스크 프리미엄 상승의 (−) 영향이 미래 기대이자율 하락의 (+) 영향을 압도하므로 주가가 내렸다고 한다. 한편 채권의 경우에는 실업률 상승 뉴스에 관해 경기의 확장기에 무위험이자율 하락 기대의 영향이 커서 채권가격을 올렸지만, 경기의 수축기에는 미래 기대이자율 하락의 영향이 상대적으로 미미하여 채권가격에 대한 영향이 유의미하지 않았다는 것이다. 고용통계의 증권가격 영향에 관하여 전기, 가스 등 유틸리티 주식의 경우는 채권과 특성이 유사하다. 결론적으로 경기의 확장기에는 실업률 상승의 뉴스가 주식과 채권의 가격 모두의 상승으로 이어질 가능성이 크다. 또한 2장에서 살펴보았듯이 최근 경기순환의 확장기가 수축기보다 훨씬 길므로 국민경제가 확장기에 있는 경우가 많고, 따라서 실업률 상승의 뉴스는 대체로 주식과 채권 가격의 상승으로 이어질 가능성이 크다는 사실을 의미한다.

[이해와 활용]

1. 우리나라의 경제활동참가율이나 고용률, 실업률 지표가 나타내는 고용 사정은 선진국에 비해 양호한 것으로 알려져 있다. 우리나라의 고용관련 지표를 인구집단별로 살펴보고 자료 검색을 통하여 몇 개의 주요국과도 비교해보자.
2. 최근 우리나라의 고용의 수준과 구조에 관하여 가장 중요한 문제는 무엇이라고 생각하는가?
3. 코로나-19의 상황에서 영세자영업자, 소상공인, 특수직 근로자를 포함하여 한국 노동시장에서 가장 고통을 받은 집단에 관해 생각해보자. 이들을 지원하는 효과적인 정책에 관한 아이디어가 있다면 말해보자.
4. 한국노동연구원 사이트에서 '비정규직 노동통계'에 관한 보고서를 살펴보고 비정규직 관련 제도의 개선방안에 관해 생각해보자.

참고문헌

[1] 고용노동부(2020a), 고용행정 통계로 본 2020년 11월 노동시장 동향, 보도자료, 2020.12.14.
[2] 고용노동부(2020b), 2020년 하반기 직종별 사업체 노동력 조사 결과, 보도자료, 2020.12.29.
[3] 통계청(2023), 2023년 6월 고용동향, 보도자료, 2021.7.12.
[4] 한국고용정보원(2020), 워크넷 구인·구직 및 취업 동향, 2020.11.
[5] Bennion, E. G.(1943), Unemployment in the Theories of Schumpeter and Keynes, American Economic Review, 33(2), 336-347.
[6] Beveridge, William H(1945), Full Employment in a Free Society, New York: W.W. Norton and Company.
[7] Blanchard, Olivier J.(1981), Output, the Stock Market, and Interest Rates, American Economic Review, Vol. 71, No. 1, 132-143.
[8] Boyd, J. H., Hu, J. & Jagannathan, R. (2005), The Stock Market's Reaction to Unemployment News: Why Bad News Is Usually Good for Stocks, Journal of Finance, 60(2), 649-672.
[9] Keynes, J. (1932), Essays in Persuasion, New York: Macmillan.

[10] Mankiw, G.(2021), Principles of Economics, 9th edition, Cengage Learning.

[11] OECD(2021a), Unit Labour Costs (indicator), doi: 10.1787/37d9d925-en (Accessed on 21 July 2021).

[12] OECD(2021b), Gross Domestic Product(GDP)(indicator). doi: 10.1787/dc2f7aec-en (Accessed on 20 February 2021).

[13] Orphanides, Athanasios(1992), When Good News Is Bad News: Macroeconomic News and the Stock Market, Board of Governors of the Federal Reserve System.

[14] Susskind, D.(2020), A World without Work: Technology, Automation and How We Should Respond. Penguin UK.

[15] U.S. Bureau of Labor Statistics(BLS)(2021a), Homepage of Job Openings and Labor Turnover Survey, https://www.bls.gov/jlt/

[16] U.S. Bureau of Labor Statistics(BLS)(2021b), Employment Cost Index. https://www.bls.gov/news.release/eci.toc.htm

[17] Wolla(2016), Making Sense of Unemployment Data, Page One Economics, February 2016, International Monetary Fund.

소득분배와 자산

제8장
소득분배와 자산

적정 수준의 평등한 소득분배와 그 누적으로서의 자산분포는 건전한 경제발전의 척도이다. 소득분배와 자산분포의 평등성 정도는 소득과 자산 각각에 관한 지니계수, 분위별 평균·중위 소득·자산 비교, 소득·자산 5분위 또는 10분위 배율 등으로 측정한다.

팔마비율(Palma ratio)은 소득 최상위 10% 인구의 소득총액을 하위 40% 인구의 소득총액으로 나눈 비율이고 쿠즈네츠 비율(Kuznets ratio)은 상위 20%의 소득계층의 소득총액을 하위 40%의 소득총액으로 나눈 비율이다.

쿠즈네츠는 1인당 소득이 증가하면 처음에는 소득불평등이 증가하다가 어떤 전환점을 지나면서 소득불평등이 감소한다고 주장하였는데 이 관계를 역-U자 형의 쿠즈네츠 곡선(Kuznets curve)으로 나타냈다.

소득분배와 자산분포에 관해 경제 계층 간의 분배와 분포가 가장 중요하며, 성별, 연령대별, 지역별 인구통계 집단 간의 격차도 중요한 관심 사항이다.

소득 분배와 측정, 개선정책

영국 총리였던 윈스턴 처칠(W. Churchill)은 "자본주의의 본질적 악덕은 축복의 불평등한 분배다. 사회주의의 본질적 미덕은 불행의 평등한 분배다"라고 했다(International Churchill Society, 2021). 자본주의 시장경제는 시장의 가격기능을 통하여 자원을 효율적으로 배분하고 전례 없는 경제번영을 이루었다. 문제는 경제번영이 고르게 공유되지 못하는 점이다. 자본주의 시장경제는 자원배분의 효율성에는 강점을 가지나 소득분배의 공평성에는 상대적으로 취약하다. 따라서 국민경제의 중요한 목표로서 성장, 안정과 함께 분배의 형평성이 강조된다.

소득의 공정한 분배와 그 누적으로서의 자산의 고른 분포는 그 자체가 국민경제의 중요한 목적이다. 계층 간의 소득·자산의 분배와 분포가 과도하게 불평등하다거나 빈곤층의 비율이 크고 빈곤의 정도가 극심하면 바람직하다고 할 수 없다. 불평등한 분배가 심각해지면 경제성장의 애로와 사회불안을 초래한다. 특히 경제 계층 간의 분배가 중요하며, 성별, 연령대별, 지역별 집단 간의 분배도 중요한 관심 사항이다.

한편 미래의 지출과 생산, 경제활동은 현재의 소득과 저축이 서로 다른 인구집단 간에 어떻게 분배되느냐에 달려 있다(Stengel, 2011). 경제지표는 여러 의도에 의하여 분석하지만 가장 중요한 분석의 목적은 미래의 지출과 생산, 경제활동을 예측하는 데 있다. 지적 관심에서도 이미 지난 일보다는 앞으로 일어날 일에 더 초점이 있을 것이고 공공정책, 기업경영, 자산관리 측면에서도 미래상황에 대한 대응이 중요할 것이다. 미래 경제활동에 관한 중장기 전망을 위해서도 소득분배와 자산분포의 상태는 매우 중요하다.

그런데 일반적으로 소득분배나 자산분포를 분석할 때는 가구를 단위로 한다. 가구는 주거, 소득과 지출 등의 생계를 같이 하는 사람들의 집단을 말한다. 즉 1인 가구와 2인 이상의 경우에는 혈연, 결혼, 입양 등으로 맺어져서 생계를 함께 하는 가족을 가구라 한다(통계청, 2020). 가구의 소득은 경상소득을 말하며, 가구가 1년 동안 벌어들이는 소득으로 정기적이고 규칙적이어서 예측가능한 소득으로 정의된다. 따라서 복권 당첨금이나 경조금 수입처럼 비경상소득은 제외된다. 그런데 소득분위 계층 간에 가구원 수가 현저한 차이를 보인다. 따라서 가구 간의 소득을 비교할 경우 가구소득을 가구원 수의 제곱근으로 나누어 계산한 가구균등화지수를 적용하기도 한다(강신욱, 2018).

소득 분배는 기술·산업 구조와 관련한 노동시장의 수요·공급 변화와 함께 인구통계적 요인과 관련한 가구특성 변화가 맞물려 나타난다. 그러므로 소득분배와 자산분포에 대해서는 경제지표와 사회지표를 결합하여 분석할 필요가 크다. 한 시점의 소득 데이터에 청년, 장년, 은퇴 후 노년 등 사람의 생애주기에 따라 달라지는 소득을 불평등한 것으로 볼 것인가의 문제가 있다. 따라서 가구주의 연령 집단을 구분하여 계산하기도 하고 노인가구를 표본에서 제외하기도 한다. 한편 소득 범주나 종사상의 지위가 소득 수준에 영향을 준다. 따라서 가구주의 근로소득과 사업소득을 구분하여 불평등도를 산출하기도 한다. 또한 가구주의 취업 여부, 배우자의 유무와 취업 여부, 기타 가구원의 인원, 경제활동 연령 해당 여부, 취업 등이 가구소득에 중요한 영향을 미친다. 그러므로 가구 특성을 소득불평등도의 측정 단계에서 지표 산출에 조정하거나 소득불평등 지표의 해석이나 소득재분배 정책 설계에 고려해야 할 것이다.

소득분배와 자산분포의 측정

국민경제의 소득분배와 자산분포를 가늠하는 지표는 다양하다. 대표적인 지표는 지니계수와 소득·자산 분위 배율이다. 이 값들이 클수록 불평등하다. 지니계수(Gini coefficient)는 로렌츠곡선(Lorenz curve)으로부터 계산된다. 로렌츠곡선은 <그림 8-1>에서 보듯이 그래프의 x축에 인구를 소득 또는 자산 순의 오름차순으로 열거하고 y축에 해당 인구의 누적 소득 또는 자산을 표시하여 이은 곡선이다. 다시 말해 인구의 백분위 인구를 x축, 해당 백분위 인구의 누적 소득 또는 자산을 y축에 나타낸 그래프이다.

소득·자산이 전체 인구에 동일하게 분배되는 완전균등 분배이면 45°선을 지나고 현실과 같은 불균등 분배이면 45°선 아래를 지나간다. 지니계수는 로렌츠곡선 그래프에서 45°선과 로렌츠곡선 사이의 면적을 45°선 아래의 전체 면적으로 나눈 비율이다.

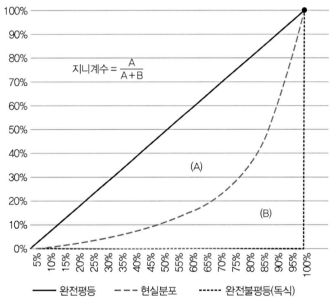

<그림 8-1> 로렌츠곡선과 지니계수

지니계수는 소득·자산 불평등 정도를 나타내는 대표적 지표이다. 0과 1 사이의 값을 취하는데, 극단적으로 모든 사람이 동일한 소득·자산을 얻는 완전평등의 경우 지표값이 0이 되고, 가장 부유한 한 사람이 사회의 모든 소득·자산을 취하는 완전불평등의 경우 1이 되어 이 값이 클수록 불평등하다.

소득·자산의 분배 상태를 분석하기 위하여 전체 가구의 소득·자산을 오름차순으로 나열하여 소득·자산 5분위(quintiles)는 하나의 그룹에 20%씩 5개의 소득·자산 계층으로 나눈 것이고 소득·자산 10분위(deciles)는 하나의 그룹에 10%씩 10개의 소득·자산 계층으로 나눈 것이다. 여기서 소득·자산으로 쓴 부분은 소득과 자산에 관해 별도로 지표를 계산함을 의미한다. 각 분위 인구의 평균소득(average income)과 중위소득(median income), 평균자산과 중위자산을 계산하여 비교할 수도 있고, 전체 소득·자산 합계에서 각 분위 소득·자산 합계가 차지하는 비중을 계산해 비교하기도 한다. 소득·자산 분위 배율은 1/5분위 소득·자산 총액에 대한 5/5분위 소득·자산 총액의 비율인 5분위 소득·자산 배율이나 1/10분위 소득·자산 총액에 대한 10/10분위 소득·자산 총액의 비율인 10분위 소득·자산 배율을 계산한다. 즉 소득·자산 5분위분배율은 최상위 20%의 소득·자산 총액을 최하위 20%의 소득·자산 총액으로 나눈 배수이며, 소득·자산 10분위 배율은 최상위 10%의 소득·자산 총액을 최하위 10%의 소득·자산 총액으로 나눈 배수이다. 다만 5분위 배율(quintile ratio)이 가장 빈번하게 쓰인다. 상대적 빈곤율은 가구 간의 가구원 수 차이를 배제하여 환산한 균등화 처분가능소득을 기준으로 하여 중위소득 50% 이하를 빈곤선이라 할 때, 소득이 빈곤선에 미치지 못하는 계층이 전체 인구에서 차지하는 비율로 정의된다.

지니계수와 소득·자산 분위 배율을 여러 시점에 걸쳐 계산하여 시기에 따른 소득분배의 불평등 개선 또는 악화의 추세를 평가하거나 각국에 관하여 계산하여 국가 간에 소득분배의 불평등 수준을 비교할 수 있다. 이 경우에 소득·자산 추계 방법, 표본 구성, 포괄 소득·자산 범주 등에 따라 결과가 달라질 수 있으므로 지표의 해석에 주의를 요한다.

소득분배 측정의 한계를 초래하는 중요한 이유 중의 하나가 임시소득(temporary income)과 항상소득(permanent income)의 구분이 어렵다는 사실이다. 사람들의 재화와 서비스 소비는 주로 개인이 장기간에 걸쳐 정상적으로 기대하는 소득인 항상소득이 좌우하며 소득의 일시적 변화가 생활수준에 미치는 영향은 제한적이다. 예를 들어

프로스포츠 선수나 연예인처럼 소득이 크게 변동하고 일생의 비교적 짧은 시기에 소득이 집중된다면 그 이외 시기의 낮은 소득 수준이 사회 전체의 소득분배의 불평등을 구성한다고 보기 어렵다. 또 하나의 이유는 소득재분배 정책의 조정이 이루어진 후의 처분가능소득을 비교할 때 현물보조(in-kind transfer)를 합산하지 못한다는 점이다. 빈곤계층에 대한 식품, 필수재와 같은 재화나 의료, 주거서비스를 지원하는 부분은 소득통계에 포함되지 않는다.

또한 소득불평등에 관하여 척도의 선정에 따라 매우 다양한 정도의 불평등수준 평가에 이른다는 연구결과가 있다. 미국의 2006년 소득데이터를 가지고 분석한 자료의 경우 1/5분위 평균소득이 1만 달러, 5/5분위 평균소득이 15만 달러 정도여서, 5분위 소득배율은 약 15배인데, 세후 소득은 14배였다고 한다. 그런데 소비금액으로 비교하면 3.9배 정도이고 평균 가구원 수가 1/5분위는 1.7명, 5/5분위는 3.1명이어서 1인당 소비금액은 2.1배에 불과했다(Cox & Alm, 2008).

분배 개선을 위한 정책

우선 정부가 시행하는 누진세와 각종 복지제도가 소득분배에 영향을 미친다. 이에 따라 지니계수와 소득 분위배율 등 소득분배 지표를 시장소득에 대하여 계산하지만, 처분가능소득에 대해서도 계산한다. 이때 시장소득은 조사에 의해 파악된 근로소득, 사업소득, 재산소득, 사적이전소득을 더하고 사적 이전지출을 뺀 금액이다(통계청, 2020). 처분가능소득은 시장소득에 공적 이전소득을 더하고 공적 이전지출을 뺀 금액이다. 따라서 정부의 소득재분배 정책에 의한 개선효과는 시장소득과 처분가능소득 간의 차액이다.

처분가능소득의 불평등 지표는 시장소득에 비하여 낮게 산출된다. 이때 가구 간 이전지출은 경제적으로 독립 상태인 부모나 자녀, 친지에게 보낸 생활보조금 등이다. 사적 이전소득은 이러한 가구 간 이전지출을 받은 금액인 가구 간 이전소득과 비영리단체 이전소득 등을 포함한다. 한편 공적 이전소득은 공적연금과 함께 1) 기초연금, 장애수당, 2) 기초생활보장지원금, 근로·자녀 장려금, 3) 양육수당(출산장려금 포함) 등을 포함한다. 한편 공적 이전지출은 소득세와 함께 국민연금, 공무원연금, 사학연금 등 5개 공적 연금의 기여금과 건강보험료 등을 포함한다.

소득분배의 추이

우리나라 가구소득 지니계수의 추이를 <그림 8-2>에 제시하였다. 통계청이 1990년부터 '가계동향조사'에 의해 발표한 수치이며, 2인 이상의 도시 가구를 대상으로 집계하였다. 전체 가구의 수치는 2006년부터 작성되었다. 시장소득 지니계수와 처분가능소득 지니계수가 1990년에는 각각 0.266, 0.256에서 2016년 0.317, 0.278로 증가한 것으로 나타나 이 기간 동안 소득분배가 악화되었음을 알 수 있다.

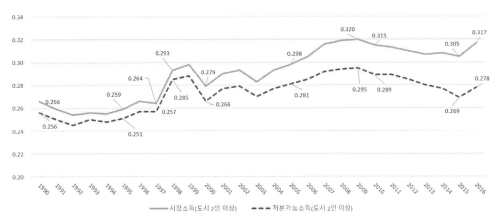

* 자료: 통계청, 가계동향조사, 각 연도.

<그림 8-2> 가구소득 지니계수의 추이(1990~2016년, 도시 2인 이상 가구)

그런데 IMF 외환위기가 엄습한 1997년 0.264, 0.257에서 1998년 0.293, 0.285로 급격하게 상승하였고 글로벌 금융위기 시기인 2009년에 0.320, 0.295로 최고치를 보여 대체로 경제 위기 시에 소득분배가 악화됨을 시사하고 있다. 시장소득 지니계수와 처분가능소득 지니계수의 차이가 1990년 0.01에서 0.039로 크게 확대된 것은 2000년대 중반 이후의 현금급여 복지 제도의 확충을 반영하고 있다.

한편 우리나라 소득 5분위 배율의 추이를 <그림 8-3>에 제시하였다. 지니계수와 유사한 모습을 나타내고 있다. 시장소득 5분위 배율과 처분가능소득 5분위 배율이 1990년에는 각각 3.93, 3.72에서 2016년 6.27, 4.46으로 크게 증가하여 이 기간 동안 소득분배가 현저하게 악화되었음을 보여주고 있다. 특히 시장소득 5분위 배율은 2016년에 통계 작성 이래 최고치를 나타내고 있다. 역시 IMF 외환위기 때인 1997년 3.97, 3.80에서 1998년 4.78, 4.55로 큰 폭 상승하였고 2003년에서 글로벌 금융위기 직후인 2009년 사이에 4.66, 4.22에서 6.11, 4.97로 급격한 상승세를 보였다. 또한 시장소득 5분위 배율과 처분가능소득 5분위 배율의 차이가 1990년 0.21에서 1.81로 역시 크게 확대되어 2000년대 중반 이후 복지 제도 확충의 영향을 확인하고 있다.

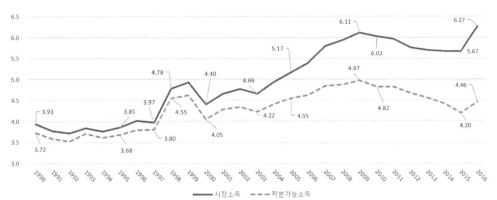

* 자료: 통계청, 가계동향조사, 각 연도.

〈그림 8-3〉 가구소득 5분위 배율의 추이(1990~2016년, 도시 2인 이상 가구)

우리나라 가구소득 기준 상대적 빈곤율의 추이를 〈그림 8-4〉에 나타내었다. 지니계수, 5분위 배율과 유사한 흐름을 보여주고 있다. 시장소득 기준 상대적 빈곤율과 처분가능소득 기준 상대적 빈곤율이 1990년에는 각각 7.8%, 7.1%에서 2016년 15.4%, 11.0%로 크게 증가하여 경제의 지속성장에도 불구하고 상대적 빈곤이 심화되었음을

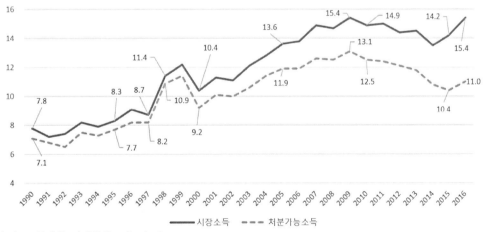

* 자료: 통계청, 가계동향조사, 각 연도.

〈그림 8-4〉 가구소득 상대적 빈곤율의 추이(1990~2016년, 도시 2인 이상 가구)

나타내고 있다. 역시 1997년 8.7%, 8.2%에서 1998년 11.4%, 10.9%로 IMF 외환위기 시점에 통계 작성 이래 최근까지의 기간 중 가장 큰 폭 상승하였고 글로벌 금융위기 직후인 2009년에 시장소득 상대적 빈곤율은 15.4%로 2016년 역대 최고치와 같은 값을, 처분가능소득 상대적 빈곤율은 13.1%로 역대 최고치였다. 경제위기 시의 소득분배 악화 현상을 거듭 확인해주고 있다. 또한 시장소득 상대적 빈곤율과 처분가능소득 상대적 빈곤율의 차이가 1990년 0.7%p에서 2016년 4.4%p로 역시 큰 폭의 확대를 보여 2000년대 중반 이후 복지제도 확대의 영향이 다시 확인되었다.

한편 전체 가구에 대한 최근의 소득분배 수치를 살펴보기 위하여 <그림 8-5>에는 통계청의 가계동향조사와 통계청·한국은행의 가계금융복지조사에 의한 지니계수의 추이를 제시하였다. 전자에 의한 지니계수가 후자에 비하여 작은 수치로 집계되었다. '가계금융·복지조사'는 통계청이 한국은행과 공동으로 2010~2012년의 준비단계를 거쳐 2013년부터 시행하고 있으며, 소득분배에 관한 정부의 공식통계로 자리매김하고 있다. 특히 가계동향조사가 2020년 12월에 발표한 2019년 소득 통계부터 소득·지출 통합 파악과 경제활동인구조사와 다른 별도의 독자표본 선정, 2021년부터 1인가구· 농림어가 포함 조사 등 조사방식 변경으로 시계열 비교가 곤란해진 데 대하여, 가계 금융복지조사는 2013년 발표된 2012년 통계부터만 이용 가능한 문제점이 있지만 시 계열 단절 없이 일관성 있는 비교가 가능한 장점이 있다.

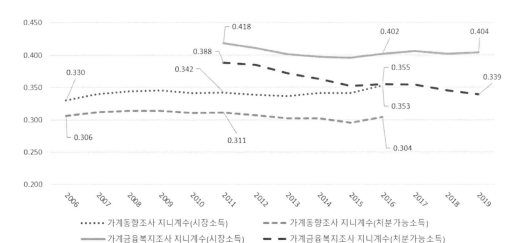

* 자료: 통계청, 가계동향조사, 각 연도; 통계청·한국은행, 가계금융복지조사.

<그림 8-5> 최근 가구소득 지니계수의 추이(2006~2019년, 전체 가구)

그런데 가계동향조사에 의해 산출된 전체 가구 대상의 시장소득과 처분가능소득의 두 지니계수는 모두 글로벌 금융위기 전후에 미미하게 증가하였지만 큰 폭의 변화를 나타내지 않았다. 또한 두 시계열이 겹치는 2011년과 2016년 사이에 가계동향조사에 의한 지니계수가 시장소득의 경우 0.342에서 0.353으로 소폭 증가한 데 대하여, 처분가능소득은 0.311에서 0.304로 근소하게 감소하였다. 이에 대하여 가계금융복지조사에 의한 지니계수는 같은 기간 동안 시장소득과 처분가능소득에 관하여 모두 0.418, 0.388에서 0.402, 0.355로 소폭 감소하여 소득분배가 개선되었음을 보여주고 있다. 한편 2016년과 2019년 사이 가계금융복지조사에 의한 지니계수는 0.402, 0.355에서 0.404, 0.339로 변화하여 시장소득 지니계수는 거의 변화가 없었고 처분가능소득 지니계수는 소폭 하락하여 소득재분배 정책에 힘입어 다소 소득분배가 개선되었음을 확인하고 있다.

가계금융복지조사에 의한 최근의 소득분배 지표를 <그림 8-6>에 표시하였다. 5분위 배율 외에 정의상 더 큰 수치를 보이는 10분위 배율과 더 작은 수치를 보이는 팔마비율(Palma ratio)을 추가하였다. 팔마비율은 소득 상위 10% 인구의 소득총액을 하위 40% 인구의 소득총액으로 나눈 값이다. 지난 8년의 기간에 세 지표 모두 시장소득에

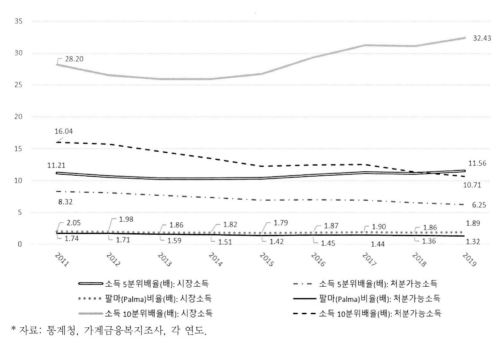

* 자료: 통계청, 가계금융복지조사, 각 연도.

<그림 8-6> 소득 10분위 배율, 5분위 배율, 팔마비율의 추이(2011~2019년, %)

대해서는 불평등도가 소폭 확대된 데 대하여 처분가능소득의 경우 더 큰 폭으로 축소되었으며 그러한 변화가 2010년대 중반에 모두 현저하게 나타났다.

소득분배 불평등을 일관된 기준에 의해 평가하기 위해 상근 근로자의 근로소득을 인구집단별로 비교하기도 한다. 특히 성별 임금 차이는 중요한 사회적 이슈가 되며 양성 평등을 위하여 그 격차를 축소하는 것이 중요한 정책목표가 된다. 다만 여러 방법을 적용한다 하더라도 한 시점의 소득분포 데이터를 가지고 소득 불평등 정도를 측정하는 데는 한계가 있다(Mankiw, 2021).

노벨경제학상 수상자인 쿠즈네츠는 경제성장과 소득분배의 관계에 대한 대표적인 가설을 제시하였다(Kuznets, 1955). 1인당 소득의 증가와 소득분배의 불평등 사이에 역−U자 관계에 있다고 하여, 이를 쿠즈네츠 곡선(Kuznets curve)이라고 부른 것이다. 즉 1인당 소득이 증가함에 따라 처음에는 소득불평등이 증가하다가 어떤 전환점을 지나면서 소득불평등이 감소한다는 것이다. 소득분배의 추이를 분석하는 지표로서 상위 20%의 소득계층의 소득총액을 하위 40%의 소득총액으로 나눈 비율을 쿠즈네츠 비율(Kuznets ratio)이라 한다. 쿠즈네츠의 가설은 산업화 초기의 도시와 농촌 간 임금격차에 주로 기인한 것으로 설명했는데, 그의 분석 자료에 소득분배의 불평등이 심했던 라틴아메리카 국가들이 많이 포함된 데 따른 것이며 보편적이지 않다고 하여 반박되기도 하였다. 특히 스티글리츠는 한국을 비롯한 동아시아의 고성장국가들의 경우 산업화의 초기부터 소득분배 불평등과 빈곤이 감소하여 쿠즈네츠 가설이 맞지 않은 반례라고 하면서 토지개혁과 의무교육, 농촌개발 그리고 생산성 향상과 임금 상승 등으로 성장의 과실이 농촌을 포함해 넓게 확산된데 따른 것이라고 설명하였다(Stiglitz, 1996). 그러나 한국의 경우에도 1997년 IMF 외환위기 이후 경제적 불평등이 확대되어 2000년대 들어서 불평등지수가 OECD 회원국 중에서 멕시코, 미국에 이어 3위로 높다거나(유경준·김대일, 2003), 소득불평등의 악화가 자영업 내부의 이질성 심화와 대기업과 중소기업 간 임금격차에 주로 기인한다는 연구가 있다(김영미·한준, 2007). 향후 4차 산업혁명의 진행으로 급격한 기술진보에 따른 소득양극화 가능성을 고려하면 지속적인 정책대응이 요구된다.

지수(index)는 시간이나 공간에 따라 변화하는 값을 이해하기 쉽도록, 여러 관찰값을 하나의 대표값으로 요약하고, 어느 한 대표값을 기준으로 다른 시간이나 공간의 대표값을 비율로 나타낸 통계이다.

시간이 지남에 따라 가격이 어떻게 변하는가 하는 인플레이션을 연구한다고 하자. 우선 수많은 재화나 서비스의 가격을 하나의 물가로 요약해야 한다. 통계청은 가계 대상의 조사를 통하여 2015년 460개 대표 품목을 포함하는 상품 바구니를 설정하였으며 그 바구니를 구입하는 데 드는 비용을 물가로 정의한다. 따라서 물가지수를 집계하려면 전형적인 가계가 구입하는 460개 품목이 무엇인지, 각 품목을 얼마만큼 구입하는지 알아야 한다. 460개 품목의 항목과 가중치를 예시하면 전세 4.89%, 월세 4.48%, 휴대전화료 3.61%, 휘발유 2.34%, 공동주택관리비 1.9%(여기까지가 1~5위이다), 중학생 학원비 1.59%, 외래진료비 1.63%, 담배 1.03%, 쌀 0.43% 등이 포함된다. 이러한 상품바구니의 기준연도인 2015년 구입 비용을 100으로 놓고, 다른 해의 구입비용을 비율로 나타내면 물가지수가 된다.(2023년 현재는 통계청이 2020년 설정한 458개 품목을 대상으로 한다.)

첫째, 횡단면 지표에 관해서도 지수의 정의가 가능하지만 주로 시계열 지표에 관한 것이다. 둘째, 일반적으로 한 시기를 기준으로 선정하여 원자료를 지수값 100으로 전환한다. 셋째, 다른 시기의 지수 값은 기준 시기의 원자료에 대한 백분율로 측정된다.

최근의 소비자물가지수는 2015년도를 기준연도로 한다(CPI_{2015}=100.0, CPI_{2016}=101.0, CPI_{2017}=102.9, CPI_{2018}=104.5, CPI_{2019}=104.9, CPI_{2020}=105.4). 그 후 5년 동안 5.4% 상승했으며, 2016년부터 2015년 지수값을 기준으로 매년 1.0%p, 1.9%p, 1.6%p, 0.4%p, 0.5%p 상승했음을 알 수 있다.

이때 지수는 어떤 값의 변화를 측정하는 것이지 그 값의 수준을 측정함이 아님에 주의해야 한다(Koop, 2013). 예를 들어 미국과 캐나다가 두 나라의 통화정책 조정을 위해 소비자물가지수의 기준연도를 1988년으로 합의했다고 가정하자. 이러한 사실은 양국이 1988년 이래의 물가 변화를 평가하고 비교하자는 것이지 이 해의 양국 물가 수준이 같다는 의미는 아니다. 만일 양국이 기준연도를 2000년으로 변경한다면 1988년의 두 나라 지수는 다르게 될 것이다.

금융시장에서 여러 지수를 활발하게 사용하는데, 코스피, 코스닥, 미국의 다우존스 산업지수, S&P500과 나스닥, 영국의 FTSE 등 주가지수가 대표적이다. 가격에 관한 지수만이 아니라 수량에 관한 지수도 정의할 수 있다. 한국은행이 작성하는 수출입물량지수가 그 사례이다. 수출입물량지수는 월, 분기, 연간 등 각 기간의 금액지수를 각각 해당 기간의 수출입물가지수로 나누어 작성한다. 전 세계 컨테이너항만 물동량 지수도 물량지수의 사례이다.

소비자물가지수와 다른 물가지수로 GDP디플레이터가 있다. GDP에 포함되는 모든 재화와 서비스의 항목과 GDP 구성의 가중치를 사용하여 계산한 물가지수가 GDP디플레이터이다. 우리가 시간의 경과에 따른 GDP의 성장을 분석할 때 현재 가격으로 계산한 명목 GDP에서 가격의 상승에 의한 증가를 제외하고 순전히 생산량의 증가에 의한 성장에 관심을 가진다. 따라서 명목 GDP를 2015년도의 가격을 불변가격으로 계산한 실질 GDP금액으로 나누고 100을 곱하면 GDP디플레이터가 된다. 물론 명목 GDP를 GDP디플레이터로 나누고 100을 곱하면 실질 GDP가 계산된다. 일반적으로 실질 변수는 기준 시점의 가격으로 나타낸 변수값이며, 실질변수의 증가율은 명목변수의 증가율에서 가격상승 효과를 제거한 변수값이다. 실질 경제성장률은 실질 GDP의 증가율로 계산하기도 하고 명목 변수의 증가율에서 인플레이션율을 차감하여 계산하기도 한다. 실질 이자율은 명목 이자율에서 인플레이션을 뺀 값이며, 이를 피셔효과라 한다.

자산분포

가계가 소비지출 후 남은 소득의 일부를 저축하면 부동산을 포함한 실물자산과 금융자산의 형태로 보유한다. 가계의 소비는 주로 현재 소득으로 충당한다. 그러나 예상치 못한 소비의 필요나 소득이 없는 노후생활로 소비가 소득을 초과하는 시기에 대비하여야 한다. 국가의 복지제도가 잘 갖춰진 스웨덴 등 북유럽국가와 네덜란드, 독일 등에서 자산불평등이 높은 편이고 선진국 중에서도 이탈리아, 스페인, 그리스 등 남유럽 국가들은 자산불평등이 낮은 것도 이러한 현실적 필요를 반영한다. 가계는 소득 중 일부를 저축하거나, 증여 또는 상속을 받거나, 과거의 저축에 의한 수익으로 자산을 축적한다. 따라서 자산의 분포는 소득의 분배와 일치하지 않는다. 일반적으로 소득분배보다 자산분포의 불평등이 더 크다(정준호·전병유, 2016).

자산분포의 불평등도를 측정하기 위해서도 소득 분배에 관한 척도를 모두 사용할 수 있다. 우선 자산은 소득에 비해 조사도 어렵고 국가별 비교도 어렵다. 우리나라의 경우 한국노동연구원의 '한국노동패널조사'가 가계자산을 포함하여 집계했다. 그러나 본격적인 자산 통계에 관해서는 한국은행이 2014년부터 국민대차대조표를 작성하여 매년 말 기준으로 가계, 기업, 정부 등 각 경제주체가 보유하고 있는 비금융자산 및 금융자산(부채)의 가치를 측정하고 있다. 또한 '가계금융·복지조사'가 가계의 자산에 대하여 체계적 조사를 하고 있다. 세계적으로 OECD(2013)가 자산조사 가이드라인을 제시하였으며, 국제비교가 가능한 자산관련 지표들을 OECD 자산분포 데이터베이스 (OECD Wealth distribution database)로 구축하고 있다.

가계의 자산은 가구집단별로 평균자산 또는 중간자산으로 집계된다. 자산분포도 소득분배와 같이 위쪽의 꼬리가 긴 분포를 보이기 때문에 평균자산은 중위자산보다 크며, 자산분배의 불평등도가 더 크기 때문에 격차는 더 심하다. 따라서 평균 순자산보다 중위 순자산이 더 빠르게 성장했다면 자산의 불평등이 완화하였음을 의미한다. 자산분포에 관해서도 로렌츠곡선, 지니계수, 5분위 및 10분위별 자산 또는 5분위 및 10분위 자산배율 등을 사용하여 시기별 추세를 판단하거나 국가 간에 분포를 비교할 수 있다. 다만 순자산의 경우에는 마이너스나 0의 값을 취할 수도 있어 자산분포의 불평등을 로렌츠곡선이나 지니계수로 측정하는 데는 한계가 있다.

가계금융복지조사에 의한 최근의 순자산지니계수의 추이를 보면 <그림 8-7>과 같다.

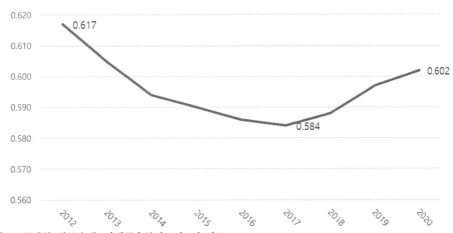

* 자료: 통계청·한국은행, 가계금융복지조사, 각 연도.

〈그림 8-7〉 순자산 지니계수의 추이

우선 지표값이 소득지니계수에 비해 상당히 크다. 그리고 지난 8년 동안 지표값의 현저한 변화는 없었지만 2012년부터 소폭 호전되었다가 2017년부터 다시 불평등도가 높아지는 현상에 주의를 기울여야 할 것으로 보인다.

우리나라 가구들의 순자산 5분위별 평균 경상소득, 평균 순자산액, 순자산 5분위별 경상소득과 순자산의 5분위 배율을 <표 8-1>에 표시하였다. 경상소득은 표시된 조사연도의 전년 1년 동안의 소득이며, 자산에서 부채를 뺀 순자산은 조사연도의 3월 말 시점의 기준이다(통계청, 2021).

2020년 3월 말 현재 우리나라 가구의 평균 자산은 4억 4,543만 원이며, 부채는 8,256만 원이어서 순자산은 3억 6,287만 원이다. 1분위 가구들의 평균 경상소득은 2,390만 원, 순자산은 1,330만 원이고, 5분위 가구들의 평균 경상소득은 1억 793만 원, 순자산은 11억 134만 원이다. 5분위 가구의 평균 경상소득과 순자산을 1분위 가구의 평균 경상소득과 순자산으로 나눈 5분위 배율은 각각 4.5배와 82.8배이다. 소득분배에 비하여 자산의 분포가 극단적으로 높은 불평등도를 보인다는 극명한 사례이다. 한편 최근 4년 동안 소득의 불평등도는 다소 완화된 것으로 보이나 자산의 불평등도는 급격하게 심화된 것으로 판단된다. 이는 우리나라 가계자산에서 지배적 비중을 차지하는 부동산가격의 급등과 주가의 상승에 따른 것으로 해석된다.

<표 8-1> 순자산 5분위별 평균 소득·자산분포 추이(2017~2020년, 만 원, %)

		2017	2018	2019	2020
전체	경상소득(전년도)	5,478	5,705	5,828	5,924
	순자산액	31,572	34,368	35,281	36,287
1분위	경상소득(전년도)	2,165	2,272	2,327	2,390
	순자산액	1,478	1,499	1,311	1,330
2분위	경상소득(전년도)	3,553	3,687	3,738	3,852
	순자산액	9,057	9,813	9,759	9,793
3분위	경상소득(전년도)	4,972	5,174	5,308	5,380
	순자산액	19,532	20,976	20,981	20,994
4분위	경상소득(전년도)	6,559	6,864	7,071	7,203
	순자산액	35,148	37,927	37,936	39,166
5분위	경상소득(전년도)	10,138	10,530	10,694	10,793
	순자산액	92,606	101,612	106,412	110,134
5분위 배율	경상소득(전년도)	4.68	4.63	4.60	4.52
	순자산액	62.66	67.79	81.17	82.81

* 자료: 통계청(2021), 자산5분위별 자산·부채·소득현황, 가계금융복지조사.

<표 8-1>과 비교하기 위해 가계의 소득 5분위별 평균 경상소득, 평균 순자산액, 소

득 5분위별 경상소득과 순자산의 5분위 배율을 <표 8-2>에 표시하였다. 자산 기준으로 5분위를 나누면 자산의 5분위 배율은 상대적으로 더 크고 소득의 5분위 배율은 더 작으며, 소득 기준으로 5분위를 나누면 소득의 5분위 배율은 상대적으로 더 크고 자산의 5분위 배율은 더 작다. 흥미로운 점은 상대적 지표 차이가 매우 크다는 사실이며, 소득분배와 자산분포가 상당히 다름을 보여준다. 이러한 지표값의 차이는 여러 소득 불평등 척도들이 소득분배와 자산분포의 불평등을 정확하게 측정하는 데 여러 한계가 있음을 확인해준다. 특히 어떤 시점에서는 취업 전 또는 은퇴 후의 생애주기, 임시소득의 결여 등으로 소득 금액은 적지만 다른 시기의 소득이나 상속, 증여 등 세대 간 자산이전으로 자산규모는 큰 가구가 있을 수 있다. 따라서 소득분배 척도가 경제적 불평등을 측정하는 데 한계가 크고, 때로는 실제의 경제적 불평등을 과장할 수도 있음을 시사한다.

〈표 8-2〉 소득 5분위별 평균 소득·자산분포 추이(2017~2020년, 만 원, %)

		2017	2018	2019	2020
전체	경상소득(전년도)	5,478	5,705	5,828	5,924
	순자산액	31,572	34,368	35,281	36,287
1분위	경상소득(전년도)	1,001	1,057	1,104	1,155
	순자산액	10,906	11,909	11,535	11,877
2분위	경상소득(전년도)	2,556	2,657	2,725	2,763
	순자산액	18,310	19,783	20,045	21,467
3분위	경상소득(전년도)	4,323	4,464	4,577	4,671
	순자산액	25,638	28,230	28,811	29,225
4분위	경상소득(전년도)	6,590	6,825	6,977	7,126
	순자산액	35,413	37,555	39,053	39,447
5분위	경상소득(전년도)	12,921	13,520	13,754	13,903
	순자산액	67,591	74,346	76,950	79,409
5분위 배율	경상소득(전년도)	12.91	12.79	12.46	12.04
	순자산액	6.20	6.24	6.67	6.69

* 자료: 통계청(2021), 소득5분위별 자산·부채·소득현황, 가계금융복지조사.

자산분포의 불평등도가 소득에 비하여 더 심각하다는 사실은 국토연구원(2018)이 58,497가구를 대상으로 조사하여 소득 및 자산종류별 지니계수를 추산한 결과(<그림 8-8>)에서도 확인된다. 소득보다는 자산이, 자산 중에서도 주택을 포함한 부동산자산

소유의 불평등도가 더 크다는 것이다. 2018년 소득의 지니계수가 0.351인데 대하여 순자산은 0.564, 주택자산은 0.647로 나타났다. 이에 따르면 주택보유 여부, 고가주택 보유 여부가 자산불평등을 주도함을 알 수 있다.

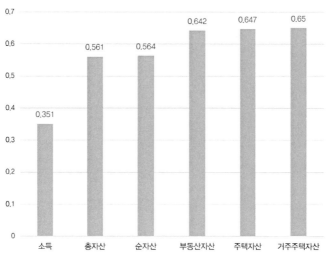

* 자료: 국토연구원(2018), 2018년 주거실태조사.

〈그림 8-8〉 소득 및 자산 종류별 지니계수(2018년)

자산의 조사와 측정에 관하여 전체적인 과소보고 경향이 있어 국민대차대조표에 의한 거시지표에 비해 가계금융복지조사에 의한 미시지표가 작으므로(정준호·전병유, 2016), 지표의 해석에 고려할 필요가 있다. 이러한 과소보고의 경향은 부동산을 포함한 실물자산에 비해 금융자산이 더 뚜렷하다. 또한 상위 자산계층에서 과소보고가 더 크다. 이에 따라 주요국에서 자산통계를 작성할 때 표본에 자산 상위계층을 더 포함하여 과대표본추출(over-sampling)을 하고 있으나 우리나라에서는 아직 도입하지 않고 있다. 다만 전체 가구집단이나 자산 분위별 가구집단의 대표값 평가에 관하여 평균 자산액보다 중위자산액이 더 유용하다는 점을 감안하여야 한다.

우리나라는 가계자산에서 부동산을 포함한 실물자산의 비중이 큰 것으로 알려져 있다. 금융시장이 발달한 미국이나 영국과 상당한 차이가 있는 것은 사실이다. 그러나 OECD 평균에 비하면 약간 높은 정도이다. 한편 공적 장부에 대한 등록의 대상이 아닌 귀금속, 미술품, 내구재 등 통계에 잡히지 않는 자산이 자산분포의 실제 불평등을 과소평가할 여지도 배제할 수 없다.

1)

소득·자산 분배의 불평등이 과도하고 빈곤의 정도와 인구 비중이 크면 경제성장의 지속에 지장을 가져올 뿐 아니라 분배 불평등 자체가 국민의 삶의 질을 낮추고 정치사회적 불안을 초래할 수 있다. 따라서 정부는 공공정책을 통하여 소득·자산 분배의 불평등을 완화하고 빈곤을 퇴치하기 위하여 노력한다. 즉 공공정책은 보조금과 조세에 의한 시장소득 분배의 교정에 의하여 최종소득분배(final income distribution)에 상당한 영향을 미친다. 예컨대 미국은 1980년대 초 OECD 회원국 중에서 가장 분배 불평등도가 높았고 그 이후 21세기 초까지 불평등도가 가장 많이 증가되었다. 낮은 임금과 정부의 낮은 복지지출이 중요하게 작용했으며, 시장소득(market income)과 가처분소득(disposable income)의 차이로 측정되는 정부정책의 영향이 다른 선진국보다 작았다. 미국이 유럽을 포함한 다른 선진국과의 비교에서 보이는 차이는 한부모, 이민자, 고령자 비중 차이와 같은 인구통계로 설명할 수 없으며, 저소득 근로자 가정을 위한 지출노력 부족 등 미국의 제도에 기인할 가능성이 높다. 결국 미국의 소득·자산 분배 불평등도가 가장 높은 이유는 정부가 시장소득 불평등을 개선하기 위한 조세·지출 정책에 소홀했기 때문으로 평가된다(Smeeding, 2005).

소득·자산 분배를 개선하는 효과적 정책수단을 적정하게 설계할 필요가 있다. 문제는 분배 개선을 위한 재분배정책이 과도할 경우 노동자의 근로 의욕이나 기업의 투자 의지를 저해할 우려가 있다는 점이다. 시장소득의 분배를 개선하는 정책으로 대표적 수단은 최저임금제나 노동 3권을 보장하는 노동법제가 있다. 소득분배 개선을 위한 정책은 누진적 소득세나 부의 소득세(Negative income tax) 등 조세수단과 기초생활보장제 등에 의한 사회보장 수혜금 등 보조금이 있다. 자산의 분배를 개선하는 정책으로는 상속세, 증여세, 부유세 등이 있다. 한편 우리나라의 경우 가계 자산에서 차지하는 부동산의 비중이 크고 주택, 특히 고가주택 소유 여부와 소유 주택 수가 자산불평등을 주도하고 있어 주택가격 안정과 청년, 저소득층의 내 집 마련 지원이 자산분포의 불평등을 완화하는 데 중요한 정책수단이 될 것으로 판단된다.

2)

가계 소득·자산에 관한 통계는 매분기 발표되는 '가계동향조사'와 매년 발표되는 '가계 금융·복지조사'가 있다. 전자는 가계소득 동향의 시의성 있는 파악이 초점이며, 후자는 가계의 소득구조와 재무건전성, 소득분배의 체계적 집계가 중요한 목표이다. 한국의 소득분배에 관한 정부의 공식통계는 가계 금융·복지조사이다. 이 조사에 의한 지표를 기초로 최근의 소득분배 불평등도를 평가하면 시장소득 기준으로는 악화된 데 대하여, 처분가능소득 기준으로는 개선되었다.

시장소득의 분배가 악화된 것은 물론 경제의 지식정보화와 글로벌화 등의 장기적 추세에도 기인하지만 최근의 요인으로는 소득주도성장 정책기조에 따른 최저임금의 급격한 인상과 급작스런 주 52시간 노동 도입 등으로 노동수요 위축에 따라 고용이 줄고 자영업자 소득이 감소한 데 따른 것으로 보인다. 이에 대해 처분가능소득 기준의 소득분배 개선은 기초연금 인상(2018년 9월 25만원, 이후 2021년까지 30만원으로 단계별 인상), 아동수당 지급(2018년), 실업급여 인상, 근로장려세제 확대, 공공일자리 확충 등의 정부정책의 영향이다.

문제는 자산분포의 소득계층 간, 자산계층 간 격차가 뚜렷하게 심화되었다는 것이다. 가장 중요한 요인은 공급 확대보다는 수요억제 일변도의 부동산정책으로 주택가격이 급등함에 따라 자산분포의 불평등도가 확대된 사실에 기인한다. 자산 격차의 축소를 강조한 참여정부와 문재인정부에서 보수정부 기간에 비해 주택가격 상승과 자산분포 불평등 확대가 컸다는 사실은 시장원리에 충실한 경제정책 운용이 얼마나 중요한지를 입증하는 사례가 될 것이다.

가계소득의 회복과 소득분배 개선을 위하여 우선 코로나-19의 감염병 위기를 조속히 극복하여야 한다. 최근 정치권 일각에서 전 국민에게 지급되는 재난 지원금을 주장하고 있다. 그러나 방역조치 강화로 매출과 소득이 감소하면서 가장 큰 고통을 겪고 있는 자영업자나 소상공인을 피해에 비례하여 지원하는 것이 효과적일 것이다. "노르웨이와 덴마크는 이미 2020년 3월에 이전 3년 간의 세금 신고액을 기준으로 자영업자 평균 소득의 80%와 75%를 각각 보장해줬다."(Schwab, 2020) 신용카드 매출, 현금영수증 발급 데이터를 집계하면 방역조치 강화에 의한 피해실적을 실시간으로 파악할 수 있다. 공공, 교육, 보건, 금융, 수출제조업, 대기업 등 부문은 고통스러워도 견딜만하다. 정치적 고려가 아니라면 전 국민에 대한 재난지원금보다 서민들의 구체적 피해를 구제하는 것이 더 긴요하다. 예를 들어 2021년 7월 처음 자영업자, 소상공인과 종사자들의 생존을 위협할 정도인 사회적 거리두기 4단계를 시행한 시점에 자영업자, 소상공인의 손실과 이에 의한 종사자 실직 피해를 파악하고 일정 비율 보상하는 방안을 방역조치 강화와 함께 발표했어야 한다.

한편 소득분배와 자산분포의 구조적인 개선을 위해서는 민간 기업이 양질의 일자리를 적극적으로 창출할 수 있도록 미래성장동력 지원과 규제 개혁을 강력하게 추진하고 도심지역의 택지개발과 재건축, 재개발 활성화와 청년층과 무주택 서민을 주 대상으로 하는 공공 분양·임대주택 공급 확대를 통하여 주택가격을 안정화하는 정책노력이 시급하다. 더욱 장기적인 관점에서는 공교육의 질을 높이고 장학금·생활비 지원을 통하여 경제사정이 어려운 가정의 자녀들도 걱정 없이 공부할 수 있도록 하는 제도를 계속 보완해나가야 한다.

1. 지난 50년 정도의 기간에 걸쳐, 우리나라의 소득의 분배와 자산의 분포는 어떻게 변화되어 왔다고 할 수 있을까?

2. 우리나라의 경우 자산분포와 소득분배 간에 상당한 차이가 있는 것으로 보인다. 자산의 분포를 좌우하는 한국경제의 특징은 무엇인가?

3. 최근 최저임금의 큰 폭 인상, 사회복지제도 확대 등 정책조치에도 불구하고 소득분배가 뚜렷하게 개선되지 않고 자산분포의 불평등도는 오히려 악화되는 모습을 보이고 있다. 어떻게 설명할 수 있을까?

4. 통계청 사이트에 들어가 최근 가계금융복지조사에 관한 보고서를 살펴보고 우리나라 소득분배와 자산분포의 특징에 관하여 설명해보자.

참고문헌

[1]   강신욱(2018), 최근 소득불평등의 추이와 특징, 월간 노동리뷰, 2018년 8월호.

[2]   국토연구원(2018), 2018년 주거실태조사.

[3]   김영미·한준(2007), 금융위기 이후 한국 소득불평등구조의 변화: 소득불평등 분해, 1998~2005, 한국사회학 41(5), 35-63.

[4]   유경준·김대일(2003), 소득분배 국제 비교와 빈곤 연구, 한국개발연구원.

[5]   정준호·전병유(2016), 한국에서의 성장과 빈곤, 불평등, 경제연구, 34(2), 1-31.

[6]   통계청(2020), 2020년 가계금융복지조사 결과, 보도자료, 2020.12.17.

[7]   통계청(2021), 자산5분위별 자산, 부채, 소득 현황 및 소득5분위별 자산, 부채, 소득 현황, 가계금융복지조사, 국가통계포털.
       https://kosis.kr/statisticsList/statisticsListIndex.do?vwcd=MT_ZTITLE&menuId=M_01_01#content-group/2021.8.3. 접속.

[8]   Cox, M. & Alm, R. (2008), "You Are What You Spend", New York Times, February 10, 2008.

[9]   International Churchill Society(2021), Quotes: Vice of Capitalism, Winston Churchill, House of Commons, 22 October 1945, retrieved from the International Churchill Society.
       https://winstonchurchill.org/resources/quotes/, August 19, 2021.

[10]   OECD(2013), OECD Framework for Statistics on the Distribution of Household Income, Consumption and Wealth.

[11]   Koop, G.(2013), Analysis of Economic Data. 4th Edition, John Wiley & Sons.

[12]   Kuznets, S.(1955), Economic Growth and Income Inequality, American Economic Review, 45(1), 1–28.

[13]   Mankiw, G.(2021), Principles of Economics, 9th edition, Cengage Learning.

[14]   Schwab, K. & Malleret, T.(2020), The Great Reset, In World Economic Forum: Geneva, Switzerland.

[15]   Smeeding, T. M.(2005), Public Policy, Economic Inequality, and Poverty: The United States in Comparative Perspective, Social Science Quarterly, 86, 955–983.

[16]   Stengel, D. N.(2011), Working with Economic Indicators: Interpretation and Sources, Business Expert Press.

[17]   Stiglitz, Joseph E.(1996), "Some Lessons from The East Asian Miracle", World Bank Research Observer, 11(2): 151–177.

인플레이션과
통화정책

제9장

인플레이션과 통화정책

> 높은 인플레이션은 상대가격을 변경하고 경제적 불확실성을 심화시키며 소득과 부를 재분배한다.
> 대표적인 물가지수인 소비자물가지수(CPI)는 소비자가 일정한 재화·서비스 묶음을 구매하는
> 데 드는 비용의 변화를 측정하므로 전형적 가계의 생계비 상승을 판단하는 기준이다.
> 생산자물가지수는 일정 재화·서비스 묶음에 대한 기업의 판매가격 변화를 측정한다.
> 수출입물가지수는 일정 수출입 상품 묶음의 가격 변화를 측정한다.
> GDP디플레이터는 경상 GDP와 불변 GDP의 비율로 측정되며 가장 광범위한 가격을 포함한다.
> 근원물가지수는 일시적 공급충격의 영향을 제거하기 위하여 CPI에서 음식료품, 에너지를 제외
> 한 지수이다.
> 금, 원유, 구리 등 실물의 가격이나 이들을 포함한 상품가격지수도 중요하다.
> 물가의 안정은 중앙은행에 의한 통화정책의 가장 중요한 목표이다.

인플레이션과 물가지수

높은 인플레이션은 상품 간 상대가격을 왜곡하고 경제적 불확실성을 심화시켜 다양한 혼란과 불편을 가져오고, 가계의 현금 보유, 소비에 관한 의사결정과 기업의 투자에 관한 의사결정에 혼선을 초래하며 기업과 노동자, 채권자와 채무자 사이에 소득과 자산을 임의로 재분배한다. 인플레이션의 폐해를 막기 위하여 현대 국가들은 중앙은행의 독립성을 보장하여 물가안정(price stability)을 통화정책의 최우선적 목표로 추구하도록 하고 있다.

개별 상품의 시장가치를 의미하는 가격(price)과 경제 전반의 평균적인 가격을 의미하는 물가(price level) 그리고 물가의 상승을 의미하는 인플레이션(inflation)은 중요한 경제지표이다. 물가는 명목 GDP를 실질 GDP로 환산하는 데 쓰이고 인플레이션은 가계의 생계비 상승을 나타내므로 임금, 연금급여, 복지급여 등의 인상을 결정하는 기준이 된다.

물가를 정의하고 측정하기 위해서는 물가지수가 필수적이다. GDP의 추계를 위하여

가장 중요한 가격정보는 소비자물가지수(consumer price index: CPI)이며, 생산자물가지수 (producer price index: PPI)도 활용된다. 이 두 가지 지수는 모두 통계청이 작성하여 발표한다. 또한 GDP 추계를 위해서나 교역조건과 무역의 후생효과를 평가하기 위해 수입물가지수(import price index)와 수출물가지수(export price index)도 중요하다. 우리나라의 경우에는 각종 주택 가격지수(housing price index)도 관심의 초점이다.

생산자물가지수

생산자물가지수(PPI)는 월간 지수로서 기업이 부과하는 가격, 즉 부가가치세를 뺀 공장도가격 등 출하·판매 가격의 척도이다. 예전에는 유사한 목적으로 도매물가지수가 쓰이기도 하였다. PPI가 측정하는 상품의 범위는 확장되어 왔으며 최근 다양한 서비스 품목도 포함되었다. 현재 재화는 국내 출하액의 1/10,000 이상인 781개 품목, 서비스는 1/2,000 이상의 거래비중을 가진 103개 품목이 집계 대상이다. PPI는 기준연도의 일정한 상품 묶음(bundle of products)을 기준으로 이 상품 묶음을 공급기업에게서 구입하는 데 소요되는 기준연도의 비용을 분모로 하고 각 연도에 동일한 상품 묶음을 구입하는 비용을 분자로 하여 계산하는 라스파이레스 방법으로 집계한다.

PPI는 최종재와 각 단계의 중간재를 분류하여 포함하는데, 최종재는 판매처를 가계, 기업, 정부, 해외로 분류하고 중간재는 판매처를 제조업, 건설업 등 산업분류의 대분류별로 표시한다. PPI가 순차적으로 CPI에 영향을 주지만 CPI에는 도소매 점포에서의 인건비나 수입물가가 별도로 영향을 주므로 반드시 유사하게 움직이는 것은 아니다.

수출입물가지수

수출물가지수와 수입물가지수는 주요 수출입 품목의 가격 변화를 측정한다. 현재 조사대상 품목은 2022년 기준으로 수출이 212개, 수입이 234개인데, 통관 기준 금액으로서 총수출액과 총수입액에서 차지하는 비중이 각각 1/2,000 이상인 품목들이다. 다만 항공기, 선박, 귀금속, 예술작품, 무기류 등 가격조사와 가격시계열 유지가 어려운 품목은 제외된다. 수출은 FOB 가격, 수입은 CIF 가격을 원칙으로 한다.

GDP디플레이터

경상GDP와 불변GDP의 비율로 측정된다. GDP에 포함되는 모든 재화나 서비스의 가격이 생산량을 가중치로 하여 합산되는 것이니, 가장 광범위한 가격을 포함하여 계산하는 지수이다.

상품가격

여러 상품가격에 관한 지수도 중요하다(The Economist, 2000). 금은 안전자산으로 위기 시에 선호된다. 금의 가격은 온스당 달러가격으로 측정된다. 금의 생산에 의한 공급과 함께 산업 원료와 부의 저장수단으로의 수요에 의해 가격이 변동한다. 원유는 배럴당 달러가격으로 측정된다. 서부 텍사스산 중질유(West Texas Intermediate: WTI), 북해산 브렌트(Brent), 중동 두바이(Dubai) 등으로 분류된다. 유가는 경제성장과 경기변동을 반영한 수요와 OPEC에 의해 영향을 받는 산유국의 공급에 의해 변동한다. 그 외에 구리 등의 대표적 원자재 가격은 경기순환에 따른 수요와 공급차질 여부에 의해 변동한다. 그 외에 톰슨·로이터(Thomson Reuters) 지수, Economist 지수, Moody's 지수 등 다양한 상품가격지수(commodity price index)도 중요한 물가지수이다. 여기서 상품이란 전혀 가공되지 않은, 또는 반가공되어 식료품이나 여타 제조업에 투입되는 원자재를 말한다.

소비자물가지수

소비자물가지수(CPI)는 전형적인 가계가 구입하는 제품과 서비스로 구성되는 상품 묶음의 가격변동을 지표로 정의하여 측정한 것이다. CPI는 가장 보편적인 물가지수로서 다양한 목적으로 사용된다.

CPI는 소비자가 고정된 기준연도에 도입된 재화·서비스 묶음에 대하여 지불하는 비용의 변화를 측정하므로 라스파이레스 가격지수로 간주된다. CPI의 계산 방법을 살펴보자. 첫째, 계산의 기초가 되는 상품 묶음은 소비자조사에 의하여 결정되는데, 우리나라의 경우 통계청이 38개 주요 도시를 대상으로 '가계동향조사'를 시행한다. 지금 사용되는 상품묶음은 2020년에 조사항목별 월평균 지출액이 총 소비지출액의

1/10,000 이상인 재화 310개와 서비스 148개를 합하여 458개 품목을 포함한다. 상품 묶음은 소비구조 변화를 반영하기 위하여 주기적으로 변경되지만, GDP 통계와 달리, 변경된 상품 묶음을 기준으로 과거의 CPI 상승 지수를 소급하여 수정하지는 않는다. 둘째, 상품 묶음을 구성하는 개별 품목의 가격 데이터를 수집한다. 셋째, 당해 연도에 그 상품묶음의 구입에 소요되는 비용을 계산한다. 넷째, 기준연도를 정하고 동일한 상품묶음을 구입하는 데 소요되었던 비용을 계산한다. 다섯째, 당해 연도의 구입비용을 기준 연도의 구입비용으로 나누고 100을 곱하면 CPI지수가 된다.

예를 들어 전형적인 소비자가 (통계청이 조사하는 CPI 상품 묶음에는 458개 품목의 구입 단위 수가 있지만) 4그릇의 설렁탕과 10컵의 커피를 소비한다고 가정하고 연도별 가격은 <표 9-1>과 같다고 하자.

〈표 9-1〉 CPI 계산을 위한 간단한 사례

연도	설렁탕 가격	커피 가격	상품 묶음의 비용
2020	10,000	5,000	90,000
2021	11,000	6,000	104,000
2022	12,000	7,000	118,000

CPI는 다음과 같이 계산된다.

2010: $100 \times (90{,}000/90{,}000) = 100$

2011: $100 \times (104{,}000/90{,}000) = 116$ 인플레이션율 $= \dfrac{116-100}{100} = 16\%$

2012: $100 \times (118{,}000/90{,}000) = 131$ 인플레이션율 $= \dfrac{131-116}{116} = 13\%$

CPI를 생계비지수로 해석하는 것과 관련하여 몇 가지 논점이 있다(Steindel, 2018). 첫째, CPI는 특정 상품의 가격인상에 대한 소비자의 유사상품 소비로의 대체효과를 고려하지 않는다. 둘째, 통계청이 가격인상에서 품질의 개선이 차지하는 부분을 반영하려고 노력하지만 품질변화의 효과가 충분히 반영되지 않는다. 셋째, 어떤 상품을 어느 매장에서 구입하였는가가 중요한데, 이를 고려하지 않고 표집한 매장에서 구입하는 가격을 측정하므로 라스파이레스 방법의 고정 상품묶음이라는 조건이 충족되지 않는다. 넷째, 상품묶음을 도출하는 소비자조사의 신뢰성이 의심스럽다. 무응답률도 날로 상승하고 소비자들은 일부 구입 가격을 저평가하는 경향이 있다. 다섯째, 주택소유자의 임대료 기회비용을 포함하는데, 유사한 임대물건을 찾아 비교하기가 어렵다.

근원물가지수

근원물가지수(core price index)는 CPI에서 단기 변동성이 높은 음식료품, 에너지를 제외한 지수이다. 생산자물가에 관해서 근원PPI지수를 계산하기도 한다. 1970년대에 전 세계적 현상이기도 하였지만 특히 미국에서 CPI가 식품 및 에너지 가격의 크고도 불규칙한 변동으로 상당한 변동성을 나타내었다. 이에 따라 미국 BLS는 1978년부터 식품과 에너지를 제외한 근원인플레이션 지수를 발표하였다.

근원물가지수에서 제외되는 가격들은 날씨나 지정학적 사건, 생산차질 등에 따른 변동이 많고 평균 회귀의 경향이 있다. 국민경제에 내재되어 단기 또는 중장기에 지속될 가능성이 있고, 그러므로 총수요관리 정책에 의해 대응할 수 있는 인플레이션 요소를 측정하기 위하여 개발한 척도가 근원물가지수이다. 따라서 중앙은행은 정책 모색을 위하여 CPI보다 근원인플레이션에 초점을 맞춘다.

인플레이션의 폐해와 선진국의 안정기조

일반적으로 빠르고 지속적인 물가상승은 저축자로부터 차입자에게 자산을 재분배하고 근로자의 실질임금을 낮추어 기업의 비용부담을 덜어준다. 특히 급격한 인플레이션은 현금과 부채자산의 구매력을 잠식하고, 경제주체 간의 계약과 자본주의 경제가 의존하는 미래에의 신뢰를 훼손하여 적극적 경제활동을 억제한다. 1970년대 초부터 1980년대까지 높은 인플레이션이 지속될 때 미국 국민의 절반 이상이 인플레이션과 높은 생활비가 미국이 직면한 가장 큰 문제라고 지적하였다(The Economist, 2020a).

1980년대 거시경제학의 지배적 공감대는 통화증가가 인플레이션을 가져온다는 통화주의(Monetarism)에 있었다(Mankiw, 2018; The Economist, 2020c). 1990년대의 신케인즈주의(New Keynesian)는 인플레이션이 물가상승에 대한 대중의 기대와 노동시장의 수급압력에 따른 임금상승에 의하여 촉발된다고 보았다. 부유한 선진국에서 1970년대에 연평균 10%이던 물가상승이 1990년대 들어 안정세로 돌아섰고 2010년대에는

2% 미만을 유지하고 있다. 이러한 인플레이션 추이의 변화는 1980년대 이후에 통화주의의 정책권고에 입각한 중앙은행의 독립성 강화와 긴축기조 견지에 따른 것으로 해석되고 있다. 이에 더하여 중국과 베트남, 동유럽 등 구 사회주의권 국가와 여타 개도국이 국제무역 체제에 동참하면서 주요 선진국에 저렴한 재화가 수입됨에 따라 각국의 물가와 임금이 안정된 데도 기인한 것으로 평가되고 있다.

소비자물가 추이와 대응

한국 소비자물가의 추이를 <그림 9-1>에 나타냈다. 개발연대 이후 소비자물가는 1980년대 초반 안정화 정책 기조를 채택한 이전과 이후로 뚜렷하게 구별된다. 1970년대 1차와 2차 오일쇼크 시기에는 연간 상승률이 30% 가까운 수준을 기록하였다.

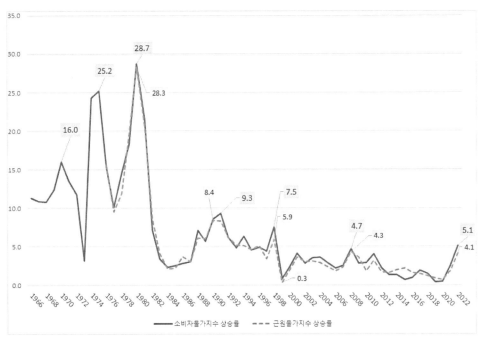

* 자료: 통계청, 소비자물가 동향, 각 연도.

<그림 9-1> 소비자물가 추이

그러나 1980년대 중반 이후에는 1980년대 말 세계적 3저 호황에 따른 1986~88년의 3년 간 두 자릿수 경제성장 시기에 10%에 육박하는 인플레이션을 보였고 IMF 외환위기

극복 과정에서 1998년 7%대 상승률을 보인 외에는 5% 미만의 상승률을 기록했다. 198
3~2020년까지의 38년 간 연평균 3.5%의 물가상승을 보여 1966~1982년의 17년 동안 연
평균 15% 수준의 상승률을 보였던 것과는 대조적이다. 한편 가격등락이 심한 농산물과
석유류를 제외한 소비자물가지수인 근원물가지수는 대체로 CPI와 유사한 움직임을 보이
면서 약간 낮은 상승률을 보이는 것이 일반적이지만 2010년대 초중반 미국의 셰일오일
생산 증가로 유가가 안정된 시기에는 CPI보다 약간 더 높은 모습을 보여주기도 하였다.

2008년 글로벌 금융위기와 그 직후 유럽의 재정위기에 따라 주요국 중앙은행이 10
년 이상 적극적으로 양적완화를 시행한데 이어서 2020년 들어서는 코로나-19의 위기
극복을 위하여 각국 정부와 중앙은행이 재정지출과 통화량의 확대를 앞다투어 시행
하였다. 2021년 중반에 쓰여진 이 책의 초판에서 재정·금융 확장과 팬데믹 극복 진행
과 관련한 전문가들의 인플레이션 전망을 강조하였다. 감염병 상황에서 공급이 크게
위축된 가운데 백신접종 확대, 감염률 하락과 경제활동 재개가 이루어지면 유동성
증가를 기반으로 소비지출이 급증하면서 물가를 끌어올릴 수 있다는 점에 주목한 것
이다.

장기적 추세로서 선진국에 이어 중국 등 개도국에서도 고령화 현상이 진전되고,
이민 규제가 유지되는 가운데 서비스산업의 인력부족이 임금 상승 요인으로 작용한
다면 인플레이션 압력이 가중될 수 있다고 보았다. 한편 각국 중앙은행은 그동안 디
플레이션을 염려할 정도의 안정적 물가 추세와 급증한 국채규모에 따른 원리금 상환
부담 때문에 쉽게 통화정책을 긴축기조로 전환하기 어려울 것이라는 전망도 인플레
이션 가능성을 뒷받침하였다. 그 결과 인플레이션 국면이 전개된다면 선진국의 1970
년대와 같은 수준의 물가상승이 상당 기간 진행될 수 있다는 우려가 있으므로 국민
경제의 운용이나 개인의 경제적 의사결정 측면의 위험관리를 위하여 귀추를 주목해
야 할 것이라고 주장하였다.

그런데 코로나19로 인한 공급망 차질과 미중 무역갈등 심화에 따른 글로벌 공급망
재편이 진행되면서 세계경제는 인플레이션 국면으로 접어들었다. 이 책의 초판이 출
간된 2021년 8월에 한국은행은 기준금리를 인상하였다. 2022년 2월에는 러시아·우크
라이나 전쟁이 발발하여 물가상승 압력이 가중되자, 미국 연준도 2022년 3월부터 금
리 인상을 단행하였다. 우리나라도 인플레이션이 발생했는데, 2022년에는 IMF외환위
기 이후 24년 만에 가장 높은 5.1%의 물가상승을 기록하였다.

지표를 요약하여 제시하는 통계도구로서 그래프는 곧바로 얻을 수 있는 가시적 효과에도 불구하고 수치로 나타내는 것과 같은 엄밀성이 부족하다. 여기서는 지표의 엄밀한 요약을 위한 대표값과 산포도를 포함한 기술통계(descriptive statistic)에 관해 알아보기로 한다. 가장 많이 쓰이는 대표값은 평균(mean)이다. 평균은 지표의 모든 관측값의 합계를 표본의 크기로 나눈 것을 말한다. 이때 N은 모든 관측치의 개수이다.

$$\overline{X} = \frac{\displaystyle\sum_{i=1}^{N} X_i}{N}$$

OECD, EU회원국 중심으로 2000년과 2020년 GDP통계치를 OECD에 제출한 42개 국가에 관한 〈표 9-2〉의 데이터를 살펴보자. 이들 국가의 1인당 GDP평균은 2000년의 21,205달러에서 2020년 44,762달러로 2배 이상 늘어났다.

중위수(median)는 지표값을 오름차순으로 나열했을 때 중간 위치의 값이다. 전체 관측치의 수가 홀수이면 중위수는 하나의 관측값이 되지만 짝수이면 중간 위치에 있는 두 관측값의 평균이 된다. 2020년 GDP 중위수는 21번째 이태리와 22번째 체크의 관측값 평균인 41,615달러이다. 2000년의 GDP 중위수는 21번째 그리스와 22번째 사이프러스의 관측값 평균인 20,412달러이다.

이를 일반화하면 백분위수(percentile)를 정의할 수 있다. p백분위수는 그 값보다 작거나 같은 관측값이 p% 이상이고, 그 값보다 크거나 같은 관측값이 (1-p)% 이상인 값이다. 다시 말해 데이터의 수가 N일 때 100×p 백분위수는 그 값보다 작거나 같은 관측값이 Np개 이상이고, 그 값보다 크거나 같은 관측값이 N(1-p)개 이상인 값이다. 그러므로 중위수는 50백분위수라고 할 수 있다. 백분위수를 구하는 방법을 보자. 우선 가장 간단한 방법은 다음과 같다. 관측값을 오름차순으로 정렬하고 Np가 정수이면 Np번째 값과 Np+1번째 값의 평균이고, Np가 정수가 아니면 Np의 정수 부분에 1을 더한 값을 m이라 하고, m번째 값이다. 이 자료에서 국가 수가 42개이므로 오름차순으로 1번째, 11번째, 21번째와 22번째의 평균, 32번째, 42번째 국가의 GDP가 각각 1백분위수, 25백분위수, 50백분위수, 75백분위수, 99백분위수가 되는 것이다.

또한 사분위수(quartile)를 정의하여 25백분위수를 1사분위수, 50백분위수를 중위수이자 2사분위수, 75백분위수를 3사분위수라 한다. 한편 오분위수(quintile)는 각각 20, 40, 60,

국가	2000	2020	비고	국가	2000	2020	비고
콜롬비아	6,709	14,994	*	이스라엘	24,940	41,859	*
멕시코	10,870	19,127	*	말타	18,369	43,026	
코스타리카	8,291	20,972	*	한국	18,539	43,058	*
불가리아	6,425	24,350	**	뉴질랜드	21,472	44,050	*
칠레	9,519	24,648	*	영국	26,424	44,929	
터키	9,479	28,441	**	프랑스	26,106	46,537	**
그리스	19,525	28,486	**	캐나다	29,363	48,091	
크로아티아	11,008	28,594	*	핀란드	26,796	51,096	
슬로바크	11,356	31,822		호주	28,253	51,743	*
루마니아	5,853	31,875	**	벨기에	27,797	52,063	**
라트비아	8,033	32,028		독일	27,463	53,812	**
헝가리	11,858	33,084	**	스웨덴	29,631	54,848	
폴란드	10,677	34,004	**	오스트리아	29,389	55,340	
포르투갈	18,885	34,520	*	아이슬란드	29,793	55,492	*
스페인	21,601	38,335	**	네덜란드	31,884	59,335	**
에스토니아	9,409	38,454		덴마크	28,679	60,413	
사이프러스	21,299	38,603	**	노르웨이	36,952	63,293	
리투아니아	8,450	38,734		미국	36,305	63,415	*
슬로베니아	18,005	39,537		스위스	36,442	71,298	**
이탈리아	27,084	41,492		아일랜드	30,200	93,883	
체코	16,215	41,737		룩셈부르크	55,280	118,582	

* 자료: OECD(2021), Gross Domestic Product(GDP).
** 주: 비고의 2020년 GDP값에 대하여 *는 추정치, **는 잠정치.

80백분위수를 1, 2, 3, 4오분위수라 하고, 십분위수(decile)는 각각 10, 20, 30, …, 70, 80, 90백분위수를 1, 2, 3, …, 7, 8, 9십분위수라 한다.

좀 더 엄밀한 방법은 위치계수를 계산하여 관측치 간의 거리를 감안하여 계산한다. 앞의 GDP자료를 가지고 1사분위수(Q_1), 57백분위수(P_{57}), 4오분위수(QN), 9십분위수(D_9)를 구해보기로 한다. 백분위수의 위치계수는 다음 식으로 계산한다. $L_p = (n+1)\dfrac{p}{100}$에 따라서 각 위치계수는 다음과 같다.

$$L_{25} = (42+1)\frac{25}{100} = 10.75, \qquad L_{57} = (42+1)\frac{57}{100} = 24.51,$$

$$L_{80} = (42+1)\frac{80}{100} = 34.4, \, L_{90} = (42+1)\frac{90}{100} = 38.7$$

그러면 구하는 대표값은 다음과 같이 구해진다.

$Q_1 = 31{,}875 + 0.75 \times (32{,}028 - 31{,}875) = 31{,}990$ (루마니아와 라트비아 사이값)

$P_{57} = 43{,}058 + 0.51 \times (44{,}050 - 39{,}537) = 43{,}564$ (한국과 뉴질랜드 사잇값)

$QN_4 = 55{,}340 + 0.4 \times (55{,}492 - 55{,}340) = 55{,}401$ (오스트리아와 아이슬란드 사이값)

$D_9 = 63{,}415 + 0.7 \times (63{,}293 - 63{,}415) = 63{,}378$ (노르웨이와 미국 사이값)

한편 산포도는 지표값이 얼마나 퍼져 있는지에 관한 척도이다. 지표값 차이의 기본데이터는 각 관측치에서 표본평균을 뺀 편차이지만 이는 평균을 중심으로 (+)와 (−)가 상쇄되어 합이 0이 된다. 따라서 통계학에서는 편차의 제곱의 합을 N−1로 나눈 표본분산과 분산에 제곱근을 취한 표본표준편차가 사용된다. 공식은 다음과 같다. 여기서 N이 아니라 N−1로 나누는 이유는 모수의 정확한 추정을 위한 통계량의 불편성(unbiasedness)이라는 특성을 확보하기 위한 것이다.

$$VAR(X) = \frac{\sum_{i=1}^{N}(X_i - \overline{X})^2}{N-1}, \, \text{St } dev(X) = \sqrt{\frac{\sum_{i=1}^{N}(X_i - \overline{X})^2}{N-1}}$$

국가별 1인당 GDP의 표본분산은 2020년과 2000년에 각각 367,690,538달러, 117,238,815 달러이고, 표본표준편차는 각각 19,175달러와 10,828달러이다. 분산은 관측값의 평균대비 편차를 제곱한 수라 너무 크고, 표준편차가 실제 편차의 크기를 적절하게 대표한다고 느껴지는 값이다. 다만 2020년과 2000년의 GDP 간에 평균값이 2배 이상 차이가 나므로 변이계수를 써서 산포도를 표준화할 수 있다. 변이계수는 표준편차를 평균으로 나눈 값이다.

$$\text{변이계수(coefficient of variation: CV)} = \frac{\text{St } dev(X)}{\overline{X}}$$

변이계수는 2020년에 0.428, 2000년에 0.511이다. 표본표준편차가 2000년에 비하여 2020 년에 커졌음에도 불구하고 평균값으로 조정한 변이계수가 2000년에 비하여 2020년에 작아 졌으므로 이들 국가 간의 1인당 GDP의 격차가 완화되었다고 할 수 있다.

이외에 단순하게 산포도를 나타내는 값으로 최댓값에서 최솟값을 뺀 값을 구간(range)이라 하고, 3사분위수에서 1사분위수를 값을 뺀 값을 사분위구간(Inter-Quartile Range: IQR)이라 한다.

통화정책

경제지표의 변화는 재정정책이나 통화정책의 대응을 초래하고 이러한 정책 시행이 다시 경제지표에 영향을 미친다. 경제성장, 고용증가, 물가안정, 소득분배 형평성이 경제정책의 중요한 목표들이다. 모든 경제정책이 이들을 목표로 하지만 성장, 고용, 소득분배가 정부에 의한 재정정책의 관심사라면 물가안정은 중앙은행의 가장 중요한 관심사라는 점에서 통화정책을 이 장에서 다룬다.

통화정책은 국민경제에 화폐를 공급하고, 금융시장의 이자율과 자금 대출가능성에 영향을 미치는 정책이다. 화폐는 3가지의 기능을 수행한다고 한다. 재화나 서비스의 거래를 위한 지불수단으로 교환의 매개(medium of exchange) 기능, 구매력을 현재에서 미래로 이전하는 가치의 저장(store of value) 기능 그리고 상품 가격을 정하고 자산과 부채를 기록하는 회계의 단위(unit of account) 기능을 한다. 실제 화폐량을 파악하는 통화지표의 개념은 화폐발행액과 금융기관의 한은 원화예치금을 합한 '본원통화'를 기초로 하면서, 지급결제 수단으로 용이하게 교환 가능한 유동성을 가진 여타 금융자산을 합하여 <표 9-3>에 보는 바와 같이 여러 범위로 정의된다(한국은행, 2019).

첫째, M1(협의통화)은 교환 매개수단의 기능을 중시한 지표이다. 이는 시중에 유통되는 현금에 예금취급기관에 대한 결제성예금을 더한 것이다. 결제성예금은 현금에 가까운 정도의 유동성을 가지며 통장, 수표, 자동이체에 의하여 입출금이 자유롭다. M1은 단기금융시장의 유동성 규모를 파악하는 데 적합한 지표이다.

둘째, M2(광의통화)는 가치 저장수단으로서의 기능을 중시한 지표이다. 이는 M1에 유동성이 비교적 높은 금융상품을 더한 것이다. 이들 금융상품은 자산증식을 위한 저축수단이므로 결제성 예금에 비해 유동성이 상대적으로 떨어지나 이자소득 일부를 포기하면 언제든 현금화가 가능하다. 마찬가지로 거주자외화예금도 거래의 지급수단으로 제약이 있지만 원화로 바꾸어 쓸 수 있다.

한편 한국은행은 이들 통화지표와 함께 가치 저장기능을 중시하여 포괄범위를 더

<표 9-3> 대표적 통화지표

통화지표	구성 금융자산
M1(협의통화)	현금+ 요구불예금: 예금취급기관의 당좌예금, 보통예금 등, 수시입출식 예금: 저축예금, 시장금리부 수시입출식예금(money market deposit account: MMDA) 등
M2(광의통화)	M1+ 예금취급기관의 정기예적금(만기 2년 미만), 시장형 금융상품(CP, RP, 매출어음)(만기 2년 미만), 실적배당형 금융상품(만기 2년 미만의 금전신탁, 수익증권, MMF, CMA), 거주자외화예금
Lf(금융기관유동성)	M2+ 예금취급기관의 각종 저축성예금과 금융채, 금전신탁(만기 2년 이상), 생명보험회사의 보험계약준비금; 증권금융회사의 예수금 등
L(광의유동성)	Lf+ 기업과 정부가 발행하는 기업어음(CP), 회사채, 국공채 등

* 자료: 한국은행(2019), 알기 쉬운 경제지표 해설.

넓힌 2가지 유동성지표를 집계한다. 셋째, Lf(금융기관유동성)는 M2에 더해 예금취급기관과 제2금융권의 유동성이 상대적으로 낮은 만기 2년 이상 금융상품을 포함한다. 넷째, L(광의유동성)은 Lf에 기업과 정부가 발행하는 금융증권까지 추가한다.

M2, Lf, L 등의 지표를 기준으로 2000년대 초 이래의 통화량의 장기 추세를 보면 2008년 글로벌 금융위기 전까지 경제성장, 외국인투자 자금 유입, 부동산시장 호황으로 증가세가 꾸준하게 확대되었다. 그러나 위기 전파로 인한 경제침체의 극복을 위하여 통화량 확대 기조를 유지했음에도 불구하고 위기 이후 2013년까지는 성장세 둔화와 부동산시장 약세 등으로 한동안 하락하였다. 그러다 세계경제가 회복기조에 들어선 2014년부터 2000년대 중반의 연간 7% 증가 궤도로 복귀한 모습을 나타내고 있다.

중앙은행은 화폐공급과 대출비용에 영향을 줄 수 있는 여러 정책수단을 보유하고 있다. 첫째, 한국은행은 법정지급준비율을 결정할 권한이 있다. 이는 은행이 예금의 대부분을 대출하더라도 그 일부를 인출에 대비하여 보유해야 하는 금액의 비율이다. 둘째, 한국은행은 은행의 은행으로서의 역할을 수행한다. 예금은행들은 법정지급준비 요건을 충족하기 위하여 다른 은행이나 한국은행에서 차입한다. 한국은행은 이러한 초단기 대출에 대한 이자율을 조절한다. 셋째, 한국은행은 국채, 어음 등의 채권을 소유하며, 정부의 중요한 채권자이다. 이러한 금융증권을 유통시장에서 매수하거나 매도할 수 있으며, 채권 시장에서 강력한 거래자로서 금리를 높이거나 낮출 수 있다.

글로벌 금융위기에 의해 미국 등 선진국에서 총수요가 급격히 위축되고 실업률이 상승하였으며 글로벌화, 자동화에 따른 양극화도 심화되었다. 이러한 위기상황에서 통화량 증대나 이자율 인하 등 전통적 통화정책 수단의 효과가 미흡하자 중앙은행이 직접 정부 발행 국채나 기업의 회사채를 인수하는 비전통적 통화정책 수단으로서의 양적완화(quantity easing: QE)를 시행하였다.

통화정책과 통화량 증가 추이

<그림 9-2>에 우리나라의 1970년대 이후 통화량 증가율 추이를 본원통화와 M1을 기준으로 나타냈다. 통화량 증가율은 1980년대 초 안정화 정책기조를 채택한 시점의 이전과 이후 사이의 구조적 차이를 보여주고 있다.

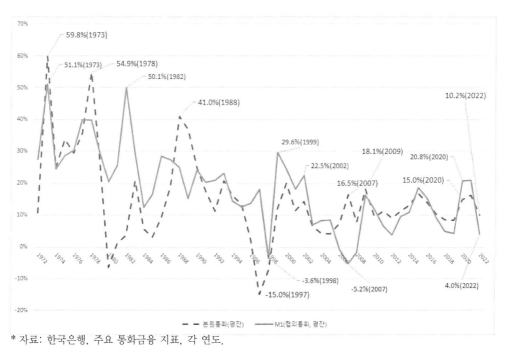

* 자료: 한국은행, 주요 통화금융 지표, 각 연도.

<그림 9-2> 통화량 증가율 추이(1972~2022)

1970년대의 1차, 2차 오일쇼크로 인한 경제적 충격의 극복, 2차 오일쇼크 시 중동 오일 달러의 유입, 1980년대 초 세계적 불황극복 등의 과정에서는 본원통화나 M1이

50~60% 수준의 연간 증가율을 나타내기도 하였다. 그러나 1980년대 중반 이후에는 1980년대 말 3저 호황으로 인한 큰 폭의 국제수지 흑자와 1990년대 말의 IMF 외환위기 극복으로 인한 경우를 제외하고는 2008년 글로벌금융위기 회복과정을 포함하여 전 기간 20% 미만의 증가율을 보였다. IMF 외환위기 때에는 처음에 IMF의 정책권고에 따라 긴축정책을 시행하였다가 2009년 완화정책으로 전환했던 국면도 나타난다. 글로벌 금융위기에 직면한 2007년에는 상당한 본원통화 확대정책에도 불구하고 일시적으로 신용경색이 발생하면서 M1이 크게 감소하였다. 2020년에는 코로나-19 상황에 직면하여 닷컴버블과 신용카드 대란으로 인한 경제침체를 극복하던 2002년 이후 거의 20년 만에 M1기준으로 20% 이상의 통화량 확대가 이루어졌다. 2021년 상반기까지 한국의 통화정책당국은 코로나-19 상황의 불확실성을 고려하여 당분간 통화량 완화 기조를 유지하되, 경제회복이 가시화되고 물가 불안이 우려되는 시점에서 금리인상 등 정책기조의 조정을 검토하겠다는 입장이었다(한국은행, 2021). 그러나 앞에서 논의했던 구조적 인플레이션의 진전에 따라 2021년 8월부터 기준금리 인상과 통화 긴축으로 정책기조를 전환하면서 본원통화와 M1의 증가율은 2021년을 정점으로 2022년 각각 10.2%와 4.0%를 기록하여 글로벌 금융위기로부터 회복한 이후 안정화된 2010년대 초의 통화량 증가 추세로 복귀하였다.

📈 사례연구 물가·통화정책 지표의 활용

1)
CPI가 생계비상승을 대표하는 지표로서 이를 기초생활보장급여, 국민연금, 공무원연금 등 사회보장수혜금 결정에 반영하는 것을 지수화(indexation)라고 한다. 그런데 CPI의 상승은 고령인구의 생계비 상승을 충분히 반영하지 못한다고 한다. 고령자들이 소비의 상당 부분을 의료비로 지출하는데, 의료비가 지속적으로 일반 물가 이상의 속도로 상승하기 때문이다. 또한 우리나라의 경우 주택임대료도 마찬가지로 높은 상승세를 보인다. 다만, 주택소유자의 경우에는 임대수입이나 귀속임대료가 함께 상승하므로 큰 문제가 아니다.

2)
2013년 이후 경기가 회복되고 노동시장의 수급압력이 강화되면서 소득증가가 주로 임금,

봉급 인상으로 나타나 추가적인 물가안정 정책수단을 찾는 중에 코로나 상황이 발생하였다. 이에 따라 전문직이나 사무직은 재택근무가 가능한 데 대하여, 자영업의 타격은 심각하며, 택배, 운전, 청소 등 필수근로자들은 임금수준이 낮고 감염가능성이 높아 분배 개선을 위한 정책 필요가 강화되었다.

코로나 상황에서 완전고용을 최우선 정책목표로 설정하여 정부개입을 강화하여야 한다는 공감대가 형성되었다. 이에 따라 지난 2020년 7월 현재 이미 미국과 유럽, 일본 등 선진국에서 GDP의 17%, 4.2조 달러에 이르는 재정 지원책을 발표하였고 중앙은행의 매입자산도 GDP의 10% 수준에 도달하였다. 구체적 개입 범위에 관하여 이자율과 통화량을 염두에 둔 양적 완화 정책으로 충분하다는 견해가 있고, 재정지출 확대 기조를 유지하면서 그에 따라 발행하는 국채를 중앙은행이 인수해야 한다는 견해가 있는가 하면, 적극적으로는 마이너스 금리까지 목표로 해야 한다는 견해도 있다(The Economist, 2020b). 첫째 견해는 이미 시행하고 있는 정책수단에 관한 것이다. 둘째 견해는 통화정책으로 접근하기 어려운 분배 개선 이슈에 접근하기 위하여 재정지출 확대가 필요하다는 것이며, 이자율이 명목 GDP성장률에 못 미치는 낮은 수준이고 인플레이션 조짐도 없다면 지속가능하다고 주장한다. 셋째 견해에 의하면, 통화량 확대와 재정지출 확대는 미래 재정운용에 부담을 남기고 중앙은행의 이자 상환 부담도 커지므로 마이너스 금리로 가져가야 하고, 그렇게 되면 재정정책과 통화정책의 경계도 사라진다고 주장한다. 앞으로 물가안정 외에도 고용확대와 경기관리를 위한 대응뿐 아니라 자산시장에 관해서도 통화정책의 역할에 대한 기대가 커질 것으로 전망된다.

3)

CPI는 근로자의 생계비 지표로서 노사 간 임금조정에서 참고자료로 활용된다. 또한 기업의 입장에서는 PPI가 수익성 예측의 기초로 진지하게 검토되어야 한다. 또한 수입물가지수가 생산원가와 관련하여 주목받기도 한다.

자산관리의 측면에서는 인플레이션이 예상되는 경우에 위험관리가 필요하다. 그런데 최근에는 과거와 달리 경제회복, 재정확대와 유동성 증가에도 불구하고 인플레이션 우려가 크지 않다는 주장이 많았다. 미국의 경우 2014년 이래 실업률이 3%p 이상 낮아졌어도 인플레이션율은 변함이 없다고 하여 필립스곡선의 관계가 희미해진 것이라는 주장이 있다(The Economist, 2020a). 한편 우리나라에서는 2020년 들어 3월 중반에 주가가 폭락한 후 반등하여 지속적 상승세를 보인 후 연말에 사상 최고치를 보이며 마무리했다. 이러한 주식시장의 활황 장세는 풍부한 유동성을 기초로 이자율이 낮은 수준을 유지하는 가운데 인플레이션 조짐도 없다는 데에 기초를 두었다. 코로나 상황의 전개에 따라 경제의 총수요를 위축시켜 당분간 물가안정 목표를 초과하는 인플레이션이 쉽게 발생하지는 않을 것으로 예측되었다. 그러나 2021년 2~3분기가 지나면서 백신 접종이 상당 정도 진행되어 감염병 극복 시점이 가시화되면 본격적인 경기회복으로 그간의 유동성 확대와 저이자율 정책이 인플레이션을 초래할 가능성이 있다. 따라서 예상치 못한 인플레이션의 경우를 대비하는 위험관리는 필요하다. 물론 인플레이션 하나만을 고려하여 대응책을 마련하기는 어렵고 경기순환의 국면 등 다양한 요인을 복합적으로 고려해야 할 것이다. 우선 인플레이션은 화폐가치의 하락을 의미하므로 현금 보유 자체가 위험일 수 있다. 그러나 인플레이션이 에너지와 원자재 등의 비용 상승을 원인으로 하여 발생한다면 기업의 수익성을 악화시킬 수 있어 자산관리에서 주식 비중의 확대에 신중을 기할 필요가 있다. 인플레이션이 발생하면 한국은행이 단기 금리를 인상할 가능성이 크므로 포트폴리오에서 현금 비중을 높였다가 금리 인상으로 채권가격이 하락하는 시점에 채권비중을 늘리는 전략도 가능하다. 아울러 인플레이션으로부터 원금의 실질가치를 보호하기 위하여 미국의 물가연동국채(Treasury inflation-protected securities: TIPS)나 영국의 지수연동국채(Linkers), 한국 정부의 물가연동국채에 투자할 수 있다. 그러나 코로나 상황의 어려운 시기를 극복하고 경기가 회복되는 과정에서 인플레이션이 발생한다면 기업 입장에서 가격인상 부담을 소비자에게 전가하거나 수익성을 높일 수 있는 여지가 있다. 이러한 경우에는 원자재, 통신, 금융, 경기민감 업종 등 주식의 비중을 높이고 채권, 부동산과 필수재 등 경기둔감 업종 주식의 비중을 낮추는 전략도 고려하여야 한다. 일반적으로 인플레이션이 갑자기 급격하게 진행되는 것은 불확실성의 증대를 의미하므로 달러, 유로 등 기축통화국 외환이나 금과 같은 안전자산에의 투자도 검토할 만하다. (코로나-19 회복 과정에서의 인플레이션 가능성과 자산관리의 위험관리 대응에 관한 글은 이 책의 초판 발간 당시의 시점에서 쓰여진 것이다.)

[이해와 활용]

1. 소비자물가지수는 생계비 산정의 기초자료로 다양하게 활용된다. 이 물가지수를 결정하는 기준이 되는 대표품목은 5년마다 조정된다. 통계청 자료를 참고하여 1970년, 1990년, 2015년, 2020년 기준 대표품목 구성 간의 차이를 살펴보고 특징에 대하여 설명해보자.

2. 1970년부터 시기별로 인플레이션율의 추이를 어떻게 요약할 수 있을까?

3. 한국은행 기준금리 인상조치의 사례에 관한 보도자료를 찾아보고 이때 금융통화 위원회에서 인플레이션율의 현황과 전망에 대하여 어떤 판단을 내렸는지를 제시하라.

4. 통계청 국가통계포털에서 소비자, 생산자, 수출입 등 각 물가지수 지표 데이터를 다운로드하여 엑셀 차트로 그려보고 지표 간의 공통 추이에 관해 해석해보자.

참고문헌

[1]   한국은행(2021), 2021년 7월 통화정책방향, 보도자료.

[2]   한국은행(2019), 알기 쉬운 경제지표.

[3]   Mankiw, G.(2018), Macroeconomics, 10th Edition, Worth Publishers.

[4]   OECD(2021), Gross Domestic Product(GDP)(indicator), doi: 10.1787/dc2f7aec-en (Accessed on 02 July 2021)

[5]   Steindel, C.(2018), Economic Indicators for Professionals: Putting the Statistics into Perspective, Routledge.

[6]   The Economist(2020a), Why the Most Important Hedge is against Unexpected Inflation, January 2, 2020.

[7]   The Economist(2020b), Starting Over Again: The Covid-19 Pandemic Is Forcing a Rethink in Macroeconomics, July 25, 2020.

[8]   The Economist(2020c), A Surge in Inflation Looks Unlikely, Dec 10, 2020.

[9]   The Economist(2000), Guide to Economic Indicators, 4th Edition, Profile Books.

산업구조와 시장경쟁

제10장

산업구조와 시장경쟁

국민경제의 성장과 발전은 산업구조의 고도화를 동반하며, 연구개발과 혁신을 지원하는 산업정책에 의하여 가속화된다.

산업구조는 산업 간의 생산, 고용, 고정자본 등의 상대적 비중으로 측정한다.

산업 활동에 관해서는 효율적 자원배분과 사회후생 극대화를 위한 활발한 시장경쟁이 중요하며, 경쟁정책은 반독점 규제나 불공정거래 제재에 의해 시장경쟁을 촉진한다.

시장경쟁은 구조, 행동, 성과의 3가지 측면으로 가늠할 수 있다. 시장구조는 기업의 수, m-기업 집중률, 허핀달·허쉬만 지수 등으로 측정한다. 시장행동은 가격·생산량 결정, 인수·합병, 시장 진입·퇴출 등의 지표로 판단하고, 시장성과는 러너지수, 산업의 평균이윤율, 생산성, 국제경쟁력 등의 지표로 평가한다.

산업구조 고도화와 산업혁신 정책

산업은 다양한 재화와 서비스의 생산에 의하여 부가가치를 창출하는 역할을 하는 국민경제의 근간이다. 국민경제의 성장과 생산성 제고를 위하여 주요 산업의 규모가 성장하고, 여러 산업의 상대적 규모 분포인 산업구조(industrial structure)가 고도화하는 변화와 함께 각 산업이 시장경쟁을 통해 효율성을 확보하여야 한다. 산업의 구조에 관하여 단기적으로는 주문, 가동률, 재고 등 다양한 통계가 있지만 장기적으로 생산이나 투자, 고정자본의 추세를 살펴보면 될 것이다. 산업구조의 대표적인 지표로서 생산액을 기준으로 개별 산업 간의 상대적 비중을 분석할 필요가 있다.

1960년대의 개발년대 이후 한국경제의 급속한 성장은 극적인 산업구조 고도화를 동반하였다. <그림 10-1>은 지난 60년에 걸친 산업구조의 변화를 보여주고 있다.

전체 경제에서 차지하는 비중이 농림어업과 광업은 1953년 49.7%에서 1970년 30.7%, 1990년 9.1%를 거쳐 2019년 1.9%로 축소되었다. 이에 반해 제조업은 1953년 7.9%에서 1970년 19.0%, 1990년 27.7%로 급성장한 이후 대체로 동일한 비중을 유지하면서 2019년에 30년 전과 동일한 27.7%를 기록하였다. 한편 서비스업은 1953년 39.8%에서 2019년 62.4%로 성장하였고, 전기·가스·수도사업과 건설업은 같은 기간 2.6%에서 8.1%로 꾸준하게 성장하였다.

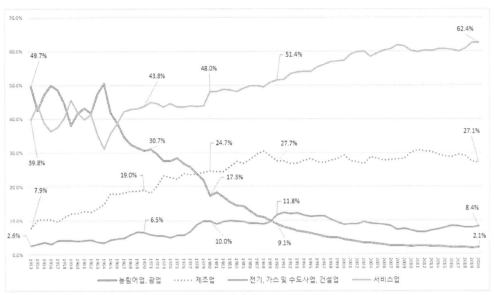

* 자료: 한국은행, 국민계정, 각 연도, 2020년은 잠정치.
** 주: 여기서 산업별 비중은 GDP에서 순생산물세를 제외한 총부가가치(기초가격) 대비 비중임.

<그림 10-1> 산업구조의 변화(1953~2020년, 명목가격, 경제활동별 GDP 비중)

　　이러한 산업구조 변화는 <그림 10-2>에 나타낸 바와 같이 제조업 내 구조변화도 동반했다. 1970~2019년 기간 중에 섬유산업은 26.1%에서 3.4%로, 식품산업은 20.3% 에서 4.9%로 급격하게 비중이 줄었다. 이에 대하여 같은 기간 동안 컴퓨터·전자는 4.8%에서 26.2%로, 화학은 12.9%에서 15.4%로, 자동차 등 운송장비는 8.2%에서 11.0%로, 기계·장비는 2.9%에서 9.1%로, 철강 등 1차 금속은 1.5%에서 5.7%로 제조 업 내 비중이 급속하게 증가하였다. 제조업 중에서 일관되게 비중이 작은 목재 및 종이, 코크스 및 석유정제, 비금속광물, 금속가공, 전기장비, 기타 제조업 등은 그림 에서 제외하였는데, 이들 부문은 모두 합하여 2020년 현재 제조업에서 23.6%의 비중 을 차지하고 있다.

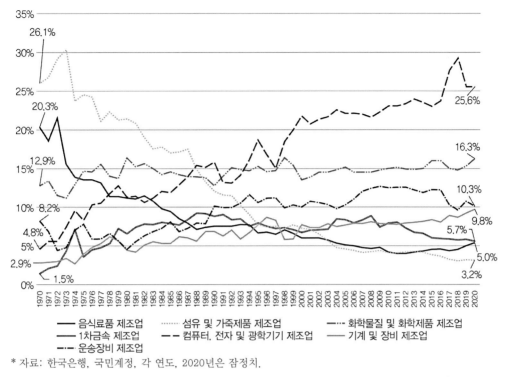

〈그림 10-2〉 제조업 내 구조변화(1970~2020년, 명목가격, 경제활동별 제조업 부가가치 비중)

국민경제에서의 비중이 큰 서비스산업에서도 산업구조 변화는 기술과 생활의 질 변화를 반영하여 활발하게 진행되었으며 <그림 10-3>에 제시했다. 1970~2020년의 기간 동안 도소매·음식·숙박은 각각 36.3%에서 15.6%로, 운수업은 13.1%에서 5.1%로, 문화 및 기타서비스업은 6.0%에서 3.5%로 비중이 줄었다. 이에 대해 사업서비스업은 2.6%에서 16.3%로, 금융·보험업은 4.8%에서 10.0%로, 의료·보건·사회복지서비스는 1.6%에서 8.4%로, 정보통신업은 3.1%에서 7.9%로 급속하게 성장하였으며 부동산업도 9.1%에서 13.2%로 성장하였다. 공공부문 위주로 비중이 별다른 변화가 없는 공공행정·국방·사회보장서비스와 교육서비스는 제외하고 표시하였는데, 두 부문은 2020년 현재 서비스업에서 각각 11.7%와 8.4%를 차지한다.

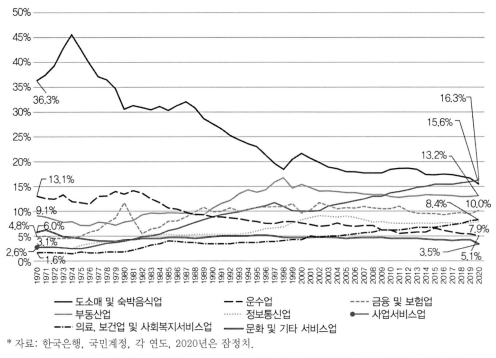

* 자료: 한국은행, 국민계정, 각 연도, 2020년은 잠정치.

〈그림 10-3〉 서비스산업 내 구조변화(1970~2020, 명목가격, 경제활동별 서비스업 부가가치 비중)

경제성장 과정에서의 산업구조 고도화에 대하여 살펴보았다. GDP를 생산 측면에서
볼 때 생산을 담당하는 각 산업의 생산량 비중의 구성이 산업구조(industrial structure)
이다. 이때 산업(industry)은 좁게는 제조업과 광업을 포함하며, 넓게는 전기·가스·수
도업과 건설업을 추가하기도 하고, 가장 넓게는 농림어업이나 서비스업까지 포함하여
모든 산업을 지칭하기도 한다. 산업정책(industrial policy)은 좁은 의미에서는 산업구조
의 고도화(upgrading)를 목적으로 하는 정책을 말한다. 더 넓게는 산업활동에 대한 영
향을 주된 목적으로 하는 정책을 의미하고, 가장 넓게는 거시경제정책까지 포함하여
산업활동에 영향을 주는 모든 정책을 뜻하기도 한다.

산업구조를 고도화하고 성장잠재력을 확충하는 산업정책에 관한 논의에 있어서 전
략산업이나 첨단기술산업 육성과 같은 산업구조정책에 연구개발 및 설비투자 촉진, 그
리고 정보기술 적용 등과 같은 혁신정책을 포함하는 넓은 의미의 산업정책 정의가 중
요하다. 2000년 3월의 EU정상회담이 채택한 리스본 전략(Lisbon Strategy)이 경제성장의
핵심적 동인으로 혁신을 들고 혁신의 정의를 명확하게 규정하면서 여러 유형의 혁신을
촉진하는 혁신정책이 산업정책의 핵심요소로 받아들여졌다(Soete, 2007; Weresa, 2017).

산업정책의 수립을 위하여 다양한 경제지표가 분석되어야 한다. 우선 산업활동의 여건과 관련하여 국가의 기업환경, IT기업환경, 제도·정책 품질, 기업가정신, 기술수준, 혁신성과, 산업경쟁력 등에 대한 국제적 평가지표를 고려하여야 한다. 세계은행(World Bank)의 기업환경평가(Ease of doing business), 미국 Tufts대 경영대학원 Digital Planet연구센터의 디지털기업환경 평가(Ease of doing digital business), OECO의 과학기술혁신역량 평가, 세계경제포럼(WEF)의 국제경쟁력 평가 등이 중요한 사례이다.

또한 정책지원 대상을 선별하는 기준으로서 산업특성 지표 체계를 정립하여야 한다. 사물인터넷, 빅데이터, 로봇, 인공지능, 3D프린팅, 자율주행차, 첨단바이오, 신에너지 등 4차 산업혁명에서 부상하는 핵심기술을 중심으로 기술·지식 집약도, 산업 간의 기술적 파급효과, 기술사업화의 기대수익과 위험, 숙련고용 창출 잠재력 등을 포괄하는 지원대상 선별 기준으로 활용할 산업특성 지표 체계를 개발할 필요가 있다.

산업조직과 경쟁

산업조직(industrial organization)은 각 산업의 효율적 자원배분과 소비자이익을 좌우하는 구조, 행동, 성과를 포함하는 개념이다. 구조는 기업 간의 상대적 규모 분포를 의미하는데, 산업집중(industry concentration)으로 나타난다. 산업집중의 추세는 다양한 측면에서의 국민경제의 변화를 반영한다. 산업집중의 증가는 기술변화와 글로벌화에 의한 생산적 기업이 성장을 가속화하거나, 원자재시장이나 노동시장의 수요독점이 이루어지거나, 대마불사의 믿음으로 대기업들이 과도한 위험을 동반한 투자를 감행하거나, 산업 내 경쟁이 제한되고 있는 현상의 척도로 해석되기도 한다(Bajgar 등, 2019).

산업 내의 활발한 기업 간 경쟁은 원활하게 작동하는 국민경제의 핵심적 요건 중 하나이다. 애덤 스미스(Adam Smith)도 국부론에서 이미 다음과 같이 독점의 문제와 반독점정책의 필요성을 시사하였다(Smith, 1776). "독점자들은 시장을 지속적으로 재고부족 상태로 유지하고 실제 수요를 충분하게 공급하지 않음으로써 상품을 자연가격(natural price)보다 훨씬 더 높은 가격에 판매한다." "동업자들이 즐거움이나 기분전환을 위해 만나는 일은 거의 없으며, 그들의 대화는 대중을 적대하는 음모나 가격을 인상하려는 방안으로 마무리된다." 한국경제가 보유한 자원을 가장 효율적으로 배분하여 사회가 누릴 경제적 후생을 극대화하기 위해서는 시장이 경쟁적이어야 한다. 특히 경제성장에서 노동투입의 증가, 자본투입의 증가를 제외한 모든 생산성요소, 즉 총요소생산성의 향상을 결정하는 여러 요인 중에서 가장 중요한 하나가 시장경쟁 (market competition)이다. 산업집중은 시장경쟁을 위한 기업행동과 산업성과에 영향을 미친다. 상품시장 경쟁이 생산성과 양(+)의 상관관계가 있으며(Disney 등, 2003), 경쟁이 심화되는 초기에 특히 선도기업과의 기술격차가 크지 않은 산업을 중심으로 혁신이 활발하게 일어난다(Aghion 등, 2005).

그런데 시장구조의 유형 중에서 완전경쟁은 현실세계에서 찾아보기 어렵지만 시장경쟁이 완전하게 이루어지는 상황을 보이는 기준(benchmark)이다. 산업 내에 기업이 다수이어서 개별 기업은 시장가격에 영향을 미치지 못한다는 것이 완전경쟁시장의 조건 중 하나이다. 이에 대하여 개별 기업이 경쟁가격 이상으로 가격을 설정할 수 있는 능력을 시장지배력(market power) 또는 독점력(monopoly power)이라 한다. 단순히 가격 인상 또는 생산량 감축을 위한 담합과 같은 기업 간 협조행위에 의해서도 시장지배력이 형성되지만 우수한 상품과 높은 생산성을 가진 기업이 시장점유율을 키워가면서 산업집중이 증가하고 시장지배력이 강화되기도 한다. 상품시장에서 시장지배력이 행사되면 해당 상품의 생산량은 사회적으로 바람직한 수준에 비하여 감소하고 가격은 경쟁가격에 비해 상승하여 소비자의 경제적 후생은 감소한다. 또한 시장지배력 강화가 산업의 혁신과 투자를 제약하는 경우가 많다. 이러한 여러 가지 효율성 효과 이외에 공평성 효과도 중요한데, 시장지배력의 강화로 경제적 이득이 소비자와 노동자로부터 기업주로 이전하고 국민소득에서 노동의 분배 몫이 줄어들며 계층 간의 소득분배가 악화된다는 보고도 있다(Autor 등, 2017b). 다시 말해 산업집중은 국민경제의 목표 중에서 1차적으로 효율성과 관련이 있고 나아가 공평성에도 영향을 미친다.

경쟁이 극대화된 완전경쟁을 한쪽의 극단으로 하고, 경쟁이 전무한 독점을 반대쪽 극단으로 하는 시장지배력의 스펙트럼을 산업조직(industrial organization)이라고 한다. 산업조직의 전통적 이론은 시장지배력을 기초로 하여 산업의 구조가 행동에, 행동이 성과에 영향을 미친다는 구조·행동·성과 패러다임(Structure-conduct-performance(SCP) paradigm)이다. SCP 접근은 산업의 구조가 시장지배력의 결과이며 산업집중의 구조나 경쟁제한적인 행동은 완전경쟁의 경제적 이윤인 0보다 큰 수준의 초과이윤의 성과로 귀결된다고 한다. 이러한 접근에 의하여 어떤 시장의 경쟁 상태를 측정하는 지표의 체계를 Scherer(1994b)를 참고하여 간추리면 <그림 10-4>와 같다. 시장의 공급과 수요에 관한 기초조건이 시장 구조에 영향을 주고, 공공정책이 시장의 구조, 행동과 성과에 영향을 준다는 것이다. 또한 구조가 행동에, 구조와 행동이 성과에 미치는 한쪽 방향의 영향만이 아니라 성과가 구조와 행동에, 행동이 구조에 그리고 구조, 행동, 성과가 기초조건에 주는 피드백 영향도 강조하였다.

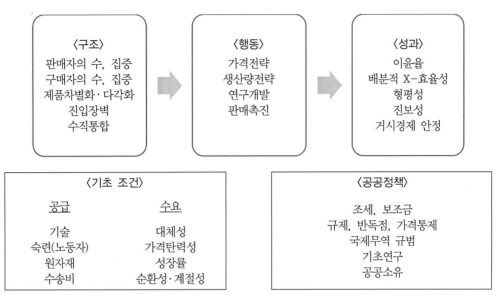

* 자료: Scherer(1996), Industry Structure, Strategy, and Public Policy, p.2, Figure 1.1을 간추려 작성.

〈그림 10-4〉 SCP패러다임에 의한 산업조직 지표 구조

한편 시카고학파는 산업의 구조와 성과가 대체로 양(+)의 관계를 가진다는 점에 대해 SCP 패러다임에 동의하면서도 효율성 가설(Efficiency hypothesis)을 제시하였다. 일부 기업이 우월한 기술, 규모의 경제 등에 의한 비용의 절감과 품질의 개선으로 더 효율적이어서 다른 경쟁기업에 비하여 높은 이윤을 얻고 결과적으로 매출도 증가하여 시장점유율을 늘리는 경우가 많다는 주장이다.

산업집중과 시장집중(market concentration)은 서로 구별하여 정의하기도 하고 같은 의미로 정의하기도 한다. 결국 문제가 되는 것은 시장집중이다. 이를 구별하는 관점에서는 두 개념이 밀접하게 관련되어 있지만 반드시 일치하는 개념은 아니다. 산업집중은 표준산업분류처럼 생산기술이나 공정을 기준으로 분류한 산업 내에서 생산이 상대적으로 큰 기업들에게 집중되는 정도를 측정한다. 이에 대해 시장집중은 소비의 대체성을 기준으로 구분하는 특정 재화나 서비스의 시장 내에서 매출이 상대적으로 큰 기업들에게 집중되는 정도를 측정한다. 국가통계기구가 집계하여 발표하는 집중

지표는 대체로 산업집중에 관한 것이다. 이에 대하여 시장집중은 독과점 등 경쟁법 위반에 관하여 특정한 사건이 문제가 되었을 때 규제 여부의 판단에 적합한 시장을 획정하는 작업으로 시작하여 개별적이고 구체적으로 계산한다. 따라서 산업의 높은 집중이 반드시 시장의 높은 집중을 의미하거나 시장의 높은 집중이 반드시 산업의 높은 집중을 의미하지는 않는다. 다만 시장집중이 논의될 때의 시장의 범위는 산업집중의 계산을 위한 산업의 범위와 다르게 정의되는 것이 일반적이며, 흔히는 좁게 정의된다.

시장구조 지표

이렇듯 산업집중과 시장집중의 차이나 시장집중과 경쟁정도 관계에 관한 논쟁에도 불구하고 특정 시장의 경쟁 또는 시장지배력 수준의 평가를 위한 분석의 초기에는 산업 집중에 관한 지표가 유용한 참고자료가 된다. 산업집중의 계산이 기초로 하는 산업의 범위는 주로 표준산업분류(Standard industry classification: SIC)에 의한다. 산업분류로는 국제표준산업분류(ISIC), 북미표준산업분류(NASIC) 등이 있으며, 우리나라는 한국표준산업분류(KSIC)가 있다. 일반적으로 국제 비교에는 자료의 제약으로 2단위 수준(2-digit level) 분류가 사용되며, 국내 산업분석에는 3단위 내지 4단위 분류가 채택된다. 산업별로 상대적으로 큰 기업들에 대한 집중 정도를 측정하는데, 측정의 기준으로는 앞에서 보았듯이 주로 매출액을 기준으로 하되, 그 분석의 목적에 따라서는 부가가치, 생산액, 생산능력, 고용, 혁신, 시장가치 등이 검토될 수도 있다.

물론 산업집중에 관한 지표나 시장집중에 관한 지표의 산식은 동일하다. 시장경쟁을 분석하는 데 사용되는 산업조직 지표에는 산업집중, 시장집중 등 시장구조에 관한 지표만이 아니라 생산량 결정, 가격결정, 인수·합병, 시장 진입과 퇴출 등 기업의 시장 행동(market conduct)에 관한 지표, 러너지수(Lerner index), 이윤율, 자원배분 효율성, 형평성, 수출입성과 등 시장성과(market performance)에 관한 지표가 쓰인다.

우선 시장구조에 관하여 살펴보면 대표적인 지표는 m-기업 집중률(CR^m)이다.

$$CR^m = \left(\sum_{i=1}^{m} x_i \right) / X$$

여기서, x_i는 개별 기업의 생산량, X는 산업 전체의 생산량이다.

따라서 $CR4$ 및 $CR20$은 각각 매출, 고용 또는 생산능력으로 측정하여 산업 전체에서 상대적으로 가장 큰 4개 및 가장 큰 20개 기업의 점유율이다. 산업 내에 5개 기업이 있고 기업들의 점유율이 50, 30, 10, 5, 5라면 $CR4$는 95%이다.

또한 허핀달·허쉬만 지수(Herfindahl-Hirshman index: HHI)는 가장 큰 m개 기업 외에는 그 데이터가 시장집중률 계산에서 제외되는 문제점을 극복하기 위하여 산업 내모든 기업의 시장점유율을 제곱하여 합한다.

$$HHI = \sum_{i=1}^{n} s^2_i$$

여기서, s_i는 i번째 기업의 시장점유율(%)이고, 시장 내에 n개 기업이 존재한다.

예를 들어, 산업 내에 3개 기업이 있고 기업들의 점유율(%)이 50, 30, 20이라면 $50^2$$+30^2+20^2=3,800$이고 산업 내에 5개 기업이 있고 기업들의 점유율이 50, 30, 10, 5, 5라면 $50^2+30^2+10^2+5^2+5^2=3,550$이다. 이 경우 시장구조가 전자에 비해 후자가 더경쟁적이라고 보는 것이다.

국내외 산업집중의 추이

최근 OECD 회원국들의 산업집중 변화에 대한 분석이 활발하다. 다수의 연구들이 미국의 산업집중이 증가 추세에 있다고 한다. 예를 들어 Autor 등(2017a)에 의하면 미국에서 1982년에서 2012년에 걸친 30년 동안 제조, 금융, 서비스, 유틸리티·수송, 소매, 도매 등 6개 주요 대분류 산업에서 매출과 고용의 집중이 증가했다. 또한 The Economist(2018)에 의하면 더 세분된 산업분류에 의해서도 1997년에서 2012년에 걸쳐두 자릿수 중분류 900여 개 산업의 가중평균 4-기업집중률이 26%에서 32%로 증가하였고 이러한 증가세는 2014년까지 계속되었다. 4대 기업이 시장의 2/3 이상을 차지하고 있는 산업들이 전체 경제의 10% 정도를 차지한다는 것이다. 일본도 정도는 덜하지만 역시 산업집중이 증가하였다고 한다(Honjo 등, 2014). 유럽의 경우 산업집중의 증가세가 확인되지 않는다는 연구도 있지만(Valletti 등, 2017), The Economist(2018)는 유럽의 경우에 가중평균 4-기업집중률이 2000년 이래로 3%p 증가하는 것으로 나타나 미국 증가세의 절반 정도로 산업집중이 증가하고 있다고 주장하였다.

Bajgar 등(2019)은 어떤 기업들은 기업그룹(business group)에 속해 있는 경우가 있

으므로 이러한 기업 소유권 간의 연계를 반영하지 않는 경우 시장집중도를 과소평가할 수 있다고 지적하면서 기업그룹 수준의 시장집중도를 추정하였다. 이들은 Orbis & Worldscope의 재무데이터를 Zephyr의 인수·합병(M&A)데이터로 보완하고 수작업을 거쳐 작성한 DB에 의하여 21개국 경제의 표준산업분류(NACE Rev.2)의 두 자릿수 중분류 산업을 기준으로 산업집중도를 분석하였다. 개별 국가가 아니라 유럽과 북미(미국과 캐나다) 범위로 분석한 결과 두 지역에서 모두 2000~2014년 기간 동안 유럽의 경우 77%의 산업에서, 북미는 74%의 산업에서 산업집중이 증가하였다. 이 결과는 기업 수준의 산업집중도를 분석한 Autor 등(2017b)보다 더 큰 폭의 증가를 보여준 것이다.

우리나라의 경우에는 KDI가 공정거래위원회의 위탁을 받아 연구한 시장구조조사 보고서인 이상무 외(2019)와 공정거래위원회(2020)가 산업 집중의 추이를 보여주고 있다. 이들에 의하면 품목별, 산업별 집중도의 뚜렷한 변화가 나타나지 않고 있다. 시장구조 통계는 통계청의 '광업·제조업조사' 데이터를 기초로 하며 사업체 단위로 작성된 자료를 기업 단위로 재분류하고 한 기업이 다수 품목을 생산하는 경우 품목별로 기업을 분리하여 품목별·기업별 자료를 구축한다. 지표로는 주로 CR3을 사용하는데, 이 지표는 상위 3개 기업 간의 규모의 차이를 반영하지 못하고 4위 이하 기업의 데이터는 사용하지 못하는 단점이 있지만 상위 3개 기업이 전체 시장에서 차지하는 비중을 측정한다는 점에서 직관적으로 명확한 장점이 있다. 한편 HHI는 산업 내 모든 기업의 자료를 누락 없이 사용한다는 장점이 있지만 모든 기업을 포함하여 구축한 데이터가 필요하다는 문제점이 있다.

우선 큰 그림부터 보면 <그림 10-5>와 같이 산업과 품목 분류를 전제하지 않고 광업·제조업 전체에서 상위 일정 수 기업이 차지하는 비중을 의미하는 일반집중도가 중요하다. 이는 재벌 대기업이 국민경제에서 중요한 비중을 차지하는 우리나라에서 독특하게 사용하는 지표이다. 공정거래위원회가 2023년 4월 발표한 2020년 기준 자료를 보면 우리나라 전체 광업·제조업에서 10대 기업의 비중이 22.9%, 100대 기업의 비중이 44.3% 그리고 200대 기업은 50.1%이다. 2000년에 비하면 200대 기업의 비중은 다소 감소한 데 대하여 100대 기업과 10대 기업의 비중은 다소 증가하였다. 글로벌 금융위기가 발생했던 2007년과 2008년에 세 지표가 다소 증가하였으며, 2017년부터 최근 3년 동안에는 모든 지표가 소폭 감소하는 모습을 나타내고 있다.

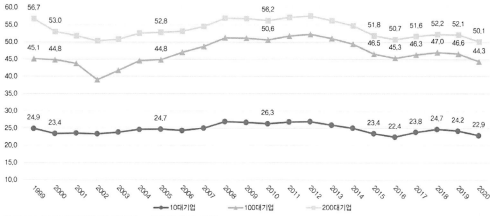

* 자료: 공정거래위원회(2023), 시장집중도 현황.

〈그림 10-5〉 연도별 출하액 기준 상위 기업들의 비중(%) 추이: 전체 광업·제조업

다음으로 KSIC 5단위 세세분류 산업별 집중도와 KSIC 8단위 품목별 집중도를 각 산업별, 품목별 출하액을 가중치로 산출한 가중평균 CR3을 〈그림 10-6〉에 제시하였다. 이들 지표 역시 글로벌 금융위기 시기인 2007년에서 2009년 사이에 증가했으며 두 지표 모두 2000년에 비하여 소폭 감소하였다. 최근에는 2017년과 2018년에 조금 증가했다가 2019년과 2020년에는 소폭이나마 감소하였다.

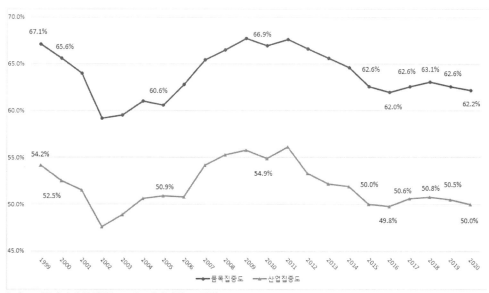

* 자료: 공정거래위원회(2023), 시장집중도 현황.

〈그림 10-6〉 품목집중도 및 산업집중도 추이(%)

다음은 산업집중도가 높은 고집중 산업이 전체 광업·제조업 출하액에서 차지하는 비중을 <그림 10-7>에 제시하였다.

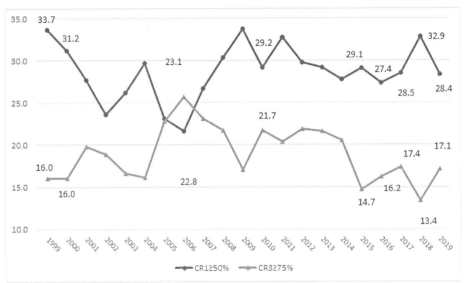

* 자료: 공정거래위원회(2023), 시장집중도 현황.
<그림 10-7> 고집중 산업의 매출액 비중(%)

경쟁정책 당국인 공정거래위원회에서 주목하는 대상이 이들 업종이다. 2019년의 지표는 2000년에 비해 1-기업 집중이 50% 이상인 산업의 매출액 비중은 다소 감소한 반면, 3-기업 집중이 75% 이상인 산업의 매출액 비중은 다소 증가하였다. 2017년에는 두 지표 모두 약간 상승하였다가, 2018년과 2019년에는 1-기업 고집중 산업의 매출액 비중은 상승했다가 하락하고, 3-기업 고집중 산업의 매출액 비중은 하락했다가 상승하는 혼조세를 보였다. 산업별, 품목별 집중도는 산업을 정의하는 표준산업분류 체계의 개편을 조정하지 않은 결과여서 시계열 비교에 문제가 있다. 다만 산업분류 개편과 무관하게 광업·제조업 전체 상위 일정 수 기업의 비중을 측정하는 일반집중도도 유사한 수준을 보이고 있어 산업집중도는 2000년대 들어서 뚜렷하게 증가하지 않았다고 판단할 수 있다.

공정거래위원회는 1위 기업이 50% 이상 시장점유율을 가지거나, 상위 3개 기업이 75% 이상 시장점유율을 가지는 기업을 시장지배적 사업자로 지정한다. 이 경우 단일 품목의 매출액이 500억 원을 넘어야 하며 상위 3개사 중에서 매출액 점유율이 10% 미만인 업체는 제외한다. 시장지배적 사업자로 지정한 기업들에 대해 '가격의 부당한 결정·유지·변경, 공급의 부당한 조절, 다른 사업자 사업 활동의 부당한 방해, 새로운 경쟁사업자 참가의 부당한 방해, 부당한 경쟁사업자 배제 또는 소비자이익의 현저한 저해 우려 행위 등의 시장지배적 지위 남용'을 금지한다(독점규제 및 공정거래와 관한 법률, 제5조).

한편 이상무 외(2019, 2023)에 의하면 공정거래위원회가 공시한 자산총액 5조원 이상 대규모 기업집단은 2016년에 65개, 소속기업 1,736개에서 2020년에 64개, 소속기업 2,284개이었다. 광업과 제조업 부문에는 이들 기업집단 소속 기업 수와 사업체 수가 각각 2016년에는 387개, 911개에서 2020년에는 442개, 984개이었다. 4년 간 기업집단 수는 유사한 수준이나 기업집단 소속의 기업과 사업체가 상당히 늘었으며, 광업과 제조업 전체의 매출액에서 이들이 차지하는 비중도 45.4%에서 45.9%로 소폭 증가하였다. 또한 대규모 기업집단 소속의 기업이 진출한 산업에서 다른 산업에 비해 평균적으로 산업집중도가 더 높게 나타난다(<표 10-1>).

<표 10-1> 대규모 기업집단의 산업진출 정도별 산업집중도(가중평균) (%)

진출 정도	CR3(%)		HHI	
	2016	2020	2016	2020
진출: 상위 3개사 중 하나 이상	55.3	55.8	1,991	2,104
진출: 상위 4위사 이하	25.3	23.8	496	414
미진출	31.3	30.8	855	678
광업 및 제조업 전체	49.8	50.0	1,720	1,790

* 자료: 이상무 외(2019), 시장구조조사 및 이상무 외(2023), 시장구조조사.

따라서 공정거래위원회의 산업집중에 관한 공식 통계도 기업 수준만이 아니라 앞에 OECD가 발간한 Bajgar 등(2019)과 같이 기업집단 수준의 산업집중도 통계가 작성되어야 할 것이다.

📊 **통계포인트 10** 지표 간의 상관관계 ─────────────

경제와 사회의 현상은 고립되어 있지 않고 서로 관련되어 있다. 따라서 경제지표의 분석은 여러 변수 간의 관계를 규명하고자 하는 경우가 많다. 여기서는 가장 간단한 형태로서 두 변수 간의 관계인 상관관계를 살펴보기로 하자. 앞에서 산점도를 통해 두 변수 간의 관계를 살펴볼 수 있었지만 상관계수는 이러한 관계를 양적으로 측정하는 지표이다. 즉 X와 Y를 여러 나라에 관한 두 변수라 하고, N개의 관측값을 포함하고 있다고 하자. 즉 X_1, X_2, X_3, $\cdots$ X_N과 Y_1, Y_2, Y_3, $\cdots$ Y_N으로 나타낼 수 있다. 이때 두 변수 간 관계의 방향과 강도를 측정하는 통계지표로서 공분산(Cov_{XY})과 상관계수(r_{XY})가 있다.

지표 간의 상관관계를 이해하기 위하여 먼저 공분산(Covariance)의 개념을 알아야 한다. 공분산은 두 변수 간 관계의 방향을 나타내는 지표이다. 두 변수 사이에 양의 관계가 있는지, 음의 관계가 있는지를 판단하는 것이며, 관계의 강도를 나타내지는 못한다. 두 변수 x와 y의 공분산은 다음과 같은 수식으로 나타낼 수 있다.

$$Cov_{XY} = \frac{\sum_{i=1}^{n}(x_i - \overline{x}) \cdot (y_i - \overline{y})}{n-1}$$

이때 n은 관측치의 수이다.

x가 x의 평균값보다 커서 $x_i - \overline{x}$가 0보다 클 때, y가 y의 평균값보다 커서 $y_i - \overline{y}$가 0보다 큰 경우가 많으면, 공분산 값은 양(+)이 될 것이다. 반대로 x가 x의 평균값보다 클 때, y가 y의 평균값보다 작은 경우가 많으면 공분산 값은 음(−)이 될 것이다.

두 변수 사이의 관계의 강도를 나타내려면 상관계수(Correlation coefficient)의 개념을 사용한다. 각 변수의 측정 단위와 무관하게 관계의 강도를 수치로 나타내기 위해서 공분산을 두 변수의 표준편차의 곱으로 나눈 다음의 수식으로 구한다.

$$r_{XY} = \frac{\dfrac{\sum_{i=1}^{n}(x_i - \overline{x}) \cdot (y_i - \overline{y})}{n-1}}{\sqrt{\dfrac{\sum_{i=1}^{n}(x_i - \overline{x})^2}{n-1}} \sqrt{\dfrac{\sum_{i=1}^{n}(y_i - \overline{y})^2}{n-1}}}$$

상관계수는 −1에서 1 사이의 값을 가진다($-1 \leq r \leq 1$).

두 변수 간에 음의 관계가 있으면 (−)의 값을 가지고, 양의 관계가 있으면 (+)의 값을 가진다. 또한 관계의 정도가 강하면 절댓값이 1에 가까워지고 관계의 정도가 약하면 0에 가까워진다.

하나의 사례로 2018년에 OECD에 1인당 GDP(구매력평가환율 기준)와 대학진학률(25~34세 인구)을 보고한 41개국을 대상으로 분석하였다. 우선 두 변수 간의 산점도를 그려보니 〈그림 10-8〉과 같아서 우상향하는 (+)의 상관관계를 짐작할 수 있다. 실제로 두 변수 간의 상관계수는 거시경제지표의 관계로는 상당히 높은 0.56이었다. 1인당 소득 수준이 올라갈수록 각 가계가 자녀의 대학교육에 더 지출한다고 할 수 있고, 대학진학률이 높아 인적자본이 확충되고 근로자 1인당 생산성이 높아질수록 1인당 소득이 증가한다고 해석할 수도 있겠다.

상관분석은 인과관계를 전제로 하지 않으므로 분석자의 직관이나 경제이론 또는 사회이론의 적용에 의하여 여러 해석의 가능성이 열려 있다. 또한 상관계수는 소득 수준이 상승함에 따라 대학진학률이 높아지는 경향이 있다는 하나의 경향성을 나타낼 뿐이므로 예외가 있을 수도 있다. 한국은 1인당 GDP로는 일본 바로 앞의 20위였지만 대학진학률은 1위였다.

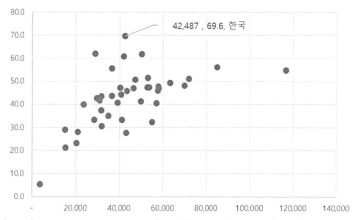

* 자료: OECD (2021a), Gross domestic product (GDP) (indicator); OECD (2021b), Population with tertiary education (indicator).

〈그림 10-8〉 1인당 GDP(구매력평가 기준)와 대학진학률(25~34세 인구)(2018년, OECD·EU 등 주요 41개국)

한편 2018년에 OECD에 1인당 GDP(구매력평가환율 기준)와 1인당 알코올 소비량을 보고한 35개국을 대상으로 분석해보니 1인당 GDP와 1인당 알코올소비량이 0.31의 양의 상관계수를 얻었다. 2018년 1인당 GDP와 2017년 흡연율을 보고한 26개국 대상 분석에서는 −0.03의 미미한 (−)의 상관계수를 구할 수 있었다.

기업행동과 시장성과

지금까지 시장구조에 관한 지표를 살펴보았다. 그런데 m-기업집중률이나 HHI 등 지표는 그 자체가 직관적으로 뚜렷한 의미를 가지지만 시장에 대한 정의(definition of the market)에 민감하다는 문제가 있다. 단일 시점의 하나의 시장을 분석할 경우에도 시장을 넓게 보느냐, 좁게 보느냐에 따라 경쟁 정도에 대한 결론이 결정적인 영향을 받는다. 더구나 서로 다른 산업 간에, 장기간에 걸쳐 시장지배력을 분석할 때는 그 기간에 산업분류가 바뀌기도 하므로 문제가 두드러질 수 있다. 이러한 시장집중률이 유효한 지표가 되려면 소비자 관점에서 기업 사이에 제품이 동질적이고 이 제품을 가지고 기업들이 생산량을 가지고 경쟁 ―이를 경제학에서 쿠르노 경쟁이라 한다― 하는 시장이 되어야 한다. 그러나 제품이 차별화됨에 따라 산업집중과 시장지배력의 관계는 사라진다(Bresnahan, 1989). 또한 시장집중률이 의미가 있으려면 시장의 개념이 제품의 범위나 지리적 범위로 정확하게 정립되어야 한다. 시장집중률, 특히 HHI를 사용하기 위해서는 한 기업의 시장지배력을 측정하기 위하여 시장 내 모든 기업의 데이터를 필요로 한다.

따라서 거시적 관점에서 여러 산업과 장기간의 경쟁 정도의 추이를 분석할 때는 마크업(markups) 가격결정과 같은 행동에 관한 지표나 산업이윤율 등의 성과에 관한 지표를 사용한다. 마크업은 산출물 가격을 한계비용을 나눈 비율로 정의된다.

$$\text{markups} = \frac{P}{c}$$

여기서, P는 산출물 가격, c는 한계비용이다. 한계비용은 경제학에서 제품을 1단위 더 생산할 때 추가되는 비용의 개념이다.

경쟁시장에서 가격이 한계비용과 같다는 조건으로부터 가격이 한계비용보다 높게 설정되는 정도를 시장지배력의 척도로 보는 것이다. 문제는 기업의 비용자료로부터 한계비용이 명확히 구별되어 측정되지 않고 ―한계비용을 추정하는 방법은 이 책의 범위를 넘으므로 다루지 않지만― 한계비용의 추정이 쉽지 않다는 점이다. 가격이 한계비용보다 높다 하더라도 그 이유가 간접비용(overhead costs)이나 고정비용이 큰 데 기인한다면 시장지배력을 반영하는 것이 아닐 수도 있다. 따라서 산업이윤율을 보완적인 시장지배력의 척도로 사용하기도 한다.

$$\pi = P \cdot Q - TC$$

여기서, π는 이윤율, P는 산출물 가격, Q는 거래량, TC는 총비용이다.

De Loecker 등(2020)은 미국경제에 관하여 1955년 이후 시장지배력 추이를 분석하였다. 이들이 기업 수준 데이터를 가지고 마크업과 산업이윤율을 추정한 결과 몇 가지의 흥미로운 사실을 밝혔다. 첫째, 1955년에서 1980년까지는 시장지배력 척도에 별 변화가 없었지만 1980년 이래로 시장지배력이 현저하게 증가했다는 것이다. 우선 전체 마크업이 1980년 21%에서 2016년 61%로 상승한 것으로 추정되었다. 전체 산업이윤율도 1980년 1%에서 2016년 8%로 상승했다는 것이다. 즉 마크업의 상승이 간접비용이나 고정비용의 상승을 초과하여 이윤율이 상승했다. 둘째, 이미 시장지배력의 강화가 마크업이나 이윤율이 높은 산업에서, 특히 소수의 대기업에 의해 집중적으로 일어났다. 이른바 슈퍼스타기업 효과(Superstar firm effect)가 확인되었다고 한다. 셋째, 지난 40년 가까운 기간 동안의 시장지배력의 강화가 소득분배에서의 노동점유율의 감소, 자본점유율의 증가, 저숙련 근로자 임금과 경제활동참가율의 하락, 노동시장의 역동성(dynamism)과 이민율의 감소 등 미국경제의 장기적인 추세에 유의미한 영향을 주었다.

한편 Eeckhout & De Loecker(2018)은 같은 기간 글로벌 경제 범위에서의 시장지배력 강화 추이를 분석하였다. 이들은 134개국의 7만여 개 기업의 재무자료로부터 지난 40여 년의 마크업을 추정하였다. 이들에 의하면 글로벌평균 마크업이 1980년 1.1로부터 2016년 1.6 수준으로 상승하였다. 1980년 이후에 꾸준히 증가하던 마크업의 글로벌 평균과 북미와 유럽, 아시아와 오세아니아 등 4개 대륙의 지표가 2000년대의 10년 동안에 대체로 증가하지 않고 평탄한 모습을 보이다가 2010년대 들어 다시 증가세를 보인 것은 흥미로운 사실이다. 40년에 걸친 마크업 상승은 주로 북아메리카와 유럽에서 발생했으며 중남미와 아시아의 개도국에서는 미미한 증가를 보였다.

대륙별 증가 순위를 매긴 결과 우리나라는 아시아에서 가장 높은 증가세를 보여 경쟁정책 차원에서 관심을 가져야 할 문제이다. 이에 따라 소득분배에서는 노동소득 비중이 작아지고 자본소득 비중이 증가했으며, 가격은 상승하여 부담이 소비자에게 전가되었다.

첨단기술산업과 경쟁규제 논의

시장의 불완전경쟁 또는 독과점은 경쟁시장에 비해 가격을 높이고 생산량을 줄여

<표 10-2> 주요국의 2016년 마크업 및 1980년 이래 증가값(비율, 비율포인트)

	2016	증가(포인트)		2016	증가(포인트)
글로벌 평균	1.59	+0.52	**아시아 평균**	1.45	+0.43
유럽 평균	1.64	+0.66	1 한국	1.48	+0.72
1 덴마크	2.84	+1.95	2 홍콩	1.65	+0.41
3 이탈리아	2.46	+1.46	3 인도	1.32	+0.34
6 영국	1.68	+0.74	4 일본	1.33	+0.30
7 노르웨이	1.6	+0.74	7 말레이시아	1.33	+0.03
9 프랑스	1.5	+0.53	9 타이완	1.24	(-)0.15
10 스웨덴	1.31	+0.50	11 중국	1.41	(-)0.45
14 스페인	1.34	+0.33	**오세아니아 평균**	1.55	+0.56
17 독일	1.35	+0.29	호주	1.57	+0.57
북미 평균	1.76	+0.63	뉴질랜드	1.35	+0.37
1 미국	1.78	+0.63	**남아메리카 평균**	1.59	+0.01
2 캐나다	1.53	+0.61	1 아르헨티나	1.45	+0.64
아프리카 평균	1.38	+0.32	3 브라질	1.61	(-)0.01
남아공	1.34	+0.07	6 칠레	1.37	(-)2.25

* 자료: De Loecker & Eeckhout(2018), Global Market Power, Table 1을 간추려 작성.

자원배분의 효율성을 저해한다. 이에 더하여 기업의 이윤을 늘리고 소비자후생을 침해하여 경제의 공평성까지 해친다. 따라서 정부는 시장의 구조나 행동에 개입하여 독과점의 사회적 비용을 줄이려 한다. 기업의 규모를 과도하게 키워 독점을 초래할 우려가 있는 인수·합병을 금지하거나 약탈적 가격결정(Predatory pricing), 끼워팔기(Tying)와 결합판매(Bundling) 등을 제한하는 조치를 취하는 것이다.

그러나 정보기술, 바이오기술의 사업화가 활발하게 이루어지면서 동태적 경쟁산업(Dynamically competitive industries)이라고도 하는 첨단기술산업(high technology industries)에 대해서는 경쟁법의 규제를 다르게 적용해야 할 것인지의 여부에 대한 논의가 진지하게 이루어졌다(Gifford & Kudrle, 2011). 미국에서 마이크로소프트가 윈도우스 운영체제(operating system)에 브라우저 프로그램인 인터넷 익스플로러를 끼워 판매한 행동이 1998년에 반독점법 위반으로 기소되면서 부상한 정책토론이다. 전통적인 반독점법이 정보기술 등 첨단기술산업에 대해서는 혁신을 억제할 수 있어 적합하지 않다는 견해가 제기되었다(Evans & Schmalensee, 2002). 이러한 견해는 1970년대 이후 경쟁제한적인 것으로 여겨지는 기업의 행동들이 사실은 경영 효율성을 개선하기 위한 합리적 전략일 수 있다는 시카고학파의 의견과 맥락을 같이 한다. 이에 대하여 신기술은 특허, 저작권, 영업비밀 등 관련 법규로 보호되고 있으므로 혁신 영향에 대해서는 개별적이고 구체적으로 경쟁법을 적용하여 판단하면 되지 굳이 반독점법의 체계를 흔들 필요는 없다는 의견이 있다(Posner, 2000). 경쟁정책은 소비자이익의 침해 여부만을 기준으로 해야 한다고 하여 엄격한 소비자후생 기준(consumer welfare standard)을 채택하고 있는 EU경쟁국이 대체로 후자와 가까운 견해를 가지고 소비자이익 이외에 혁신이나 경제성장에 대한 영향 등 더 넓은 공익을 고려해야 한다는 미국 공정거래위원회는 전자의 견해에 가까워서 양 지역 간에 뚜렷한 입장 차이를 보이는 정책 이슈이기도 하다.

현대의 경쟁법이 미국이나 유럽을 중심으로 철강, 알루미늄, 자동차, 철도차량, 담배 등 주요 제조업의 독과점을 규제하는 과정에서 정립되었으므로 오늘날의 첨단기술산업에는 적합하지 않은 측면이 있을 것이다. 예를 들어 기업결합에 대한 한국 공정거래위원회의 심사기준은 일단 시장지배적사업자 추정 요건(시장점유율이 1위 기업 50% 또는 상위 3개 기업이 75% 이상 등)에 해당하고 인수·합병에 의해 시장점유율이 1위가 되며, 2위인 기업과 25% 이상 차이가 나면 경쟁제한성이 있다고 추정한다. 이러한 경우 인수·합병을 추진하는 기업이 경쟁제한성이 없음을 입증하도록 하고 있다. 또한 이 기준은 기업결합 규제 대상에서 제외하는 안전지대(safe harbor)도 설정하고 있다. 동일한 시장에서의 인수·합병인 수평결합의 경우 결합 후 HHI가 1,200 미만이거나, HHI가 1,200 이상 2,500 미만이면서 결합에 의한 HHI의 증가폭이 250 미만, 또는 HHI가 2,500 이상이면서 HHI의 증가폭이 150 미만이면 안전지대라는 것이다. 이 경우에는 경쟁제한성이 없는 것으로 시장점유율 확인 등의 절차만 거쳐 승인한다. 문제는 이러한 기준이 첨단기술산업에 적합하지 않다는 것이다. 첨단기술산업은 급격한 기술혁신과 무형자산 창출, 큰 고정비용과 작은 한계비용, 네트워크 효과와 규모의 경제, 승자독식의 경쟁, 선도기업의 높은 초과이윤, 활발한 진입과 퇴출, 효율을 위한 빈번한 수직통합 등의 특징을 가진다. 따라서 정보기술, 바이오기술 등 첨단기술 산업과 융합산업은 현 상황에서의 '시장 내 경쟁'(competition in the market) 또는 정태적 경쟁(Static competition)이 아니라 급변하는 상황에서의 '시장을 위한 경쟁'(competition for the market) 또는 동태적 경쟁(Dynamic competition) 상황에 직면해 있다. 따라서 산업의 급속한 기술진보와 동태적 경쟁의 특성으로 인하여 어떤 기업이 일시적으로 신상품을 출시하여 시장점유율이 높거나, 네트워크 효과의 확보를 위해 가격을 비용 미만으로 낮추거나, 규모의 경제로 높은 이윤을 획득하고 있다 해도 언제 어디서 파괴적 혁신을 달성한 다른 기업이 시장에 진입하여 시장점유율을 잠식하고 기존 기업을 퇴출시킬지 모르는 경쟁 상태에 있다.

이러한 논의에 의하여 주요국 정부가 정보기술 기업에 대한 개입을 자제해왔다. 그러나 최근에는 거대 기술기업들의 시장점유율 확대와 높은 이윤율 등이 소비자이익을 침해하고 있다는 우려가 짙어지고 있다. 더욱이 코로나-19로 인하여 거대 기술기업들에 의한 시장집중이 더 심화되고 있다. 온라인쇼핑 시장에서의 Amazon의 지배적 위상, Apple의 높은 이윤율, 온라인 광고시장에서의 Facebook과 Google의 복점 등에 대하여 경쟁당국의 조사가 진행 중이다. 예를 들어 Google의 경우 EU에 의한 서로 다른 3건의 경쟁규제로 인하여 82억 유로의 벌금을 부과받기도 하였다(The Economist, 2020) 특히 Amazon, Google, Facebook과 같은 시장지배적 플랫폼 기업들의 경우 소매업자나 광고주에 대한 높은 비용 부과를 통하여 무료이용을 통해 확보한 소비자의 이익을 간접적으로 침해한다. 또한 이들 플랫폼 기업들은 수직적 통합에 의하여 경쟁 관계에 있는 제3의 기업과의 경쟁에 의한 이익 상충을 야기하기도 하고 막대한 이윤을 기반으로 잠재적 경쟁기업을 인수·합병하는 등의 경쟁제한적 행동을 보이기도 한다.

이에 따라 거대기술기업에 대하여 기업분할과 같은 강력한 경쟁정책 개입을 시행해야 한다는 견해가 대두되고 있다. 20세기 초 반독점정책에 대하여 강력한 입장을 가졌던 미국 대법관 루이스 브랜다이스(Louis Brandeis)의 이름을 따서 신브랜디지언("neo-Brandeisians")이라고 불리는 일군의 학자들은 반독점정책이 소비자후생을 넘어 폭 넓은 정책목표를 가져야 하며 대규모 거대기술기업이 소비자나 노동자만이 아니라 민주주의 자체를 위협한다는 점에서 기업 분할 등의 조치도 고려하여야 한다고 주장하고 있다. 이에 대하여 플랫폼기업의 행동에 대한 온건한 입장은 규제당국에의 권한 집중도 문제시하여야 하며 소비자후생기준을 폐지할 것이 아니라 재해석하면 된다고 한다. 칼 샤피로(Carl Shapiro)와 같은 학자는 경쟁보호에 관한 기준을 재정립하되, 경쟁제한적 관행이 소비자후생에 가져오는 직접적이거나 간접적인 모든 손해를 고려하면 된다고 한다. 이러한 소비자후생 기준을 디지털 플랫폼 기업에 적용하면 기업의 급성장으로 시장 내 경쟁이 약화하더라도 어느 순간 새롭고 우월한 제품이 새로운 시장을 창출하는 '시장을 위한 경쟁'이 가능하다. 따라서 기업 간 인수·합병은 허용하되 해당 기업들로 하여금 인수·합병이 소비자들에게 이익을 제공한다는 사실을 입증하도록 하면 된다는 것이다. 또한 기존 기업으로 하여금 데이터를 적절한 범위 내에서 공유하도록 하거나 사용자의 플랫폼 간 이동이 용이하도록 하는 조치도 중요하다.

📈 사례연구 시장경쟁 지표의 활용 ────────────────

1)

독과점의 시장구조나 기업의 시장지배적 시장행동 등의 시장지배력의 행사는 효율적 자원배분을 저해한다. 이러한 시장실패를 교정하고자 하는 경쟁정책은 가장 중요한 미시 경제 정책 수단 중의 하나이다. 산업조직에 관한 SCP가설을 강력하게 지지하는 경제학자들은 시장집중의 구조적 요인이 가장 중요한 원인이므로 정부가 나서서 고도로 집중된 산업에 대하여 독과점기업의 분할을 비롯한 시장구조 개입을 시행해야 한다고 주장하였다. 그러나 시카고학파 이후 시장집중에 관해 시장지배력 효과와 효율성 효과를 함께 고려하는 견해는 SCP가설의 주장과는 다르게 시장집중 그 자체가 위법은 아니며, 집중의 원인을 살펴보고, 시장지배력 행사라는 위법성에 상응하는 교정조치를 취하면 된다고 주장한다.

최근에는 시장경쟁을 분석하기 위해 개별 기업의 시장점유율을 기초로 계산하는 시장집중지표의 분석에서 한걸음 나아가 전반적인 시장의 다이너미즘(dynamism)을 분석하는 방향으로 방법론이 변화하고 있다. 칼비노(Calvino) 등(2020)은 OECD 회원국 전반에서 나타나고 있는 비즈니스 다이너미즘(business dynamism)을 종합적으로 분석하였다. 이들은 비즈니스 다이너미즘 저하가 혁신, 고용, 더 넓게는 경제성장에 미치는 부정적 영향을 상쇄하는 정책대응이 필요하다고 한다.

2)

앞에서 살펴본 첨단기술산업에 대한 경쟁규제 재정립 논의와 관련하여 한국 공정거래위원회도 2019년 2월 '기업결합 심사기준'을 개정하여 첨단산업에 대한 경쟁규제 개선방안을 마련하였다(공정거래위원회, 2019). 이 개정기준은 '혁신기반 산업'을 연구·개발 등 혁신 경쟁이 필수적이면서 지속적으로 일어나는 산업으로 정의하였다. 또한 이들 산업에 대하여 매출액 등을 기준으로 한 시장점유율, 시장집중도 파악은 한계가 있으므로, 대안적 기준으로 R&D 지출 규모, 혁신 특화 자산과 역량, 특허 출원 및 피인용 횟수, 실질적 혁신경쟁 참여 기업 수 등을 채택하였다. 혁신기반 산업의 정의와 경쟁제한성 판단의 대안적 기준을 채택한 것은 진일보한 것이다. 그런데 개정 기준은 이들 산업에서의 M&A로 인한 혁신경쟁 저해 등 동태적 경쟁제한효과에 대한 심사기준이 미비했던 점과, 빅데이터와 관련하여 '정보자산'의 독점·봉쇄가 가능한 경쟁제한적 M&A에 대한 규제를 강조하고 있다. 따라서 미국, EU 등 선진국의 정책동향과 비교하여 경쟁규제를 첨단기반 산업에 유연하게 적용하기보다 규제를 강화하는 방향으로 나아갈 것으로 예측되어 기업혁신 저해 가능성과 관련하여 상당히 우려된다고 하겠다.

3)

급속한 기술진보에 따라 첨단 기술기업의 경우 혁신과 효율에 의해 시장점유율은 증대하고 수익성은 상승하고 있다. 진입장벽과 시장지배력은 국민경제 관점에서 효율적 자원배분을 저해하는 것으로 평가되지만 기업의 입장에서는 수익성의 원천이다. 마이클 포터(M. Porter, 1985)는 산업의 성과를 결정하는 구조적 요인의 가장 중요한 항목으로 진입장벽을 들었다. 진입장벽을 '경제적 해자(economic moat)'라고도 한다. 그 외의 요인으로도 기존 경쟁력기업과의 라이벌 관계, 대체상품과의 경쟁, 공급자 및 수요자와의 협상력 관계를 제시하고 있다. 따라서 투자자의 입장에서 기업의 시장지배력은 투자대상에 관하여 가장 선호할 만한 조건이다. 그런 의미에서 미국의 유명 벤처캐피털 사업가인 피터 틸(Peter Thiel)은 "경쟁은 패자(loser)가 할 일"이라고 하면서 "독점이 창업의 목적"이라고 주장한 것이다(Thiel & Masters, 2014).

[이해와 활용]

1. 제조업 중에서 관심이 있는 산업을 한국표준산업분류 5자릿수(세세분류)에 의하여 선정하고 이 산업의 출하액 등을 기준으로 지난 50년의 성장을 살펴보자.
2. 같은 산업에 대하여 공정거래위원회 웹사이트에서 검색할 수 있는 시장구조조사 보고서에서 시장집중률 지표를 찾아 집중 정도를 파악하고 해당 산업에서 속하는 기업들을 추정해보자.
3. 공정거래위원회의 기업결합 심사 사례를 검색하여 보고 해당 시장의 기업결합이 효율성과 경쟁에 미치는 효과에 어떤 판단을 하고 있는지 설명해보자.
4. 마이클 포터(M. Porter)는 기술, 유통경로, 브랜드 로열티 등의 진입장벽이 기업의 경쟁우위 요소가 된다고 설명하고 있다. 가치투자를 지향하는 주식투자자는 이런

기업에 관심이 있을 것이다. 이러한 산업이나 기업의 사례를 찾아 살펴보자.

참고문헌

[1] 공정거래위원회(2023), 시장집중도 현황, e-나라지표.
     https://www.index.go.kr/unity/potal/main/EachDtlPageDetail.do?idx_cd=2721

[2] 공정거래위원회(2019), 기업결합 심사기준 개정 및 시행, 보도자료, 2019.2.27.

[3] 이상무·이재형·양정삼(2019), 시장구조조사, KDI용역보고서.

[4] 이상무·양정삼·김대용·이주원(2023), 시장구조조사, KDI용역보고서.

[5] Autor, D., D. Dorn, L. F. Katz, C. Patterson & J. Van Reenen(2017a), "Concentrating on the Fall of the Labor Share", American Economic Review: Papers & Proceedings 2017, 107(5): 180-185.

[6] Autor, D., D. Dorn, L. Katz, C. Patterson & J. Van Reenen(2017b), "The Fall of the Labor Share and the Rise of Superstar Firms", Working Paper No. 23396, National Bureau of Economic Research.

[7] Aghion, P., N. Bloom, R. Blundell, R. Griffith & P. Howitt(2005), "Competition and Innovation: an Inverted-U Relationship", Quarterly Journal of Economics, 120(2), 701-728.

[8] Bajgar, M., Berlingieri, G., Calligaris, S., Criscuolo, C. & Timmis, J.(2019), "Industry Concentration in Europe and North America", OECD Productivity Working Papers, 2019-18, OECD Publishing, Paris.

[9] Bresnahan, T. F.(1989), "Empirical Studies of Industries with Market Power," Handbook of Industrial Organization, 2, 1011-1057.

[10] Calvino, F., C. Criscuolo & R. Verlhac(2020), Declining Business Dynamism: Structural and Policy Determinants, OECD Directorate for Science, Technology and Innovation Policy Papers No. 94, November 2020, OECD Publishing, Paris.

[11] De Loecker, J. D., Eeckhout, J. & Unger, G.(2020), The Rise of Market Power and the Macroeconomic Implications, Quarterly Journal of Economics, 135(2), 561-644.

[12] Disney, R., J. Haskel & Y. Heden (2003), "Restructuring and Productivity Growth in UK Manufacturing", Economic Journal, 113(489), 666-694.

[13] Eeckhout, J., & De Loecker, J. (2018), Global Market Power, NBER Working Paper,

24768.

[14] Evans, D. S. & Schmalensee, R.(2002), Some Economic Aspects of Antitrust Analysis in Dynamically Competitive Industries, In Innovation Policy and the Economy, 2, 1–49, MIT Press.

[15] Gifford, D. J. & Kudrle, R. T.(2011), Antitrust Approaches to Dynamically Competitive Industries in the United States and the European Union, Journal of Competition Law and Economics, 7(3), 695–731.

[16] Honjo, Y., Y. Doi & Y. Kudo(2014), "Consideration on Changes of Market Structure of Major Industries in Japan by the Use of Mobility Index, and the Applicability to the Competition Policy: An Analysis Based on the Degree of Concentration of Production and Shipment," JFTC, Competition Policy Research Center Report, 2014.

[17] OECD(2021a), Gross Domestic Product(GDP)
(indicator). doi: 10.1787/dc2f7aec–en (Accessed on 12 February 2021)

[18] OECD(2021b), Population with Tertiary Education
(indicator). doi: 10.1787/0b8f90e9–en (Accessed on 12 February 2021)

[19] Porter, M. E.(1985), Competitive Advantage, New York: Free Press.

[20] Posner, R. A.(2000), Antitrust in the New Economy, Antitrust Law Journal, 68, 925.

[21] Scherer, F. M.(1996), Industry Structure, Strategy, and Public Policy, Prentice Hall.

[22] Smith, A.(1776), An Inquiry into the Nature and Causes of the Wealth of Nations: Volume One, London: printed for W. Strahan; and T. Cadell.

[23] Soete, L.(2007), From Industrial to Innovation Policy. Journal of Industry, Competition and Trade, 7(3-4), 273.

[24] The Economist(2020), What More Should Antitrust Be Doing? August 8th, 2020.

[25] The Economist(2018), Across the West Powerful Firms Are Becoming Even More Powerful, Special Report on Competition, November 15, 2018.

[26] Thiel, P. A. & Masters, B.(2014), Zero to One: Notes on Startups, or How to Build the Future, Currency.

[27] Valletti, T., Koltay, G., Lorincz, S. & Zenger, H.(2017), Concentration Trends in Europe, Presentation at CRA Annual Conference for the European Commission, Brussels, 12 December 2017.

[28] Weresa, M. A.(2017), Research and Development Policy, Innovation Policy, and Industrial Policy: An Interface, In the New Industrial Policy of the European Union (pp. 187–204), Springer. www.innovationisrael.org.il

자산시장

제11장

자산시장

자산시장은 가계의 저축수단을 제공하고 기업의 투자 재원조달을 가능하게 한다.

국민대차대조표는 부동산 등 실물자산과 금융자산을 포함한 자산금액을 측정한다.

거시경제적으로는 총저축률이 이자율과 기업 투자에 영향을 미친다.

자산시장의 가장 중요한 지표는 이자율이다. 대출 이자율은 만기와 담보제공 여부, 차입자 특성 (금융증권 발행자의 신용도) 등 다양한 요인에 따라 달라진다.

이자율은 실물경제와 영향을 주고받는 실질이자율이 중요하며, 이자율 인상 또는 인하, 채권 간 수익률 차이(특히 리스크 프리미엄), 이자율의 기간별 구조(장단기 금리차)는 경기상황의 판단에 유용하다.

주요국의 종합주가지수를 포함하여 국내외 증권의 가격, 거래량, 변동성, 심리와 관련한 다양한 지수와, 주택과 토지 등 부동산의 가격, 거래량에 관한 여러 지수가 자산투자에 관한 의사결정에 중요한 기초자료이다.

자산시장과 이자율

자산시장은 가계에 저축수단을 제공하고 각 가계의 입장에서 유리한 저축상품을 선택할 수 있도록 한다. 또한 기업에 투자를 위한 재원조달을 가능하게 하고 저렴한 금융수단을 선택하게 한다. 한편 투자재 생산기업은 투자재를 매입하여 생산공정에 사용할 기업이나 투자재를 매입하여 다른 기업에 임대하는 금융회사에게 투자재를 판매한다. <그림 11-1>은 이러한 자산시장의 역할을 보여주고 있다.

가계는 소득 중에서 소비하고 남은 저축을 여러 자산의 형태로 축적한다. 가계의 저축은 자산을 증식하고 교육, 의료, 재난 등 예상치 못한 지출소요와 주택, 자동차 구입 등 미래의 소비지출을 충당하거나 소득능력을 상실할 노후에 대비하기 위한 것이다. 따라서 개인의 경제생활에서 노동의 제공과 사업의 영위를 통하여 소득을 확보하는 의사결정만큼 자산의 매입과 보유, 매각에 관한 결정이 중요하다. 자산의 관리에 관한 의사결정을 적절하게 수행하기 위하여 자산시장 지표에 대한 분석이 필요하다.

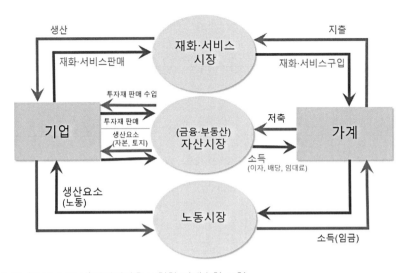

〈그림 11-1〉 (자본·부동산)자산시장을 포함한 경제순환 모형

2022년 국민대차대조표 잠정 집계에 따르면, 우리나라의 가계(비영리법인 포함)는 2022년 말 〈그림 11-2〉에 보듯이 총자산에서 금융부채를 차감한 순자산의 23.7%를 금융자산으로, 74.6%를 부동산으로, 나머지 1.8%를 기타 실물자산으로 보유하고 있다 (한국은행, 2023). 여기서 금융자산은 금융자산에서 금융부채를 뺀 순금융자산이다.

* 자료: 한국은행(2023), 2022년 국민대차대조표(잠정); USFRB(2023), Flow of Funds Account of the United States.

〈그림 11-2〉 한국과 미국의 가계순자산 구성 비교

한국 가계(비영리법인 포함)가 보유한 부동산 8,379조 원은 주택이 5,728조 원이고 주택 이외의 부동산이 2,651조 원이다. 이러한 가계자산 구성은 금융시장이 발달한 미국과는 거의 정반대이다. 미국 가계의 경우 2022년 말 기준으로 금융자산이 62.5%,

부동산이 28.7%, 기타 실물자산이 8.8%를 차지하고 있다(US FRB, 2023). 여기서 기타 실물자산은 내구소비재와 비영리법인의 자산을 포함한다.

한국은 금융시장이 발전과정에 있고 전통적으로 자산투자 수단으로 주택, 토지와 같은 부동산을 중시해왔으므로 가계자산에서의 부동산의 비중이 상대적으로 크다. 앞으로 부동산의 증권화 진전과 리츠회사 성장 그리고 부동산펀드의 확장으로 부동산을 기업 부문이 소유하고 가계는 증권의 형태로 부동산에 간접적으로 투자하게 되면 금융상품의 가계자산 비중이 커질 것으로 전망된다.

자산시장의 대표적인 가격이 이자율이다. 자금의 대차거래는 주로 채권시장에서 이루어지는데 자금의 수요자가 공급자에게 지급하는 자금차용 대가가 이자이며, 이자를 원금으로 나눈 비율이 이자율이다. 이자율은 담보의 여부, 만기의 장단, 차입자의 신용도 등에 따라 달라지며, 원금의 구매력 저하를 가져오는 인플레이션의 영향도 받는다.

이자율은 자금의 대출과 차입, 그에 의한 소비와 투자, 정부지출과 관련하여 많은 개인과 기관들의 재정·금융정책, 환율, 물가, 차입자신용 등에 대한 기대를 반영하는 의사결정의 상호작용에 의하여 결정되므로, 미래의 인플레이션과 경제활동 수준에 관한 전망의 척도가 된다. 특히 소비자나 경영자 대상 설문조사에 의하여 작성되는 다른 지표에 비해 채권시장 참여자의 수익을 좌우하는 진지한 결정이 집약되어 시장에서 결정되는 지표이며, 이 경제주체들이 기대의 변화에 따라 바꾸는 행동을 반영해 그 값이 수시로 조정되는 지표이므로 경제상황의 판단에 매우 유용하다.

<표 11-1>은 한국과 미국의 대표적 이자율을 열거하였다. 우리나라의 대표적인 이자율로 한국은행 기준금리, 국고채금리, 회사채수익률, 담보대출 금리, 신용대출 금리, 예금금리 등이 있다(한국은행, 2019). 한국은행이 통화정책의 척도로 2008년 3월부터 기존의 콜금리 대신 기준금리를 채택하고 있는데 금융통화위원회가 매년 8번 그 목표 수준을 결정한다. 정부가 발행하는 국고채와 물가연동국고채권의 수익률, 한국은행이 발행하는 통화안정증권의 수익률도 무위험이자율의 기준이 된다. 단기금융시장의 대표적 금리로는 주로 1일간의 은행 간 자금대차의 가격인 콜금리와 함께, 자금시장의 양도성예금증서(CD) 유통수익률, 환매조건부채권매매(RP) 수익률, 기업어음(CP) 유통수익률, 증권사 종합자산관리계좌(CMA) 이자율이 있다. 자금시장의 단기기준금리는 91일물 CD유통수익률을 대체하여 2004년부터 은행 간 단기대차의 기준 금

리인 코리보(Korea InterBank Offered Rate: KORIBOR)로 변경되어 사용 중이다. 한편 장기금융시장의 대표적 금리로 만기 1년 이상인 국채, 회사채, 금융채의 금리가 있다. 은행금융기관의 간접금융시장 금리로는 우량기업 대상의 우대금리와 함께 2010년 자금조달비용으로 도입하여 전국은행연합회가 집계하는 코픽스(Cost of funds index: COFIX)에 차입기간, 담보유무, 차입자신용을 고려한 가산금리를 더하는 대출금리가 있다. 예금금리는 예금의 만기, 규모, 특성을 반영하여 결정한다. 대출의 기준이 되는 지표금리 중에서 가계에 대한 대출은 코픽스가 많이 사용되고 기업에 대한 대출은 CD 유통수익률, 금융채 금리, 코리보가 함께 사용되는 것으로 알려져 있다.

〈표 11-1〉 한국과 미국의 대표적 이자율

한국	미국
기준금리 콜금리	연방기금리 목표금리 연방기금리(Federal funds rate)
우대금리	우대금리(Prime rate)
국고채 수익률: 국고채(1, 2, 3, 5, 10, 20, 30년) 물가연동국고채권(Inflation Linked Korea Treasury Bond, KTBi) 통안증권(91일, 1년, 2년) 수익률	재무부채권 수익률(Treasury debt rate): 단기채권(Treasury bill), 중기채권(Treasury note), 장기채권(Treasury bond), 물가연동국채(TIPS), 저축채권(Savings bond)
회사채(3년, AA-), 회사채(3년, BBB-) 산업금융채권(1년) 수익률	회사채·금융채·지방채 수익률
가계대출 이자율: 주택담보대출	모기지(Mortgage) 금리
가계대출 이자율: 일반신용대출	소비자신용대출 금리
CD, CP, KORIBOR, MMF(Money market fund), CMA(Cash management account) 수익률 자금시장 단기기준금리: (91일물 CD유통수익률 → KORIBOR)	기업어음(Commercial paper: CP), 양도성예금증서(Certificate of deposit: CD) 이자율 유로달러예금 이자율

코리보와 코픽스가 지표금리로서 한계가 있다는 금융위원회와 한국은행 등의 평가에 따라 한국예탁결제원은 2021년 11월부터 국고채·통화안정증권 담보의 익일물 RP 거래 금리로부터 산출하는 KOFR(Korea Overnight Financing Repo Rate)을 한국의 무위험지표금리(risk-free rate: RFR)로 공시하고 있다.

미국의 경우 연방기금금리(Federal funds rate), 재무부채권 수익률(Treasury debt rate), 우대금리(Prime rate), 회사채수익률, 모기지 금리, 소비자신용대출 금리 등이 있다(Stengel, 2011). FRB의 정책을 반영하는 연방기금금리는 은행이 법정지급준비를 맞추기 위해 은행 상호간에 단기간, 주로 1일물로 대출할 때 적용하는 이자율이다. 연방기금금리는 자금의 수급에 의해 결정되지만 FRB는 목표금리에 따라 통화량을 조절하거나 은행 대상 대출에 적용하는 재할인율(discount rate)을 조정한다. 1970년대 말에서 1980년대에 걸쳐 폴 볼커(P. Volker)가 이끈 FRB는 연방기금금리를 급격하게 올려 인플레이션을 성공적으로 안정시켰다. 우대금리는 주요 은행들이 채무불이행 위험이 가장 낮은 고객, 주로 우량 대기업에 대한 단기대출에 적용하는 이자율이다. 연방기금금리와 우대금리 간의 차이(spread)는 기업수익의 상태에 따라 변화한다.

재무부채권으로 4주~1년의 단기채권(Treasury bill), 1년 초과~10년의 중기채권(Treasury note), 10년 초과~30년의 장기채권(Treasury bond), 물가상승률만큼 원금을 보전해주는 물가연동국채(TIPS)가 있으며, 경매에 의하여 결정하는 이자율이 각각 다르다. 또한 개인투자자를 주된 대상으로 하는 저축채권(Savings bond)은 이자율을 재무부가 고시한다. 재무부채권의 만기의 길이와 이자율의 관계를 그래프로 나타낸 것이 전형적인 수익률곡선(yield curve)이다. 또한 금융기관이 발행하는 금융채, 민간 기업이 발행하는 회사채, 지방정부가 발행하는 지방채(Municipal bond)가 있다. 당연히 금융채와 회사채의 이자율은 연방기금금리보다 높다. 미국의 경우에 지방채 이자는 면세 대상이어서 상대적으로 낮은 액면이자율로 발행이 가능하다.

미국에서는 60% 이상의 가계가 주택을 소유하고, 대개 매입대금의 일부를 대출에 의존하며 정부도 이자비용 세액공제와 담보대출 금융기관에 대한 신용보완을 통하여 가계의 주택마련을 지원한다. 그러나 담보대출 이자 상환이 가계지출의 상당 비중을 차지하므로 모기지 이자율은 소비자, 금융기관, 정부의 관심 대상이다. 소비자신용대출 이자율은 소비자가 자동차나 가전제품, 주방설비 등 내구재의 구입과 교육비, 주택 유지보수, 생활비 지출을 위해 받는 대출에 적용되는 이자율이다. 이외에 주로 기업어음(Commercial paper: CP), 양도성예금증서(Certificate of deposit: CD)의 이자율, 유로달러 예금이자율 등이 중요시된다.

우리나라의 1995년에서 2019년 사이의 이자율, 실질경제성장률, 물가상승률 추이를 <그림 11-3>에 나타냈다. 첫째, 시장금리가 25년 정도 기간에 걸쳐 전체적으로 하향 안정화되는 추세를 보이고 있다. 그리고 회사채금리는 국채금리에 비하여 지속적으로 높은 수준을 유지하고 있다.

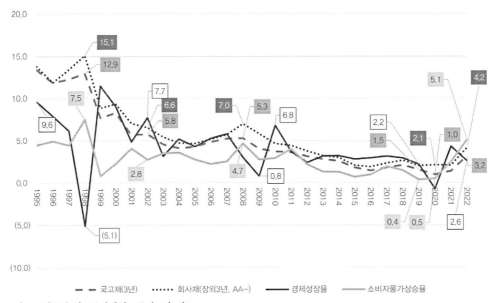

* 자료: 한국은행, 국민계정, 금리, 각 연도.

<그림 11-3> 이자율, 실질경제성장률, 물가상승률 추이(1995~2022년, 연간, %)

둘째, 경제상황에 따라 금리의 상승과 하락이 진행되기도 하였다. 가장 금리변동이 뚜렷한 시기가 IMF 외환위기 당시였는데 위기 초기에 IMF 정책권고에 따라 긴축정책 기조를 채택하면서 금리가 상승했다가 위기극복 과정에서 긴축완화로의 정책 전환에 따라 급속히 하락하였다. 또한 글로벌 금융위기 극복 기간과 2020년 코로나-19 상황에서도 완만하지만 유사한 현상이 발생하였다. 2022년에는 인플레이션 진정을 위한 통화긴축과 기준금리 인상으로 이자율이 글로벌 금융위기 극복 이후 10년 만에 최고 수준으로 상승하였다.

셋째, 물가상승률은 대체로 이자율과 진폭은 달라도 약간의 시차를 가지고 비슷한 움직임을 보이지만 실질경제성장률은 주로 위기상황에서 이자율과 반대방향의 움직임을 나타내는 기간이 많았다. 마지막으로 2010년대 중반 이후에 저물가, 저금리, 저성장 기조가 지속되고 있는 것으로 판단된다. 최근 고물가와 고금리 추세 속에서 2022년의 성장 감속으로 실질경제성장률과 물가상승률의 움직임이 엇갈리는 모습을 재현하고 있다.

글로벌 금융위기 직전인 2006년 이후 몇 가지 대표적 금리의 추이를 <그림 11-4>에 제시하였다. 첫째, 한국은행 기준금리를 하방 경계로 하여 단기금리인 MMF(7일), CD유통수익률(91일물), 1년, 3년, 20년 국채수익률, 3년 만기 회사채 수익률(AA−, 장

* 자료: 한국은행, 금리, 각 연도.

〈그림 11-4〉 주요 금리의 추이(2000년 1월~2023년 7월, 월간, %)

외) 순서로 금리수준이 높아지면서 동조적인 변동을 나타내고 있다. 예를 들어 2023년 7월의 금리를 보면 한국은행 기준금리가 3.5%로 같은 해 1월부터 7개월 동안 동결되어 있는 가운데, 국고채 1년, 3년, 20년 물이 각각 3.57%, 3.64%, 3.65%를, MMF(7일)와 CD유통수익률(91일물)은 각각 3.74%, 3.75%를, 회사채 수익률(AA−, 장외)은 4.44%를 나타내고 있다. 둘째, 국채 수익률 중에서도 20년 만기 국채는 3년 만기 회사채 수익률에 비하여 낮기도 하고 높기도 한다. 특히 경기회복 국면 초기에 20년 만기 국채가 회사채보다도 높은 수익률을 보이는 경향이 있어 리스크 스프레드의 축소를 반영한다. 또한 글로벌 금융위기와 같은 뚜렷한 침체 국면에서는 우량등급 회사채도 수익률이 급등하는 특징을 보인다.

셋째, 맨 아래의 점선은 20년 만기와 1년 만기 사이의 국채수익률의 차이이며, 장단기 금리차를 가늠한다. 글로벌 금융위기 직전인 2007년 1사분기와 세계적 불황이 우려되던 2019년 3사분기에 거의 금리역전에 근접하여 금리역전이 강력한 경기침체의 신호임을 확인하고 있다. 최근 고물가에 따른 고금리로 인하여 2023년 들어 경기침체가 예고되고 있는 가운데 이 장단기 금리차가 2022년 12월부터 2023년 3월까지 4개월 동안 작은 수치지만 마이너스를 기록하였다. 금리역전의 경기침체 신호 역할은 미국의 경우 1970년대에서 2000년대에 이르는 40여 년 동안의 6차례 경기침체(recessions) 전에 5년 만기 재무부채권 수익률이 최소한 230bp 인상되었다는 사실에서 알 수 있다(Yamarone, 2012). 그러나 예외도 있어서 1994~1995년 기간에는 동일한 수익률이 300bp 인상되었어도 경제는 침체에 빠지지 않았다.

채권시장

가계의 자산 중에서 금융자산은 상대편 입장에서의 부채이다. 채권시장을 통하여 여유자금을 보유한 가계가 소득이 지출에 못 미치는 다른 가계, 적자 상태에 있거나 연구개발, 설비확장 등 투자계획을 가진 기업, 재정적자를 기록하거나 수입과 지출의 시차를 메우려 하는 정부에 자금을 빌려준다.

채권시장이 주로 결정하는 이자율은 주식 가치평가모델에 포함되는 핵심요소이다. 이자율의 인상 또는 인하, 수익률곡선의 기울기와 변화, 서로 다른 채권 간의 수익률 격차(spread)의 증감이 경제상황의 예측을 위해 분석하는 중요한 지표이다. 이자율이 역사적 평균에 비하여 과도하게 높아지면 국민경제가 침체에 들어설 수 있다. 특히 이자율에 민감한 자동차 등의 내구재와 주택 부문의 수요가 위축될 것이다. 이러한 우려에 대응하여 중앙은행이 통화확대 정책으로 기준금리를 낮추면 이러한 부문에 대한 지출이 확대된다.

채권시장의 수익률은 국민경제의 동향과 밀접한 관련이 있다. 채권의 가격과 수익률은 반대이다. 경기가 활성화되면 인플레이션 우려가 생겨나 채권의 매도세가 형성되면서 수익률은 상승한다. 반대로 경기가 침체조짐을 보이면 기대인플레이션율이 내려가고 채권의 매수세가 형성되면서 수익률은 하락한다. 따라서 명목 GDP 성장률과 국채수익률 사이에 양의 상관관계를 보이는 것이 일반적 현상이다. 그런데 미국의 경우 2000년대 초에 경제성장이 가속화하는 데 10년 만기 국채수익률은 낮은 수준에 머무르는 모습을 나타냈다. 그 이유는 비농림어업 부문에서 전반적으로 전례 없는 생산성 상승이 지속되면서 단위노동비용의 상승을 억제하였고, 베트남, 중국과 구사회주의권 국가들이 저렴한 소비재를 풍부하게 공급하여 인플레이션 압력을 잠재웠다는 것이다. 앞으로 4차 산업혁명이 진전되면 경제 전반의 생산성 향상으로 인플레이션 우려 없는 성장이 가능할 수 있을 것이다. 그러한 점에서 많은 거시경제학자들이 중앙은행들에게 통화정책을 긴축기조로 전환하는 경우 소비자물가 상승률 증가를 확인하고 조치를 취하라고 조언하기도 하였다.

그러나 최근 세계경제는 인플레이션과 금리상승의 새로운 사이클을 나타내고 있다. 앞의 <그림 11-4>는 장기적인 금리 변화의 추이를 보여주고 있다. IMF 외환위기를 극복하면서 안정화되었던 금리 수준이 글로벌 금융위기 시에 한 차례 출렁거리더니 2021년 하반기 이후 급격하게 상승하였다가 회사채 수익률이 5.49%로 정점을 찍은 2022년 11월 이후 다소 안정된 모습을 보이고 있다. 경기침체 조짐과 맞물려 향후 금리 하향 조정의 폭과 속도가 가계부채의 이자상환 부담은 물론 채권투자 수익률과 관련하여 관심의 대상이 되고 있다.

최근 인플레이션 추세와 맞물려 새롭게 부상하는 채권시장 지표가 물가연동국채 스프레드다. 물가연동국채는 미국정부가 1997년에 도입하였으며 일본이 2004년, 우리나라가 2007년에 발행하기 시작하였다. 물가연동국채는 채권의 원금을 소비자물가 상승률을 반영하여 정기적으로 조정하므로 액면이자율은 일반 국채에 비해 낮다. 따라서 이론적으로 일반 국채와 물가연동국채 간의 수익률 차이는 인플레이션 기대를 나타내는 지표이다. 미국 금융시장에서는 5년 만기 재무부 중기채권과 물가연동국채의 수익률 차이의 스프레드를 가장 많이 활용한다. 이 스프레드는 미국에서 2000년대 초 이래로 3% 수준을 넘지 못하였는데 지속적인 생산성 상승과 함께 재화, 서비스, 자금의 자유로운 이동을 의미하는 글로벌화, 그리고 중앙은행의 효과적 정책대응이 기대인플레이션을 낮춘 데 기인한다. 1929년 대공황에는 미치지 못하지만 그 위기적 성격이 심각하여 대침체(The Great recession)라고도 불렸던 2007~2009년 글로벌 금융위기 동안에는 −1.5%에 근접하는 음(−)의 수치를 기록하기도 하였다.

여기서 기간별 이자율구조를 나타내는 수익률곡선이 경제상황을 판단하는 중요한 지표가 됨을 강조하고자 한다. 이자율의 기간별 구조는 채권의 만기와 이자율의 관계이며, 수익률곡선(yield curve)은 그래프의 x-축에 채권 만기, y-축에 이자율을 표시해 채권의 만기가 길어질수록 이자율이 어떻게 변하는지를 나타낸 것이다. 우선 수익률곡선이 우상향하는 것은 정상적인 경제상황을 반영한다. 채권의 만기가 20년, 30년이 되면 그 사이에 상당한 불확실성이 있을 수 있어 채권 보유자는 예측하기 어려운 위험을 보상받기 위해 높은 수익률을 요구하고 채권발행자는 높은 이자를 부담하며 투자를 위하여 차입한다. 수익률곡선이 더욱 가파르게 우상향하는 경우는 경제성장에 대한 기대로 당분간 단기금리의 인상이 전망되고 장기 대출수요가 크다는 것을 시사하며 경기확장기의 현상이다. 또한 수익률곡선의 기울기가 0에 가깝도록 평평한 경우가 있다. 통화정책의 전환 시점에서 이러한 현상이 발생한다. 중앙은행이 한동안

긴축정책을 펴다가 통화량을 늘리고 이자율을 낮출 것을 검토 중이거나 확대정책을 쓰다가 긴축기조로 전환할 것을 검토하는 경우이다.

특히 수익률곡선이 마이너스 기울기를 가지는 것은 금리역전(interest rate reversal)을 의미하며 흔히 있는 일은 아니지만 경기침체를 예고하는 강력한 신호이다. 투자의 회수기간이 긴 공장 신증설과 같은 성장금융에 대한 수요가 위축됨을 반영하는 것이며, 당분간 단기금리가 인하할 것으로 전망되는 경우 장기대출에 대한 수요가 위축되기 때문이기도 하다. 따라서 미국에서는 10년 만기 국채수익률과 연방기금금리의 차이를 경기선행지수의 하나로 간주한다. 그러나 평평한 수익률곡선이나 금리역전을 보인다고 해서 반드시 경기전환점에 있거나 경제침체가 다가오는 것은 아니며 예외가 있다. 예를 들어 미국에서 1995~1998년에 수익률곡선이 평평한 모습을 보였음에도 활황은 계속되었다. 수익률곡선의 특정한 모습을 초래하는 다양한 요인을 검토할 필요가 있는 것이다. 앞에서 장기국채 수익률과 관련하여 언급한 바와 같이 2004년 중반에는 FRB가 자산시장의 활황을 염두에 두고 연방기준금리 목표금리를 인상하고 그에 따른 통화긴축을 시행했지만 장기채권수익률이 낮은 수준에 머물러 수수께끼 (conundrum)라고 하였다. 아시아 외환위기를 거친 동아시아 국가나 중국이 외환보유고를 확대해나가고 2000년대 초 지정학적 위기가 고조됨에 따라서 해외투자자들이 안전자산을 선호하게 되면서 미국 재무부 장기채권에 대한 수요가 지속적으로 급증한 데 따른 것으로 판단된다. 채권에 대한 수요가 늘어나면 채권의 가격은 상승하고 시장금리는 반대방향으로 움직이기 때문이다.

리스크스프레드(Risk spread)도 중요한 경기지표이다. 리스크스프레드란 금융증권의 이자율과 국채수익률과 같은 무위험이자율의 차이를 말한다. 예를 들어 신용등급 Baa(투자등급 중 가장 낮고, 투기등급 한 단계 위인 등급)의 회사채 수익률과 10년 만기 국채수익률과의 차이인 리스크스프레드는 경기가 침체 직전이거나 침체 기간에 들어갔을 때 확대된다. 경기침체가 심각해지면 신용등급 Aaa등급 회사채의 스프레드마저 확대된다. 반대로 리스크스프레드가 축소되면 경기가 살아난다. 이에 따라 주식시장도 리스크스프레드와 연계되어 움직이는데, 리스크스프레드가 축소되면 종합주가지수나 코스닥지수는 상승하는 경향이 있다.

경제지표는 어떤 대상의 특정한 속성을 알기 위하여 분석한다. 2021년 초 코로나-19가 발생한지 1년이 지난 시점에서 2019년, 2020년, 2021년을 경과하면서 한국인의 삶의 질이 어떻게 변화하고 있는지를 알려면 소득과 고용, 물가는 물론 문화생활에 관한 여러 지표의 분석이 필요하다. 통계학적으로 분석의 대상 전체를 모집단(population)이라 하고 알고자 하는 속성을 모수(parameter)라고 한다. 대개의 경우 모집단 전체에 관해 모수를 측정하는 것은 어려우므로 표본을 대상으로 모수를 측정한 값을 표본통계값이라 한다. 앞에서 알아본 표본평균(sample mean)과 표본표준편차(sample standard deviation)가 표본통계값의 중요한 사례이다. 2021년 초 현재 전 국민의 소득 대비 문화비의 비율이라는 모수를 알려면 적절하게 선정한 일정 수 인원(예: 2천 명)의 표본을 대상으로 표본평균과 표본표준편차를 계산하여 전 국민의 소득 대비 문화비 비중에 관하여 어떠한 주장을 전개할 수 있을 것이다.

그러나 어떤 투자자가 한 시점에서 특정 주식 또는 주가지수펀드(ETF)의 매입 여부를 결정하려고 할 때, 향후 1년의 특정 주식 또는 주가지수펀드의 수익률(이 지표도 모집단의 속성인 모수이다)에 관한 표본을 구할 수는 없다. 이러한 경우 투자성과에 관한 시나리오분석을 통하여 주식 또는 주가지수펀드의 기대수익률과 기대위험을 분석하여야 한다. A국의 기계산업에 투자하는 섹터펀드를 검토하는 투자자가 수립한 시나리오는 4가지 상황만을 고려한다고 하자. 구체적 내용은 향후 1년에 이 산업에 심각한 침체(수익률 −40%)가 발생할 확률을 5%, 완만한 침체(수익률 −12%)는 25%, 정상적 성장(수익률 15%)은 40%, 호황(수익률 30%)은 30%라 가정한다. 여기서 평균 값 10%는 이 투자의 기대수익률이다.

그리고 분산은 다음과 같이 계산된다. 분산은 이 투자프로젝트의 위험과 관련이 있다. 표준편차 19.39%는 분산의 제곱근이다. 이 계산과정을 〈표 11-2〉로 제시하였다.

〈표 11-2〉 투자 시나리오 분석의 간단한 사례

시나리오	확률	보유수익률(%)	확률× 보유수익률	평균수익률의 표준편차	확률× 편차 제곱
심각한 침체(불황)	0.05	−40	−2.00	−50.00	125
완만한 침체	0.25	−12	−3.00	−22.00	121
정상적 성장	0.40	15	6.00	5.00	10.00
호황	0.30	30	9.00	20.00	120.00
합계		기대수익률 =	10.00	분산 =	376.00
				표준편차(%) =	19.39

금융상품의 투자에 있어서 기대수익률과 기대위험 간에는 상충관계가 성립한다. 높은 기대
수익률을 추구할 때는 높은 위험을 감수해야 한다.

주식시장

채권시장의 지표, 특히 다양한 이자율이 주식시장의 분석과 전망에도 유용한 자료
라는 점을 살펴보았다. 여기서는 주식시장에 관한 지표를 검토한다. 우선 특정 주식
시장 전체의 집합적 성과를 대표하는 지수 체계를 주식시장지수시리즈(Security market
indicator series: SMIS)라 하며 세계에 수천 개의 지수가 있다. 주식시장의 가격을 요약하
는 종합주가지수로서, 한국은 거래소지수, 코스닥지수가 있고 미국은 다우존스지수(Dow
Jones industrial average: DJIA), 나스닥지수(Nasdaq composite index), S&P500 지수, 러셀
2000지수(Russell 2000 index) 등이 있다. 또한 글로벌 주식시장을 개관하기 위한 지표
로서 일본 니케이 255 지수(Nikkei 225 index), 영국 FTSE 100 지수, 독일의 DAX 지
수, 홍콩 Hang Seng 지수가 있다.

세계은행은 각국의 주식시장에 관한 몇 가지의 지표를 <표 11-3>과 같이 DB로 구
축하여 제공하고 있으며 주식시장 상황의 국가 간 차이를 검토하는 데 유용하다.

가장 기초적인 주식시장 장세를 측정하는 지표는 주식의 가격과 거래량이다. 또한
주가의 기업가치 적정 평가 정도를 가늠하는 주가수익비율, 주가자산비율, 경상배당
수익률 등의 재무비율 지표가 중요하다. 개별 주식에 관해 계산한 지표값을 기초로
전체 시장이나 부문별 하위시장에 대한 지표를 산출할 수 있다.

〈표 11-3〉 세계은행의 국가별 주식시장 DB 포함 지표(1975~2019년)

- 상장 국내 기업의 시가총액(경상 US달러)
- 상장 국내 기업의 시가총액: GDP 대비 비율(%)
- 국내 주식시장의 주식거래량: 거래 회전율(%)
- 주식거래량: 총 금액(경상 US달러)
- 주식거래량: 총 금액(GDP 대비 비율, %)
- S&P 글로벌 주가지수(연간 % 변화)

* 자료: World Bank(2021), World Federation of Exchanges Database.

또한 심리지수(Psychological(sentiment) indicators)는 시장의 현재 상황과 미래 전망에

대한 시장 참여자의 심리적 판단을 포착하는 심리나 신뢰도에 관한 지표가 있으며 시장분석에 활용할 만하다. 다만 설문조사에 의한 지표보다 실제 시장의 가격이나 거래량 데이터를 근거로 조합한 지표가 더 유용할 수 있다.

한편 2020년 3월 코로나-19 확산으로 주가가 급락한 이후 유동성 증가와 감염병 극복 기대감에 따라 주가가 장기 급등하면서 주가 조정에 대한 우려가 커지고 각종 변동성지수(Volatility index)에 대한 관심이 높아지고 있다. 주식시장의 변동성 지표는 '공포지수'라고도 하는데, 특정 주식이나 어느 시장에 관한 가격의 변동성을 표준편차 또는 분산으로 계산한 지수가 주를 이룬다. 코스피 200지수의 옵션가격을 기초로 한 우리나라의 코스피200 변동성지수(VKOSPI)와 S&P500지수의 옵션가격을 기초로 한 미국의 변동성지수(VIX)가 대표적 사례이다. 풋옵션과 콜옵션의 가격프리미엄 비율도 변동성을 나타내는 중요한 지표이다.

주식시장과 관련이 큰 다양한 국내외 경제지표의 정기적 발표 일정이 미국의 경제 캘린더(Economic calendar), 한국의 통계청 국가통계포털의 국가통계 공표일정, 각종 금융·증권 사이트에 공표된다. 대체로 이러한 일정은 지표의 포괄 기간이나 (가능한 경우) 시장기대 예측값(the consensus estimate)과 함께 제시되기도 한다. 특정 지표가 발표되면 관련 주식 가격에 긍정적 또는 부정적 영향을 미친다. 그런데 이들 지표를 활용할 때 시장이 발표값 자체보다 시장의 기대에 비교하여 반응하는 경우가 일반적이라는 점은 주의해야 한다. 예를 들어 신규 고용 지표가 증가했더라도 시장기대치보다 작은 폭이라면 시장은 부정적으로 반응한다. 또한 어떤 경우는 경제지표 발표 시점에 이미 시장기대 예측값이 주가에 이미 반영(선반영)되었을 수도 있다는 점을 고려해야 한다.

<표 11-4>에 예시하고 있는 바와 같이 각 주식시장에서 주식의 가격과 거래량 등 지표를 기초로 작성되는 2차 지표들은 해당 주식시장의 흐름을 판단하는 데 유용한 지표가 될 수 있다.

〈표 11-4〉 주식시장의 시황에 관한 주요 지표(예시)

• **특정 일일조건 주식 수**: 상승 주식수, 하락 주식수, 보합 주식수, 신고가 주식수, 신저가 주식수
  → 이때 신고가는 해당 주식의 역사상 최고가격, 신저가는 역사상 최저가격을 말한다.

• **단기 과매수·과매도 진동**: 시장이 단기에 한 방향으로 과도하게 나아간 경우 이 지표를 근거로 반대 포지션을 검토할 수 있다.

(가격 상승 주식 수 - 가격 하락 주식 수)의 10일 이동평균
(가격 상승 주식의 거래량 - 가격 하락 주식의 거래량)의 10일 이동평균
(신고가 기록 주식 수 - 신저가 기록 주식 수)의 10일 이동평균

- **공매도잔고비율(Short interest ratio):** 공매도 잔고를 일일 평균 거래량으로 나눈 비율
  → 공매도는 주식을 차입하여 매도하는 행위인데, 공매도 잔고란 공매도하고 아직 상환하지 않은 주식의 수량을 말한다.
  → 이 비율의 상승은 시장심리가 부정적으로 변하고 있음을 의미하며, 이 비율이 극단치로 접근하면 하락전환의 신호로 판단할 수 있다.

- **주식공급 관련 지표:** 최근 주식분할 건수, 최근 공모주상장 건수

- **강세장 대 약세장 응답 비율:** (시장 전문가 대상 설문조사 결과) 낙관적 전망을 가진 전문가와 비관적 전망을 가진 전문가의 비율
  → 이 비율도 극단치로 접근하면 방향 전환의 신호로 판단할 수 있다.

부동산시장

우리나라 가계의 순자산에서 부동산의 비중이 높기 때문에 부동산시장 지표는 매우 중요하다. 부동산시장의 현재를 판단하고 미래를 전망하는 데도 역시 이자율과 유동성, 고용, 성장 등의 거시경제지표의 분석이 전제되어야 한다. 부동산시장 자체의 지표는 지역별, 부동산 유형별로 수요와 공급의 추세를 반영하는 거래량과 가격이 핵심이다. 앞에서 다룬 거시경제지표들은 주택, 상가, 산업용 건물 등을 포함한 부동산의 수요에 관하여 주로 참고하는 지표가 될 것이고 정부의 부동산 관련 세제도 고려해야 한다. 부동산의 공급은 건설업계의 동향을 살펴야 하지만, 토지개발, 지구·지역제, 건축허가, 분양가상한제, 재건축초과이익환수제 등과 관련된 정부정책과 규제의 흐름도 분석해야 한다.

부동산시장 통계에 관해 발표하는 지표들은 주로 가격과 거래량 지수이다. 우리나라의 부동산 통계는 공공부문의 한국부동산원 통계와 민간부문의 KB국민은행 통계가 두 축을 이루고 있다. 한국부동산원의 통계는 부동산정책 수립을 위한 기초 자료가 되고, KB국민은행의 통계는 주로 금융권의 대출전략, 정부의 대출규제를 위한 기준으로 폭넓게 사용된다.

우선 2021년 현재 한국부동산원의 '주간 아파트가격 동향'은 전국의 9,400가구의 주택(아파트)을 표본으로 하고 '월간 전국 주택가격 동향조사'는 1만 7,000여 가구의 주택(아파트)을 표본으로 한다. 주간 아파트 가격동향은 매매가격과 전세가격 자료를 기초로 지역별로 매매가격지수와 전세가격지수를 산출한다. 그리고 월간 전국 주택

가격 동향조사는 매매, 전세에 더하여 월세, 준월세, 준전세 등의 유형별로 통계를 작성한다. 이때 준월세란 보증금이 월세 금액의 12개월분 이상, 준전세란 보증금이 월세 금액의 240개월분 이상인 조건의 임대차이다. 보증금이 월세 금액의 12개월분 미만이면 순수월세로 분류된다. 매월 1회에 조사원(부동산원 직원)이 표본주택가격을 중심으로 실거래가를 파악하고, 실거래가 자료가 없다면 유사한 거래를 통해 가격을 확인한다. 월 1회의 조사 외에 정책 목적으로 필요하다고 판단할 때는 추가로 정밀 조사를 시행한다.

반면 KB국민은행의 '주택가격동향조사'는 3만여 가구의 주택(아파트)을 표본으로 가격과 거래량을 조사한다. 이 조사자료를 기초로 주택매매종합가격지수, 아파트매매 가격지수, 선도아파트50지수, 매매거래지수, 매매가격전망지수를 집계한다. 기초자료 수집을 위하여 KB국민은행은 현장 중개업소를 활용한다. 온라인으로 전국의 호가와 실거래가 등 시세를 취합하고 그중에서 표본을 추출하여 통계를 작성한다. 조사한 통계를 확인하기 위해 전화나 팩스 등 추가 조사를 진행하여 통계를 수정·보완한다.

소득 대비 주택가격 비율(Price-to-income ratio: PIR)은 주택가격 수준의 적정성을 평가하는 중요한 지표이다. 이는 연소득과 비교하여 주택가격을 평가하므로 국제 간 비교도 가능하다. <그림 11-5>와 같이 세계 주요 도시 간에 PIR을 비교해보면 우리나라의 주택가격이 소득에 비하여 과도하게 비싸다는 사실을 알 수 있다. 외국의 자료는 미국의 도시개혁 연구원(Urban Reform Institute)과 공공정책 프론티어센터(Frontier Centre for Public Policy)가 2004년부터 8개 국가의 92개 주요 도시에 관하여 중위 가구소득에 대한 중위 주택가격의 배수로 PIR을 계산한 자료이다. 우리나라는 KB국민은행의 월간 주택가격동향에 의한 서울과 강남의 아파트 중위 매매가격과 통계청 가계동향조사에 의한 도시가구의 중위소득 자료를 활용하였다.

서울과 강남의 PIR이 홍콩을 제외하고는 세계 주요도시의 PIR에 비하여 크다는 사실을 확인할 수 있다. 이 계산에 사용된 도시근로자 가구당 중위소득은 연간 64,588천 원이고, 2020년 12월 현재 아파트 중위 매매가격은 서울이 9억 4,741만 원이고, 강남이 11억 1,849만 원이다. 참고로 같은 도시근로자 가구당 소득으로 전국의 아파트 중위 매매가격 4억 3,561만 원을 적용하면 PIR이 6.7이 나오는데, 여전히 국제적으로 상당히 높은 수준이다.

우리나라의 주택시장의 심각한 문제 중 하나가 지역 간의 가격 격차가 심화되고

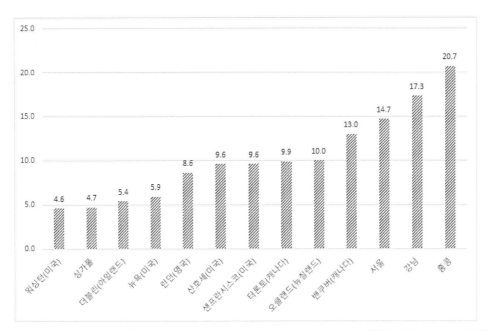

<그림 11-5> 세계 주요 도시의 소득주택가격 비율(PIR)의 비교

있다는 점이다. <그림 11-6>과 같이 주택가격이 지속적으로 상승세를 보인 2014년 이후의 주택매매가격 지수의 추이와 상승률을 지역별로 비교해보면 그러한 사실을 확인할 수 있다. 최근 정부의 부동산정책기조의 영향으로 2017년 이후 두 차례의 가파른 상승세를 보이는데, 2014년부터의 7년 여의 상승률을 비교해보면 강남, 강남구를 포함한 서울이 6개 광역시나 전국 평균에 비하여 2배 수준임을 알 수 있다.

최근 정부는 부동산에 관하여 시장원리를 경시하면서 원활한 주택 공급보다는 재건축·재개발 규제 강화와 같은 규제와 다주택자 양도세 중과와 같은 과세를 위주로 하는 정책기조를 채택해 왔다. 그 결과 주택 건설은 물론 중고주택의 공급을 포함하여 주택시장의 공급이 제한을 받는 가운데 가구 수 증가, 저금리와 유동성 확대, 가격 상승 위기감 등이 맞물려 주택의 매매가격은 급등하였다. 또한 세입자를 보호한다는 취지하에 2년 계약에 2년 연장을 요구할 수 있도록 하는 계약갱신청구권과 전·월세 상한제를 포함한 '임대차 3법'을 전격 시행하여 거래비용을 높이고 국민의 불편과 혼

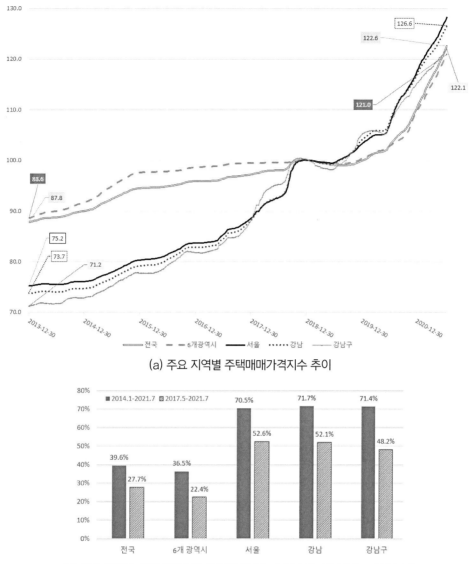

(a) 주요 지역별 주택매매가격지수 추이

(b) 주요 지역별 주택매매가격 상승률(2014~2021.7.; 2017.5.~2021.7.)

* 자료: KB국민은행(2021b), 주간 KB주택시장동향, 주택매매가격지수(2015년=100), 2021.7.

〈그림 11-6〉 국내 주요 지역별 주택매매가격 추이(2014~2021년 7월)

란, 갈등을 초래할 뿐 아니라 매물 감소로 전월세 가격의 큰 폭 상승을 가져왔다.

계층 간 자산격차를 완화하고 중산층, 서민들의 주거불안을 해소하기 위하여 조속히 시장친화적인 부동산정책 기조를 복원해야 할 것이다. 주택수요가 집중되는 서울과 수도권에 신축 아파트와 재건축, 재개발을 활성화하는 한편 보유세 인상에 상응하는 양도소득세 등 거래세 인하 조정을 통하여 신축과 중고 모두 아파트 공급이 증대되도록 해야 한다. 그리고 청년이나 서민을 위해서는 민간·공공 임대주택이 충분히 공급되도록 하고, 주택금융에 대한 규제를 완화하여 내집 마련의 가능성을 높여야 한다. 투기적 성격이 강한 다주택 보유에 대해서는 과세를 강화하되, 고품질 민영임대주택의 가용성을 위하여 임대차 3법을 재검토하고 적절한 임대사업 육성방안도 강구해야 할 것이다.

청년층과 2020년 자산시장

2020년은 한국의 자산시장에서 개인의 직접투자와 청년의 자산시장 진입이 활발하게 이루어져 속칭 '동학개미' 또는 '서학개미'와 '영끌'로 불린 첫해로 기록될 것이다. 개인들이 국내 주식시장에 적극적으로 참여함은 물론 미국과 유럽, 중국 등 주요국의 성장주, 기술주 등에 적극 투자하여 상당한 성과를 거두었다. 또한 청년들은 취업난과 경제적 불확실성에 대응하면서 미래에 대비하기 위하여 자신의 저축과 부모의 지원, 대출자금까지 최대한 끌어 모아 주식과 암호화폐에 투자하고 주택매입에 나선 것이다. 이러한 초유의 현상은 그 빛과 그늘에 대한 전망으로 한국사회의 앞날에 기대와 동시에 깊은 우려를 자아내고 있다.

한국은행의 '2020년 자금순환(잠정)'에 의하면 2020년 가계(비영리단체 포함)는 금융기관 차입 171조 7천억 원을 포함한 173조 5천억 원을 조달하여 국내 주식 63조 2천억 원과 해외주식 20조 1천억 원을 포함한 83조 원을 주식에 투자하는 등 365조 6천억 원을 운용하였다(한국은행, 2021b). 가계는 주식 외에 예금, 채권, 보험, 연금기여금 등으로 자금을 운용한다. 자금운용에서 금융기관 대출금 등 자금조달을 뺀 금액을 순자금운용이라 하는데, 이 금액이 192조 1천억 원에 이른다. 순자금운용, 국내 주식 투자, 해외주식 투자 모두 해당 통계를 작성한 이래 사상 최대 규모이다. 그런데 '2021년 1사분기 자금순환(잠정)'에 의하면 1사분기 중 가계(비영리단체 포함)는 52조 1천억 원을 조달하고 52조 1천억 원을 운용하여 순자금운용은 2020년 1사분기 65조 9천억 원에 비해 줄어든 44조 원이었다(한국은행, 2021a).

그러나 자산시장 활황과 청년층의 참여는 2021년에도 지속되고 있다. 가계의 금융기관 차입액은 52조 8천억 원으로 2020년 1사분기 15조 2천억 원의 3.5배 수준이었다. 아울러 가계가 국내 주식이나 출자지분을 취득한 금액이 36조 5천억 원, 해외주식 취득이 12조 5천억 원으로 2009년 해당 통계 작성 이래 역대 최대 수준이었다. 2020년 주식시장 회복 과정에서 3사분기와 4사분기에 각각 역대 최대를 기록한 후 2분기 만에 다시 역대 최대를 기록한 것이다. 물론 시간의 경과에 따라 명목금액은 커지기 마련이어서 역대 최대 기록이 예외적인 것은 아니지만 그 증가의 폭과 속도가 매우 크다는 점에 주목하는 것이다. 이에 따라 국내 주식과 해외주식을 포함한 주식의 가계 금융자산 비중도 20.3%로 처음 20%를 넘었고(펀드까지 합하면 22.7%), 해외주식의 비중도 1.22%로 사상 처음으로 1%를 초과했으며, 2020년 같은 기간에 비해 3배 이상으로 증가하였다(한국은행, 2021c). 부동산시장도 마찬가지다. 개인이 개인 간의 거래를 제외하고 기업으로부터 분양받거나 정부로부터 불하받아 개인순취득으로 집계되는 주택 수도 2020년의 1만 1천호 감소에서 2021년 1사분기에 7천호 증가로 돌아섰다. 이러한 과정에서 가계의 금융자산 잔액에서 금융기관 예금이 차지하는 비중이 44.2%에서 41.0%로 현저하게 감소하였다. 우리나라 가계 자산구조의 거대한 변화가 시작되고 있는 것으로 평가된다.

최근 밀레니얼 세대와 Z세대를 포함하여 MZ세대로 불리는 20~30대의 은행대출과 부동산, 주식, 암호화폐 투자가 급증하고 있다(S·머니, 2021). 2021년 3월 말 현재 은행의 가계대출 잔액이 867조 8천억 원으로 2020년 같은 시점 대비 11.3% 증가하였다. 그런데 MZ세대에 대한 대출은 주택담보대출 182조 8천억 원, 신용대출 76조 7천억 원을 포함하여 259조 6천억 원으로 같은 기간 20.8% 증가하였다. 전체 가계대출 증가액 중에서 MZ세대 대출이 50.7%를 차지한 것이다. 빗썸, 업비트 등 국내 4대 암호화폐 거래소의 가입자가 2021년 말 기준 581만 명인데, MZ 세대의 비중이 60%에 이른다고 한다. 개인의 주식투자 붐으로 주식매입에 대한 신용융자 규모가 확대되는 가운데 만 30세 미만 청년층의 금액증가율이 현저하게 증가하였다. 2020년 말 현재 신용융자 잔액은 2019년 말 1,600억 원에서 4,800억 원 수준으로, 200% 증가하였다(금융감독원, 2021). 물론 이들 청년층의 금액 비중은 전체의 2.5%로 매우 작지만 30~50세의 중년층, 50~60세의 장년층의 신용융자 잔액 103%, 106.4%에 비하여 매우 빠른 증가세이다. 서울 아파트 매입에서 20~30대가 차지하는 비중은 2021년 1~5월 중 41.6%로 2019년과 2020년의 같은 기간 29.4%와 34.2%에 비해 크게 증가하였다(한국부동산원, 2021). 청년층의 건전한 자산투자를 위한 경제교육과 투자정보 제공이 시급하고도 중요한 과제로 판단된다.

1)

정부와 중앙은행은 자산시장에 관하여 수급에 관한 지표의 분석을 기초로 실효성 있는 정책수단을 가지고 관여한다. 경제성장을 촉진하고 물가안정을 도모하는 거시경제정책은 여러 거시경제지표의 조정을 통하여 자산가격에 영향을 미친다. 재정정책과 통화정책의 다양한 정책조치들은 자산의 거래와 가격에 영향을 미친다. 금융시장에서 정부는 자금의 수요자나 공급자로서 참여하고 금융산업이 효율적 자원배분 역할을 다하도록 금융산업의 경쟁력을 지원하기도 한다. 또한 금융소비자 보호를 위해서는 금융기관 규제의 역할도 수행한다. 부동산시장에서도 정부의 역할은 복합적이다. 부동산은 자산투자의 대상이기도 하지만 국민의 주거와 기업의 산업활동의 공간이기도 한다. 따라서 주택과 산업용지의 적정 공급과 가격 안정이 중요한 정책목표가 된다. 때로는 경제성장의 촉진과 경기회복, 인프라 확충과 일자리 창출을 위하여 건설산업에 공공사업을 발주하기도 하며 해외 부동산 시장개척을 지원하기도 한다.

2)

뉴욕의 증권가 월스트리트에서 자산시장 지표를 활용하는 사례를 살펴보자. 앞에서 수익률곡선에 대하여 설명했듯이 수익률곡선은 경기의 전환점을 예고하는 유력한 지표이다. 증권전문가들은 재무부채권 등 간략하게 3개월 만기 단기채권 수익률 대비 10년 만기 중기채권수익률을 잇는 직선의 기울기와 그 수익률 차이인 스프레드를 주로 사용한다(Yamarone, 2012). 1970년대에서 2000년대에 발생한 6차례의 경기침체(1973~1975, 1980, 1981~1982, 1990~1991, 2001, 2007~2009) 모두 수익률곡선의 음(−)의 기울기를 가지는 금리역전에 의해 예고되었다. 이러한 금융시장의 관행을 기초로 뉴욕FRB의 경제학자들이 수익률곡선 스프레드와 경기침체 가능성의 관계를 다음 〈표 11-5〉와 같이 추정하였다.

〈표 11-5〉 수익률곡선 스프레드와 경기침체의 가능성

스프레드 값	0.76	0.22	−0.17	−0.50	−0.82	−1.13	−1.46	−1.85	−2.40
경기침체 확률(%)	10	20	30	40	50	60	70	80	90

* 자료: Yamarone(2012), The Trader's Guide to Key Economic Indicators, 〈Exhibit 13.8〉을 요약하여 작성.

한편 물가연동국채 스프레드는 인플레이션의 중요한 예고 지표로 활용되고 있다. 다만 가

장 많이 사용되는 5년 만기 재무부채권과 물가연동국채는 인플레이션율에 의한 이자율 조정의 요소 이외에도 유동성 등의 특성이 달라 인플레이션 기대를 적확하게 반영하지는 못한다는 점을 주의해야 한다.

3)

자산의 매입과 매도에 관한 의사결정을 위하여 자산시장 지표를 활용하는 문제를 다루어 본다. 최근에는 (뮤추얼)펀드나 상장지수펀드(ETF) 등의 간접투자 수단이 발달하여 전문가가 아닌 개인은 개별 종목의 선정보다 매입, 매도 시점의 판단이 중요하고 그와 관련하여 경기 국면에 대한 판단이 자산관리의 핵심요소로 지목되고 있다.

우선 신용스프레드(Credit spread)는 흔히 (정크본드보다 약간 높은) BAA등급 기업의 차입금리에서 10년 만기 재무부증권 수익률을 뺀 수치 또는 (최우량등급인) AAA등급 기업의 차입금리를 뺀 수치를 사용한다. 그 대신 미국 외의 지역이나 미국은행의 해외지점에 예금된 미 달러화의 거래금리인 리보금리(LIBOR)와 미국 3개월 만기 국채 수익률의 차이인 TED스프레드를 사용하기도 한다. TED는 미 재무부의 T와 유로달러(eurodollar)의 ED의 합성어이다. 미국에 관한 신용스프레드를 나타낸 〈그림 11-7〉에서 보듯이 대공황, 1차와 2차 오일쇼크, 닷컴 버블의 붕괴, 글로벌 금융위기, 코로나-19로 인한 침체 등 국면에서 스프레드가 확대됨을 알 수 있다.

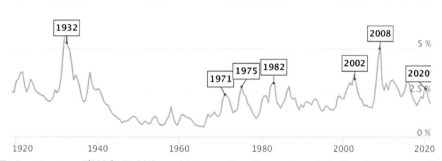

* 자료: Longtermtrend(2021), Yield Spread between Baa Corporate and 10-Year US Treasury Bonds.

〈그림 11-7〉 미국 금융시장에서의 신용스프레드

한국에서는 장외 3년 물 기준으로 BBB-등급과 AA-등급의 회사채 간의 수익률 차이 또는 AA-등급의 3년 만기 회사채와 3년 만기 국고채 간의 수익률 차이 등의 스프레드를 활용한다. 2001년부터 2021년 7월 9일까지의 기간에 걸친 일별 데이터에 의한 후자의 신용스프레드를 〈그림 11-8〉에 나타내었다. 이 그래프는 2001년 1월 2일에서 2021년 7월 9일까지 근무일 기준 5,092일의 일별 관찰치를 연결한 것이다. 역시 닷컴 버블 붕괴 후의 시기, 글로벌 금융위기, 코로나–19로 인한 침체 국면에서 상당히 높은 수준의 신용스프레드가 있었음을 확인하고 있다. 경제 회복기가 진행 중이던 2015년 7월 6일에는 20여 년의 기간 중 가장 낮은 지표값을 보여주었다.

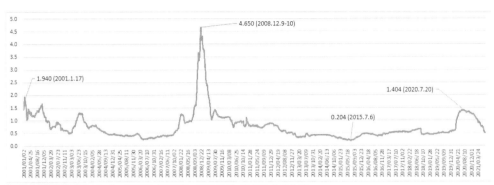

* 자료: 한국은행(2021d), 시장금리(일별), 한국은행 경제통계시스템.
〈그림 11-8〉 한국 금융시장에서의 신용스프레드

이 스프레드가 좁아지면 해당 분기나 다음 분기의 경제성장 호전, 즉 경기회복이 예상된다. 이러한 경우에는 주식과 상품, 또는 신흥시장 주식에 대한 투자를 확대하여야 한다. 반면 이 스프레드가 넓어지면 국채, 금 등 안전자산 투자를 늘릴 것이 권고된다. 미국의 경우 금 대신 'SPDR Gold Shares' ETF를 구매할 수도 있다. 글로벌금융위기가 엄습한 2008년 10월이 그러한 상황이며, 자금흐름은 경색되어 불황으로 진전하였다. 스프레드가 3.5% 미만으로 좁아지면(예: 6%와 2.5%), 같은 분기 경제성장은 평균 5% 이상 증가하고 3.5% 이상으로 넓어지면 3개월 후의 생산량이 상당 폭(예: 1.4%) 감소한다는 견해가 있다.

수익률곡선(Yield curve)에 관해서는 장단기금리차를 활용할 수 있다. 대표적으로 장기국채(10년 Treasury note) 수익률과 단기국채(3개월 Treasury bill) 수익률 간의 차이로 계산된다. 한국에서는 10년 만기 국채 수익률과 3년 만기 국채 수익률의 차이로 계산되는 것이 일반적이다. 〈그림 11-9〉와 〈그림 11-10〉에 각각 미국과 한국의 장단기 금리차를 제시하였다. 일반적으로 장단기 금리차이가 크면 경기가 과열될 것이며, 마이너스이면 불황이 일어날 가능성이 확대되는 것으로 알려져 있다. 수익률곡선이 평평하면 1년 후 불황 가능성이 25%이고, −1.5% 포인트 차이면 거의 70%에 이른다고 한다(Mishkin & Estrella, 1995). 이러한 상황에서는 국채 또는 우량등급 채권의 비중을 높이고, 주식은 비중을 낮추되, 주식을 보유해야 한다면 생활필수품 또는 경기방어주에 치중하고 고위험주식은 회피해야 할 것이다.

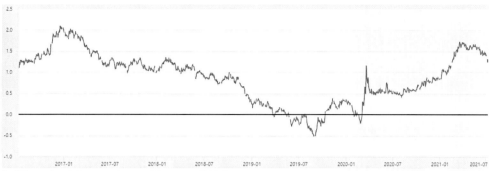

* 자료: Federal Reserve Bank of St. Louis(2021), 10-Year Treasury Constant Maturity Minus 3-Month Treasury Constant Maturity.

〈그림 11-9〉 미국 금융시장에서의 장단기 금리차

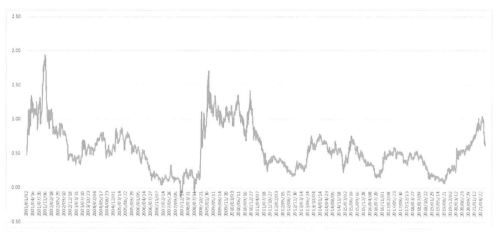

* 자료: 한국은행(2021d), 시장금리(일별), 한국은행 경제통계시스템.

〈그림 11-10〉 한국 금융시장에서의 장단기 금리차

물가연동국채 스프레드는 기대인플레이션을 나타낸다. 주로 10년 만기 국채(미국의 경우 Treasury note)와 물가연동국채(Treasury inflation-protected securities) 수익률 간의 차이로 계산된다. 미국 금융시장에서의 물가연동국채 스프레드를 〈그림 11-11〉에 나타내었다. TIPS 스프레드가 작아지면 경기침체 예상을 반영하므로 우량 회사채 등 저위험자산을 매입하고, 주식 등 고위험자산을 매도하는 것을 고려해야 한다. 이 스프레드가 2% 이상이면 FRB의 금리인상이 가능하고 2% 미만이면 금리인하 가능성이 제기되며 그러한 경우 채권가격이 상승할 것이다. 이러한 스프레드의 상승은 글로벌 금융위기의 극복 과정에서도 나타났으며, CPI 상승을 선행한다는 데 의미가 있다. 2021년 상반기에도 이 스프레드가 확대되고 있으나 최근 다소 안정되고 있어 상승 방향성의 지속 여부에 대한 판단이 필요할 것이다.

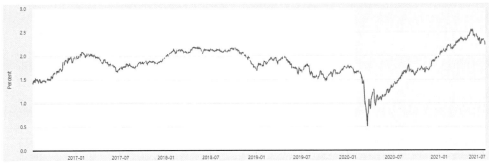

* 자료: Federal Reserve Bank of St. Louis(2021), 10-Year Breakeven Inflation Rate.

〈그림 11-11〉 미국 금융시장에서의 물가연동국채 스프레드

상품 가격 중에서 구리(copper)와 금의 가격은 경기예측과 관련하여 상당히 다른 신호를 보낸다(Constable & Wright, 2011). 세계시장에서의 구리의 가격을 〈그림 11-12〉에 제시하였다. 구리가격에 의한 경기예측의 정확성에 비추어 '구리는 경제학박사 학위를 가진 금속'이라고도 한다. 구리는 주택이나 인프라의 건설, 자동차, 소형가전을 포함한 재화의 제조에 쓰이는 중요한 소재이다. 구리가격이 비싸거나(예: 파운드당 3달러, 톤당 6,600달러 이상 VS 파운드당 2달러, 톤당 4,400달러) 상승하면 주택건축과 제조업이 성장한다. 구리의 공급은 상대적으로 안정적이고 가격 비탄력적이기 때문에 수요에 민감하다. 구리 가격의 상승이 공급 감소가 아니라 수요 증가의 영향이 분명하다면 경기가 회복되고 있다는 신호이다. 따라서 구리 광산과 제조업 주식에 투자하여야 하며, 자산 포트폴리오도 경기민감주 중심으로 개편하여야 한다. 그러나 지진이나 파업 등에 의한 공급차질이라면 금방 정상상태로 돌아올 것이므로 자산관리에 크게 고려할 일이 아니다. 2010년 초 구리가격이 하락하기 시작한 이후 중국경제가 하강국면에 접어들었다. 닷컴 버블의 수습, 글로벌 금융위기

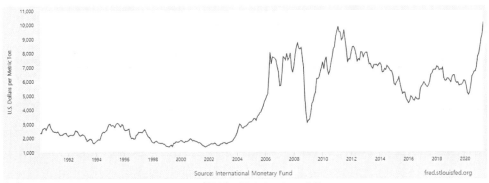

* 자료: Federal Reserve Bank of St. Louis(2021), Global price of Copper.

〈그림 11-12〉 세계시장에서의 구리의 가격

극복 과정에서의 경기회복 기간에 구리가격이 상승하였으며, 2020년 1사분기 이후 경기순환에서의 확장국면과 코로나-19 이후의 경기회복을 구리가격 상승이 예고하고 있다.

한편 금(gold)의 가격은 기본적으로 금의 수급 변화를 반영한다. 그러나 더 중요한 사실은 인플레이션 조짐이나 지정학적 불안이 확산되거나 자연재해가 발생하면 금 가격이 상승하고, 금 가격이 장기간 안정세이거나 금융시스템이 견고할 때는 금을 매도해야 할 것이다. 전문가들은 포트폴리오의 일정 비중(5~10%)을 금에 투자할 필요가 있는데, 경제파국 상황에 대비하는 일환이다. 금 가격의 다른 자산 가격과의 상관관계는 낮은 편이다.

〈그림 11-13〉에서 보듯이 1980-90년대 이후 금가격이 안정세에 있다가 2001년 온스당 260달러에서 2010년 말 온스당 1,300달러를 기록하여 10년 동안 4배 상승하였다. 앞으로 인플레이션이 발생하거나 지정학적으로 불안한 조짐이 보이면 실물 금괴를 현물이나 선물로 매입하거나 SPDR Gold Shares ETF에 투자할 수 있으며 그 외에도 지금형 주화(American Eagles, 남아공의 Krugerrands, 캐나다의 Maple Leafs), 금광회사(예: 캐나다 Barrick Gold Corporation) 주식을 매입할 수 있다.

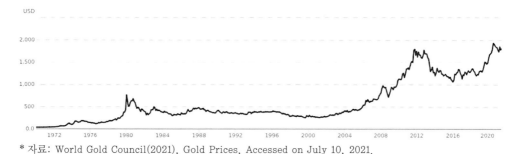

* 자료: World Gold Council(2021), Gold Prices, Accessed on July 10, 2021.

〈그림 11-13〉 세계시장에서의 금의 가격

[이해와 활용]

1. 우리나라 가계자산 구성의 특징은 무엇인가? 미국과 비교해서 설명해보자. 변화의 조짐이 있는가?

2. 여러분이 여유자금을 가지게 되어 주식시장에 투자할 것을 고민하고 있다. 지금 투자를 시작할지 여부에 대하여 결정하려고 한다면 어떤 자산시장 지표를 먼저 검토하여야 할까?

3. 가장 기초적인 자산시장 지표인 금리에는 어떤 사례가 있으며 금리가 자산시장의 현황이나 전망에 관하여 어떤 의미를 가지는가? 장단기 금리차를 분석하려면 어떤 금리지표를 사용하여야 하며, 그 중요한 의미는 무엇인가?

4. Finance.naver.com/world, Yahoo Finance나 Investing.com, Seekingalpha.com 등 해외주식 정보 사이트에 들어가 여러 주식시장 지표들에 대하여 살펴보고 흥미로운 지표의 최근 추이에 대하여 설명해보자.

참고문헌

[1] 금융감독원(2021), 자본시장 위험 분석보고서, 2021.4.1.

[2] 통계청(2021), 2021년 1사분기 가계동향조사, 보도자료, 2021.5.20.

[3] 한국은행(2021a), 2021년 1사분기 자금순환(잠정), 보도자료, 2021.7.8.

[4] 한국은행(2021b), 2020년 자금순환(잠정), 보도자료, 2021.4.8.

[5] 한국은행(2021c), 금융자산부채잔액표, 한국은행 경제통계시스템, 2021.7.10. 검색.
     http://ecos.bok.or.kr/flex/EasySearch.jsp?langGubun=K&topCode=012Y501

[6] 한국은행(2021d), 시장금리(일별), 한국은행 경제통계시스템, 2021.7.10.일에 검색.
     http://ecos.bok.or.kr/flex/EasySearch.jsp?langGubun=K&topCode=060Y001

[7] 한국은행(2023), 2022년 국민대차대조표(잠정).

[8] 한국은행(2019), 알기 쉬운 경제지표 해설.

[9] 한국부동산원(2021), 아파트매매거래현황: 월별·매입자 연령대별 매입현황, 부동산거래 현황, 2021.7.10. 검색.
     http://www.r-one.co.kr/rone/resis/statistics/statisticsViewer.do?menuId=LHT_61010

[10] S·머니(2021), 빚투·영끌한 MZ세대, 은행서 빌린 돈 1년간 45조 늘었다, 2021.7.8.
      https://moneys.mt.co.kr/news/mwView.php?no=2021070717308060556

[11] KB국민은행(2021a), 월간 KB 주택가격동향, 2020.12월, 2021.7.

[12] KB국민은행(2021b), 주간 KB 주택시장동향, 주택매매가격지수, 2021.7월.

[13] Constable, S. & R. E. Wright(2011), The WSJ Guide to the 50 Economic Indicators That Really Matter, Harper Collins.

[14] Estrella, A. & F. S. Mishkin(1995), The Term Structure of Interest Rates and Its Role in Monetary Policy for the European Central Bank, NBER Working Paper (w5279).

[15]   Federal Reserve Bank of St. Louis(2021), 10-Year Breakeven Inflation Rate.
https://fred.stlouisfed.org/series/T10YIE, Accessed on July 10, 2021.

[16]   Federal Reserve Bank of St. Louis(2021), 10-Year Treasury Constant Maturity Minus 3-Month Treasury Constant Maturity.
https://fred.stlouisfed.org/series/T10Y3M, Accessed on July 10, 2021.

[17]   Longtermtrend(2021), Yield Spread between Baa Corporate and 10-Year US Treasury Bonds.
https://www.longtermtrends.net/bond-yield-spreads/ Accessed on July 10, 2021.

[18]   Stengel, D. N.(2011), Working with Economic Indicators: Interpretation and Sources, Business Expert Press.

[19]   Urban Reform Institute & Frontier Centre for Public Policy(2021), International Housing Affordibility Survey 2021.
http://www.demographia.com/dhi.pdf

[20]   USFRB(2023), Flow of Funds Account of the United States.
https://www.federalreserve.gov/releases/z1/

[21]   World Bank(2021), World Federation of Exchanges Database.
https://data.worldbank.org/indicator/CM.MKT.LDOM.NO

[22]   World Gold Council(2021), Gold Prices.
https://www.gold.org/goldhub/data/gold-prices, Accessed on July 10, 2021.

[23]   Yamarone, R.(2012), The Trader's Guide to Key Economic Indicators (Vol. 151), John Wiley & Sons.

ECONOMIC INDICATORS AND THE KOREAN ECONOMY

경제·사회의
전환

산업화와 민주화의 과제를 비교적 성공적으로 달성한 한국은 주요 선진국과 대등한 시민 삶의 질과 국가 위상의 확보를 위하여 경제·사회의 전환이 절실하다. 이를 위하여 더욱 유능한 정부의 역량과 공공서비스가 요구되고 훨씬 성숙한 시민사회의 조직화와 참여가 요청된다. 노동이나 자본의 투입을 늘리는 단계를 넘어 생산성 향상과 혁신이 주도하는 경제성장을 위하여 기업환경을 개선하고 기업가정신의 발휘를 지원하여야 한다. 빈곤을 제거하고 국민의 기본 생활을 보장하는 복지제도를 확충하여야 한다. 저출산과 고령화의 인구문제를 효과적으로 해결하는 한편, 우수한 인재 양성과 미래 세대의 고른 기회를 위한 교육제도를 보강하여야 한다. 나날이 급박해지는 지구환경 문제에 적극 대응하면서 에너지 체계의 수급안정과 환경친화성을 확보하여야 한다.

기업환경과
기업가정신

제12장

기업환경과 기업가정신

> 한국경제의 미래를 좌우할 기업가정신에 의한 신기술 스타트업의 창업과 성장 그리고 주력산업
> 의 혁신이 원활하게 이루어지도록 글로벌 최고의 기업환경을 조성해야 한다.
> 기업가정신의 창달에 의하여 총요소생산성 향상에 의한 한국경제 성장경로를 개척할 수 있다.
> 한국은 세계은행 기업환경지수 등에 의하여 평가되는 일반적 기업환경은 비교적 양호하지만,
> 신기술사업화와 관련되는 제도적 여건과 디지털 기업환경은 공유경제, 데이터접근, 온라인프리
> 랜싱 등과 관련하여 개선의 여지가 크다.
> 대표적 기업가정신 지표로 글로벌 기업가정신 모니터(GEM)의 기업가적 기초 조건과 기업가적
> 행동·태도 관련 평가 지표에 주목하여야 한다.
> 한국 벤처 부문은 빠르게 성장하고 있으나 벤처기업의 창업이 신속하게 성장으로 이어지도록
> 지원해야 하며, 벤처캐피털의 규모와 GDP 비중을 크게 늘려가야 한다.

기업가정신과 기업환경

한국경제의 미래는 기업가정신에 달려 있다고 해도 과언이 아니다. 대기업과 기술
집약 중소기업이 받치고 있는 주력산업을 계속 발전시키는 한편, 첨단 신기술 분야
에서 스타트업이 창업하고 성장하여 새로운 성장동력을 창출하지 않으면 한국경제에
미래가 없기 때문이다. 기업가정신으로 무장한 청년세대가 주력산업에 정보기술과
바이오기술을 접목하여 혁신하는 한편, 신기술스타트업을 창업하여 신속하게 성장을
이루어 나가도록 글로벌 최고의 기업환경을 조성해나가야 한다.

일반적으로 경제성장은 노동 투입의 증가나 자본 투입의 증가 그리고 그 이외 모든
요인, 즉 총요소생산성의 향상에서 온다. 국민경제가 성장함에 따라 성장의 주요인은
노동투입 증가로부터, 자본투입의 증가로 그리고 총요소생산성 증가로 진화한다. 이미
인구감소 단계에 접어들고 1인당 근로시간 단축 추세에 있는 한국경제가 노동 투입의
증가를 기대하기는 어렵다. 앞으로 한국경제의 지속 성장을 위하여 신기술을 체화한
자본의 투입을 증가시킬 기업의 설비투자를 지속적으로 촉진하는 한편 신기술 개발과

제도·관행 혁신에 의하여 생산성을 높여야 한다.

생산성과 R&D 사이의 정(+)의 관계에 대한 강력한 실증적 연구들이 있다(Coe & Helpman, 1995; Khan & Luintel, 2006). 그런 결론에 찬동하지 않고 생산성향상을 촉진하는 요인은 혁신이며, 조직과 기업가정신이 R&D와 혁신을 연결할 뿐이라는 연구도 있다(Audretsch, 2009; Michelacci, 2003). 한편 기업가 정신이 경제성장과 고용에 미치는 정(+)의 영향에 관한 연구가 있으며(Carree & Thurik, 2010; Prieger 등, 2016), 특히 Erken 등(2016)은 OECD 20개 국가의 1969~2010년 데이터를 4가지의 이론모형으로 분석한 결과 주로 기업가정신이 총요소생산성 향상을 가져온다는 것을 밝혔다.

우선 기업환경을 개선하여 기업의 기술개발, 설비투자와 건설투자를 늘려야 한다. 세계은행은 매년 기업환경 평가(Ease of doing business) 결과를 발표한다. 평가 지표는 다음 <표 12-1>에 요약한 바와 같다.

<표 12-1> 세계은행 기업환경 평가 지표

- **창업(Starting a business)**: 개인이 기업(주식회사 등 유한책임회사)를 설립하는 데 소요되는 절차, 시간, 비용 및 최소 납입자본금
- **건축허가 처리(Dealing with construction permits)**: 건축허가 제도에 의하여 공장, 창고 등 건축을 위한 모든 절차, 품질 관리 및 안전 메커니즘을 완료하는 데 소요되는 시간 및 비용
- **전력확보(Getting electricity)**: 전력망에 연결하여 전기를 공급받는 데 필요한 절차, 시간 및 비용; 전기 공급의 신뢰성; 그리고 전기요금의 투명성
- **부동산 등기(Registering property)**: 개인을 위한 부동산 양도의 절차, 시간, 비용과 토지관리 제도의 품질
- **자금조달(Getting credit)**: 양도 가능한 담보 제공 관련 법제 및 신용 정보 시스템
- **소액 주주 보호(Protecting minority investors)**: 내부 거래 및 기업지배구조에 관한 소액주주의 권리
- **세금 납부(Paying taxes)**: 총 세금과 함께 기업이 모든 세제 및 사후 신고절차를 준수하기 위한 지불금, 시간 등 제반 비용
- **국제무역(Trading across borders)**: 비교 우위 제품 수출과 자동차 부품 수입에 소요되는 시간과 비용
- **계약 집행(Enforcing contracts)**: 상업적 분쟁의 해결에 소요되는 시간, 비용과 사법 절차의 질
- **파산 해결(Resolving insolvency)**: 상업적 파산의 완료를 위한 시간, 비용, 결과 및 회수율과 파산에 관한 법적 체계의 강도
- **근로자 고용(Employing workers)**: 고용 규제의 유연성
- **정부와의 계약(Contracting with the government)**: 공공 구매·조달을 통한 공사계약 참여 및 수주의 절차와 시간

* 자료: World Bank(2020), Doing Business 2020.

한국은 이 평가에서 2014년에서 2019년까지 6년 동안 세계 5위를 차지하여 일견 기업환경이 대부분의 선진국에 비해서도 우월한 것으로 보인다(World Bank, 2020). 그

러나 구체적으로 들여다보면 10개 평가 항목 중에서 창업(33위), 국제무역(36위), 부동산등기(40위), 자금조달(67위) 등의 4개 항목은 30위권 밖에 머물러 있다.

그런데 경제의 지식정보화와 4차 산업혁명의 전환이 급속하게 전개되는 상황에서 일반적인 기업환경 못지 않게 IT산업에 관한 기업환경이 더욱 중요하다. 미국 Tufts대 경영대학원의 Digital Planet연구센터는 디지털기업환경 평가(Ease of doing digital business)를 시행하여 하버드비즈니스리뷰에 발표하였다(Chakravorti & Chaturvedi, 2019).

한국은 <그림 12-1>에 보듯이 연구대상 42개 국가 중 24위를 차지하였다. 그런데 한국보다 낮은 순위를 기록한 나라 중에 선진국은 거의 없다. 이 평가는 6개 항목에 관하여 대상 국가들을 5분위로 구분하였다. 미국과 영국은 6개 항목 모두에서 상위 20%를 뜻하는 5분위에 속했다. 흥미로운 내용은 일본, 이스라엘, 네덜란드, 프랑스의 경우 세계은행이 평가한 일반 기업환경 순위에서 각각 1분위, 2분위, 3분위, 3분위를 기록했음에도 디지털 기업환경에서 높은 평가를 받아 한국을 앞섰다는 것이다. 이에 대하여 한국은 디지털·아날로그 기초조건에서 4분위, 전자상거래에서 3분위, 디지털미디어와 온라인 프리랜싱에서 하위 40%~20%인 2분위, 데이터 접근가능성과 공유경제에서는 하위 20%인 1분위로 평가되었다.

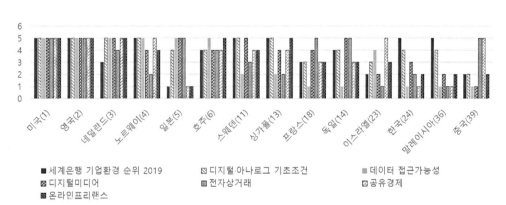

* 국가명 뒤 괄호 안 숫자는 전체 순위, 각 항목별 평가 점수는 5분위 구분 점수: 5(상위 20%)~1(하위 20%).
** 자료: Chakravorti & Chaturvedi(2019), Ranking 42 Countries by Ease of Doing Digital Business.

<그림 12-1> 디지털기업환경 평가결과의 국제비교(2019)

한편 산업화를 마치고 첨단기술산업을 중심으로 선진국 진입단계에 있는 한국은 경제성장의 원천을 같은 양의 노동과 자본의 투입으로 더 많은 생산을 가져오는 요인, 즉 총요소생산성의 향상에서 찾아야 한다. 혁신이 주도하는 성장을 말한다. 이를 위하여 수출에 GDP의 약 20%를 의존하고, 수출에서 재벌기업이 지배적인 비중을 차지하는 현재의 경제구조를 개선하여 중소·벤처 부문의 비중을 키워 나가야 한다.

기업가정신의 평가

중소·벤처 부문이 성장하기 위하여 기업가정신을 고양하여야 한다. 그런데 기업가정신의 개념과 지표는 각 연구자나 연구기관, 정책담당자에 따라 다양하게 측정된다. 예를 들어 기업가정신의 생산성향상 기여를 측정한 Erken 등(2016)은 각국의 경제발전 정도를 감안하여 조정한 사업소유자 수의 전체 근로자 수에 대한 비율을 사업소유율(business ownership rate)이라고 하여 기업가정신의 대리변수로 사용하였다.

대표적인 기업가정신 관련 지표체계로서 영국 소재 글로벌 기업가정신 연구협회(GERA)가 작성하여 발표하는 글로벌 기업가정신 모니터(Global entrepreneurship monitor: GEM) 지표가 있다. 이 지표는 크게 <표 12-2>에 보듯이 2개의 부문으로 구성된다. 하나는 성인인구 조사(APS)를 통해 측정된 기업가적 행동 및 태도(Entrepreneurial behavior and attitudes) 지표이다. 여기에는 기회인식 비율, 역량인식 비율, 실패공포 비율, 기업가의지 비율, 혁신율 등을 포함하여 14개 세부지표가 있다.

<표 12-2> 글로벌 기업가정신 모니터: 기업가적 행동 및 태도

- **기회인식 비율(Perceived opportunities rate)**: 자신의 거주 지역에서 창업할만한 유망한 기회를 보는 18~64세 인구(기업 활동의 모든 단계에 관련된 자 제외)의 비율
- **역량인식 비율(Perceived capabilities rate)**: 창업에 필요한 기술과 지식이 있다고 믿는 18~64세 인구(기업 활동의 모든 단계에 관련된 자 제외)의 비율
- **실패공포 비율(Fear of failure rate)**: 실패에 대한 두려움으로 인해 창업하지 못할 것이라고 표명한 18~64세 인구(기업 활동의 모든 단계에 관련된 자 제외)의 비율
- **기업가적 의지 비율(Entrepreneurial intentions rate)**: 잠재 기업가이면서 3년 이내에 창업할 의도가 있는 18~64세 인구(기업 활동의 모든 단계에 관련된 자 제외)의 비율
- **초기단계 기업가적 활동 비율(Total early-stage entrepreneurial activity(TEA) rate)**: 창업가 또는 신규 사업의 오너경영자인 18~64세 인구의 비율
- **기존사업체 소유비율(Established business ownership rate)**: 현재 기존사업체(42개월 이상 소유자에 대해 급여, 임금 또는 기타 지불금을 지급하면서 운영 중인 사업체)의 오너경영자인 18~64세 인구의 비율
- **기업가적 직원 활동비율(Entrepreneurial employee activity rate)**: 새로운 상품이나 서비스를 개발 또는 출시하거나 새로운 사업부, 사업체 또는 자회사를 설립하는 등의 기업 활동에 대한 직원의 참여 비율
- **동기부여 지수(Motivational index)**: 개선 주도 기회에 의하여 동기가 부여된 TEA 참여자 수를 필요(생계)에 의하여 동기가 부여된 TEA 참여자 수로 나눈 값

- **여성/남성 TEA 비율(Female/Male TEA Ratio):** '새로운 비즈니스'의 창업자이며, 현재 오너경영자인 18~64세 여성 인구수를 대응하는 남성 인구수로 나눈 값
- **여성/남성 기회기반 TEA 비율(Female/Male opportunity–driven TEA Ratio):** (i)다른 취업 옵션을 찾지 못해서가 아니라 기회에 의해 주도된다고 주장하며; (ii)이러한 기회에 참여하는 주된 동인이 단순히 소득의 유지가 아니라 독립을 추구하거나 소득을 증가시키는 것이라고 주장하는 여성인구 수를 대응 남성 인구 수로 나눈 값
- **높은 고용창출 기대율(High job creation expectation rate):** 5년 안에 6개 이상의 일자리를 창출할 것으로 예상하는 TEA 참여자의 비율
- **혁신율(Innovation rate):** 자신의 제품 또는 서비스가 적어도 일부 고객에게 새로우며, 동일한 제품을 제공하는 기업이 거의 없거나 전혀 없음을 표명하는 TEA 참여자의 비율
- **비즈니스서비스 부문 비율(Business services sector rate):** ISIC 4.0 비즈니스 유형 코드북에 정의된 정보 및 통신, 금융중개 및 부동산, 전문서비스 또는 관리서비스 등의 '비즈니스 서비스' 부문에서의 TEA 참여자의 비율
- **성공적 기업가의 높은 지위 비율(High status to successful entrepreneurs rate):** 자신의 국가에서 성공적인 기업가가 높은 지위를 받는다는 진술에 동의하는 18~64세 인구의 비율
- **좋은 경력선택으로서 기업가정신 비율(Entrepreneurship as a good career choice rate):** 자국에서 대부분의 사람들이 창업을 바람직한 경력선택으로 간주한다는 진술에 동의하는 18~64세 인구의 비율

* 자료: Bosma 등(2020), Global Entrepreneurship Monitor 2019/2020 Global Report.

또 하나는 GEM이 특정 국가에서 창업을 촉진하거나 억제하는 정도를 측정하는 기업가적 기초조건(Entrepreneurial framework conditions) 지표이다. <표 12-3>에 보듯이 기업가적 금융, 정부정책, 정부의 기업가정신 프로그램, 각급 학교의 기업가교육을 포함하여 9개 지표가 있다.

〈표 12-3〉 글로벌 기업가정신 모니터: 기업가적 기초조건

- **기업가적 금융(Entrepreneurial finance):** 중소기업을 위한 지원금, 보조금, 지분투자와 대출을 포함한 재정 자원의 가용성
- **정부정책: 지원 및 적정성(Government policies: support and relevance):** 공공정책이 적절한 경제 의제로서의 기업가정신을 지원하는 정도
- **정부정책: 조세 및 관료제(Government policies: taxes and bureaucracy):** 공공정책이 기업가정신을 지원하는 정도-조세나 규제 정책이 규모 중립적이거나 신생 기업 및 중소기업을 지원
- **정부 기업가정신프로그램(Government entrepreneurship programs):** 모든 수준의 정부(국가, 지자체)에서 중소기업을 직접 지원하는 프로그램의 존재와 그 품질
- **학교 단계의 기업가교육(Entrepreneurial education at school stage):** 중소기업 창업 및 경영 교육이 초등 및 중등 수준의 교육훈련 시스템 내에 통합된 정도
- **포스트스쿨 단계의 기업가교육(Entrepreneurial education at post school stage):** 중소기업 창업 및 경영 교육이 직업학교, 대학, 경영대학원 등과 같은 고등교육의 교육훈련 시스템에 통합되는 정도
- **R&D 이전(R&D transfer):** 국가의 연구개발이 새로운 상업적 기회로 이어지고 중소기업이 활용할 수 있는 정도
- **상업 및 법률 인프라(Commercial and legal infrastructure):** 재산권, 상업, 회계 및 기타 법률·평가 서비스 및 중소기업을 지원하거나 홍보하는 기관의 존재

- **내부시장 역동성(Internal market dynamics)**: 해마다의 시장의 변화 수준
- **내부시장부담 또는 진입규제(Internal market burdens or entry regulation)**: 신생 기업이 기존 시장에 자유롭게 진입할 수 있는 정도
- **물리적 인프라(Physical infrastructure)**: SME를 차별하지 않는 가격으로의 물적 자원(통신, 유틸리티, 교통, 토지 또는 공간)에 대한 접근 용이성
- **사회문화적 규범(Cultural and social norms)**: 사회문화적 규범이 잠재적으로 개인의 부와 소득을 증가시킬 수 있는 새로운 사업 방법이나 활동으로 이어지는 행동을 장려하거나 허용하는 정도

* 자료: Bosma 등(2020), Global Entrepreneurship Monitor 2019/2020 Global Report.

📊 통계포인트 12 지표 간의 인과관계: 단순회귀분석

지표 간의 관계를 나타내는 효과적 통계 도구가 회귀분석(regression analysis)이다. 우선 두 변수 간의 인과관계만을 다루는 단순회귀분석을 살펴본다. 변수 간의 관계를 곡선으로 나타낼 수 있지만 여기서는 단순하게 선형관계를 가정한다. 이 경우 변수 간의 관계식, 즉 회귀모형은 다음과 같다.

$$Y = \alpha + \beta X + \varepsilon$$

여기서 Y를 종속변수 또는 피설명변수, X는 독립변수 또는 설명변수, α는 Y-절편이라 하고 β는 기울기라 한다. 여기서 중요한 모수는 β이며 그 부호가 (+)이면 양의 인과관계, 그 부호가 (−)이면 음의 인과관계를 나타낸다. ε는 오차이며 X가 설명하지 못한 부분으로, 분석에서 빠진 변수에 의해 설명되어야 하는 Y의 변화를 의미한다.

그런데 모수 α와 β는 관찰할 수 없으므로 데이터셋의 관측값을 이용하여 추정한다. 데이터값의 실제 관측값을 이용하여 X가 설명하고 남은 잔차의 제곱합을 최소화하도록 α와 β의 추정치, 즉 a와 b를 계산한다. 이러한 추정 방법을 일반최소제곱추정(Ordinary least square(OLS) estimation)이라 하며 이렇게 추정된 추정치 a와 b를 일반최소제곱추정값(OLS estimator)이라 한다.

$$Min\ SSE = Min\sum_{i=1}^{N} u_i^2 = Min\sum_{i=1}^{N}(Y_i - \widehat{Y_l})^2 = Min\sum_{i=1}^{N}(Y_i - (a + bX_i))^2$$

판단에 필요한 모든 통계값은 다수의 통계패키지 프로그램이 계산하여 제공한다. 그러므로 여기서 a와 b의 산식을 다루지는 않는다.

중요한 것은 β는 독립변수 X가 한 단위 증가할 때 종속변수 Y의 변화량을 말한다. 회귀분석에서 핵심적인 판단은 $\beta = 0$의 가설이 옳은지에 대한 검정이다. 즉 β가 0보다 크거나 작다고 할 만큼 b의 절댓값이 충분히 크다고 할 수 있는지의 문제이다. b를 b의 표준편차로 나눈 t통계치가 보통 1.96보다 크거나, 같은 의미로 계산된 t통계치를 기초로 β가 0보다 크거나 작다고 해도 잘못 판단할 확률, 즉 유의확률 p 값이 0.05보다 작으면 $\beta \neq 0$이라는 가설이 통계적으로 유의미하다는 결론을 내릴 수 있다.

한편 이러한 회귀분석을 하지 않아서 X라는 설명변수에 대한 특별한 정보가 없을 때 Y에 대한 최선의 추정치는 Y의 평균($\overline{Y}$)일 것이다. 따라서 Y의 변화(총제곱합: SST)는 회귀모형의 독립변수에 의하여 설명되는 부분(회귀제곱합: SSR)과 설명되지 못하는 부분(잔차제곱합: SSE)의 합이다.

$$SST = SSR + SSE = (\hat{Y} - \overline{Y})^2 + (Y - \hat{Y})^2$$

여기서 결정계수(R^2)가 정의되는데, 이는 Y의 변화 중에서 회귀모형에 의하여 설명되는 부분의 비율이다. 이 때 $\hat{Y}$는 회귀모형에 의한 종속변수의 추정치이다.

$$R^2 = SSR / SST$$

앞의 '통계포인트'에서 다룬 국가별 1인당 GDP(구매력평가환율 기준)와 대학진학률(25~34세 인구)의 관계를 회귀분석해보자. 41개 국가에 대한 데이터를 분석하기 위하여 1인당 GDP가 대학진학률과 선형관계로 영향을 미친다는 회귀모형을 채택한 것이다. 우리나라의 경우에도 1960년대 개발년대 이전에 국민소득이 낮은 시기에는 각급학교의 이수율이 매우 낮았음은 물론 문맹률도 매우 높았다. 경제가 성장하고 1인당 소득이 증가함에 따라서 교육수준도 높아진 것이다. 물론 각국의 교육열, 대학의 역사 등을 포함하지 않아서 독립변수가 설명하지 못하는 부분은 잔차로 남을 것이다. 회귀분석 결과는 〈표 12-4〉와 같다.

〈표 12-4〉 단순회귀분석 결과 사례(1)

	계수	표준오차	t통계치	P값			결정계수	0.317881
					SST	6098.038		
Y절편	27.86005	3.89361	7.15533	0.00000	SSR	1938.453	F통계치	18.17481
1인당 GDP(PPP)	0.00034	0.00008	4.26319	0.00012	SSE	4159.585	P값	0.000124

이 회귀분석 모형은 통계적 설명력이 큰 것으로 분석되었다. 유의수준을 0.01로 하더라도, 즉 두 변수 간에 인과관계가 있다고 주장해도 틀릴 확률을 1% 이내로 제한한다 해도 무방하다는 것이다. b의 값이 0.00034로 작다고 실망할 이유는 없다. 독립변수인 1인당 GDP의 변화를 1달러가 아니라 1천 달러로 하면 1인당 GDP가 1천 달러 증가할 때 대학진학률은 0.34%p 증가한다는 뜻이다. 이 결과를 해석함에 있어서 분석대상에 포함된 국가는 OECD와 EU회원국 등 선진국이 대다수를 구성하고 있어서 1인당 소득의 증가가 대학진학률을 극적으로 높이지는 않을 것이라는 점을 고려하여야 한다. 또한 결정계수는 대학진학률의 변화 중에서 31.8%가 1인당 GDP에 의하여 설명된다는 의미다.

〈그림 12-2〉는 회귀분석의 결과를 산점도와 회귀선(여기서는 직선이 아니라 회귀모형에 의한 예측치를 나타낸 산점도로 표시)으로 나타낸 것이다.

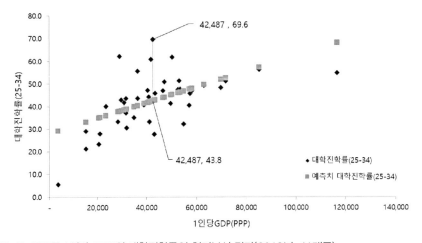

〈그림 12-2〉 주요국 1인당 GDP와 대학진학률의 회귀분석 결과(2018년, 41개국)

산점도와 회귀선의 모습이 두 변수의 양(+)의 관계를 보여주고 있다. 잔차제곱합(SSE)를 최소화하는 방법으로 회귀계수를 추정한다는 의미를 설명해보자. 41개국 대학진학률의 평균은 43.0%이다. 독립변수인 1인당 GDP에 의한 회귀분석이 없을 때, 한국의 대학진학률 추정값은 평균인 43%일 것이다. 앞의 회귀분석 결과에 의한 추정값은 43.8%이다. 그런데 한국은 높은 교육열 등의 이유로 69.6%의 세계 1위의 대학진학률을 나타내고 있다. 따라서 한국의 경우 회귀모형에 설명되는 부분은 0.8%에 불과하고 잔차가 25.8%에 이른다. 다만 회귀계수 a와 b는 모든 국가에 대한 잔차제곱의 합을 최소화하는 산식에 의하여 계산된다. 세 차례의 회귀분석에 관한 통계포인트를 익히기 위하여 Anglin & Gencay(1996)와 Koop (2013)이 사용했던 주택시장 데이터셋을 다루기로 한다. 이 데이터는 캐나다의 Winsor시에서 1987년 여름에 거래된 주택 546채에 대한 자료이다. 종속변수 Y는 캐나다 달러 표시 판매가격이고 설명변수는 건축면적(평방피트), 침실 수, 욕실 수, 층수(지하실 제외), 구내 차도 여부, 레크레이션룸 여부, 지하실 여부, 중앙가스난방 여부, 냉방시설 여부, 차고 수 등을 포함하고 있다.

여기서는 가장 중요한 설명변수라고 할 수 있는 건축면적과 판매가격의 단순 회귀분석을 살펴보기로 하자. 우선 R프로그램을 이용하여 산점도와 최소자승법에 의한 회귀선을 그려보았다. 우상향하는 양(+)의 관계가 뚜렷해 보인다.

회귀분석 결과는 다음과 같다. 우선 판매가격의 건축면적에 대한 회귀계수의 추정치가 6.599이므로 대지면적의 1평방피트

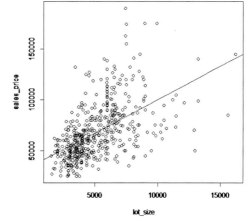

증가에 판매가격이 6.599달러 상승한다고 할 수 있다. 이 추정치의 표준오차는 0.4458이며 계수가 0이라는 귀무가설에 상응하는 t값은 14.8로 충분히 크고, $\beta = 0$의 귀무가설을 기각하여 β가 0이 아니라든가, 대지면적과 판매가격의 사이에 양(+)의 관계가 있다는 결론을 내려도 틀릴 확률인 p값이 0에 가깝다 할 정도로 작다. 이는 회귀모형 전체에 대한 유의수준을 나타내는 F통계치에 대하여도 같은 이야기를 할 수 있다.

〈표 12-5〉 단순회귀분석 결과 사례(2)

변수	추정값	표준오차	t통계치	p값	
y-절편	34136.192	2,491	13.7	<2e-16	$R^2 = 0.2871$ F통계치 219.1 p값 < 2.2e-16
대지면적(ft^2)	6.599	0.4458	14.8	<2e-16	

한국 벤처 부문의 현황과 과제

최근 한국의 벤처 부문은 빠르게 성장하고 있다. 10년 전인 2010년경 스타트업의 성과는 미약했고, 5년 전에도 1백만 달러 이상 투자를 받은 스타트업은 80개 정도에 그쳤다. 그러나 2020년 초, 1백만 달러 이상의 투자가 유입된 스타트업은 700개에 이르며, 1천만 달러 이상인 스타트업도 200개 정도이다. 특히 창업 후 5년 이내 10억

달러 이상 시장가치를 가진 유니콘 기업은 90억 달러 수준으로 평가되는 쿠팡을 포함하여 10개이다. 2019년 한 해의 스타트업에 대한 벤처캐피털의 투자금액은 4조 원으로 2013년의 3배 수준이다. 그러나 아직 갈 길이 멀다. 2019년 투자액 4조 원은 같은 해 삼성전자 순이익의 절반에 불과하다(The Economist, 2020).

벤처캐피털은 혁신과 성장의 잠재력은 있지만 아직 실적으로 충분히 검증되지 않은 비즈니스 모델을 가진, 창업 초기의 젊은 기업에 대한 주식투자 자금 조달 수단으로서 혁신적 기업가 정신을 자극하는 매우 중요한 기초 조건이다. OECD(2021)에 집계된 벤처캐피털 투자금액 지표를 주요 국가 간에 비교해보기로 한다.

물론 이 지표를 해석함에 있어서 벤처캐피털에 대한 정의나 집계 기관, 절차가 아직 국제적으로 충분히 표준화되지 않았다는 한계를 고려해야 할 것이다. 앞의 디지털 기업환경 평가에서 살펴본 국가들을 중심으로 벤처캐피털 투자금액의 GDP 대비 비율을 보면, <그림 12-3>에 보인 바와 같이 한국의 경우 최근에 급성장세를 나타내

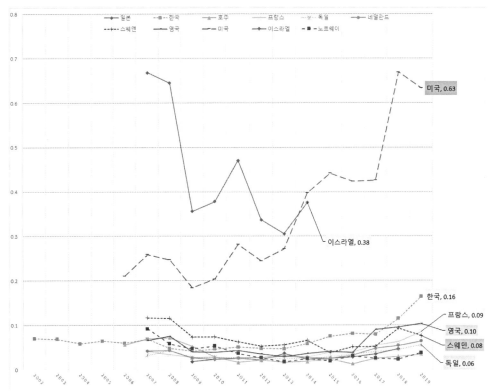

* 자료: OECD(2021), Data: Venture Capital Investments.
<그림 12-3> 벤처캐피털 투자/GDP 비율의 국제비교

고 있고, 프랑스, 독일, 스웨덴보다는 다소 높지만, 미국이나 이스라엘에 비하여 크게 부족하다. <그림 12-4>는 더 작은 수의 국가를 선택하여 벤처캐피털 투자의 절대금액을 비교하여 보았다. 경제규모가 크고 벤처캐피털 투자금액의 GDP 대비 비율도 높은 미국의 경우 다른 국가들에 비해 4배 수준 이상이어서 별도의 축으로 표시하였다.

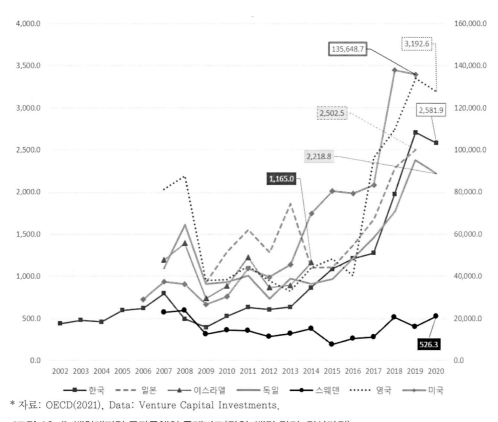

* 자료: OECD(2021), Data: Venture Capital Investments.

<그림 12-4> 벤처캐피털 투자금액의 국제비교(단위: 백만 달러, 경상가격)

한국은 비교대상 7개 국가 중에서 2000년대 초만 하더라도 가장 작은 규모이었지만 가장 빠르게 성장하여 2019년에는 일본과 독일을 근소하게 상회하고 있는 것으로 나타난다.

앞에서 설명한 GEM 지표의 최근 평가결과를 활용하여 우리나라의 지표 중 정부 정책 대응과 연관성이 높은 기업가적 기초조건 지표를 일부 주요국과 비교해보자. 각 항목의 지표값을 국가별로 나타내고 한국의 지표값과 10개 국가의 최댓값의 비율 순으로 제시하였다. <표 12-6>과 <그림 12-5>에 보인 것처럼 내부시장 역동성은 가장 높은 값을, 문화사회 규범, 상업 및 전문가 인프라, 학교 단계의 기업가교육 등은 낮은 평가를 얻었다. 직업 안정성에 비하여 기업가정신을 존중하는 문화사회규범이 강화되고 아이디어·기술 사업화와 전문가지원을 위한 인프라나 기업가정신에 관한 교육체계의 확충이 시급함을 시사한다. 따라서 기업가정신의 함양과 혁신기술 기반 창업을 연계할 수 있도록 기업가정신 교육체계를 확립하는 노력이 필요하다. 또한 스타트업의 성장단계별 지원, 실패용인·재기지원 등 실효성 있는 정책수단을 강구하고 인큐베이터와 맞춤형 컨설팅, 엔젤투자자, 벤처캐피털, M&A 기업공개(IPO) 플랫폼을 아우르는 벤처생태계를 조성하는 정책도 긴요하다. '창업국가'라고 불리는 이스라엘의 국방 등 공공개발 기술 사업화와 혁신금융과 관련된 제도와 정책, 프로그램 등을 벤치마킹할 수 있다. 특히 혁신금융과 관련해서는 금융기관을 통한 정책금융의 공급은 물론, 한국판 뉴딜 정책이 포함하는 정부와 정책금융기관의 후순위 투자, 모태펀드 출연, 신용보완을 통하여 시장의 벤처자금 공급을 촉진할 수 있는 체계적 지원체계를 정립해야 한다.

〈표 12-6〉 글로벌 기업가정신 모니터: 기업가적 기초조건 지표의 국제비교(2020년)

	문화사회규범	상업·전문가인프라	학교단계기업가교육	내부시장개방성	R&D이전	학교이후기업가교육	정부정책:조세,관료제	정부정책:지원	물적·서비스인프라	정부정책프로그램	기업가적금융	내부시장역동성
한국	3.09	2.87	2.52	2.74	2.76	2.84	3.01	3.55	4.17	3.38	3.28	4.30
독일	2.92	3.32	2.15	2.78	2.88	2.87	2.59	2.84	3.57	3.60	3.16	3.04
이스라엘	3.94	3.67	2.48	3.03	3.03	3.19	2.30	2.45	4.14	2.86	3.17	3.30
이탈리아	2.49	3.05	2.07	2.75	2.80	2.71	1.99	2.71	3.20	2.51	2.83	2.49
일본	2.60	2.55	1.93	2.88	2.76	2.62	2.60	2.86	3.95	2.61	3.01	4.00
노르웨이	3.57	3.75	3.26	3.32	3.04	3.32	3.08	3.25	4.25	3.59	3.28	2.57
스웨덴	3.06	3.21	2.49	2.68	2.26	2.74	2.13	2.34	3.74	2.46	3.12	3.26
대만	3.63	3.55	2.69	3.27	3.30	3.24	3.38	3.86	4.45	3.56	3.30	3.53
영국	3.33	3.30	2.24	3.05	2.73	2.83	3.06	2.76	3.55	2.86	3.29	3.16
미국	4.05	3.43	2.37	2.84	2.71	3.29	2.59	2.55	3.91	2.68	3.26	3.29
한국/최댓값	0.76	0.77	0.77	0.83	0.84	0.86	0.89	0.92	0.94	0.94	0.99	1.00

* 자료: Bosma 등(2021). Global Entrepreneurship Monitor 2020/2021 Global Report.

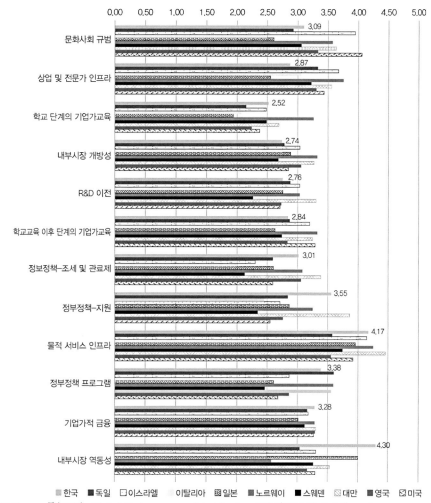

| | 0.00 | 0.50 | 1.00 | 1.50 | 2.00 | 2.50 | 3.00 | 3.50 | 4.00 | 4.50 | 5.00 |

문화사회 규범 3.09

상업 및 전문가 인프라 2.87

학교 단계의 기업가교육 2.52

내부시장 개방성 2.74

R&D 이전 2.76

학교교육 이후 단계의 기업가교육 2.84

정보정책–조세 및 관료제 3.01

정부정책–지원 3.55

물적 서비스 인프라 4.17

정부정책 프로그램 3.38

기업가적 금융 3.28

내부시장 역동성 4.30

■한국 ■독일 □이스라엘 □이탈리아 ▨일본 ▨노르웨이 ■스웨덴 ▨대만 ■영국 ▨미국

* 자료: Bosma 등(2021). Global Entrepreneurship Monitor 2020/2021 Global Report.

〈그림 12-5〉 기업가적 기초조건 지표의 국제비교(2020년)

📈 **사례연구** 기업가정신 지표의 활용 ─────────────────────

1)

기업가정신의 고양을 위한 정부의 정책노력이 강화되어야 한다. 앞으로 중소·벤처 부문의
스타트업들이 지속적으로 성장할 수 있도록 경영 여건을 개선하고 혁신과 사업화의 실적을
기준으로 성과기반 지원을 강화해야 한다. 이를 위하여 금융기관의 투자심사, 위험금융의
기능을 강화하고 대출 신용보증을 확대하여 벤처생태계와 중소기업 부문에 유입되는 금융

자금을 확대하도록 유도하여야 한다.

나아가 이스라엘의 '창업국가' 성공 사례나 Mazzucato & Dibb(2020)의 논의를 참고하여 독립성과 전문성을 갖춘 공공 벤처투자기구를 설립하여 활용할 필요도 있다. 이를 통하여 공공부문이 선별된 초고위험 프로젝트에 지분투자를 통하여 참여하고 성공적 투자로부터 수익을 회수하여 재투자하는 새로운 구조를 모색하는 것이다. 또한 중소기업와 서비스업의 생산성 향상을 위하여 제조, 서비스 기술과 비즈니스모델 개발 지원을 확대해나가야 한다.

2)

최근 GEM 지표 중에서 기업가적 기초조건 지표를 앞에서 다루었다. 같은 방법으로 기업가적 행동 및 태도 지표의 국제 비교를 살펴보기로 한다. 〈표 12-7〉과 〈그림 12-6〉에 표시한 바와 같이 기업가적 의지, 기존 사업체 소유, 높은 고용창출 기대 등에서는 가장 높은 값을 보인데 대하여 실패 공포 비율, 비즈니스서비스 부문, 기업가적 직원 활동 등에서 매우 낮은 값을 나타냈다. 창업의 실패를 포용하는 제도나 사회분위기가 시급하고 벤처기업의 창업과 성장 과정을 촉진할 수 있는 비즈니스 서비스의 경쟁력 강화, 그리고 기업의 임직원들이 기업가정신을 발휘할 수 있는 기업문화와 제도가 긴요한 것으로 판단된다. 기업가정신의 발휘와 경제발전 기여를 위하여 해결할 과제 중에서 제도와 정책 등 기초조건에 비해 기업가 자신과 그를 둘러싼 사회문화적 조건의 개선은 더욱 어려울 뿐 아니라 더 긴 기간이 소요될 것이다.

〈표 12-7〉 글로벌 기업가정신 모니터: 기업가적 행동 및 태도 지표의 국제비교(2020년)

	실패 공포 비율	비즈니스 서비스 부문	기업가적 직원 활동	기회 인식	여성/ 남성 TEA 비율	역량 인식	초기 단계 기업가적 활동	기업가적 의지	기존 사업체 소유	높은 고용 창출 기대
한국	13.80	19.70	3.20	44.60	0.70	53.00	13.00	25.90	16.10	30.40
독일	31.00	29.80	5.90	36.00	0.90	47.60	4.80	10.70	6.20	24.90
이스라엘	45.00	34.30	6.30	25.00	0.60	37.70	8.50	19.70	4.20	17.20
이탈리아	28.40	23.40	1.10	62.20	0.30	60.80	1.90	4.50	2.20	2.30
노르웨이	27.40	41.80	4.90	57.00	0.50	41.60	7.60	5.60	4.10	28.40
스웨덴	42.80	34.40	6.10	62.50	0.50	52.10	7.30	8.30	6.00	15.70
대만	42.60	9.60	2.50	39.30	0.80	44.80	8.40	15.50	11.10	24.30
영국	48.30	26.40	6.50	27.30	0.70	54.50	7.80	8.20	6.50	16.40
미국	41.20	34.30	5.30	48.60	0.80	64.00	15.40	12.50	9.90	27.00
한국/최댓값	0.29	0.47	0.49	0.71	0.78	0.83	0.84	1.00	1.00	1.00

* 자료: Bosma 등(2021). Global Entrepreneurship Monitor 2020/2021 Global Report.

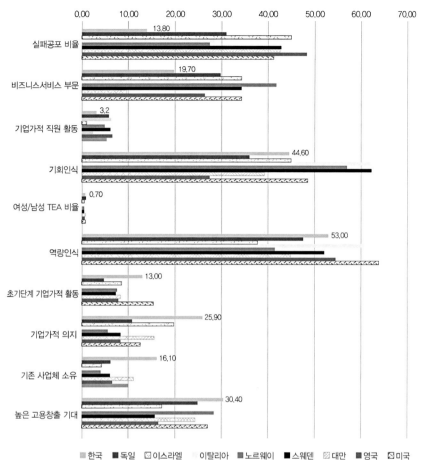

* 자료: Bosma 등(2021). Global Entrepreneurship Monitor 2020/2021 Global Report.

〈그림 12-6〉 기업가적 행동 및 태도 지표의 국제비교(2020년)

[이해와 활용]

1. 한국경제의 미래가 기업가정신의 구현에 있다고 해도 과언이 아니다. 스타트업과 기업성장을 위해 한국이 유리한 점과 불리한 점은 무엇일까? 자유롭게 아이디어를 이야기해보자.

2. 국제적으로 우리나라의 혁신 환경이 우월하다는 평가가 이어지고 있다. 그럼에도 불구하고 디지털 기업환경이 미흡하다면 어떻게 돌파해야 할까? 디지털 기업환경 평가지표를 인용하면서 의견을 제시해보자.

3. 벤처생태계에 대한 몇 가지 지표를 가지고 미국이나 이스라엘과 비교하여 성과의 차이와 그 이유에 관하여 설명해보자.

4. 글로벌 기업가정신 모니터(Global Entrepreneurship Monitor)의 최근 연도의 보고서를 다운로드하여(www.gemconsortium.org) 살펴보고 한국의 기업정책과제에 대하여 주는 시사점을 찾아보자.

참고문헌

[1] Anglin, P. M. & Gencay, R.(1996), Semiparametric Estimation of a Hedonic Price Function. Journal of Applied Econometrics, 11(6), 633-648.

[2] Audretsch, D. B.(2009), The Entrepreneurial Society, Journal of Technology Transfer, 34(3), 245-254.

[3] Bosma, N., S. Hill, A. Ionescu-Somers, D. Kelley, M. Guerrero, & T. Schott(2021), Global Entrepreneurship Monitor 2020/2021 Global Report, Global Entrepreneurship Research Association, London Business School.

[4] Bosma, N., Hill, S., Ionescu-Somers, A., Kelley, D., Levie, J., & Tarnawa, A.(2020), Global Entrepreneurship Monitor 2019/2020 Global Report, Global Entrepreneurship Research Association, London Business School.

[5] Carree, M. A. & Thurik, A. R.(2010), The Impact of Entrepreneurship on Economic Growth, In D. B. Audretsch & Z. J. Acs(Eds.), Handbook of Entrepreneurship Research, Berlin Heidelberg: Springer.

[6] Chakravorti B. & R. S. Chaturvedi(2019), Ranking 42 Countries by Ease of Doing Digital Business, Harvard Business Review, September 5, 2019.

[7] Coe, D. T. & Helpman, E.(1995), International R&D Spillovers, European Economic Review, 39(5), 859-887.

[8] Erken, H., Donselaar, P. & Thurik R.(2018), Total Factor Productivity and the Role of Entrepreneurship, Journal of Technology Transfer, 43, 1493-1521.

[9] Khan, M. & Luintel, K. B.(2006), Sources of Knowledge and Productivity: How Robust Is the Relationship? Paris: OECD, STI/Working Paper 2006/6.

[10] Koop, G.(2013), Analysis of Economic Data. 4th Edition, John Wiley & Sons.

[11] Mazzucato, M. & Dibb, G.(2020), Innovation Policy and Industrial Strategy for

Post-Covid Economic Recovery, UCL Institute for Innovation and Public Purpose, Policy Brief series (IIPP PB 10).

[12]   Michelacci, C.(2003), Low Returns in R&D Due to the Lack of Entrepreneurial Skills, Economic Journal, 113(484), 207-225.

[13]   OECD(2021), Data: Venture Capital Investments, Data extracted on 20 February 2021 from OECD.Stat.

https://stats.oecd.org/viewhtml.aspx?datasetcode=VC_INVEST&lang=en

[14]   Prieger, J. E., Bampoky, C., Blanco, L. R. & Liu, A.(2016), Economic Growth and the Optimal Level of Entrepreneurship, World Development, 82, 95-109.

[15]   The Economist(2020), Startups Offer a Different Future for South Korea's Economy, Special Report on South Korea, Apr 8th 2020.

[16]   World Bank(2020), Doing Business 2020, October 24, 2019.

빈곤과 복지

제13장

빈곤과 복지

> 경제적 불평등의 가장 깊은 그늘에 있는 빈곤은 국민경제가 해결해야 할 기초적이고도 중요한 문제이다.
>
> 빈곤은 절대적 빈곤과 상대적 빈곤으로 정의하며, 절대적 빈곤의 해결이 더 시급하고 절실하다.
>
> 빈곤은 빈곤선, 빈곤인구 수, 빈곤지수, 빈곤갭 등의 지표로 측정한다.
>
> 빈곤의 문제를 복합적으로 접근하는 다면적 빈곤에 대해서도 유사하게 지표를 정의할 수 있다.
>
> 인구통계 집단을 기준으로 보면 빈곤에 취약한 집단이 있으며 정책대안의 개발에 고려해야 한다. 기초생활보장을 필두로 실업, 질병, 산재, 노령 등 경제사회적 위험으로부터 국민의 행복한 삶을 보장하기 위하여 필요한 복지제도를 확충해나가야 한다.

빈곤의 개념과 특징

빈곤(poverty)은 국민경제가 해결해야 할 가장 기초적이고 중요한 문제이다. 이를 해결하기 위해 경제정책뿐 아니라 사회정책의 접근이 필요한 정책결합(policy mix)의 이슈이기도 한다. 소득분배의 불평등 문제와 관련 지표에 대하여 8장에서 이미 살펴보았지만 여기서는 불평등의 가장 깊은 그늘에 있는 빈곤에 초점을 맞춘 논의로 출발하기로 한다. 빈곤은 국제적으로도 중요하게 다루어진다. 2000년에 세계 189개 국가가 공동으로 채택한 UN 새천년선언(United Nations millennium declaration)은 8개의 새천년 목표(Millennium development goals: MDGs)를 설정하였는데, 그 첫째가 극단적 빈곤과 기아의 퇴치였다(UN, 2000). 사회적 측면에서 절대적 빈곤의 개념과 실태, 빈곤을 해소하기 위한 복지 제도에 관한 지표들을 검토하기로 한다.

빈곤은 다양한 기준에 의해 정의된다. 우선 절대적 빈곤(absolute poverty)과 상대적 빈곤(relative poverty)으로 구분한다. 절대적 빈곤은 특정 사회나 국가에 따라 달라지지 않는 기준에 의해 빈곤한 삶으로 정의되는 상태이며, 상대적 빈곤은 특정 사회나 국가에서 다른 대부분의 구성원이 누리는 수준에 미치지 못하는 빈곤한 삶의 상태를 말한다. 또한 실제적 빈곤(actual poverty)과 잠재적 빈곤(potential poverty)으로 나누기도 한다. 후자의 경우 실제로 빈곤한 상태는 아니지만 저개발국이나 개도국의 소농처럼 자연재해와 같은 일시적 충격이나 과거의 보릿고개처럼 계절적 요인에 취약한 삶의 상태로 정의된다. 한국의 경우 최근 코로나-19 상황에서 보듯이 산업구조의 분류에 의한 영세소상공인 중에 이에 해당하는 인구가 있을 수 있다. 한편 지속적 빈곤(chronic poverty)과 일시적 빈곤(transitory poverty)으로 나누어 전자는 대물려 내려가는 가난처럼 장기간 지속되는 것이며, 후자는 사회적 이동성이 원활하여 어떤 개인이나 가정이 노력에 의해 비교적 짧은 시일 안에 신속하게 벗어날 수 있는 가난을 말한다. 가장 중요하고도 해결이 시급한 빈곤은 절대적 빈곤, 실제적 빈곤, 지속적 빈곤이다.

절대적 빈곤이 빈곤의 가장 기초적인 문제이다. 절대적 빈곤은 기초적 필요(basic needs)를 충족하기 위해 충분한 자원을 가지지 못한 상태로 정의된다(Todaro & Smith, 2015). 기초적 필요라 함은 영양을 중심으로 의식주와 의료비의 최소한이 될 것이다. 극심한 빈곤은 그 자체가 정치사회적인 발전 정도를 가늠하는 척도이기도 하고 중장기적으로 경제성장에 지장을 초래한다는 점에서 거시경제정책 차원에서도 해결이 필요한 심각한 정책문제이다.

세계은행은 절대 빈곤선(Absolute poverty line)으로서의 국제적 빈곤선(International poverty line)을 2011년 구매력평가환율(PPP) 기준의 하루 1.90달러로 조정하였다(Ferreira 등, 2015). 세계은행의 국제적 빈곤선은 1991년에 처음 1985년 PPP 기준의 하루 1달러로 설정되었고, 1993년에 그해 PPP 기준의 1.08달러, 2005년에 그해 PPP 기준의 1.25달러로 조정되었다. 2005년의 빈곤선은 세계적으로 매우 빈곤한 것으로 평가된 15개 국가의 빈곤선의 평균을 취한 값이다. 절대적 빈곤은 이러한 절대 빈곤선을 기초로 여러 방식으로 측정한다. 빈곤인구수(Poverty head count)는 절대 빈곤선 미만의 실질소득으로 생활하는 인구수(q)를 의미한다. 빈곤인구지수(Poverty head count index)는 절대 빈곤선 미만의 실질소득으로 생활하는 인구수의 전체인구에 대한 비율($H = q/n$)이다.

이러한 개념 정의를 기초로 국제 사회는 빈곤인구지수를 중요한 정책목표를 정의하는 기준으로 사용하게 되었다. UN의 새천년 개발목표의 빈곤퇴치 목표는 하루를 1인당 2005년 PPP 기준의 1.25달러 미만으로 사는 인구를 2030년까지 3%로 줄이는 것이었다. 2015년 세계 각국의 정상들이 UN에서 재설정한 지속가능 발전 목표도

이 목표를 2011년 PPP 기준의 하루 1.90달러로 조정하여 계승하였다. 이는 국제사회 정책목표의 연속성을 위하여 2011년 빈곤선을 2005년 빈곤선과 그간의 물가변화를 반영한 PPP를 기준으로 조정하여 2015년 조정 당시에 두 빈곤율의 기준 사이에 큰 차이가 없도록 설정한 것이다. <그림 13-1>은 2011년의 빈곤선에 따라 1980년부터 최근까지의 빈곤인구 지수 추이를 세계 주요 지역별로 나타낸 것이다. 이 그래프에 의할 때 사하라 이남 아프리카, 남아시아, 중남미 지역의 빈곤 문제가 심각한 것으로 보이며 동아시아나 유럽은 훨씬 나은 상태로 보인다. 그래프 아래쪽 몇 개의 희미한 점으로 표시된 한국의 빈곤인구지수는 2006년, 2008년, 2010년 모두 0.2% 그리고 2012년에 0.1%, 2016년에 0.2%이다.

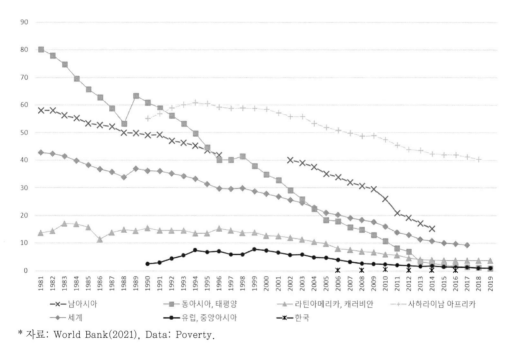

* 자료: World Bank(2021), Data: Poverty.

<그림 13-1> 세계 주요 지역별 빈곤인구 지수 추이(1) (하루 1.90달러 기준, 전체 인구 내비 비율, %)

세계은행은 2011년 PPP기준으로 하루 1.90달러의 빈곤선에 의할 때 빈곤인구는 2015년 세계인구의 10% 미만이며, 역사상 최저의 빈곤율이라고 발표하였다. 그러나 이러한 빈곤선이 각국의 개별적인 실정을 제대로 반영하지 않아 빈곤을 저평가하고 있다는 비판을 받자 2018년에 3.20달러와 5.50달러의 추가적인 빈곤선을 제시하였다. 가장 높은 기준인 5.50달러에 의하면 세계인구의 절반 이상이 빈곤선 이하에서 생활하고 있으므로 이러한 기준에 의하여 빈곤의 감소를 모니터링해나가겠다는 것이다 (Schoch 등, 2020).

<그림 13-2>는 하루 5.50달러의 빈곤선을 기준으로 세계와 동아시아·태평양, 유럽· 중앙아시아와 한국의 빈곤인구지수 추이를 나타낸 것이다.

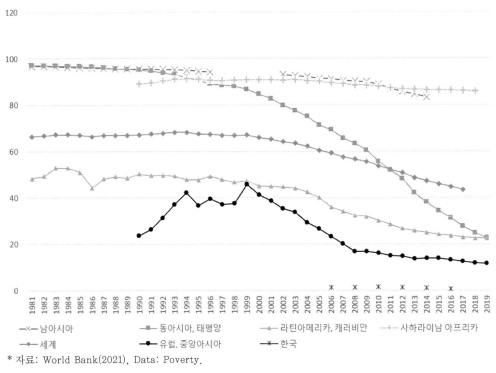

* 자료: World Bank(2021), Data: Poverty.

<그림 13-2> 세계 주요 지역별 빈곤인구지수 추이(2) (하루 5.50달러 기준, 전체 인구 대비 비율, %)

하루 5.50달러의 기준을 적용하면 동아시아와 유럽이 뚜렷하게 차별화되고 특히 2011년에 와서야 동아시아가 세계 평균 빈곤인구지수보다 나아지는데, 이는 중국의 급속한 경제성장을 반영하고 있는 것으로 보인다. 한국은 여전히 2006년과 2008년 1.2%, 2010년 1.5%, 2012년 1.2%, 2014년 1.0%, 2016년 0.7%로 매우 양호한 지표값을 나타내고 있다. 2016년에 이 지수는 세계가 44.8%, 동아시아·태평양은 31.2%인데 대하여 유럽·중앙아시아는 13.3%를 나타내어 큰 차이를 보였다. 물론 같은 해 사하라이남 아프리카는 86.4%, 2014년 기준으로 남아시아는 83.4%로 측정되어 빈곤 상태가 보편적임을 확인하고 있다.

한편 빈곤인구 수나 빈곤인구지수의 측정치는 절대빈곤선이 하루 5.50달러, 연간 소득 1,980달러라면, 그런 기준 미만에서는 예컨대 빈곤인구의 대다수가 연간 소득이 1,000달러인 경우와 500달러인 경우를 가리지 않는다. 전체 빈곤갭(Total Poverty Gap: TPG)은 절대빈곤선 아래에서 생활하는 인구에 대하여 빈곤선과 그들 각자 소득 간의 격차를 모두 합한 것이다. 다시 말해 빈곤인구 모두의 소득을 절대빈곤선 수준으로 끌어올리는 데 필요한 소득으로 정의되며 빈곤선의 백분율로 표시한다. 따라서 빈곤갭은 빈곤의 넓이인 빈곤인구 비율과 빈곤의 깊이인 그들 빈곤의 심각성을 함께 측정하는 지표라 할 수 있다. TPG는 다음 수식으로 나타낼 수 있다.

$$TPG = \sum_{n=1}^{N} \cdot (Y_p - Y_i),$$

여기서 Y_p는 절대빈곤선, Y_i는 각 구성원의 소득, N은 인구 구성원들이다.

이를 1인당으로 계산한 지표를 평균 빈곤갭(Average poverty gap: APG)이라 한다.

$$APG = \frac{TPG}{N}$$

<그림 13-3>은 하루 5.50달러의 빈곤선을 기준으로 세계와 동아시아·태평양, 유럽·중앙아시아와 한국의 전체 빈곤갭 추이를 나타낸 것이다. 한국은 역시 2010년 0.6%, 2012년 0.5%, 2014년 0.4%, 2016년 0.3%로 매우 양호한 지표값을 나타내고 있다. 2016년에 이 지수는 세계가 20.3%, 동아시아·태평양은 10%, 유럽·중앙아시아는 4.5%를 기록하였다.

상대적 빈곤의 개념을 가미한 빈곤선은 시장소득과 처분가능소득 모두 중위소득 절반 미만인 경우로 정의하고, 빈곤율(poverty rate)을 소득이 그러한 범위에 해당하는 사람의 비율로 규정하기도 한다(Smeeding, 2005).

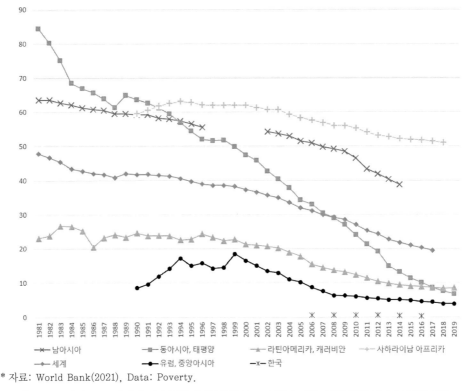

〈그림 13-3〉 세계 주요 지역별 전체 빈곤갭 추이(하루 5.50달러 기준, 전체 빈곤선 소득 비중, %)

다면적 빈곤지수(MPI)

빈곤 현상은 소득을 기준으로 단순하게 측정할 수 있지만 빈곤을 초래하는 원인은 다양하다. 이에 따라 빈곤의 여러 측면을 통합하여 측정하는 복합지표를 다면적 빈곤지수(Multidimensional poverty index: MPI)라고 한다. UN개발계획(UNDP)은 1997년에서 2009년까지 인간빈곤지수를 작성하여 발표하다가 2010년부터 다면적 빈곤지수를 발표하고 있다. MPI는 가계 단위의 설문조사에 의해 작성되는데, 건강, 교육, 생활수준의 3가지 측면의 10개 지표로 구성되어 있으며, 이러한 측정에 필요한 모든 지표는 동일한 설문조사에 의해 측정되도록 하고 있다. 다음 <표 13-1>은 MPI 2020이 사용한 3가지 부문별 지표의 정의와 가중치이다(UNDP, 2020). 최대 박탈점수를 100%라고 할 때, 각 부문은 33.3%, 즉 1/3씩을 차지한다. 가중하여 합계한 총 박탈점수가 1/5~1/3인 경우 아직 다면적 빈곤 상황은 아니지만, 다면적 빈곤에 취약한 상태이며, 1/3 이상인 경우를 다면적 빈곤 상태, 1/2 이상인 경우를 심각한 다면적 빈곤 상태라 한다.

<表 13-1> UNDP 다면적 빈곤의 3개 부문과 10개 지표의 정의와 가중치

부문	지표	가중치
건강	영양: 예: 19~70세 체질량지수(Body mass index: BMI)가 18.5kg/m² 미만	1/6
	유아사망: 1인이라도 조사 시점 최근 5년 동안 18세 미만의 가구원이 사망	1/6
교육	교육연수: 가구원 중 한 사람도 6년 교육을 이수하지 않은 경우	1/6
	미취학: 8년 교육 이수 연령까지의 아동이 미취학 상태인 경우	1/6
생활수준	전력: 전력에 대한 접근성을 결여	1/18
	위생시설: 개량식 화장실 미비, 또는 공동 화장실 사용	1/18
	식수: 개량식(상수도, 펌프, 칸막이 된 우물) 또는 도보 30분 이내 결핍	1/18
	조리 연료: 고체연료 사용(분뇨, 목재, 석탄)	1/18
	주거: 마루, 벽, 천장이 적합한 자재로 시공되지 않은 경우(예: 흙바닥)	1/18
	자산: 자동차나 트럭을 소유하고 있지 않으며, 라디오, TV, 전화, 컴퓨터, 우마차, 자전거, 오토바이, 냉장고 중 둘 이상을 소유하지 않는 경우	1/18

* 자료: UNDP(2020). Charting Pathways out of Multidimensional Poverty: Achieving the SDGs.

다면적 빈곤에 관해서도 다면적 빈곤인구수(q)와 다면적 빈곤인구지수$\left(H = \dfrac{q}{n}\right)$를 측정할 수 있다. 다면적 빈곤지표는 주로 유럽 국가들과 일부 저개발국에 대하여 세계은행에 집계되어 있다. 따라서 <그림 13-4>에서 일부 유럽국가와 콜롬비아의 다면적 빈곤인구지수 추이를 제시하였다. 상대적으로 양호한 지표값을 보인 북유럽과 서유럽 국가들과 비교하여 그리스, 이탈리아 등의 남유럽 국가들이 비율이 높다. 이들 국가 중에서 동유럽의 루마니아가 가장 높은 비율을, 북유럽의 소국인 아이슬란드가 가장 낮은 비율을, 헝가리와 콜롬비아가 뚜렷하게 개선된 지표값을 보인 추세를 나타낸다. 한편 그리스와 이탈리아, 네덜란드가 지난 10년에 걸쳐서 소폭이지만 지표값이 악화되는 모습을 보였다.

다면적 빈곤에 관해서도 빈곤 강도(Intensity of poverty)를 측정할 수 있다. 그리고 다면적 빈곤 상태에 있는 각 가계의 박탈의 정도를 나타내는 다면적 빈곤점수를 s라 하고 빈곤인구수를 q라 하자. 이때 빈곤 강도는 각 가계의 평균적인 빈곤의 정도를 나타낸다고 할 수 있다.

$$A = \frac{\sum_{i=1}^{q} s_i}{q}$$

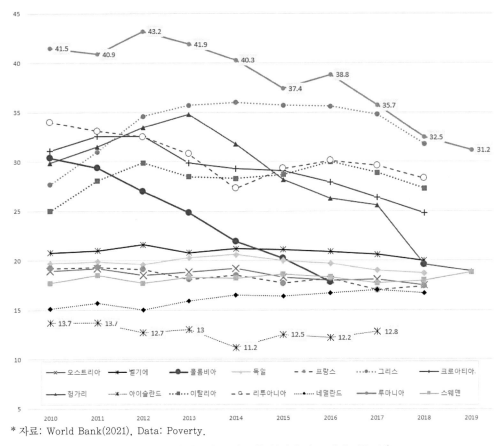

* 자료: World Bank(2021), Data: Poverty.

〈그림 13-4〉 주요 유럽국가의 다면적 빈곤인구 지수 추이(전체 인구 대비 비율, %)

세계은행에 집계된 다면적 빈곤강도의 지표값은 일부 개도국이나 저개발국에 국한되어 있다. <그림 13-5>에 예시적으로 13개 국가의 지표값을 나타냈다. 다면적 빈곤강도의 지표값은 소득기반 지표에 비하여 국가별 차이가 크지 않다.

다면적 빈곤지수는 다면적 빈곤의 넓이와 깊이를 측정하도록 빈곤인구지수에 빈곤강도를 곱한 것이다.

$$MPI = H \cdot A.$$

이때 H는 다면적 빈곤인구지수이다. MPI는 비율로서 0과 1 사이의 값.

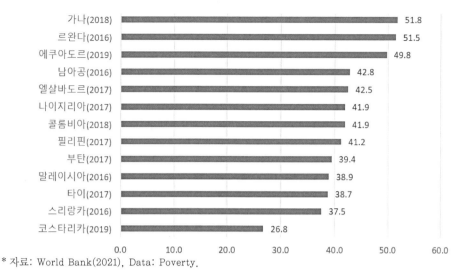

<그림 13-5> 13개 개도국의 다면적 빈곤강도 지표값 추이(%)(다면적 빈곤점수의 가중평균, %)

앞의 <그림 13-4>에 다면적 빈곤지수(MPI)가 세계은행에 보고된 국가 중에서 13개 개도국에 대한 빈곤 강도 지표값을 <그림 13-5>에 나타냈다. 계산과정에 관한 예를 들면 가나의 경우 다면적 빈곤인구지수가 47.8%, 빈곤 강도가 51.8%인데, 이 두 지표를 비율로 전환하여 곱하면 0.247로 계산되는 것이다.

📊 통계포인트 13 지표 간의 인과관계: 다중회귀분석 —————————

다중회귀분석은 종속변수와 2개 이상의 독립변수에 관한 회귀분석이다. 회귀분석 모형의 가정이나 회귀계수의 가설에 대한 검정, 회귀계수의 의미, 일반최소제곱법(OLS estimation)에 의한 회귀계수의 추정, 결정계수의 의미 등은 단순회귀분석과 똑같다. 다만 독립변수가 2개 이상이므로 모형의 표현이 달라진다.

$$Y = \alpha + \beta_1 \cdot X_1 + \beta_2 \cdot X_2 + \cdots + \beta_K \cdot X_K + \varepsilon$$

따라서 가설검정의 대상인 대립가설이 $\beta_1 \neq 0$, $\beta_2 \neq 0$, $\cdots$, $\beta_K \neq 0$이다. 한편 회귀계수의 해석이 다소 달라진다. 예를 들어 회귀계수 β_i는 다른 모든 회귀계수, 즉 $i \neq j$가 아닌 모든 X_j가 일정한 경우, X_i가 한 단위 변할 때 Y가 몇 단위 변하는가를 나타낸다.

다중회귀분석을 위해 가장 중요한 사항은 종속변수 Y에 영향을 미치는 변수들은 모두 회귀분석 모형에 포함해야 한다는 점이다. 회귀분석 모형에서 중요한 설명변수가 생략되면 계수 추정에 오류가 발생하며 이를 '생략변수 편향'이라 한다. 특히 생략변수가 모형에 포함된 설명변수와 강력한 상관관계가 있으면 오류가 더 악화된다. 한편 설명변수 사이에 서로 높은 상관 관계가 있는 경우에도 계수 추정이나 가설검정에 오류가 발생할 수 있다. 이를 '다중공선성(multicollinearity)' 문제라고 한다. 생략변수 편향의 문제는 생략된 변수를 모형에 추가하면 치유되며 다중공선성의 문제는 상관관계가 높은 설명변수 중 일부 변수를 모형에서 제외하거나 도구변수를 포함하는 등의 해결방법이 있으나 이 책의 범위를 벗어난다. 앞의 단순 회귀분석에 관한 '통계포인트'에서 다룬 주택시장 사례 데이터를 다시 사용하자. 종속변수 Y는 주택의 판매가격으로, 설명변수는 건축면적(X_1), 침실 수(X_2), 욕실 수(X_3), 층수(X_4, 지하실 제외), 차고 수(X_5)로 하여 다중회귀분석을 시행하였다. 다중회귀분석 결과는 다음과 같다.

⟨표 13-2⟩ 다중회귀분석 결과 사례

	계수	표준오차	t통계치	p값	
Y절편	−2063.64	3521.89	−0.586	0.558	
X_1	4.73	0.38	12.462	2E−16	R^2=0.5613
X_2	2388.49	1184.23	2.017	0.044	F통계치 138.2
X_3	16148.06	1695.70	9.523	2E−16	p값 < 2.2e−16
X_4	7879.44	981.46	8.028	6.22E−15	
X_5	5371.95	953.52	5.634	2.84E−08	

우선 $b=4.73$이란 건축면적이 1평방피트 증가할 때 다른 설명변수가 불변이라면, 다시 말해 같은 수의 침실, 욕실, 층, 차고를 가진 주택을 고려한다면, 주택가격은 4.73달러 상승하는 경향이 있다. 이 추정치의 표준오차는 0.38이며 계수가 0이라는 귀무가설에 상응하는 t통계치는 12.5로 충분히 크므로, 귀무가설을 기각하여 β_1이 0이 아니라고, 그러므로 주택의 건축면적이 판매가격에 유의미한 영향을 미친다는 결론을 내려도 틀릴 확률인 p값이 0에 가까울 정도로 작다. 이는 추정된 다른 4개의 회귀계수에 대한 t통계치와 그에 따른 p값 그리고 회귀모형 전체에 대한 확률인 F통계치와 그에 따른 p값에 대하여도 같은 이야기를 할 수 있다.

한편 $b_2 = 2388.49$는 다른 조건이 같다면 침실 수가 하나 더 늘면, 주택가격은 2,388달러 상승한다. 예를 들어, 5000평방피트의 부지에 욕실 2개, 건물 층은 3개, 차고가 2개인 주택이라면 침실이 4개인 주택이 침실이 3개인 주택보다 대체로 2,388달러 더 비싸다는 것이다. 나머지 설명변수도 욕실 1개 추가에 16,148달러, 건물 층 하나 추가에 7,879달러, 그리고 차고 하나 추가에 5,372달러만큼 비싸지는 것이 일반적이라는 것이다.

우리나라의 빈곤과 인구통계 집단

우리나라의 상대적 빈곤율을 OECD(2021)의 소득분배 데이터베이스(Income Distribution database: IDD)의 통계자료를 기준으로 주요 선진국들과 비교하여 <그림 13-6>에 제시하였다. 여기서 상대적 빈곤율은 가구 중위소득의 50% 미만의 인구비율을 말한다. 물론 소득분배에 관한 지표들은 국가 간에 개념과 척도, 기초통계 등이 달라서 비교에 한계가 있음을 감안하여 해석하여야 한다.

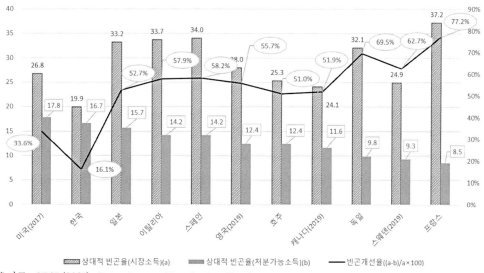

* 자료: OECD(2021), Data: Income Distribution Database.

<그림 13-6> 주요 선진국과의 상대적 빈곤 및 빈곤 개선효과 비교

우리나라의 빈곤 실태는 매우 특징적이다. 시장소득의 상대적 빈곤은 영미권과 오세아니아, 서유럽은 물론, 북유럽국가인 스웨덴에 비해서도 낮은 편이다. 그러나 조세와 소득이전 등의 2차 소득분배가 이루어진 후의 처분가능소득을 기준으로 하면 미국을 제외하고는 가장 높은 수준이다. 소득재분배 정책에 의한 빈곤 개선 효과가

이들 국가에 비해 현저하게 낮기 때문이다. 최근 2022년 대통령선거를 앞두고 활발한 논의가 이루어졌던 기본소득의 도입 이전에 빈곤계층의 소득 확대에 초점을 두는 효과적 복지정책 대응이 시급한 것으로 평가된다.

빈곤의 원인을 이해하고 빈곤을 완화하기 위한 공공정책을 모색하기 전에 빈곤에 취약한 인구통계 집단을 살펴볼 필요가 있다(Todaro & Smith, 2015). 첫째, 농촌의 빈곤(rural poverty)이다. 빈곤이 농촌에 인구 비례 이상으로 집중되어 있으며 생존농업에 종사하고 있는 소농이나 농업노동자가 대다수이다. 둘째, 여성의 빈곤(women and poverty)이다. 여성이 가장이면서 아이들과 함께 구성된 가계가 대체로 빈곤하다. 고용과정의 차별이나 성별 임금격차가 원인이 된다. 영양상태가 좋지 않거나 의료서비스, 깨끗한 식수, 위생상태 등이 결핍된 경우가 많다. 셋째, 소수민족이나 원주민(ethnic minorities & indigenous populations)의 빈곤이다. 소수민족, 원주민이 부딪치는 경제적, 정치적, 사회적 차별과 관련이 있는 빈곤의 문제이다.

우리나라의 개인 특성별 빈곤율을 살펴보기로 한다. 여기서 기준으로 하는 빈곤율은 상대적 빈곤율이며 시장소득과 처분가능소득별로 중위소득의 50% 미만인 개인의 전체 인구 대비 비율이다. 우선 <그림 13-7>은 성, 연령대, 혼인상태 등 인구통계 집단별 빈곤율을 비교한 그래프이다.

전체 인구에 비하여 남성은 빈곤율이 낮고, 여성은 빈곤율이 높다. 그리고 아동은 근로연령층과 함께 가구를 구성하여 빈곤율이 유사하지만 은퇴연령층의 경우, 노령 빈곤율이 처분가능소득 기준으로 절반에 육박하여 심각한 수준이다. 혼인상태별로는 미혼이거나 배우자가 있는 경우는 빈곤율이 비슷하지만 이혼인 경우 현저하게 높고, 사별인 경우는 고령빈곤과 겹쳐 더 높은 것으로 보인다.

교육 수준이나 종사상 지위에 따라서도 빈곤율이 달라진다. <그림 13-8>에 의하면 학력이 낮을수록 빈곤율이 높아지며 특히 중졸 이하는 전체 인구에 비하여 빈곤율이 높다. 취업자는 전체 인구에 비하여 빈곤율이 낮지만 상용근로자에 비해 자영업자의 빈곤율이 높고, 임시·일용근로자의 빈곤율은 훨씬 더 높다.

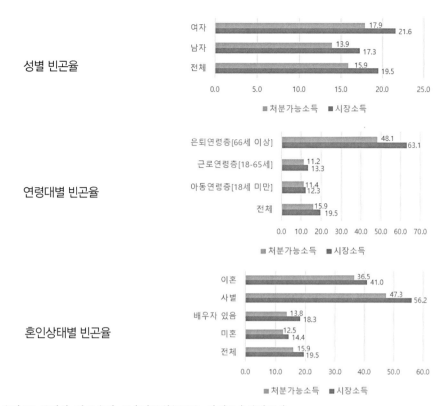

* 자료: 통계청·한국은행·금융감독원(2016), 가계금융·복지조사.

〈그림 13-7〉 인구통계적 집단별 빈곤율(2016년, %)

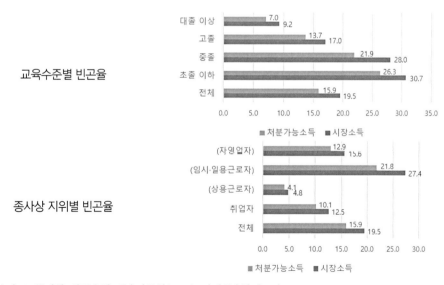

* 자료: 통계청·한국은행·금융감독원(2016), 가계금융·복지조사.

〈그림 13-8〉 교육 수준 및 종사상 지위별 빈곤율

빈곤에 대한 정책대응

빈곤을 완화하기 위한 정책은 대체로 4가지 방향으로 논의되어왔다(Todaro & Smith, 2015). 첫째, 기능적 소득분배에 개입하여 요소상대가격의 왜곡을 시정하는 것이다. 노동이나 자본과 같이 생산요소별 소득분배를 기능적 소득분배라 한다. 대기업, 정규직, 도시지역의 임금은 노조 영향력 등으로 시장균형 임금보다 높다. 이에 반해 기계, 설비 등 자본 가격은 투자인센티브에 의한 조세 감면이나 저리금융, 자국통화 고평가, 낮은 관세율 등의 산업정책 요소에 의하여 시장균형 수준보다 낮을 수 있다. 이러한 요소상대가격의 왜곡은 기업이 노동을 자본으로 대체하게 하는 요인이 되어 미숙련 인력을 중심으로 고용이 위축되고 빈곤이 심화된다. 따라서 고임금 부문의 임금을 낮추고 자본의 가격을 높이는 정책이 요구된다. 둘째, 저소득층의 자산형성을 촉진하는 것이다. 경제성장 초기에 토지개혁과 종자보급, 비료공급, 농업교육 등이 대표적 사례이다. 임금근로자의 개인연금에 대한 기업의 기여분을 높인다든지, 교육기회를 넓히고 생산적 고용기회와 연계시키는 방안도 이러한 정책의 일환이다. 또한 서민과 중산층의 재산형성 저축에 대하여 이자소득세 감면을 확대하는 방안도 가능하다. 셋째, 고소득층에 대하여 소득세나 부유세의 누진과세를 강화하는 것이다. 소득세는 형식은 누진세이나 실질적 과세부담은 역진적인 경우가 많아 시정해야 한다. 근로소득세를 직장에서 원천과세하는 중산층이나 저소득층에 비하여 부유층은 물적자본이나 금융자산으로부터 발생하는 소득을 불성실하게 신고하는 경우가 많아서 발생하는 문제를 해결해야 한다. 신용등급이 낮은 빈곤 계층에게 소액금융(Microfinance)을 제공하는 등 소기업 창업을 지원하는 방안도 효과적이다. 넷째, 빈곤 가구에게 직접 현금보조금을 지급하거나 필수 재화나 서비스를 제공하는 것이다. 현금·현물급부 제공은 빈곤층이 집중적으로 거주하는 지역에 초점을 맞추어야 하며 빈곤층의 생활에 꼭 필요하지만 상대적으로 여유가 있는 비빈곤층은 선호하지 않는 품목이 좋다. 식품제공은 필요한 일이지만 도덕적 해이를 방지하기 위하여 근로조건부 제공이 바람직하다. 개도국의 경우 다양한 현금 보조를 자녀의 취학을 전제조건으로 지급하는 조건부 현금보조(Conditional cash transfer)로 설계할 필요가 있다. 일반적으로 빈곤인구비율은 그렇게 크지 않으므로 재정 부담을 완화하고 사회보장 정책을 공정하게 하기 위하여 빈곤 가구를 정확하게 선별하여 지원하는 노력이 긴요하다.

빈곤 문제에 대한 대응을 위한 사회보장제도는 빈곤을 포함한 사회적 위험으로부터의 국민의 보호와 국민 삶의 질 향상을 도모하는 공공정책이다. 빈곤의 해소, 사회적 위험으로부터의 보호, 삶의 질 향상을 위한 사회보장제도는 <표 13-3>에서 보는 바와 같이 사회보험, 사회수당, 공공부조, 사회서비스, 조세지원 등을 포함한다. 사회보험은 국민을 노령, 질병, 실업, 재해, 장애, 사망 등 각종 사회적 위험으로 보호하고자 하는 제도이며, 국민연금, 국민건강보험, 산업재해보상보험, 고용보험의 '4대 보험'을 포함한다. 사회보험료를 납부하는 가입자를 대상으로 하며, 가장 지출비용이 크다. 사회수당은 고령자와 아동 등 특정 인구집단에 대한 현금급여를 내용으로 하며, 2010년대 이후 본격적으로 도입되었다. 공공부조는 일정 소득·재산 요건을 갖춘 빈곤 및 취약계층을 대상으로 하는 최저생활을 지원하거나 자립을 지원하는 잔여적 복지제도로 조세를 주된 재원으로 한다. 대표적인 공공부조제도가 기초생활보장제도이며, 의료급여, 재해구호, 의사상자 예우 등도 포함한다. 기초생활보장제도에 대해서는 본 장의 사례연구에서 설명한다. 사회서비스는 노인, 영유아, 아동, 장애인 등 취약인구집단과 취약가정에 대한 고용, 교육, 주거, 보건의료, 가정복지 등의 현물급여를 중심으로 하며 역시 조세를 주된 재원으로 한다. 복지 성격의 조세지원제도도 넓은 의미의 사회보장제도에 포함할 수 있다.

〈표 13-3〉 한국의 사회보장 제도 개요(2021.8월 현재)

사회보험	공적연금(국민연금, 공무원연금, 교직원연금, 군인연금 등), 건강보험, 고용보험, 산재보험, 노인요양보험
사회수당	기초연금(소득 하위 70%, 65세 이상, 월 30만 원), 아동수당(만 7세미만 모든 아동, 월 10만 원)
공공부조	기초생활보장(생계, 주거, 의료, 교육 급여), 자립지원(장애인, 요보호아동, 저소득한부모가족, 소년소녀가정 등)
사회 서비스	고용지원, 교육복지, 주거복지, 보건의료 (사회서비스 이용 및 이용권 관리에 관한 법률)
	복지서비스(노인, 장애인, 아동, 가족) * 노인복지법, 장애인복지법, 장애아동복지지원법, 영유아보육법, 건강가정기본법, 한부모가족지원법 등
조세지원	근로장려세제(총소득·재산기준 미만: 근로장려금 연간 최대 300만 원) 아동장려세제(부부합산소득·재산기준 미만; 자녀장려금 부양자녀 당 연간 50~70만 원)

* 자료: 복지로(2021), 한 눈에 보는 복지정보.

2020년 본예산 기준으로 사회보장(사회복지 및 보건 분야) 재정지출 규모는 185.4조 원으로 중앙정부 총지출의 34.9%를 차지하고 있으며, <표 13-4>와 같이 구성되어 있다. 사회복지 지출이 92%, 보건 지출이 8%이며, 세부적으로는 공적연금이 30.0%, 주택지원이 16.0%, 고용정책이 12.7%, 노인복지가 9.0%, 기초생활보장이 8.2%, 건강보험이 5.6%, 아동·보육 복지가 5.2%의 비중을 점하고 있다. 최근 가장 빠르게 증가하고 있는 지출 분야는 고용정책, 노인, 아동·보육, 보건의료 등이다.

〈표 13-4〉 사회복지·보건 분야 재정지출 개요(2016년, 2020년: 중앙정부)

구분	2016	2020	비중(2020년)	연평균 증가율
정부 총지출(A)	3,952,303	5,310,996	B/A=34.9%	7.7
사회복지·보건(B)	1,238,573	1,854,349	100.0	10.6
사회복지(소계)	1,130,972	1,706,820	(92.0%)	10.8
공적연금	427,062	554,491	29.9%	6.7
주택	194,367	297,314	16.0%	11.2
노인	92,531	167,605	9.0%	16.0
기초생활보장	100,786	151,901	8.2%	10.8
아동·보육	56,128	95,937	5.2%	14.3
사회복지 기타	101,052	121,766	6.6%	9.0
고용	112,183	235,542	12.7%	20.4
노동, 기타	61,810	82,264	4.4%	7.4
보건(소계)	107,061	147,529	(8.0%)	8.3
건강보험	80,454	104,612	5.6%	6.8
보건의료 기타	27,147	42,917	2.3%	12.1

* 자료: 국회예산정책처(2020.6), 사회보장정책분석.

우리나라의 급속한 고령화와 인구구조 악화는 14장에서 살펴보겠지만, 연금과 보건·의료 부문의 복지수요를 크게 증가시킬 것이다. 2019년의 65세 이상 인구 70%를 포괄하는 기초연금 인상과 건강보험의 문제인 케어 채택, 코로나-19 대응 등으로 복지지출은 이미 빠르게 확대되고 있다. 이에 대하여 한국경제의 성장잠재력은 4장에서도 다루었지만 2% 초반대로 주저앉은 것으로 보이며 2022년 1.9%, 2023년 2.0%, 2024년 2.1%, 2025년 2.2% 등을 거쳐 2030년대에는 1%로 더 내려갈 것으로 전망되고 있다(IMF, 2021; IMF, 2018). 그런데 복지정책의 현실을 보면, 본 장의 사례연구에서도 보듯이 우리나라의 GDP 대비 공공사회복지지출의 비율이 2019년에 12.2%로 OECD 회원국 평균의 20% 수준에 크게 못 미치고 있다. <그림 13-6>에서 본대로 소득재분배 정책에 의한 빈곤개선율도 주요 선진국에 비해 크게 떨어지고 있는 실정이다. 따라서 국민경제의 복지지출 부담 능력은 위축되는 가운데 급증하는 지출수요에 부응하여 복지제도를 확충해야 하는 난제를 안고 있는 셈이다.

이러한 '한국복지국가'의 도전에 대응하여 체계적인 정책혁신이 긴요한 실정이다. 물론 4차 산업혁명과 정보·생명 기술 산업화, 기술집약 서비스산업의 성장, 창업과 시장진입 촉진, 노동시장의 유연안정성, 기업규제 개혁 등으로 총요소생산성을 높여 성장잠재력을 확충하는 문제는 이미 4장에서 다룬 바 있다. 무엇보다 복지정책의 측면에서는 경제와 복지가 선순환하는 미래 지향적 복지제도를 설계해야 한다(양재진, 2020). 보험료의 점진적 인상과 수급기간 조정 등으로 연금 재정의 안정을 기하고 과도한 의료비 지출을 합리화하는 연금·건강보험 개혁을 구체화함과 동시에 기초연금과 여타 노인복지 서비스의 선별성을 강화하는 조치를 추진해야 한다. 이에 대하여 아동수당을 늘리고, 육아휴직급여와 실업급여의 소득대체율을 높이며, 적극적 고용정책 프로그램을 확대하는 등으로 복지제도를 지탱해나갈 근로연령대 인구에 대한 사회보장은 강화해나가야 할 것이다.

한편 복잡다기한 복지와 감세의 통폐합으로 제도 집행이 효율적이면서 수급자의 노동의욕 저상이나 낙인감도 방지하는 효과적인 소득재분배제도로서 1960년대 초 밀튼 프리드먼(M. Friedman)이 제안한 부의 소득세(Negative income tax)가 있다. 모든 소득자에게 단일 세율을 적용하여 과세하되, 일정 기준소득 수준에 미치지 못하는 소득자에게는 세액에 해당하는 금액을 지급하는 제도이다. 제안 당시에는 집행에 어려운 점이 있었으나 최근 세무행정 능력과 정보기술의 발전으로 실행 가능성이 높아진 것으로 평가되고 있다. 일반 성인 1인당 월 50만 원(연간 600만 원), 18세 이하 유소년 1인당 30만 원(연간 360만 원)의 최저보장소득을 위한 소요재원이 172조 원 수준이고 그 재원조달을 위하여 현금성 복지와 소득세 인적공제 폐지, 분야별 재정지출 구조조정, 부가가치세율 인상 등의 재정개혁을 시행하자는 정책제안이 있다(김낙회 등 2021). 이들의 제안은 광범위한 재정·조세 지출 구조조정을 포함하고 있어 다양한 이해집단의 저항이 예상되고 사회적 동의를 확보하는 과정이 지난할 것으로 예상되지만, 매우 합리적이고 진취적이어서 이제 한국 사회에서 진지하게 검토할 만한 시점이 되었다고 판단된다.

1)

우리나라의 공공사회복지 지출은 1990년 2.6%에서 2010년 7.9%에 이르기까지 멕시코와 유사한 수준을 유지했으나 2019년 현재 GDP의 12.2% 수준으로 빠르게 증가하였다. 이러한 수준의 공공사회복지지출의 GDP 대비 비율은 OECD 38개 회원국 중 35위로 저조하지만 1990년의 4.7배로 상승하여 OECD 회원국 중의 가장 빠른 속도의 증가세이다. 그러나 가장 높은 수준인 프랑스는 물론 점선으로 표시한 OECD회원국 평균의 20%에 비해 아직 크게 낮은 수준이어서 향후 확대가 필요하다(OECD, 2021).

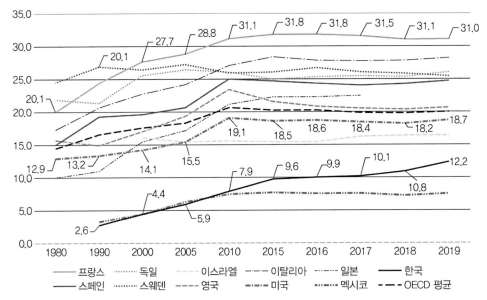

* 자료: OECD(2021), Social Expenditure Database(SOCX).

<그림 13-9> GDP 대비 공공사회복지지출 비율의 국제비교(%)

그러나 정부조직의 개편에 의한 공무원의 재배치와 복지 프로그램의 확충과 보조를 맞추어야 생산적 복지제도가 구축될 수 있을 것이다.

한편 2019년 데이터를 기준으로 공공사회복지지출의 구조를 간략하게 살펴보자(국회예산정책처, 2021). 사회복지지출을 크게 보건, 노인, 가족, 기타의 영역으로 나눈다면 한국의 지출 구성은 각각 40.7%, 26.4%, 21.9%, 10.9%로 보건영역이 가장 큰 특징을 보이고 있다. 보건 영역 지출의 비중은 미국(45.7%), 영국(37.4%)과 유사하게 높은 수준이다. 그런데 노인영역 지출의 비중이 높은 국가들이 현금 급여 중심으로 운영되는 것과 달리 한국의 경우 현물급여(전체의 59.1%) 중심으로 운영되는 특징을 가진다.

2)

우리나라의 빈곤 대응을 위한 대표적인 사회복지제도는 기초생활보장제이다. 가구의 소득 수준과 생활수준에 따라 생계급여, 의료급여, 주거급여, 교육급여를 각각 선정기준에 따라 지원한다. 선정기준의 다층화로 소득이 다소 증가하더라도 필요한 지원이 계속되도록 운영 하고 있다. 즉 소득이 일정 기준 이상 증가하면 생계급여가 중단되더라도 의료, 주거, 교육 급여 순으로 단계적으로 중단되도록 기준을 설정하고 있다. 〈그림 13-10〉은 기초생활보장 제도의 수급자 수와 수급률의 추이를 나타낸 것이다.

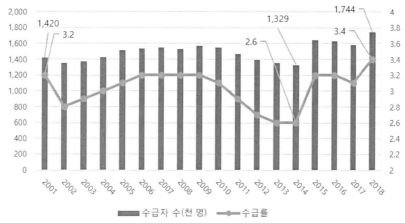

* 자료: 보건복지부(2021), 기초생활보장 수급 현황.

〈그림 13-10〉 기초생활보장제도 수급자 수 및 수급률 추이

2000년대 초 이후부터 2014년까지 다소 지원대상 가구가 감소하였다가 최근 들어 〈그림 13-10〉과 같이 부양의무자 기준을 완화하고 지원대상을 점차 넓혀서 수급가구 수와 전체 인구 중 수급자 비율인 수급률이 최근 들어 매년 증가 추세에 있다. 2021년의 급여 수준과 선정기준은 생계급여(4인 기준 최대 146.3만 원)는 중위소득의 30%, 의료급여(급여 대상 항목 의료비 중 본인부담금액을 제외한 금액)는 중위소득의 40%, 주거급여(지역별 기준 임 대료의 적용, 서울 등 1급지의 1인 가구 31만 원)는 중위소득의 45%, 교육급여(교육활동지 원비: 초등 28.6만 원, 중등 37.6만 원, 고등 44.8만 원)는 중위소득의 50%이다. 따라서 소득이 증가하게 되면 점진적으로 한 가지씩 급여 대상에서 벗어나게 된다.

[이해와 활용]

1. 빈곤대책은 일반적 소득분배 개선 정책과는 다른 접근이 필요하다. 그러한 점에서 가장 중요하게 고려해야 하는 사항은 무엇이며 그와 관련되는 지표는 어떤 것이 있을까?

2. 우리나라에서 복지제도가 빠르게 확충되어 시장소득의 불평등을 보완하는 역할이 상당히 강화되었다. 그러나 빈곤대책과 관련하여 중복과 사각지대 문제는 없을까? 그와 관련하여 추가로 조사하여야 할 지표로서 어떤 것이 있는가?

3. 우리나라의 개별 복지제도에서의 현물 급여의 비중과 그 비중의 시기별 추이에 대한 자료를 검색하여 토의해보자.

4. 통계청 국가통계포털에서 복지문제에 대한 여러 조사 중 하나를 골라 데이터를 다운로드하고 관련 복지정책에 주는 시사점을 찾아보자.

참고문헌

[1]   국회예산정책처(2021), OECD 주요국의 공공사회복지지출 현황, NABO 추계&세제이슈"(통권 제14호).

[2]   김낙회, 변양호, 이석준, 임종룡, 최상목(2021), 경제정책 어젠다 2022, 21세기북스.

[3]   복지로(2021), 한눈에 보는 복지정보, 복지서비스.
       http://www.bokjiro.go.kr/nwel/search/integratedSearch.do

[4]   양재진(2020), 복지의 원리, 한겨레출판.

[5]   통계청·한국은행·금융감독원(2016), 가계금융복지조사.

[6]   Ferreira, F., D. M. Jolliffe & E. B. Prydz(2015), The International Poverty Line Has Just Been Raised to $1.90 a Day, but Global Poverty is Basically Unchanged. How is That Even Possible? World Bank Blog, October 4, 2015.

[7]   OECD(2021), Data: Income Distribution Database.
       https://stats.oecd.org/Index.aspx?DataSetCode=IDD (Accessed on 22 August 2021)

[8]   OECD(2021), Social Expenditure Database(SOCX),
       https://stats.oecd.org/Index.aspx?datasetcode=SOCX_AGG Accessed on July 13, 2021)

[9]   Schoch M., C. Lakner & S. Freije-Rodriguez(2020), Monitoring Poverty with the US$3.20 and US$5.50 lines: Difference and Similarity with Extreme Poverty

Trends, World Bank Blog, November 19, 2020.

[10]　Smeeding, T. M.(2005), Public Policy, Economic Inequality, and Poverty: The United States in Comparative Perspective. Social Science Quarterly, 86, 955–983.

[11]　Todaro, M. P. & Smith, S. C.(2015), Economic Development(12th Edition), Pearson.

[12]　UNDP(2020), Charting Pathways out of Multidimensional Poverty: Achieving the SDGs.

[13]　United Nations[UN](2000), Millennium Development Goals, United Nations Millennium Goals and World Bank. http://www.developmentgoals.org/index.html.

[14]　World Bank(2021), Data: Poverty. https://data.worldbank.org/topic/poverty

인구와 교육

제14장

인구와 교육

적정한 인구구조와 우수한 교육 수준은 사회경제적인 발전의 기초 조건이다.

우리나라는 출산율의 저하와 인구의 고령화, 인구부양비의 증가가 세계에서 가장 빠른 속도로 진전될 뿐 아니라, 생산가능 인구의 감소에 이어 전체 인구의 감소 추세에 진입하고 있다. 인기영합적인 접근보다 선택과 집중에 의하여 실효성 있는 인구대책을 수립해야 한다.

교육의 양적 성장은 달성하였으나 질적 발전의 과제에 직면하고 있다. 4차 산업혁명에 대응하여 지속적인 사회경제적 발전과 국민의 삶의 질 개선을 위하여 교육을 혁신해야 한다. OECD의 '교육 개관'에 의한 질적 지표나 IMD '세계인재 순위'의 저조한 지표에 주목하여 교육발전 전략을 강구해야 할 것이다.

인구·교육과 경제발전

국가사회와 국민경제의 지속적인 발전을 위하여 적정한 인구구조와 우수한 교육체계가 긴요하다. 한국경제의 지속적 성장과 국민 삶의 질 향상을 위해서는 인구의 완만한 증가에 의하여 경제활동인구 규모를 적정하게 유지하고 교육품질을 개선하여 노동생산성을 향상시켜야 한다. 인구와 교육은 경제와 밀접하게 관련되는 사회지표로서 측정되는 영역이다. 우리가 여기서 인구와 교육에 관한 사회지표를 연계하여 분석하는 것도 경제적 관점에서 노동의 양과 질, 노동생산성에 대한 관심에서 비롯된 것이라 할 수 있다.

일반적으로 경제성장은 노동투입 증가, 자본투입 증가 그리고 총요소생산성 상승으로 설명된다. 경제성장의 원천에 관하여 20세기 최고의 실증적 경제학자로 알려진 Simon Kuznets는 경제성장의 요인으로서 노동공급, 자본축적과 함께, 초기 자본-산출 비율을 좌우하는 인구통계적, 제도적 과정을 강조하면서 1인당 생산의 급속한 성장은 빠른 생산성 성장에 기인한다고 주장하였다(Kuznets, 1971). 또한 Dougherty & Jorgenson(1996)은 1960~1989년의 30년 동안 G7국가들을 대상으로 경제성장에 대한 요인별 기여를 분석하였다. 이들은 노동을 인구통계적인 특성에 의하여 구분하면서 남성, 여성의 성별 2개 집단, 기업피고용자, 자영 또는 무급가족종사자의 고용형태별 2개 집단의 구분과 함께 초등, 중등, 고등, 초급대학, 대학 등 교육 이수별 5개 집단으로 나누어 분석하였다. 이 기간에 걸쳐 미국이 여타 6개 국가들을 1인당 생산의 성장에서 현저하게 앞설 수 있었던 요인은 (노동을 균질적인 단위로 전환한 척도로 하는) 1인당 노동투입 증가 덕분이었고, 1인당 노동시간의 증가와 함께 노동의 질이 균형 있게 양(+)의 기여를 한 데서 기인하였다. 특히 1인당 노동시간은 영국, 독일, 프랑스의 경우 국내순생산(NNP) 성장에 −20% 정도의 음(−)의 기여를 한데 비하여 미국은 14% 정도의 양(+)의 기여를 하였다. 기술진보와 경제성장 과정에서 1인당 자본투입의 증가와 생산성의 상승이 당연하게 일어나지만, 노동의 양과 질이 고르게 지속적으로 성장하는 문제가 미국과 여타 국가 사이의 성과 차이를 가져온 중요한 요인이었던 것이다. 한편 1966~1991년의 유사한 시기를 대상으로 동아시아 고성장 국가의 성장요인을 분석한 Young(1995)은 여성 중심의 경제활동참가율의 상승, 농업에서 제조업 등 비농업 부문으로의 노동의 이동, 자본 투입의 증가, 교육 이수율의 향상에 의한 인적 자본의 증가 등을 제외하고 나면 순전한 총요소생산성의 증가는 다른 선진국이나 개도국에 비해 그리 크지 않다는 사실을 제시하였다. 한국의 경우 <표 14-1>과 같이 1인당 생산의 증가와 함께 노동인구의 교육이수율이 크게 상승한 것이 대표적인 사례이다.

〈표 14-1〉 경제성장과 인구요인 (1966~1990년)

GDP성장률		분자 (GDP)(A)	분모(인구, 근로자수)(B)	A−B	인구 관련 변화		1966		1990
1인당 GDP		8.5	1.7	6.8	경제활동참가율		0.27		0.36
근로자 1인당 GDP		8.5	2.8	5.6	교육 이수율 (비중)	무학	31.1	⇒	6.4
	비농업	10.3	5.4	4.9		초졸	42.4		18.5
	제조업	14.1	6.3	7.8		중졸 이상	26.5		75.0

* 자료: Young(1995), p.642, Table I과 Table II를 요약하여 작성함.

인구와 교육의 관점에서 미국이나 동아시아 고성장국가 모두 베이비부머 세대의 등장과 생산가능인구 비율 증가의 인구구조 개선, 여성 중심의 경제활동참가율 상승, 농업에서 제조업과 서비스산업으로의 노동인구 이동, 노동인구의 교육이수율 향상

등이 제2차 세계대전 이후 고성장에 크게 기여한 것이다. 21세기의 20년을 보낸 시점의 한국경제에 인구와 교육의 중요성이 다시 부상하고 있다.

인구문제와 대응

세계 전체로는 아직 인구의 급속한 증가가 지구환경이나 삶의 질 향상에 부담으로 작용하고 있지만 대다수 선진국과 마찬가지로 한국사회에서는 이미 인구가 감소세로 돌아서면서 저출산과 고령화의 장기적 추세를 완화하는 것이 사회정책의 가장 중요한 과제로 부상하고 있다.

한 나라의 인구의 규모와 구조를 바라보는 시각은 다양하다. 2020년 한국의 주민등록인구가 2019년에 비해 2만여 명 정도 줄어드는 사상 초유의 인구감소 현상을 보여 우리 사회에 충격을 안겨주었다. 1년 동안 출생자 수는 27만 6천 명으로 줄고, 사망자 수는 30만 8천 명으로 늘어 출생자 수보다 사망자 수가 많은 '데드 크로스(dead cross)'가 발생한 것이다(행정안전부, 2021).

인구론에 나타난 맬더스의 시각에서 보면 인구의 안정화가 바람직한 현상일 수 있다. 세계인구는 1800년 10억 명 수준이었는데, 1900년 16억 명, 1950년에는 25억 명, 1999년 60억 명을 거쳐 2016년에 74억 명에 이르렀다. 지난 한 세기 동안 세계인구가 거의 5배 증가한 것이다. 이처럼 세계인구는 아직도 빠르게 증가하고 있기 때문에 지구의 인구 과밀화는 아직도 현재 진행형이다.

그러나 한 국가의 인구가 감소하는 것은 다른 문제다. 한국의 인구 증가율이 급격하게 하락하여 급기야 인구감소세로 전환하면서 이에 따른 급속한 고령화는 심각한 문제이다. 인구구조 악화는 경제성장을 제약할 뿐 아니라 인구부양 비율의 상승으로 미래 세대에게 과중한 사회경제적 부담을 안겨줄 수 있다.

인구 측면에서 급격한 출산율 감소와 평균수명 증가로 인구구소가 고령화되고 급기야 인구감소 단계에 접어들고 있다. 특히 합계출산율(total fertility rate: TFR)은 여성 1명이 평생에 걸쳐 낳을 것으로 추정되는 평균 출생아 수를 나타내는 지표인데, <그림 14-1>에서 보듯이 2015~2020년 평균치를 기준으로 OECD 회원국 평균은 1.67이며, 우리나라는 1.11로 OECD 최저 수준을 나타내고 있다.

최근에도 합계출산율은 2018년 0.98명을 기록하여 처음 1명 미만으로 떨어졌고, 2019년에는 0.92명으로 더 줄어들더니 2020년에는 0.84명으로 주저앉아 세계 최저수준을 유지하고 있다(통계청, 2021). 합계출산율의 선행 지표인 혼인 건수가 2010년 이후 계속 감소하고, 감소폭도 증가하고 있어 합계출산율의 하향 추세는 지속될 전망이다.

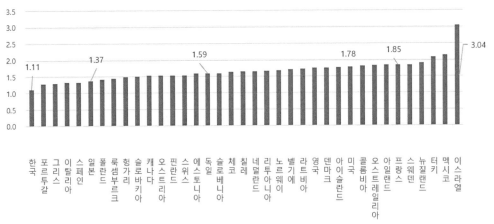

* 자료: UN(2020), World Population Prospects 2019, 2020.8.
** 2015-2020년 평균, 실적치와 추정치 포함, 중위수 기준.

〈그림 14-1〉 합계출산율의 OECD 회원국 간 비교(2015~2020년 평균)

　　〈그림 14-2〉에서 보는 합계출산율의 시기별 추이를 OECD 주요국과 비교해보면 우리나라의 정책 실기를 짐작할 수 있다. 우리나라는 1960년대 초반 5.6명으로 가장 높은 수준이었다가 1990년 초반까지 급격하게 감소하여 1.7명으로 프랑스와 비슷한 수준이어서, 여기까지는 성공적인 인구조절 정책의 성과였다고 할 수 있다. 그러나 이때부터 프랑스는 출산장려정책에 성공하여 최근까지 1.8명대를 유지하고 있는데, 우리나라는 1명 미만으로 떨어진 것이다.

　　한편 베이비부머 세대가 은퇴를 시작하고 여성의 경제활동참가율 증가세도 안정화되어 생산가능인구가 감소하며 경제활동참가율도 정체되는 모습을 나타내고 있다. 이에 따라 노동 투입은 경제성장에 거의 기여를 하지 못하는 가운데 부양인구비(dependency ratio)가 점차 상승하여 미래세대에 심각한 사회경제적 부담을 안겨주는 조짐을 나타내고 있다.

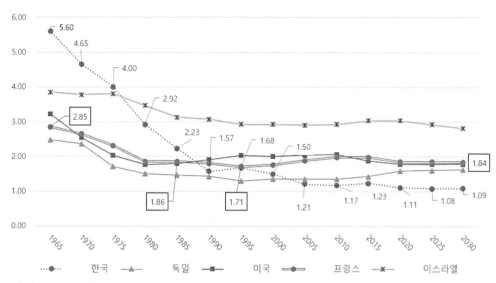

* 자료: UN(2020), World Population Prospects 2019, 2020.8.
** 주 1: 2015~2020년 평균, 실적치와 추정치 포함, 중위수 기준.
*** 주 2: 각 해당 연도는 다음과 같이 이전 5년의 평균치임.
    1965: 1960~1965, 1970: 1965~1970, 1975: 1970~1975, …, 2020: 2015~2020.

<그림 14-2> OECD 회원국의 출산율 추이(2015~2020년 평균)

부양인구비는 유소년인구(0~14세)와 고령인구(65세 이상)를 합한 피부양인구의 생산가능인구(15~64세)에 대한 비율을 말한다. 최근 자료를 보면 <그림 14-3>에 나타낸 바와 같이 2012년에서 2016년간 36.2%의 최저치를 보였다가 다시 상승세로 돌아서 2021년 39.6%로 추정된다. 문제는 그 구성비인데 유소년인구부양비는 점차 감소하고 고령인구부양비가 2016년 18% 수준에서 교차하면서 구성비가 거의 대칭적으로 역전되었다. 통계청은 인구부양비가 2020년 39.8%에서 2030년 54.5%, 2040년 79.7%로 급속하게 증가할 것으로 전망하고 있다(통계청, 2020).

2040년에는 생산연령인구 1백 명이 79.7명을 부양해야 한다는 것이다. 유소년인구 부양비는 2020~2040년 기간에 15~18%의 유사한 수준을 유지할 것인데 반해 고령 인구부양비는 고령인구 증가에 따라 2020년 22.4%에서 2040년 61.6%로 증가할 전망이다. 한편 노령화지수는 유소년인구 1백 명당 고령인구로 정의되는데, 2020년 129.0명에서 2030년 259.6명, 2040년 340.9명으로 빠르게 늘어날 전망이다.

인구통계적으로 65세 이상의 고령인구가 7% 이상인 고령화사회, 14% 이상인 고령사회, 20% 이상인 초고령사회를 정의하는데, 우리나라는 2018년 고령사회(고령인구 비중 14.3%)에 진입했으며, 2025년 초고령사회(고령인구 비중 20.3%)에 진입할 예정이다.

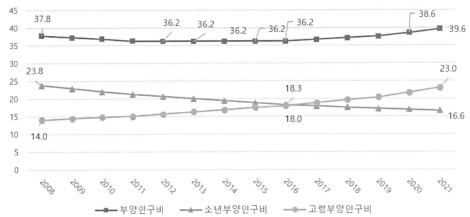

* 자료: 통계청(2020b), 2019년 장래인구특별추계.

〈그림 14-3〉 인구부양비의 추이(2008~2021년)

📊 **통계포인트 14** 양적 지표와 질적 지표: 더미변수 회귀분석 ─────────────

제조기업의 매출액에 대한 자료는 지난 달 매출이 얼마, 예를 들어 12억 원이라는 숫자로 구성되는 양적 데이터이다. 그런데 노동자에 대한 설문조사 자료로서 노조가입 여부에 대한 '예' 또는 '아니오'의 답변은 질적 데이터이다. 제품구매 여부, 출퇴근 교통수단, 가전제품 보유 여부, 자가주택 여부, 결혼 여부 등 선택에 관한 데이터는 대체로 질적 데이터이다. 경제지표를 분석할 때는 이러한 질적 자료를 숫자 데이터로 변환한다. 예를 들어 '예'는 1, '아니오'는 0으로 표시한다. 즉 $X_1 = 1$은 첫 번째 응답자가 노조원임을, $X_2 = 0$은 두 번째 응답자가 비노조원임을 의미한다. 이렇게 질적 데이터를 전환한 변수가 0 또는 1의 값만 가질 수 있는 경우, 이를 더미변수 또는 이진변수라고 한다. 이러한 더미변수를 회귀분석에 설명변수로 포함하는 경우는 많다. K개의 양적 설명변수와 L개의 질적 설명변수를 포함한 다중회귀분석 모형은 다음과 같이 나타낼 수 있다.

$$Y = \alpha + \beta_1 \cdot X_1 + \beta_2 \cdot X_2 + \cdots \beta_K \cdot X_K + \beta_{K+1} \cdot D_1 + \beta_{K+2} \cdot D_2 + \cdots + \beta_{K+L} \cdot D_L + \varepsilon$$

질적데이터를 더미변수로 전환하여 포함하는 회귀분석도 앞에서 살펴본 회귀분석에 관한 일반적 사항이 동일하게 적용되며 다만 회귀계수의 해석에 다소 유의하면 된다.

앞에서 살펴본 캐나다 Winsor시의 주택매매 자료를 사례로 들어 살펴보자. 이 데이터셋에 포함된 변수 중 다음을 추가한다. 설명변수로서 다중회귀분석에서 다룬 5개 변수, 즉 건축면적(X_1), 침실 수(X_2), 욕실 수(X_3), 층 수(X_4), 차고 수(X_5)에 더하여 1과 0의 값만을 가지는 가스 중앙난방 여부와 지하실 여부의 2개 더미변수를 추가하였다. 주택에 가스 중앙난방이 있는 경우 $D_1 = 1$, 없으면 $D_1 = 0$이고, 지하실이 있는 경우 $D_2 = 1$, 없으면 $D_2 = 0$이다. 더미변수를 추가한 다중회귀분석의 결과는 다음과 같다.

〈표 14-2〉 더미변수 다중회귀분석 결과 사례

	계수	표준오차	t통계치	P값	
Y절편	−3567.23	3399.98	−1.049	0.2946	
X_1	4.73	0.37	12.916	2e−16	R^2=5945
X_2	1287.91	1152.93	1.117	0.2645	F통계치 112.7
X_3	14731.65	1647.25	8.943	2e−16	p값 < 2.2e−16
X_4	9468.46	977.62	9.685	2e−16	
X_5	5166.22	920.56	5.612	3.20e−08	
D_1	7434.52	3521.98	2.111	0.0352	
D_2	10099.46	1600.67	6.310	5.85e−10	

* 12장의 〈통계포인트 12〉에서 언급한 캐나다 Winsor시의 1987년 주택거래 통계를 필자가 분석한 결과임.

우선 $b_1 = 4.73$인 건축면적의 회귀계수가 견고하고 욕실 수, 층 수 등 회귀계수들이 통계적으로 유의미한 안정된 추정값을 보이는 데 대하여 침실 수는 통계적으로 유의미하지 않게 되었다. 즉 유의수준 5%의 범위 내에서 회귀계수가 0이 아니라고 결론을 내리기 어렵게 되었다. 회귀분석 모형 전체에 대한 F통계치와 그에 따른 유의확률 p값도 통계적으로 매우 유의미한 모습을 유지하였다.

미국은 전기요금이 비싸서 중앙가스난방이 중요하고 단독주택에서 지하실은 다양한 용도로 쓰일 수 있을 것이다. 예상대로 중앙가스난방이 설치되어 있으면 판매가격이 7,435달러, 지하실을 갖추고 있으면 10,099달러 더 비싼 것으로 추정되었다.

교육 평가지표의 국제 비교

　노동생산성, 1인당 소득 수준을 고리로 인구와 교육을 연계시키기 위하여 유엔개발기구(United Nations Development Program: UNDP)의 인간개발지수(Human development index: HDI)에 관하여 검토한다. HDI는 UNDP가 1990년부터 작성하여 발표한 복합지표이다. 이 지표는 한 국가의 발전 정도를 평가하기 위하여 GDP가 측정하지 못하는 삶의 질과 관련된 자료와 정보를 포함하고 있다(UNDP, 2020). 매년 발간하는 보고서는 사람들과 사람들의 역량의 발전을 중심으로 인간개발을 평가하는 상세한 내용을 포함하고 있다. HDI 그 자체는 매우 간명하다. 길고 건강한 삶(출생 시 기대수명), 지식(취학연령 아동의 기대교육연수, 25세 이상 인구의 평균 교육연수: 모두 초등학교 이상), 품위 있는 생활수준(1인당 GNI(국민소득)) 등 세 부문 지표의 기하평균이다. 기하평균의 의미는 같은 산술평균값이라 해도 세 부문의 지표값이 고르게 높은 것이 유리하도록 지표를 구성한 것이다.

　우리나라의 HDI와 순위 추이를 <표 14-3>에 제시하였다. 2022년 10월에 발표된 2021년 지수에서 10점 만점에 0.925로 세계 191개 국가 중에서 2020년보다 1단계 상승한 19위를 기록했다. 지난 30여 년 순위의 꾸준한 상승세를 보인 셈이다.

〈표 14-3〉 UNDP 인간개발지수 및 순위 추이

1990년		2000년		2010년		2015년		2019년		2020년		2021년	
HDI	순위	HDI	순위	HDI	순위	HDI	순위	HDI	순위	HDI	순위	HDI	순위
0.732	36/144	0.823	26/174	0.889	23/188	0.907	22/188	0.916	23/188	0.922	20/191	0.925	19/191

* 자료: UNDP(2022), Human Development Report 2021-22.

　기초지표는 출생 시 기대수명이 83.7세(6위), 취학연령 아동의 기대교육연수가 16.5년(26위), 25세 이상 인구의 평균 교육연수가 12.5년(29위), 2017년 PPP 기준의 1인당 GNI가 44,501달러(28위)였다. 1인당 GNI(28위)보다 HDI의 순위가 9계단 높다는 사실에서, 경제적 소득보다 삶의 질이 다소 높다고 해석할 수도 있다.

　UNDP의 HDI가 교육을 다루고 있지만 전체 인구의 교육연수만을 다루고 있어서 양적 측면의 매우 기초적인 데이터만을 평가한다고 할 수 있다. OECD는 회원국의 교육에 관한 광범위한 지표를 집계하여 제공하고 있다. 매년 발간하는 'OECD 교육개관(Education at a glance: EAG)'은 교육산출, 교육접근·참여·진전, 교육 투자재원, 교

사·학습환경·학교조직 등에 관한 광범위한 분석보고서를 발표하고 있다. 또한 OECD 홈페이지에는 교육산출, 성인교육, 학생 국제이동, 국부와 교육지출, 교사의 구성·시수·대우, 교육 재원, 학생당 교육비지출, 학생당 교사 수, 교육이수와 취업, 교육이수와 소득 등에 관한 폭넓은 DB를 구축하여 운영하고 있다.

OECD(2020)는 한국의 교육에 관하여 상세한 관찰을 담고 있다. 2019년에 25-34세 인구의 70%가 대학을 졸업했으며, 이는 OECD 평균(42%)에 비하여 크게 높은 고등교육 이수율이다. 2018년 3~5세 아동의 94%가 보육·유아교육·초등교육에 등록하고 있어 역시 OECD 평균(88%)보다 높은 비율이다. 2018년 대학졸업장을 가진 25~64세 인구가 한 해 내내 상근으로 취업하여 고교졸업자에 비해 36% 높은 소득을 얻는데, 이는 OECD 평균(54%)에 비하여 낮은 편이다. 고교생의 18%가 직업교육에 참여하고 있으며, OECD 평균(42%)에 비하여 크게 낮은 수치이다. 초등학교에서 대학교까지 학생 1인당 교육투자액이 11,981달러이고 GDP의 5%에 해당하는데, 이는 OECD 평균(11,231달러, 4.9%)에 근접한 수치이다.

우리나라의 초등학교에서 대학교까지 포함하여 <그림 14-4>에서 보듯이 전업학생 1인당 평균 교육투자비는 2017년 기준 11,981달러로 자료보유 35개국 중 15번째로 OECD평균이나 OECD 가입 EU 23개국 평균을 다소 상회하고 있다. 또한 <그림 14-5>처럼 1인당 평균 교육투자비를 1인당 GDP로 나눈 비율은 29.2%로 역시 35개국 중 8위로 매우 높은 수준이다.

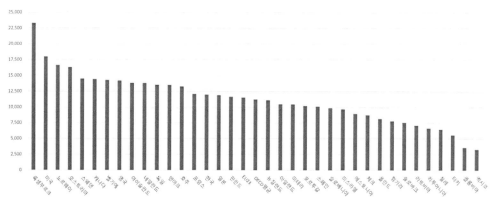

* 자료: OECD(2021), OECD Dataset: Educational attainment and labour force status, 2017년 기준 자료.
<그림 14-4> OECD 회원국의 전업학생 1인당 교육투자(초등학교~대학교, 구매력평가 기준, US달러)

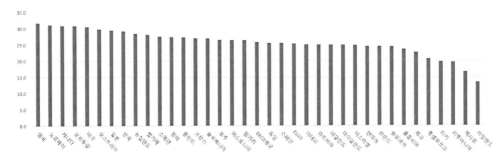

〈그림 14-5〉 OECD 회원국의 학생 1인당 교육투자의 1인당 GDP 대비 비율(초등학교~대학교, %)

<그림 14-6>과 같이 25~64세인구의 교육이수율을 OECD 회원국 간에 비교해보면 대학졸업률의 경우 우리나라가 캐나다, 일본, 룩셈부르크, 이스라엘에 이어 5번째로 높은 수준을 나타내고 있다. 다시 말해서 우리나라의 경우 국가의 경제력에 비하여 상당히 높은 수준의 교육투자를 시행했으며 양적으로는 선진국 수준에 충분히 도달하고 있다. 교사·교수 1인당 학생수, 중등교육·대학교육 이수율과 같은 교육의 양적 측면은 충분하게 개선되어 안정화되는 단계에 있다.

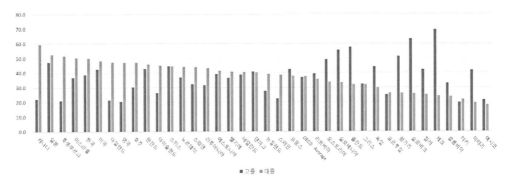

〈그림 14-6〉 OECD 회원국 25~64세 인구의 고교·대학 졸업률

그런데 인적 자본의 축적과 생산성 상승 기여를 가져오는 교육의 질적 측면에서는 우려할 만한 현상이 나타나고 있다. 지식·정보사회 진전과 4차 산업혁명의 전개에 대응한다는 관점에서 중등교육의 품질, 대학교육의 자율성과 국제경쟁력 등과 같은 교육의 질적 측면은 크게 개선되지 않고 있다.

대표적 사례로 스위스 국제경영개발원(IMD)의 국제경쟁력평가에 의한 교육경쟁력 평가를 들 수 있다. IMD(2020a)의 2020년 종합 국제경쟁력평가에서는 한국이 작년에 비해 5단계 올라서 평가대상 63개 국가 중 23위를 기록했는데, IMD(2020b)의 세계 인재순위에서는 역시 63개 국가 중에서 31위에 머물렀다. 세계인재순위는 인재개발 로서의 교육만이 아니라 국제경쟁력을 강화하기 위하여 인재를 국내로 끌어들일 수 있는 노동시장, 인프라, 삶의 질 지표 등을 포함한다. 즉 3가지 하위 지표로서 인적자 원에 대한 '투자와 개발(Investment & development)', 해외인재를 끌어들이는 '매력도 (Appeal)', 인재를 활용할 '준비성(Readiness)'으로 설정하고 있다. 그중에서 교육에 관한 지표는 주로 투자와 개발, 준비성 부문에 포함되어 있는데, OECD에서 15세 학생에 대한 읽기, 수학, 과학 수준을 평가하는 국제학생평가프로그램(Program for international student assessment: PISA) 결과가 6위, 과학전공(정보통신기술, 공학, 수학, 자연과학) 대 학졸업 비율이 29.4%로 10위를 차지한 외에는 <표 14-4>에 보듯이 개선의 여지가 많다. 특히 대학교육 등 각급 교육이 국민경제와 산업계의 수요에 부응하는 정도가 미흡한 것 으로 평가된다.

〈표 14-4〉 IMD 세계 인재순위 2020 중 교육 관련 지표

		단위	평가치	순위
투자와 개발	총 공공 교육지출	%/GDP	4.3	37
	학생 1인당 공공 교육지출	US$	6,230	29
	교사 1인당 학생 비율(초등)	명	16.51	39
	교사 1인당 학생 비율(중등)	명	12.78	36
준비성	경쟁력을 가진 경제의 수요에 부응: 초중등교육	10점 척도(설문)	5.53	44
	경쟁력을 가진 경제의 수요에 부응: 대학교육	10점 척도(설문)	5.30	48
	대학의 과학전공 졸업 비율	%/(ICT, 공학, 수학, 자연과학 졸업자)	29.35	10
	산업계 수요에 부응: 경영교육	10점 척도(설문)	5.53	48
	국제학생 유입: 외국인학생 비율	국내 인구 1천 명당 외국인 대학생 수	1.64	41
	교육평가(OECD PISA)	평균	520	6

* 자료: IMD(2020b). The IMD World Talent Ranking 2020.

인구와 교육 문제 대응방향

정부는 초저출산현상과 인구구조 악화에 대응하기 위하여 그동안 3차례 '저출산·고령사회 기본계획'을 수립하여 시행해왔고 최근에는 2021~2025년에 걸친 4차 계획을 수립하였다. 주로 청년, 신혼부부, 유자녀가구, 신중년, 고령인구 등 인구집단별 지원 방안을 강구하여 인구감소와 인구구조 변화를 완화할 수 있는 방안과 그러한 변화에 우리 사회가 적응할 수 있는 기반을 조성하는 데 주력하고 있다.

앞으로는 전시행정, 탁상행정에 의한 여러 선심성 대책의 나열을 지양해야 할 것이다. 기본적으로 국민 삶의 질 향상, 성 평등의 구현, 인구변화 대응 여건을 마련하되 정책 수단의 선택과 집중에 의하여 실제적인 결혼과 출산, 양육으로 이어지는 인구선순환 과정을 실효성 있게 촉진할 수 있는 체계적이고 일관성 있는 지원 방안이 강구되어야 할 것이다.

교육정책에 관해서 우리나라의 경우 선진국 못지 않은 교육비 투자가 이루어져 각급 학교의 공교육은 규모와 외형적 구조를 충분히 갖춘 것으로 평가된다. 그럼에도 초저출산 현상의 극복을 위해서나 사회경제적 불평등 완화를 위하여는 초등학교 취학 전 보육·유아 교육의 투자 확대와 내실화를 통해 학부모의 부담을 줄이고 교육서비스의 품질을 개선해야 한다. 또한 21세기 지식정보화의 진전과 4차 산업혁명의 전개를 고려할 때, 초·중등 교육의 혁신 노력을 지속해나가는 동시에 우리나라가 상대적으로 크게 뒤쳐지고 있는 대학교육의 국제 경쟁력이나 평생교육의 확대·심화에 노력을 기울여야 할 것이다.

📈 **사례연구** 인구·교육 지표의 활용 ────────────────

1)

저출산, 고령화의 인구구조 악화는 선진국에서 이미 오래전에 경험한 현상이다. 그중에 고령화의 정도는 대부분의 선진국이 우리나라보다 더 심각하지만 우리의 경우에는 고령화의 속도가 문제이다. 그런데 출산율은 여러 나라가 적절한 정책대응에 의해 성공적으로 극복한 사례가 많아 벤치마킹이 필요하다.

우리나라의 합계출산율은 1971년에 4.54명을 기록하여 1980년대 초까지만 해도 대부분의 선진국에 비하여 높았으나 그 후로 급격하게 감소하여 2018년에 1명 선을 뚫고 내려와 세계 최고의 저출산국가가 된 것이다. 〈그림 14-7〉은 OECD 통계를 이용하여 한국과 함께 프랑스, 스웨덴, 일본의 출산율 추이를 제시하였다(OECD, 2021).

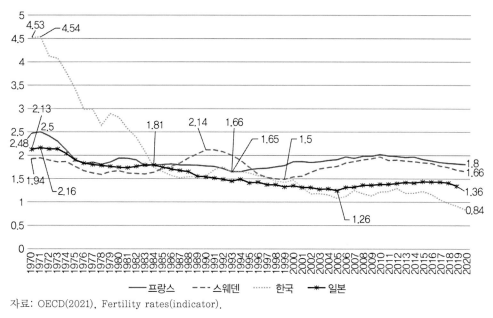

자료: OECD(2021), Fertility rates(indicator).

〈그림 14-7〉 합계출산율의 국가 간 비교(1970~2020년, 한국, 프랑스, 스웨덴, 일본)

1984년 프랑스가 1.8명, 스웨덴이 1.65명, 일본이 1.81명, 한국이 1.74명으로 거의 같은 수준을 나타내었다. 프랑스는 1990년에 1.66명, 스웨덴은 1999년에 1.5명, 일본은 2005년에 1.26명으로 출산율의 저점을 기록한 후 회복하였다. 2020년 현재(일본은 2019년) 프랑스는 1.8명, 스웨덴은 1.66명, 일본은 1.36명인데 대하여, 한국은 0.84명으로 프랑스나 스웨덴에 비해 절반 수준을 나타내고 있다. 우리나라의 경우 합계출산율이 2022년의 0.78(잠정치)까지 하락하였다(통계청, 2023).

그중에서 성공적인 프랑스와 스웨덴은 여권 신장과 적극적 가족정책으로 출산율의 저하 추세를 반전시켰다(Karita & Kitada, 2018). 프랑스는 공공 탁아서비스를 확대하고 양육·가족수당을 크게 늘려 출산에 대한 실질적 인센티브를 제공하였다. 스웨덴도 세액공제, 탁아서비스, 기타 보조금을 지급하고 18개월 간의 육아휴직 기간을 부모가 공유하도록 하는 정책을 시행하였다.

2)

민간 기업들은 인구구조 변화에 따라 기업가정신을 통한 사회문제 해결과 함께 새로운 사업기회의 개척이라는 차원에서 실버산업에 접근해야 할 것이다. 앞으로 한국에서 각 경제적계층에 적합한 고령인구 대상 제조나 서비스 산업의 성장기회는 무궁무진할 것이다. 정부의노인복지 정책과 고령자의 선호나 구매력을 심도 있게 분석하면서, 빅데이터, 바이오헬스,

사물인터넷, 로봇 등 첨단 기술을 접목하여 비즈니스 모델을 설계한다면 신산업 블루오션이 전개될 것이다.

보육·유아교육의 영역에서도 사교육이 개척할 분야가 많을 것이다. 향후 여성의 경제활동 참가율이 아직 높아질 여지가 많고 직업구조, 근무형태 등도 변화하고 있어 다양한 수요에 부응하는 유연한 서비스 제공이 필요하다. 조기 단계의 영재교육을 통한 미래인재 양성도 변화가 어려운 공교육이 전담하기는 어려운 현실이다. 특히 코로나-19 이후에는 교육 분야에서 파괴적 혁신이 일어날 가능성이 크다. 기존의 대학교육을 대체할 만한 대안의 모색이나 비대면·온라인 플랫폼을 통한 교육혁신에서 사업기회를 창출할 수 있을 것이다.

[이해와 활용]

1. 우리나라의 인구 감소, 고령화 추이와 전망, 정부정책 동향에 관한 다양한 자료를 간략하게 요약하여 핵심적인 특징을 설명해보자.

2. UNDP의 인간개발지수 평가에서 우리나라에 대한 부문별 평가지표 차이가 한국의 교육, 사회 정책에 주는 시사점에 대하여 토론해보자.

3. OECD 국제학업성취도(PISA)평가와 각종 대학평가결과가 우리 교육정책에 주는 시사점이 무엇인지 토론해보자.

4. OECD 교육보고서(Education at a glance 2020)를 살펴보고 평가항목 중에서 하나를 골라 우리나라에 대한 평가와 정책시사점이 어떠한지 설명해보자.

참고문헌

[1]   통계청(2023), 2022년 출생·사망 통계 잠정결과, 보도자료, 2023.2.22.

[2]   통계청(2021), 2020년 출생·사망 통계 잠정결과, 보도자료, 2021.2.24.

[3]   통계청(2020), 2019년 장래인구특별추계, 2020.10.

[4]   행정안전부(2021), 사상 첫 인구감소, 세대수는 사상 최대, 보도자료, 2021.1.4.

[5]   Dougherty, C. & Jorgenson, D. W.(1996), International Comparisons of the Sources of Economic Growth, American Economic Review, 86(2), 25-29.

[6]   International Institute for Management Development[IMD](2020a), World Competitiveness Yearbook 2020.

[7]   International Institute for Management Development[IMD](2020b), IMD World Talent Ranking 2020.

[8]   Karita, K. & Kitada, M.(2018), Political Measures against Declining Birthrate-Implication of Good Family Policies and Practice in Sweden or France, Japanese Journal of Hygiene, 73(3), 322-329.

[9]   Kuznets, S.(1971), Economic Growth of Nations, Cambridge, MA: Harvard University Press.

[10]   OECD(2020), Education at a Glance 2020: OECD Indicators, OECD Publishing, Paris, https://doi.org/10.1787/69096873-en.

[11]   OECD(2021a), OECD Dataset: Educational Attainment and Labour Force Status, data extracted on 09 Jan 2021 07:59 UTC (GMT) from OECD.Stat.
        https://stats.oecd.org/Index.aspx?datasetcode=EAG_NEAC

[12]   OECD(2021b), Fertility Rates (indicator).
        doi: 10.1787/8272fb01-en (Accessed on 25 July 2021)

[13]   United Nations[UN](2020), World Population Prospects 2019, 2020.8.
        http://population.un.org/wpp

[14]   United Nations Development Program [UNDP](2020), Human Development Report 2020.

[15]   Young, A. (1995), The Tyranny of Numbers: Confronting the Statistical Realities of the East Asian Growth Experience, Quarterly Journal of Economics, 110(3), 641-680.

환경과 에너지

제15장

환경과 에너지

> 환경은 경제와 서로 밀접한 관계를 가지며 에너지는 환경에 대한 가장 중요한 영향요인이다. 지구환경 문제의 중심에 온실가스 배출이 있고 가장 중요한 배출물질은 이산화탄소이며 가장 큰 배출원은 에너지소비이다.
>
> 환경 쿠즈네츠 곡선은 경제성장 과정에서 환경개선에 기여하기 시작하는 전환점이 있다는 가설인데 실증분석에 의해 부분적으로만 지지되고 있다.
>
> 1인당 에너지소비는 여전히 증가하고 있지만 에너지원 단위는 감소하는 추세에 있으며, 에너지 공급안정, 에너지 효율, 환경영향 개선을 종합적으로 반영하는 에너지소비구조 고도화가 필요하다.
>
> 한국 정부의 탈원전정책은 에너지효율성과 탄소중립화와 관련하여 논쟁의 대상이 되고 있다.

환경과 경제·사회 발전

환경은 기업가정신, 인구와 교육에 이어 경제와 밀접한 관계를 가지는 또 하나의 사회적 의제이다. 깨끗한 환경은 그 자체가 국민의 삶의 질을 개선할 뿐만 아니라 장기적인 경제성장의 원천을 제공한다. 경제성장은 생산의 과정에서 환경에 부담을 주기도 하지만 환경의 개선을 위한 기술과 자원을 확보할 수 있도록 한다.

최근 유엔환경기구(United Nations Environment Program: UNEP)의 6차 '글로벌 환경전망(Global environment outlook)'은 세계적으로 전반적 환경 상황이 악화되고 있으며 행동의 기회가 닫히고 있다고 하면서 조속한 전환적 변화(transformational change)에 나서야 한다고 주장하였다(UNEP, 2019). 이 보고서는 건강한 환경이 경제적 번영을 위해서도, 인류의 건강과 후생을 위해서도 긴요하다는 사실을 전제로 한다. 따라서 환경의 파괴는 대기, 수질, 토양의 오염과 생물다양성의 감소를 비롯해 담수와 해양 등 자연자원의 남용, 항생제·살충제·중금속·플라스틱의 과도한 사용을 포함하여 매우 광범위한 분야에서 발생하고 있다. 그중에서 최근에는 기후변화와 관련하여 온실가스의 배출 문제가 가장 시급한 환경 문제로 평가되고 있다.

앞의 14장에서 논의한대로 UNDP는 GDP 지표가 모두 담아내지 못하는 삶의 질을 측정하기 위하여 1990년부터 소득(1인당 GNI) 지표에 교육과 건강의 지표를 추가한 HDI 지표를 작성하여 발표하였다. 그런데 UNDP는 2019년부터 경제성장이 환경에 미치는 지구환경 영향을 반영하기 위하여 HDI의 소득 지표를 '행성부담(Planetary pressure)'으로 조정한 PHDI(Planetary pressure-adjusted HDI)를 추가하였다(UNDP, 2020). 이러한 조정은 명확성과 간결성을 추구하여 1인당 이산화탄소 배출의 사회적 비용과 1인당 물질발자국(Material foot print)을 핵심 대상으로 하였다.

이산화탄소 배출의 사회적 비용은 IMF가 추정한 톤당 75달러와 동학적 기후-경제 통합평가모형(Dynamic climate-economy integrated assessment model)에 의해 추정한 톤당 200달러를 함께 반영하였다. 물질발자국은 물질 순환의 종료를 의미하며 바이오매스, 화석연료, 광물 등의 채굴과 그러한 물질의 사용 과정에서의 자연훼손을 포함하는 자연자산(natural capital)의 소모를 초래하므로 이를 포괄적 부(wealth)의 통계에서 차감한다. PHDI의 산출을 위한 HDI의 조정요인은 1인당 이산화탄소배출의 사회적 비용 지수와 1인당 물질발자국 지수의 기하평균이다.

어떤 국가가 지구환경에 부담을 전혀 주지 않는다면 HDI와 PHDI는 같겠지만, 그 부담이 늘어날수록 PHDI는 HDI에 비하여 작아진다. 이렇게 국가별 HDI를 조정하면 중저위 HDI 수준의 국가들은 PHDI순위에 큰 변화가 없으나 고위 HDI수준의 국가들은 상대적 평가에 큰 차이를 나타낸다. 우리나라의 경우 환경영향을 고려한 PHDI 기준의 글로벌 순위가 HDI 순위에 비하여 크게 하락하는 실정이다. 한국은 HDI기준으로는 2019년 기준으로 189개 국가 중 23위인데, 1인당 탄소배출량 12.9톤, 1인당 물질발자국 28.6톤으로 조정요인 0.814가 적용되어 PHDI는 19단계나 내려가고 PHDI 기준의 글로벌 순위는 42위가 된다.

8장에서 소득 증가와 소득 불평등의 역-U자 관계에 관한 쿠즈네츠곡선에 대하여 살펴보았는데, 최근에는 환경문제에 쿠즈네츠 곡선이 더욱 많이 적용되고 있다. 경제 발전에 관해 논의할 때 소득증가가 경제성장의 양적 측면이라면 소득분배의 공평성이나 환경문제는 경제성장의 질적 측면이라고 할 수 있어 1990년대 초부터 쿠즈네츠 곡선을 소득증가와 환경품질의 관계에 적용하는 것은 자연스러운 발상이다.

Grossman & Krueger(1993)와 Panayotou(1993) 이래 1인당 소득 증가와 환경저하(environmental degradation) 간의 역-U자 관계 가설에 관해 활발한 연구가 이루어졌

다. 한 나라의 소득 수준이 낮을 때 1인당소득 증가에 따라 환경오염이 증가하다가 어떤 전환점 이후에 다시 감소한다는 주장이다. 전환점 이전에 환경오염이 증가하는 것은 생산량 증가에 따른 오염물질 증가로 인한 것이며, 전환점 이후에 환경 오염이 감소하는 것은 오염저감기술 개발과 서비스로의 산업구조 전환에 기인한다고 한다.

환경 쿠즈네츠 곡선에 대하여 장기간의 포괄적인 패널데이터를 분석한 흥미로운 연구 중의 하나가 Churchill 등(2018)이 1870년에서 2014년간의 자료를 활용한 20개 OECD 회원국 대상의 연구이다. 그들은 각국의 1인당 소득 증가와 이산화탄소 배출 간의 관계를 분석하였다. 이산화탄소 배출이 최근 가장 심각하고도 시급한 문제로 대두되고 있는 온실가스 효과의 3/4을 차지하기 때문이다. 그들의 연구결과에 의하면 전체 패널데이터에서 쿠즈네츠 곡선 효과를 확인할 수 있었으며, 환경품질 개선의 전환점이 분석방법에 따라 약 2만 달러에서 9만 달러 사이의 어딘가로 추정된다.

그들의 국가별 데이터 분석은 쿠즈네츠 곡선 가설을 지지하기도 하고 반박하기도 한다. 20개 국가 중 11개 국가는 선형관계를 보여 소득증가에 따라 계속 환경오염은 증가하며, 역-U자 모습을 보인 9개 국가 중에서도 1개는 역-N자, 3개는 N자를 보여 역-U자의 앞이나 뒤에 또 하나의 전환점을 보이고 있다. 순전하게 역-U자 모양을 보인 5개 국가도 핀란드, 프랑스, 미국은 전환점이 현재보다 훨씬 높은 소득 수준으로 추정되고 스페인과 영국만이 전환점을 지나 환경품질이 개선되고 있다는 것이다. 즉 20개 국가 중에서 90%의 국가에서 쿠즈네츠 곡선이 없거나, 일본처럼 N자형을 보여 다시 환경오염이 증가하거나, 역-U자 관계가 추정되더라도 전환점이 아직 먼 것으로 보인다. 따라서 그들의 결론은 환경문제에 관한 쿠즈네츠 가설이 항상 성립한다고 할 수 없지만 성립한다 하여도 실효성 있는 환경문제 대응을 위해서는 각국 정부의 적극적인 정책대응과 함께, 교토협약이나 파리협정의 이행을 위한 국제협력이 긴요하다는 것이다.

<그림 15-1>은 우리나라에 관하여 이산화탄소 환산 백만 톤으로 나타낸 매년 온실가스 배출, 이산화탄소 배출과 그 비중을 나타낸 것이다. 대기오염의 배출에 관하여 우리나라는 아직도 환경오염이 증가하는 추세에 있다. 이때 이산화탄소 환산톤(carbon dioxide equivalent)이란 메탄(CH4), 수소불화탄소(HFCS), 아산화질소(N2O), 과불화탄소(PFCS), 육불화황(SF6) 등으로 구성된 온실가스를 종류별 지구온난화 기여도에 관한

지구온난화지수(Global warming potential: GWP)에 의하여 이산화탄소 배출 기준으로 환산한 무게 단위를 말한다.

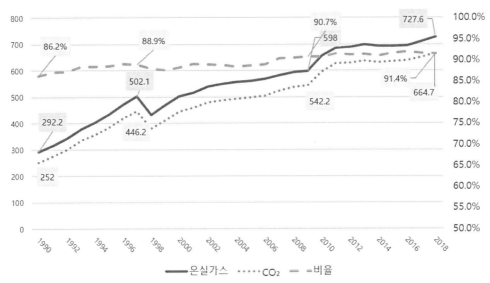

* 자료: 온실가스종합정보센터(2020), "2020년 국가 온실가스 인벤토리 보고서".
〈그림 15-1〉 온실가스 배출, CO_2 배출 및 CO_2의 비중(CO_2 환산 백만 톤, %)

물론 환경 오염의 추이는 오염 분야에 따라 다르다. <그림 15-2>는 4대강 주요 지점의 수질오염 추이를 나타내고 있다. 두 그림은 각각 수질오염을 측정하는 대표 지표인 생물화학적 산소요구량(Biochemical oxygen demand: BOD)과 화학적 산소요구량(Chemical oxygen demand: COD)을 보여주고 있다. BOD는 물 속의 유기물을 미생물이 분해할 때 소모되는 산소량을 말하고, COD는 화학적 산화가 가능한 물 속의 유기물이 산화할 때 필요한 산소량을 말한다. 물 1리터당 소비되는 산소량인 mg/리터로 표시하며, 일반적으로 COD의 값은 BOD값보다 크거나 같다.

수질오염의 경우 최근인 2018년의 경우에 1993년도 이후 4대강의 오염 수준이 양 지표 모두 과거 최고치보다 낮은 수치를 나타내거나, 최소한 같은 수치를 나타내고 있어 어느 정도 쿠즈네츠 곡선이 성립한다고도 할 수 있다. 상대적으로 오염 수준이 현저하게 높았던 낙동강 유역이 가장 크게 수질이 개선되었음을 알 수 있다.

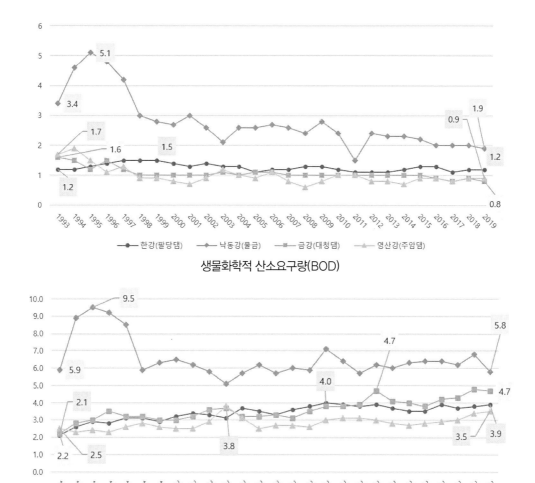

생물화학적 산소요구량(BOD)

화학적 산소요구량(COD)

* 자료: 환경부(2021), 전국수질평가보고서, 각 연도.

〈그림 15-2〉 4대강 주요 지점의 수질 현황

📊 통계포인트 15 빅데이터 활용 지표 ────────────

2016년의 미국 대통령선거에서 대부분의 여론조사에 의한 예상을 뒤엎고 도널드 트럼프가 당선되면서 구글검색 데이터의 위력이 부각되었다. 당시 힐러리 클린턴 진영은 선거 판세의 분석을 위하여 유권자DB나 설문조사 데이터와 같은 전통적 자료에 의존하였다. 이에 반해

트럼프 캠프는 빅데이터를 분석하여 선거전략을 수립하였다. 예를 들어 구글에서의 'nigger' 등 인종차별적 단어의 검색 수를 파악하여 인종주의가 남부만이 아니라 중서부와 북동부의 쇠락한 공업지대(Rustbelt)에서도 강하다는 사실을 간파하여 대책을 세운 것이다.

빅데이터에 고유한 강점은 많다(Stephens-Davidowitz, 2017). 인종·성 차별, 섹슈얼리티 등 사람들이 언급을 꺼리는 사항에 대한 새로운 정보원을 제공한다. 사람들이 말하려 하는 것이 아니라 실제로 생각하거나 행동하는 요소를 잡아낸다. 관심의 대상인 인구통계학적, 지리적 집단에 집중하여 분석할 수 있다. 사회과학에서도 상관관계와 인과관계를 드러내는 신속한 무작위 실험을 가능하게 한다.

금융위기나 경기순환은 정부나 경제주체로 하여금 실시간으로 경제의 현황과 전망에 관해 평가하고 대응하도록 요구하고 있다. 그런데 가장 심각한 난제는 우리가 이 책에서 살펴본 GDP, 금융, 산업부문, 지역 등 핵심 거시경제지표들은 작성과 발표에 소요되는 시차가 크고 빈번하게 수정된다는 사실이다. 빅데이터는 필요한 정보의 신속성과 정확성을 높여 새로운 빅데이터 기반의 경기지표를 제공하거나 현재와 가까운 과거, 가까운 미래의 예측을 말하는 현재예측(nowcasting)을 가능하게 한다고 한다.

빅데이터 기반 경제지표에는 대체로 3가지 유형을 생각할 수 있다(Baldacci 등, 2016). 첫째, 사람들이 만드는 정보로서 사회관계망(social networks) 기반의 정보 원천이 있다. 페이스북이나 인스타그램 등의 사회관계망뿐 아니라 블로그와 댓글, 사진, 비디오, 인터넷 검색, 모바일데이터 콘텐츠, 이메일 등이다. 광범위하고 다양하면서도 구조화와 거버넌스가 취약하다는 약점이 있다. 둘째, 비즈니스 과정이 창출하는 정보로서 전통적 비즈니스 체계 기반의 정보원천이 있다. 비즈니스 과정에 수반되는 기록과 추적으로 홈페이지 회원가입과 같은 고객 등록, 제품 생산, 주문 접수, 결제 등과 같은 것이며 코로나 상황에서 주목받았던 구글 모빌리티 데이터도 여기에 속한다. 공공기관이 생성한 행정데이터나 의료 기록, 사회보험 지급기록 등과 기업이 만들어낸 매매거래, 은행 등 금융거래, 재고, 전자상거래, 신용카드 결제 등의 기록도 포함된다. 셋째, 기계가 생산하는 정보로서 사물인터넷 기반의 정보원천이다. 제품의 개발과 생산, 서비스 제공의 과정에서 기계의 센서가 읽어내는 데이터로 생성된 자료 그대로 컴퓨터 처리에 용이한 점이 있으나 정보량이 방대하므로 새로운 차원의 통계처리 방식이 채택되어야 한다. 그런데 3가지 원천의 정보는 서로 관련이 있기 때문에 인터넷 검색, 신용카드 거래, 특정 해역의 항해 선박 수 등이 결합되어 국민경제의 GDP나 인플레이션의 신속한 선행지표로 활용될 수 있을 것이다.

실제로 기관투자자들에게 신속한 경제전망을 공급하는 리서치기업인 Now-Casting Economics는 2020년 1사분기가 지난 후 1개월도 안 되어 빅데이터를 기초로 직전 분기의 기간에 세계 경제는 전년에 비해 −1.3% 성장하고, 중국은 −6.8% 성장한 것으로 추정하였다(The Economist, 2020). 뉴욕연방준비은행은 실업급여 청구 등의 데이터를 활용하여 미국경제의 주간 생산지수를 작성하고 있는데, 2020년 4월 현재 미국경제가 전년도에 비하여 12% 정도 위축된 수준에서 운용되고 있다고 발표하였다. 한편 미국 시카고연방준비은행은 2019년부터 새로운 빅데이터 기반 경제예측지수(Brave-Butters-Kelley Indexes: BBK)를 발표하고 있다(Brave 등, 2019). 이 지표는 실물경제활동에 관한 500여 개의 월간 데이터와 분기 실질 GDP성장 데이터의 종합(동태적 요인분석)에 의하여 작성한 월간 경기선행·동행 지수를 포함한다. 이 경기지수들은 짧은 시차를 두고 미국경제의 추세적 성장률부터의 이탈을 표준편차 단위로 보고한다.

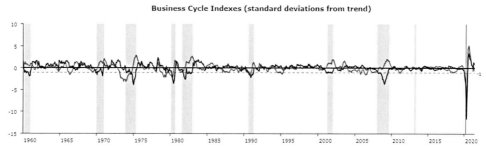

Business Cycle Indexes (standard deviations from trend)

* 흐린 선: 선행지수; 짙은 선: 동행지수.
** 자료: Federal Reserve Bank of Chicago(2021), Brave-Butters-Kelley Indexes(BBKI).

〈그림 15-3〉 Brave-Butters-Kelley Indexes(BBK) 지수

2021년 6월 29일에 발표한 5월 경제성장 추계에 의하면, BBK선행지수는 동행지수는 1.1, 선행지수는 −0.7인데, 동행지수는 추세성장률을 표준편차의 1.1배 상회하고, 선행지수는 표준편차의 0.7배 하회했다는 의미이다. 〈그림 15-3〉에 의하면 음영으로 표시한 부분이 경기침체 시기인데 BBK지수가 미국경제의 성장률에 관해 상당한 설명력을 가진다는 사실을 알 수 있다.

우리 통계청도 통계데이터센터를 개설하여 뉴스 기반 통계검색, 모바일 유동인구지도, 생활경제 지표, 온라인가격정보 등을 제공하고 있으나 아직 본격적인 빅데이터 기반 통계지수를 작성하지는 않고 있다.

에너지문제와 대응

한편 환경과 에너지는 밀접하게 관련된다. Jeremy Rifkin은 그의 저서 『제3차 산업혁명』에서 산업화 시대의 생활 방식을 구성하는 석유 등 화석연료 에너지는 일몰과 같이 서서히 소멸될 것이며, 인터넷기술과 신재생에너지의 상호 융합이라는 포스트탄소 패러다임(Post-carbon paradigm)으로의 변화가 3차 산업혁명이라고 주장하였다(Rifkin, 2011). 환경의 개선이 다양한 생산, 유통, 소비, 교통 등 다양한 활동에 의해 전개되어야 하지만 그 핵심적 요소는 에너지시스템의 변화라고 하는 통찰을 제시한 것이다.

실제로 온실가스 배출원에서 차지하는 에너지 소비의 비중은 압도적이다. <그림 15-4>는 우리나라의 연간 온실가스 총배출량의 배출원별 구성을 보여준다. 2018년 온실가스 총배출량은 이산화탄소 환산톤으로 727.6백만 톤인데, 그중에서 에너지가 차지하는 비중이 86.9%이고 산업공정은 7.8%에 불과하며 농업이 2.9%, 폐기물이 2.3%를 차지하고 있다. 여기에 토지이용·토시선용·산림(Land use, land use change and forestry)이 흡수하는 41.3백만 톤을 빼면 순배출량은 686.3백만 톤이 된다.

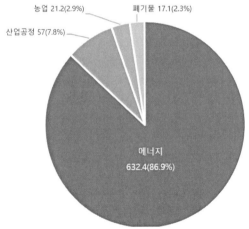

* 자료: 온실가스종합정보센터(2020), "2020년 국가 온실가스 인벤토리 보고서".

<그림 15-4> 온실가스 총배출량의 배출원별 구성(2018년, 환산 백만 톤, %)

우선 경제성장의 과정에서 에너지수요가 증가하는 측면과 에너지사용의 효율을 높이는 측면을 함께 보아야 한다. <그림 15-5>에 나타나듯이 경제성장과 생활수준 향상에 따라 인구 1인당 에너지소비는 1981년 1.18toe에서 2019년 5.86toe로 지속적으로

증가하는 추세에 있다. GDP 1백만 원당 에너지사용량(석유환산톤)을 의미하는 에너지원 단위는 에너지사용의 효율제고에 따라 계속 감소하는 것이 일반적이다. 다만 급속한 경제성장 과정에서 중화학공업화가 대체로 완료되고 중화학제품 수출이 급속하게 확대되던 1988년 0.195의 저점을 기록한 이후 1997년 0.231까지 지속적으로 증가하다가 그 이후 정보기술 산업 주도의 성장구조로 인하여 2019년 0.164에 이르기까지 지속적인 감소 추세를 보이고 있는 것으로 판단된다.

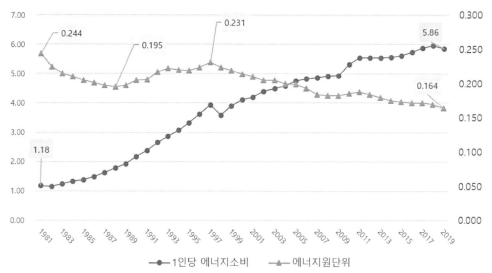

* 자료: 산업통상자원부·에너지경제연구원(2020), 에너지통계연보.

〈그림 15-5〉 1인당 에너지소비와 에너지원 단위의 추이(단위: toe, 원단위: GDP백만 원당)

그런데 에너지 수급구조는 1차 에너지 소비와 최종에너지 소비의 측면으로 분석할 수 있다(Eurostat, 2021). 1차 에너지 소비는 국가의 총 에너지수요를 측정한다. 에너지 부문 자체의 소비, 에너지의(예: 석유 또는 가스에서 전기로의)변환과 에너지 유통 중의 손실, 그리고 무엇보다 최종 사용자의 최종 소비가 포함된다. 에너지 이외 목적으로 사용되는 에너지 운반체(예: 연소용이 아닌, 플라스틱이나 합성섬유 생산용으로 사용되는 석유)는 제외된다. 1차 에너지소비는 1차 에너지 생산과 구별되어야 한다. 1차 에너지 생산은 천연자원으로부터 사용 가능한 형태로 에너지 제품을 추출하는 것이다. 이러한 생산은 탄광, 유전, 수력발전소에 의해 자연자원이 채굴·생성되거나 바이오 연료를 제조할 때 발생한다. 1차 에너지원이 연소되는 화력(열병합)발전소에서 전기나 열을 생성하거나 코크스 오븐에서 코크스를 생산하는 것과 같이 에너지를 한 형태에서 다른 형태로 변환하는 것은 1차 에너지 생산이 아니다. 천연자원 부존이 빈약한 우리나라의 경우 1차 에너지 생산은 중요하게 고려되지 않는다.

한편 최종 에너지 소비는 가정, 산업 및 농업 등의 최종 사용자가 소비하는 전체 에너지이다. 최종소비자의 주택, 공장, 사무실의 입구에 도달하는 에너지이며 에너지 부문 자체에서 사용되는 에너지는 제외된다. 최종 에너지 소비에는 배송 및 변환을 포함하여 에너지 부문에서 사용하는 에너지가 제외된다. 또한 산업의 자가발전 설비에서 변환된 연료와 제철소의 고로가스로 변환된 코크스 등은 전반적인 산업에 의한 소비의 일부가 아니라 변환 부문의 일부라는 점에서 제외한다. 최종에너지 소비는 가계, 상업, 공공행정, 서비스, 농업, 어업 등에 의한 소비를 포함한다.

경제활동의 환경영향을 절감하기 위한 에너지수급구조의 장기적 추세가 중요하다. <그림 15-6>은 우리나라의 1차 에너지소비의 에너지원별 구성의 추이를 보여준다. 우선 석유의 비중이 1994년 63%까지 상승했다가 지속적으로 감소하여 2019년 39% 수준에 있다. 석탄은 1985년 39%로 정점을 찍고 1995년 18.4%까지 감소했다가 석탄화력 기술의 발전과 정부지원으로 2011년 30.2%까지 다시 회복하였으나, 현재 미미한 감소세를 보이고 있으며, 앞으로 정책 영향으로 석탄 의존은 낮아질 전망이다.

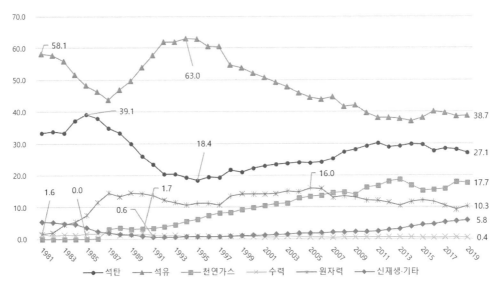

* 자료: 산업통상자원부·에너지경제연구원(2020), 에너지통계연보.

<그림 15-6> 1차 에너지소비의 에너지원별 구성의 추이(%)

천연가스는 1985년까지 전무하였으나 청정에너지 선호로 지속적 증가세 이후 현재 18% 수준의 비중을 나타내고 있다. 원자력도 1981년 1.6%에 불과했지만 지속적 설비 증설로 2005년 16%까지 증가 후 감소세를 보여 2019년 10% 수준에 머물러 있다. 신재생에너지는 1990년대 말까지 0%대였지만 꾸준하게 증가하여 최근 5.8%의 비중을 보이고 있다. 수력은 우리나라의 자연 여건상 성장에 한계가 있어 최근에도 0%대의 비중에 머물러 있다.

이에 따라 최근 한국정부는 에너지전환의 강화를 표방하고 있다. 분산형 전원의 확대를 뒷받침하는 소규모 전력중개시장 개설의 근거를 마련하는 전기사업법 개정을 추진하고, 에너지소비의 사회적 비용을 반영하여 발전용 원료 중에서 유연탄에 대한 세율을 높이며, LNG에 대한 세율을 낮추는 세율조정 조치를 시행하는 등의 노력을 기울이고 있다.

에너지전환 정책과 관련하여 주요국의 2019년 1차 에너지공급 중 원자력과 신재생에너지의 비중을 <그림 15-7>에 나타냈다. 원자력의 비중은 세계 평균이 4.3%이고 우리나라가 10.5%인데, 프랑스는 36.8%, 스웨덴은 26.7%, 벨기에는 14.4%로 현저하게 높은 수준을 나타내고 있다. 한편 신재생에너지의 비중은 세계가 5.0%이고 우리나라가 2.3%로 그에 미치지 못하는 데 대하여 대부분의 선진국은 우리나라보다 비중이 높고, 특히 브라질이 16.3%, 독일과 스웨덴이 16.1%, 영국이 13.8%, 스페인이 13%, 이탈리아가 10%로 뚜렷하게 높은 수준을 기록하고 있다.

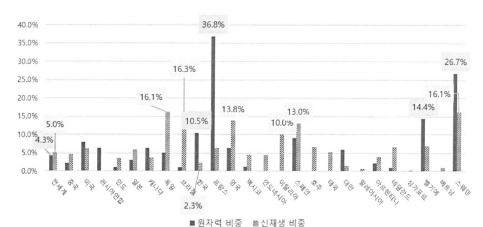

* 자료: BP Statistical Review of World Energy 2020, 산업통상자원부·에너지경제연구원(2020), 에너지통계연보에서 재인용.

<그림 15-7> 주요국의 1차 에너지 공급 중 원자력 및 신재생에너지 비중

에너지경제연구원(2020)을 참조하여 최근 우리나라 에너지수급구조를 보면 <표 15-1> 과 같다.

<표 15-1> 최근 에너지 수급구조 추이: 1차 에너지

구분	2015년	2019년	변화의 해석
1차에너지(천toe)	286,921	303,092	연평균 1.4% 증가
석탄	29.8%	27.1%	원자력·석탄 비중: 41.9%→37.4% (Δ4.5%포인트: 석탄 Δ2.7, 원자력 Δ1.8)
석유	38.0%	38.7%	
천연가스	15.2%	17.7%	
수력	0.4%	0.4%	
원자력	12.1%	10.3%	
신재생	4.5%	5.8%	

* 자료: 산업통상자원부·에너지경제연구원(2020), 에너지통계연보.

<표 15-2> 최근 에너지 수급구조 추이: 최종에너지

구분	2015년	2019년	변화의 해석
최종에너지(천toe)	215,389	231,353	연평균 1.8% 증가
석탄	16.2%	13.9%	화석연료 비중: 76.3%→75.8% (Δ0.5%포인트: 석탄 Δ2.3, 석유 0.6, 가스 1.2)
석유	49.6%	50.2%	
가스	10.5%	11.7%	
전력	19.3%	19.4%	
열	0.9%	1.1%	
신재생	3.5%	3.9%	
1인당에너지소비(toe/인)	5.62	5.86	연평균 1.1% 증가
실질 GDP(15년, 십억 원)	1,658,020	1,848,959	연평균 2.8% 증가
에너지원 단위(toe/백만 원)	0.173	0.164	연평균 1.3% 감소

* 자료: 산업통상자원부·에너지경제연구원(2020), 에너지통계연보.

2015년에서 2019년까지 실질 GDP는 연평균 2.8% 성장한 데 대하여 1차 에너지소비는 1.4%, 최종에너지소비는 1.8% 성장하여 1인당 에너지소비의 1.1% 증가에도 불구하고 에너지 원단위는 1.3% 감소하였다. 아울러 1차 에너지소비에서 원자력·석탄의 비중이 41.9%에서 37.4%로 4.5%p 감소하고, 최종에너지소비에서도 석탄, 석유, 가스를 포함한 화석연료 비중이 석탄소비의 감소에 힘입어 76.3%에서 75.8%로 0.5%p 소폭 감소하

였다. 이에 대하여 신재생에너지는 1차 에너지 소비에서 4.5%에서 5.8%로, 최종에너지 소비에서 3.5%에서 3.9%로 소폭 상승하였다. 이러한 에너지수급구조 변화를 근거로 정부의 에너지전환 정책이 성과를 나타내고 있는 것으로 평가하는 견해가 있으나 더 시간을 두고 지켜보아야 할 것으로 판단된다.

한국정부는 '한국판 뉴딜' 정책의 일환으로 그린뉴딜(Green new deal)을 추진하여 저탄소경제로의 전환을 가속화하고 2030년까지 온실가스 배출을 37% 줄이며, 2050년까지 탄소중립(Carbon neutral)과 넷 제로(Net-zero) 달성을 목표로 설정하였다(기획재정부, 2020). 여기서 넷 제로라 함은 탄소중립을 기후중립으로 범위를 넓혀 이산화탄소(CO_2) 이외에도, 수소불화탄소(HFC_S), 과불화탄소(PFC_S), 아산화질소(N_2O). 메탄(CH_4), 육불화황(SF_6) 등의 6대 온실가스의 순배출을 0으로 한다는 의미다. 이러한 목표를 달성하기 위한 핵심 프로젝트로서 에너지 효율성 제고와 배출절감을 위한 에너지인프라 투자를 확대할 계획이며, 주로 신재생에너지 보급, 학교와 임대주택 건물의 그린 리모델링, 전기차 충전설비의 확충, 수소차에 대한 연료보조금 지급 등을 포함하였다.

탄소중립 목표 달성은 에너지와 수송으로부터 산업, 도시계획, 산림복원, 산업소재 개선, 저탄소산업의 육성과 생태계 조성 등을 포함한 경제·산업 전반의 전환과 폐기물의 감량·재활용과 실내온도 조절, 온라인화 가속화, 심지어 식단의 육식 감축과 같은 일상생활의 변화를 수반해야 한다. 또한 정부 입장에서 환경규제, 조세와 관세, R&D 보조금 등의 제도를 정비하는 한편 배출권 거래제도(Emission trading system: ETS)도 활성화해야 한다. 배출권 가격 상승에 따라 증가하는 재정수입은 에너지가격 상승 취약계층의 지원, 기후스마트 기술의 개발과 투자 지원, 신재생에너지와 전기차 비중 확대, 에너지 수요관리·효율화 인프라 투자 등으로 투입되어야 할 것이다. 정부 입장에서는 투자와 보조금 지급 등 재정지출 소요 증대에 부응하고 신재생에너지용 부지 공급의 문제를 해결해야 하고, 산업계 관점에서는 생산비용 증가와 국제경쟁력 영향이 산업 간에 차별적으로 나타날 것이며, 서민·자영업자의 전기요금 등 에너지 비용 부담도 가중되는 등 한국경제와 사회에 다양한 도전을 예고하고 있다. 이에 따라 기업의 주도적인 노력은 물론 긴밀한 민·관의 소통과 종합적이고 체계적인 정책 대응이 요구되며 정부부처 간 정책조정 체계도 필요할 것으로 전망된다.

환경 관점에서 경제성장의 지구환경 영향을 줄이고 2050년 탄소중립을 달성하기 위한 핵심과제는 역시 화석연료로부터 신재생에너지로의 에너지 전환(Energy conversion)이 될 것이다. 한편 에너지 관점에서 두 가지의 핵심적 에너지 문제 중 하나가 미래에 지속가능한 성장을 위한 에너지 필요를 충족하는 것이라면, 다른 또 하나가 바로 에너지사용의 환경 영향을 관리하는 것이다(Lee, 2002). 전기자동차 보급이 확대되고 에너지 소비구조가 고도화되면서 향후 전력의 수요 규모나 최종에너지에서 차지하는 전력의 비중은 지속적으로 증가할 것으로 전망된다. 이러한 상황에서 2050년 탄소중립 목표를 달성하면서 경제성장을 포기하지 않으려면 이산화탄소를 배출하지 않아 친환경적이고 원료비가 저렴하여 비용효율적인 원자력발전을 활용해야 한다는 견해가 있다. 전력수요가 지속적으로 확대되고 있는 가운데 원자력이 우려보다는 객관적으로 안전하고 앞으로 더욱 안전한 차세대 원전기술의 발전 가능성이 크다는 점에서 한국정부의 탈원전정책은 성급했다는 비판을 진지하게 검토해야 한다.

📈 사례연구 환경·에너지 지표의 활용

지구환경의 보전과 기후변화의 대응이 인류 사회의 가장 중요한 도전 중의 하나로 부상하고 있다. 삶의 질 향상을 위하여 지속적인 글로벌 경제 성장이 필요하지만 환경에 대한 부정적 영향의 최소화가 지속가능한 발전의 핵심요소이다. 이산화탄소를 비롯한 온실가스 배출을 관리해야 하며 수질, 토양의 오염도 줄여 나가야 한다. 소득과 부의 불평등이 현재 세대 내 형평성을 제고해야 하는 과제를 부과하고 있다면, 지구환경의 악화는 현재와 미래 세대 간 형평성을 제고해야 할 과제를 제시하는 것이다.

지속가능 발전을 위한 환경정책의 핵심 요소는 통합적 목적, 과학기반 목표, 경제적 도구, 규제와 강력한 국제협력이다(UNEP, 2019). 환경보전을 위해 식품, 에너지, 수송시스템과 도시계획, 화학산업 등이 혁신적이고, 효과적이며, 통합적인 정책을 필요로 하는 생산·소비시스템의 사례들이다. 환경오염이라는 외부불경제로서의 경제적 특성에 주목하여 조세와 규제의 적정 정책조합(policy mix)이 설계되어야 한다.

[이해와 활용]

1. 환경과 에너지의 관계, 이들과 경제의 관계에 대한 아이디어를 자유롭게 이야기해보자.

2. 통계청 국가통계포털에서 환경산업에 관한 중분류 기준 매출액의 시계열 자료를 검토하고 환경산업 구조의 변화에 대하여 간략하게 설명하라.

3. 통계청 국가통계포털에서 환경 분야에 대한 여러 조사 중 하나를 골라 데이터를 다운로드하여 해석해 보고 관련 환경정책에 대하여 주는 시사점을 찾아보자.

4. 통계청 국가통계포털에서 1차 에너지 공급 구조와 최종에너지 소비 구조에 관한 시계열지표를 다운로드하고 그 변화와 에너지정책의 과제에 대하여 설명해보자.

참고문헌

[1]   기획재정부(2020), '한국판 뉴딜 종합계획' 발표, 보도자료, 2020.7.14.

[2]   산업통상자원부 · 에너지경제연구원(2020), 에너지통계연보.

[3]   온실가스종합정보센터(2020), 2020년 국가 온실가스 인벤토리 보고서.

[4]   환경부(2020), 전국수질평가보고서.

[5]   Baldacci, E., Buono, D., Kapetanios, G., Krische, S., Marcellino, M., Mazzi, G. L. & Papailias, F.(2016), Big Data and Macroeconomic Nowcasting: From Data Access to Modelling, Luxembourg: Eurostat. Doi: http://dx. doi. org/10.2785/360587.

[6]   Brave, S. A., Butters, R. A. & Kelley, D.(2019), A New "'Big Data' Index of US Economic Activity", Economic Perspectives, Federal Reserve Bank of Chicago.

[7]   Churchill, S. A., Inekwe, J., Ivanovski, K., & Smyth, R.(2018), The Environmental Kuznets Curve in the OECD: 1870-2014, Energy Economics, 75, 389-399.

[8]   Eurostat(2021), Your Key to European Statistics, https://ec.europa.eu/eurostat/web/products-datasets/-/t2020_33

[9]   Federal Reserve Bank of Chicago(2021), Brave-Butters-Kelley Indexes(BBKI), June 29, 2021.

[10]   Grossman, G. M. & Krueger, A. B.(1996), The Inverted-U: What Does It Mean? Environment and Development Economics, 1(1), 119-122.

[11]   Lee, R.(2002), Environmental Impacts of Energy Use, In R. Bent, L. Orr & R. Baker(Eds.), Energy: Science, Policy, and the Pursuit of Sustainability, 77-108.

[12] Panayotou, T.(1993), Empirical Tests and Policy Analysis of Environmental Degradation at Different Stages of Economic Development, ILO, Technology and Employment Programme, Geneva.

[13] Rifkin, J.(2011), The Third Industrial Revolution: How Lateral Power is Transforming Energy, the Economy, and the World, Macmillan.

[14] Stephens-Davidowitz, S.(2017), Everybody Lies: Big Data, New Data, and What the Internet Can Tell Us About Who We Really Are, Harper Collins.

[15] United Nations Development Program[UNDP](2020), Human Development Report 2020.

[16] United Nations Environment Program[UNEP](2019), Global Environment Outlook 6, March 4, 2019.

[17] The Economist(2020), The 90% Economy that Lockdowns Will Leave behind, April 30, 2020.

맺음말

맺음말: 포스트코로나의 한국경제

포스트코로나 시대의 한국경제는 성공적인 위기 극복을 토대로 경제사회 구조전환의 계기를 열어나가야 할 과제를 안고 있다. 단기적으로 공중보건 체계의 효과적 운용을 통하여 팬더믹의 위협을 제거하는 한편, 장기적으로 4차 산업혁명에 대응하여 국민의 삶의 질 제고와 주력산업 혁신을 위한 사회제도를 구축하고 디지털·바이오 기반의 새로운 성장 동력을 창출해나가야 할 것이다. 한국경제의 지속적 발전에 기여하기 위하여 지구촌과 함께 한국이 직면한 메가트렌드, 각 부문의 구조변화 그리고 부문 간의 연관성을 이해해야 한다. 경제와 사회가 직면한 상황에 대한 치밀한 사유와 신속한 판단에 의하여 사회 문제를 해결하고 새로운 발전의 비전을 구체화하여 실현해야 한다. 경제·사회 지표의 분석과 활용에 의한 한국경제의 정확한 이해와 제반 문제의 분석, 그리고 해결 대안의 제시는 공공정책 개발과 경영전략 도출은 물론 사회적 토론을 위한 밑거름이 될 것이다.

2020년 초 전 세계가 구조적 충격에 휩싸였다. 감염의 피해와 방역조치 강화로 생산과 고용이 급격하게 위축되면서 국가와 지역, 산업과 직종에 따라 그 정도는 달랐지만 거의 모든 기업과 개인에 타격을 주었다. 각국 정부와 중앙은행의 적극적 재정·통화 정책과 예상보다 빠른 백신의 개발에 힘입어 경제 회복세가 제조업과 수출, 자산시장으로부터 서비스산업과 경제 전반으로 확산되는듯하더니 감염병의 주기적인 재확산과 변이 바이러스의 출현으로 팬데믹 상황이 장기화될 조짐을 보이고 있다. 장기적으로는 정보기술과 생명공학 기초의 혁신과 경제사회 구조변화가 가속화하여 코로나 이전(Before Corona: BC)의 세계는 사라지고 코로나 이후(After Corona: AC)의 새로운 사회(New normal)가 펼쳐질 것으로 전망된다.

세계경제포럼의 K. Schwab에 의하면 오늘의 세계는 상호의존성과 속도 그리고 복잡성을 특징으로 한다(Schwab, 2020). 우선 경제, 사회, 환경 등 여러 영역의 기회와 위험이 서로 관련되어 의존하고 있고, 어떤 변화와 그 확산이 전례 없이 빠르며, 설명과 예측이 어려울 만큼 복잡하다. 경제 측면에서 기술이 주는 기회를 활용하고 위기에 효과적으로 대응하며 국민 삶의 질을 개선할 수 있도록 유연하고 회복탄력성이 높은 포용적 경제(Inclusive economy)를 지향할 것으로 전망된다. 사회 측면으로는 기회와 소득, 자산의 불평등과 사회불안 요소를 해소하기 위한 정부의 역할과 사회적 연대가 요청될 것이 분명하다. 환경 측면에서도 팬데믹이 일깨워준 글로벌 범위의 사회 각 부문 간 상호의존성과 함께 지구환경의 중요성에 대한 인식을 계기로 기후변화에 대한 정책대응과 행동주의가 강화될 것으로 보인다.

팬데믹의 위기 상황을 조속히 극복하는 한편 4차 산업혁명과 사회경제 구조 변화에 적극 대응하여야 할 것이다. 2020년 세계경제가 −3.3% 성장을 기록하고 여러 선진국이 더 큰 폭의 마이너스성장을 보인 가운데 한국경제는 −0.9%의 성장(GDP 잠정치 기준)으로 후퇴한 이후 2021년 3.6%, 2022년 2.8%로 회복할 것으로 전망되어 완만한 변동성과 함께 비교적 강력한 회복탄력성을 보여주고 있다(IMF, 2021). 한국경제의 신속한 회복은 반도체, 석유화학, 기계, 자동차, 철강 등을 포함하여 2021년 상반기 중 전년에 비해 26.1% 증가한 수출에 상당 부분 기인한다(한국무역협회, 2021). 그러나 사회적 거리두기와 백신접종의 지연으로 방역강화 조치의 직접적 영향을 받는 관광, 항공, 도소매, 음식·숙박 등 서비스업과 내수가 위축되거나 글로벌 공급망 동요의 영향을 받는 일부 제조업의 회복은 더딘 실정이다. 실업률이 2021년 1월에 22년 만에 최고인 5.4%를 기록한 후 3월에 코로나-19 이전으로 회복되었지만 서비스업의 고용은 여전히 2020년보다 낮은 수준에 머물러 있음에서도 확인할 수 있다(The Economist, 2021).

한국정부는 K-방역으로 표현되는 보건정책을 강구하고 2020년 9월 이래로 GDP의 1%에 해당하는 금액을 중소기업 경영안정자금으로 지원하여 경제적 충격을 최소화하고 있다. 그러나 백신 확보의 지연이라는 전략적 실수를 범한 가운데 중소·벤처, 자영업·소상공인에 대한 실효성 있는 방역피해 보상과 고용유지 지원을 포함한 더욱 과감하면서도 효과적인 재정조치가 아쉬운 실정이기도 하다.

중요한 것은 중장기 대응이다. 팬데믹 위기를 기회로 삼아 구조전환 이후의 새로운 경제구조를 혁신성장의 발판으로 활용하여 미래의 새로운 성장동력을 확보하고 장기 지속성장 기반을 조성해나가야 한다. 포스트코로나 시대에 한국의 가장 중요한 경제정책은 다시 혁신주도 성장의 엔진을 작동하는 혁신·산업 정책이 될 것으로 전망된다. 최근의 정책 난맥과 코로나-19가 초래한 경제적 난국을 수습하는 한편, 4차

산업혁명의 사회경제 구조 전환에 따른 중장기 성장동력을 다시 충전하여야 한다. 산업 전반의 디지털 전환을 촉진하고 한국경제를 한 단계 업그레이드한 정보기술 산업화에 이어 바이오 기반 산업전환을 촉진해야 한다(최성호, 2019). 신산업, 새로운 비즈니스 모델 구현이 가능한 제도적 여건을 마련하고 획기적인 규제개혁을 시행하여 산업혁신 주도 성장의 물꼬를 터야 한다. 고수익, 고위험, 높은 경제적 파급효과를 가진 혁신활동을 지원하기 위하여 정책금융 선도의 위험금융을 활성화하고 전략적 공공구매로 시장을 조성해야 한다. 인공지능·빅데이터 경제의 구현을 위한 여건을 조성하는 노력도 시급하다. 팬데믹 상황에서 부상한 환경·사회·지배구조(Environment, Social, Governance: ESG) 이슈와 산업집중 심화 우려에 대응하여 기후변화 대응, 불평등 완화, 지배구조 개혁을 위한 제도적 인프라를 확충하고 공정경제의 정책 체계를 보강하여야 한다.

기업이 주주자본주의에 매몰되지 않고 공유가치의 추구를 통하여 세계의 문제를 효과적으로 해결할 수 있는 주체로서 자리매김하고 장기적 시각에서 ESG의 추구와 재무적 성과의 접점을 찾아야 한다. 기업의 사회적 책임에서 한걸음 나아가 기업회계 개편, 투자자 인식 변화, 산업계 자율규제, 지자체·시민단체 협조와 함께 시장친화적인 정부규제 운영으로 시장과 정부, 경제와 정치가 균형을 이루며 협력할 수 있도록 하는 '자본주의의 전환'에도 동참하여야 한다(Henderson, 2020). 특히 한국경제의 지속가능 성장과 국민의 행복, 삶의 질 제고를 위하여 유능한 국가와 국가를 견제하는 사회 간의 균형이 만들어 내는 '좁은 회랑(Narrow corridor)'(Acemoglu & Robinson, 2020)에서 벗어나지 않도록 각별한 주의를 기울여야 한다. 사회적 의제의 형성과 정책 결정에 임하여 좌와 우, 진보와 보수의 경직된 진영논리를 탈피하고 경제·사회 전환과 불확실성의 시대에 득세하기 마련인 포퓰리즘에 현혹되지 않으면서 실용적이고 합리적인 관점에서 국리민복을 구현하는 중도적 입장이 제 역할을 다해야 한다.

포스트–코로나 시대의 한국경제 도약을 추구하면서 경제주체들의 역량 강화가 필요하다. 우선 한국이 직면한 사회경제적 메가트렌드, 각 부문의 구조변화 그리고 부문 간의 관련성을 종합적으로 이해해야 한다. 개인과 기업, 정부와 비정부기구(NGO)가 모두 미래 지향적인 비전과 전략을 수립하여 실행해나가야 한다. 경제와 사회의 제반 문제에 대한 치밀한 분석과 신속한 판단으로 변화를 감지하여 적극 대응하는 한편, 유연하고 탄력적인 위기회복력도 효과적으로 발휘하여야 한다. 개인의 입장에서도 기술·정보화와 글로벌화, 4차 산업혁명의 파고 속에서 사회경제적 구조 변화의 장기적 추세에 대한 명확한 인식을 기초로 시시각각 발생하는 단기적 변동까지도 감안하여 직업·경력 선택, 창업, 자산관리와 같은 경제적 의사결정을 합리적으로 수행하는 역량이 긴요하다. 특히 경제·사회 지표의 이해와 양적·질적 측정·분석을 통하여 현재의 실태를 설명하고 위기와 변화를 정확하게 예측하여 선제적으로 대응할 수 있는 역량을 갖추어야 한다. 제반 경제·사회 지표의 분석과 활용에 의한 한국경제의 정확한 이해와 문제해결 대안의 제시는 공공정책 개발과 경영전략 도출은 물론 사회적 토론을 위한 밑거름이 될 것이다.

참고문헌

[1] 최성호(2019), 국가 바이오혁신 전략과 주요 정책과제, 바이오경제연구, 2, 69-114.

[2] 한국무역협회(2021), 2021년 상반기 수출입 평가 및 하반기 전망, Trade Focus, 국제무역통상연구원 보고서, 2021년 20호.

[3] Acemoglu, D. & Robinson, J. A.(2020), The Narrow Corridor: States, Societies, and the Fate of Liberty, Penguin Books.

[4] Henderson, R.(2021), Reimagining Capitalism in a World on Fire, Penguin UK.

[5] Schwab, K. & Malleret, T.(2020), The Great Reset, In World Economic Forum: Geneva, Switzerland.

[6] International Monetary Fund[IMF](2021), World Economic Outlook: Managing Divergent Recoveries, Washington, DC, April 2021.

[7] The Economist(2021), The Pandemic Has Accentuated South Korea's Two-speed Economy, May 1st, 2021.

저자 소개

최 성 호

약력
- 서울대학교 경제학과 졸업(경제학사), 행정대학원 졸업(행정학 석사)
- 미국 코넬대학교 경제학 박사
- 현 경기대학교 진성애교양대학장·행정복지상담대학원 교수
- 현 산업통상자원부 전기위원회 위원(비상근),
  기획재정부 정책성과평가위원, 중소벤처기업연구원 비상임이사
- 행정고시 재경직 31회, 전 산업자원부 행정사무관·서기관
- 전 부산대학교 경제학과 기금교수
- 전 정보통신산업진흥원 비상임이사, 중소기업연구원 초빙연구위원(비상근)

저서
- 『위기극복과 경제도약을 위한 신산업정책연구 1』(공저)
- 『새로운 성장패러다임과 미래성장동력』(공저)
- 『새로운 기업성장 패러다임과 신산업정책 방향 연구』(공저)
- 『주요 산업별 기업성장 패러다임 분석과 정책과제』(공저)
- 『통계안목: 세상을 바로 보는 힘』(공저)
- 『기업가형 국가: 이론과 정책』(공저)
- 『플러그인: 4차 산업혁명시대의 기업가정신』(공저)

정확한 판단과 합리적 의사결정을 위한 기초

경제지표와 한국경제

초 판 인 쇄 2021년 8월 30일
초 판 발 행 2021년 9월 10일
초 판 2 쇄 2023년 8월 30일

저　　　자 최성호
펴 낸 이 김성배
펴 낸 곳 도서출판 씨아이알

책 임 편 집 최장미
디 자 인 윤현경, 엄해정
제 작 책 임 김문갑

등 록 번 호 제2-3285호
등 록 일 2001년 3월 19일
주　　　소 (04626) 서울특별시 중구 필동로8길 43(예장동 1-151)
전 화 번 호 02-2275-8603(대표)
팩 스 번 호 02-2265-9394
홈 페 이 지 www.circom.co.kr

I S B N 979-11-5610-981-5 (93320)
정　　　가 20,000원

※ 이 도서는 2020학년도 경기대학교 연구년 수혜로 연구되었음